Rhein-Neckar

Gisela Atteln · Helmuth Bischoff

Reise-Taschenbuch

Inhalt

Schnellüberblick	6
Einladung in die Kurpfalz	8
Lieblingsorte	10

Reiseinfos, Adressen, Websites

Informationsquellen	14
Wetter und Reisezeit	16
Rundreise planen	17
Anreise und Verkehrsmittel	19
Übernachten	22
Essen und Trinken	23
Feste und Veranstaltungen	27
Aktivurlaub und Sport	30
Reiseinfos von A bis Z	35

Panorama – Daten, Essays, Hintergründe

Steckbrief Rhein-Neckar	40
Geschichte im Überblick	42
Römer ante portas	46
Burgen stolz und kühn ...	49
Nicht nur Heidelberger Frühling – die Theater- und Musiklandschaft	52
Völkerverständigung im Jazzkeller – das ›Cave‹ in Heidelberg	56
Das Hambacher Fest	58
Hier wächst nur Gutes	61
Junge Wilde und Wein	64
Grenzenlos – die Metropolregion Rhein-Neckar	66
Lewe und lewe losse – zur Lebensart in der Region	69
›Alla Hopp‹ – Mäzene zeigen Heimatverbundenheit	72

Inhalt

Vorhang auf – das Internationale Filmfestival
    Mannheim-Heidelberg   75
Pfälzer Waldeslust   77

Unterwegs an Rhein und Neckar

Das Zentrum der historischen Kurpfalz	82
Die Residenzstädte	84
Heidelberg	84
Ladenburg	111
Schwetzingen	113
Mannheim	123
Ludwigshafen und Frankenthal	144
Industriekultur am Rhein	146
Ludwigshafen	146
Frankenthal	161
Worms und Speyer	164
Schätze am Rhein	166
Worms	167
Ausflug auf die Bürgerweide	176
Speyer	179
Die Rheinauen	186
Deutsche Weinstraße	190
Sonnenland Weinstraße	192
Leiningerland	192
Freinsheim und Umgebung	198
Bad Dürkheim	202
Leistadt und Ungstein	204
Wachenheim	206
Forst	208
Deidesheim	209
Neustadt und die Weindörfer	210
Maikammer	218
St. Martin	219
Edenkoben und Umgebung	220

Inhalt

Rhodt unter Rietburg	225
Von Gleisweiler nach Burrweiler	227
Landau in der Pfalz	227
Touren ab Landau	235
Annweiler am Trifels	236
Bad Bergzabern und Umgebung	237
Schweigen	239
Bergstraße und Ried	240
Sonnige Burgenstraße	242
Dossenheim und Schriesheim	242
Weinheim	243
Heppenheim	251
Bensheim	255
Das Ried	262
Lorsch	262
Kraichgau, Neckartal und Odenwald	264
Verborgene Kulturlandschaften	266
Durch den Kraichgau zum Neckar	266
Wiesloch	266
Angelbach und Umgebung	267
Sinsheim	269
Neidenstein und Lobenfeld	269
Neckartal	272
Von Neckargemünd bis Hirschhorn	272
Eberbach	272
Zwingenberg	278
Mosbach	278
Hinterer Odenwald	279
Buchen	279
Walldürn	280
Limes	282
Vorderer Odenwald	282
Birkenau	282
Fürth	283
Lindenfels	283
Register	284
Abbildungsnachweis/Impressum	288

Inhalt

Auf Entdeckungstour

Streifzug durch das studentische Heidelberg	94
Schlössertour Heidelberg-Schwetzingen-Mannheim	114
Mannheimer Integrationskraft – drei Kirchen, drei Religionen	126
Im Ernst-Bloch-Zentrum in Ludwigshafen	156
Wege zu Luther in Worms	172
Mit dem Kuckucksbähnel ins Elmsteiner Tal	214
Ludwigs Fall auf die Höhe unter der Rietburg	222
Frühlingserwachen an der Bergstraße	248
Geopark Bergstraße-Odenwald	258
Mit Mark Twain im Neckartal	274

Karten und Pläne

Heidelberg	86
Schwetzingen	118
Mannheim	124
Ludwigshafen	148
Worms	168
Speyer	180
Neustadt an der Weinstraße	212
Bensheim	254

▶ Dieses Symbol im Buch verweist auf die Extra-Reisekarte Rhein-Neckar

Schnellüberblick

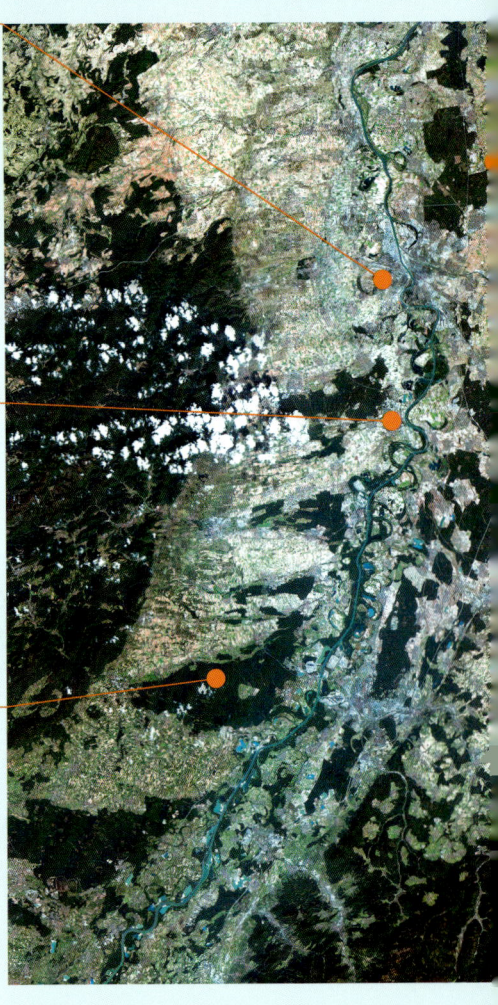

Ludwigshafen und Frankenthal
Das Profil der großen BASF-Stadt und des kleinen ehemaligen Zentrums der Porzellanherstellung wird nicht mehr allein von der Industrie geprägt. Zahlreiche reizvolle Aspekte in kultureller Hinsicht und in der Freizeitgestaltung erwarten den Besucher. S. 144

Worms und Speyer
Zwei uralte Städte am Rhein mit großer Vergangenheit und beinah südländischem Charme. Unglaublich jung im Erscheinungsbild, pflegen sie das geschichtliche Erbe vorbildlich und sind doch stets am Puls der Zeit. S. 164

Deutsche Weinstraße
Die dem Pfälzerwald vorgelagerte Hügellandschaft lockt begeisterte Urlauber in die pittoresken Städtchen und Dörfer. Der Wein ist hier Broterwerb und Lebensgefühl zugleich, gewissermaßen das Herz aller Dinge. S. 190

Bergstraße und Ried
Die alte Reiseroute von Frankfurt nach Heidelberg gehört zu den schönsten deutschen Ferienstraßen. An den Hängen des Odenwalds und in der Ebene des Rheingrabens finden blühende Landschaften und historische Marktflecken eindrucksvoll zusammen. S. 240

Das Zentrum der historischen Kurpfalz
Mit Heidelberg, Schwetzingen, Mannheim und dem Umland dieses Städtedreiecks verbinden sich eine große Museumslandschaft und ein Großangebot an kulturellen Veranstaltungen. S. 82

Kraichgau, Neckartal und Odenwald
Sanfte Hügellandschaften, tiefe Wälder, Burgen und Schlösser über dem Neckar – das sind die Kennzeichen dieser reizvollen Region. Ob mit dem Schiff, dem Fahrrad oder zu Fuß, hier machen Entdeckungen am meisten Spaß, wenn man sich Zeit nimmt. S. 264

Die Autoren

Mit Gisela Atteln und Helmuth Bischoff unterwegs

Gisela Atteln, freie Journalistin und Autorin, kommt aus der Bierregion Frankens und lebt in der Weinregion der Pfalz. Neben der Arbeit für die Tagespresse und der Publikation belletristischer Texte ist sie in der Kulturförderung tätig. Zuletzt schrieb sie das Reise-Taschenbuch Mosel. Helmuth Bischoff lebt seit den 1970er-Jahren in Heidelberg. Der freie Journalist und Autor wurde in Worms geboren, ist in der Südpfalz aufgewachsen und hat in Heidelberg studiert. Für DuMont betreut er die Bände DuMont Direkt Karlsruhe, Mannheim und Barcelona sowie das Reise-Taschenbuch Barcelona.

Einladung in die Kurpfalz

Wenn sich z. B. in Speyer, Mannheim oder Schwetzingen zwei einheimische Freunde treffen, findet nicht selten folgende Begrüßung statt: »Un?« sagt der eine, »gud« lautet die Antwort, mit »alla hopp« schließt der eingangs Fragende die Begrüßung ab.

Für Außenstehende mag das kryptisch oder unpersönlich knapp klingen. Ist es aber nicht, denn hinter diesem eingefleischten Code stecken einige nicht formulierte Botschaften. So gibt das eröffnende »Un?« (Und?) eine Vertrautheit zu erkennen, erinnert an gemeinsam Erlebtes. Das »gud« mit weichem ›d‹ ist kaum mit dem preußischen »gut« verwandt. Es wird langgezogen und fast gesungen, zeigt zugewandte Gesprächsbereitschaft. Das abschließende »alla hopp« lässt sich als Animation und positiver Blick nach vorne verstehen. Damit hätten wir auch schon ein Stück der Mentalität beschrieben, die in der Rhein-Neckar-Region ihr Zuhause hat. Der Schnelllebigkeit unserer Tage stellt sich der Kurpfälzer breitbeinig entgegen. Bleibendes und Wiederkehrendes genießen hier noch einen hohen Stellenwert. Gern verweisen Einheimische auch auf die Charaktere ihrer Idole: die Bodenständigkeit und Fairness eines Fritz Walter, die Einsatzfreude eines Boris Becker, die Beharrlichkeit eines Helmut Kohl oder der unverblendete Gerechtigkeitssinn eines Ernst Bloch.

Kurpfälzer und ihre unmittelbaren Nachbarn im Odenwald oder in der Süd- und Westpfalz sind keine Plaudertaschen. Sie stehen für eine manchmal unverblümte Direktheit und haben das Herz am rechten Fleck. Wem es gelingt, ihr Herz zu erobern, der darf davon ausgehen, dass dies von Dauer ist.

Stadt, Land, Fluss

Wenn man uns als Autoren dieses Bandes sowie Bewohner der Region fragt, was uns hier festhält und Umzugspläne nie ernsthaft aufkommen ließ, gibt es einige Antworten, die vom Leser auch als Einladung verstanden werden dürfen.

Blick auf Edenkoben

Da ist neben den persönlichen Bindungen zunächst einmal dieses angenehme Neben- und Miteinander von Stadt und Land. Ganz gleich, ob man in Schifferstadt, Weinheim oder Lorsch wohnt: Städtische Kultur- und Einkaufsangebote sind von überall aus nah, und die städtische Infrastruktur hat ihr Netz inzwischen auch über viele ländliche Gebiete gelegt. Nah bei den Städten finden sich aber auch noch typisch ländliche Strukturen, die dem Leben viel Halt geben. Land, das ist zum Beispiel die Bäckerverkäuferin, die Schulkinder an der Kasse noch mit deren Vornamen anspricht, und der Bäcker, der nicht verkauftes Brot allabendlich in einen Korb lädt, um es in den Wald zu fahren und an Wildschweine zu verfüttern. Natürlich ist Land auch eine Nachbarschaft, bei der mit Blicken gesagt wird, dass der Bürgersteig mal wieder zu kehren wäre.

Besonders angenehm zeigt sich das gut funktionierende System der öffentlichen Verkehrsmittel, das viel dafür tut, den Begriff der regionalen Integration praktisch werden zu lassen. Wer als Heidelberger eine Wanderung im Pfälzerwald unternehmen möchte, fährt mit der S-Bahn bis Neustadt und marschiert von dort aus los. Bei der Rast in einer der vielen Wanderhütten genießt er *Grumbeere* (Kartoffel) mit Pfälzer Bratwurst und einem guten Glas Wein. Womit das Thema der leiblichen Genüsse in Rede steht. Was es dazu zu sagen gibt, finden Sie in diesem Buch.

Die Vielgestaltigkeit der Natur ist ein weiteres Plus für die Rhein-Neckar-Region. Sie schließt Berge und Wälder ebenso ein wie verträumte Altrheinarme, Weingärten, Neckarwiesen und Felder, auf denen im Frühling Tausende von Apfel- und Kirschbäumen blühen.

Frühling und Herbst

In der Stadt zu wohnen und trotzdem aus der Küche auf eine Gartenmauer aus Sandstein zu blicken, auf der sich im Frühjahr wild gewachsene Blumen der Sonne entgegenstrecken, ist in Heidelberg nicht unbedingt ein Privileg. Diesen Blick schon früher im Jahr als anderswo zu genießen und im Herbst einen Steinwurf von dieser Mauer entfernt im Wald Kastanien zu suchen, gehört ebenfalls zu den Gründen, die uns hier Wurzeln haben schlagen lassen.

Hoch über dem Neckar –
der Philosophenweg in Heidelberg, S. 90

Idyllische Überfahrt – auf der Fähre
Neckarhausen–Ladenburg, S. 108

Lieblingsorte!

Das ›Kaffeemühlchen‹
bei Bad Dürkheim, S. 200

Großartige Aussicht – die Kleine Kalmit
in der Südpfalz, S. 232

Das Sackträger-Denkmal im Mannheimer Stadtteil Jungbusch, S. 134

Der wärmste Ort in Speyer – die Sonnenbrücke, S. 184

Die Reiseführer von DuMont werden von Autoren geschrieben, die ihr Buch ständig aktualisieren und daher immer wieder dieselben Orte besuchen. Irgendwann entdeckt dabei jede Autorin und jeder Autor seine ganz persönlichen Lieblingsorte. Dörfer, die abseits des touristischen Mainstream liegen, ein besonders attraktiver Aussichtspunkt, Plätze, die zum Entspannen einladen, ein Stückchen ursprünglicher Natur – eben Wohlfühlorte, an die man immer wieder zurückkehren möchte.

Einladung zum Genießen – der Marktplatz in Weinheim, S. 244

Wo David gegen Goliath antritt – die Rhein-Neckar-Arena in Sinsheim, S. 270

Reiseinfos, Adressen, Websites

Kajakfahrer im Naturpark Pfälzerwald

Informationsquellen

Infos im Internet

Eine auf Reisende in der Region zugeschnittene Internetseite gibt es noch nicht. Folgende Seiten haben Überblickscharakter und sind hilfreich.

www.metropolregion-rhein-neckar.com
Die Seite der jungen Metropolregion ist sehr umfassend angelegt. Auf der Startseite ist der Menüpunkt ›Lebensqualität‹ zu wählen. Dann öffnet die Rubrik ›Reisen und Erleben‹ den Zugang zur Adressliste aller Touristeninformationen sowie zu Veranstaltungsinformationen. Unter ›Lebensqualität‹ ist auch ein Geschichts- und Kulturportal zu finden, das den Zugang zur regionalen Museumswelt ermöglicht.

www.pfalz-wochenende.de
Ein auf Urlauber zugeschnittenes Portal zur Pfalz mit vielen Infos zu Ausflugszielen, Gastronomie und Übernachtungsmöglichkeiten. Wer Spezialitäten aus der regionalen Küche mit nach Hause nehmen möchte, findet hier eine gute Übersicht zu den Hofläden, in denen Selbstgemachtes verkauft wird.

www.pfalz.de
Das offizielle touristische Aushängeschild für die Pfalz bringt alle Regionen unter einen Marketing-Hut, von Pfalzwein bis Pfalz Club. Neben Vorschlägen zur Freizeit- und Reiseplanung gibt es Genuss- und Geschenktipps.

www.deutsche-weinstrasse.de
Das Portal der Region Mittelhaardt (Bockenheim–Neustadt/Weinstraße) ist gut gegliedert, ausführlich und aktuell. Es liefert zwar keine Geheimtipps, wohl aber zuverlässige Informationen zu vielen Reisethemen.

www.suedlicheweinstrasse.de
In ihren Broschüren sind Tourismus und Weinwerbung des Landkreises Südliche Weinstraße seit Jahren wegweisend, mit zündenden Ideen und deren Vermarktung. Das wirkt sich auch auf die lebendige Gestaltung des Portals aus.

www.tg-odenwald.de
Auch die Touristikgemeinschaft Odenwald verfügt über einen nutzerfreundlichen Internetauftritt, der auch Wanderrouten mit einbezieht.

www.geo-naturpark.de
Eine ausführliche Einstimmung auf naturnahes Reisen an der Bergstraße und im Odenwald. Einzelne Routen durch den Naturpark sind ausführlich beschrieben.

www.schloesser-magazin.de
Ausführliche Informationen zu den staatlich verwalteten Schlössern in Heidelberg, Mannheim und Schwetzingen. Darüber hinaus interessante Hinweise zu weiteren Schlössern und Kulturgütern in Baden-Württemberg.

www.meier-online.de
Diese Freizeit- und Veranstaltungsinformation für die Metropolregion Rhein-Neckar richtet sich an ein eher jüngeres Publikum.

Fremdenverkehrsämter

… in Österreich
Deutsche Zentrale für Tourismus e.V. (DZT): Maria Hilfer Str. 54, 1010 Wien,

Reiseinfos

Tel. 0043 1 513 27 92, www.deutsch land-tourismus.de

… in der Schweiz

Deutsche Zentrale für Tourismus e.V. (DZT): Freischützgasse 3, 8004 Zürich, Tel. 0041 442 13 22 11, www.deutsch land-tourismus.de

Infostellen zur Region

Rheinland-Pfalz Tourismus: Löhrstraße 103–105, 56068 Koblenz, Tel. 0261 91 52 00, www.rlp-info.de. Infos zum touristischen Angebot des Bundeslandes.

Deutsche Weinstrasse e.V. – Mittelhaardt: Martin-Luther-Str. 69, 67410 Neustadt/Weinstr., Tel. 06321 91 23 33, www.deutsche-weinstrasse.de. Im Zentrum der Vereinsarbeit steht der Tourismus der Mittelhaardt, mit vielen interessanten Tipps, z.B. zu Cabriobustouren zwischen Bockenheim und Neustadt.

Südliche Weinstraße e.V. – Zentrale für Tourismus: An der Kreuzmühle 2, 76829 Landau, Tel. 06341 94 04 07, www.sued licheweinstrasse.de. Ausführliche Infos und Reiseangebote zur Südpfalz, z.B. Wanderungen oder neuerdings Trekkingplätze zum Campen im südlichen Pfälzerwald (www.trekking-pfalz.de).

Touristikgemeinschaft Kurpfalz e.V.: Postfach 3010, 68739 Plankstadt, Tel. 06202 970 60 71, www.kurpfalz-tourist. de. Infos zum Gebiet der historischen Kurpfalz mit ausführlichem Veranstaltungskalender.

Tourismus Service Bergstraße e.V.: Großer Markt 9, 64646 Heppenheim/Bergstraße, Tel. 06252 13 11 70, www. diebergstrasse.de. Touristisches Portal der Bergstraße (mit Radwandertipps).

Kraichgau-Stromberg Tourismus e.V.: Melanchthonstr. 32, 75015 Bretten, Tel. 07252 963 30, www.kraichgau-strom berg.com. Die Seite enthält neben ausführlichen Gebietsinformationen ein Tool zur individuellen Planung von Wanderungen.

Touristikgemeinschaft Odenwald e.V.: Scheffelstr. 1, 74821 Mosbach, Tel. 06261 84 13 83, www.tg-odenwald.de. Interessante Pauschalangebote, die von der Planwagenfahrt durch den Odenwald bis zur Führung durch Weinberge reichen.

Spezialreiseveranstalter

Mit dem Fahrrad durch die Pfalz: Auf der Website www.pfalz-radtouren.de finden sich nicht nur zahlreiche Routentipps, sondern auch viele Angebote zu arrangierten Fahrradferien.

Natur erleben: Natur- und erlebnispädagogische Angebote bietet Naturspur e.V. (www.naturspur.de) in der Vorderpfalz und im Pfälzerwald an.

Lesetipps

Monika Geier: Schwarzwild. Hamburg 2007. Der vierte Krimi in der Serie mit der sympathischen Antiheldin Bettina Boll, hat als Schauplatz eines (scheinbaren?) Mordes den Pfälzerwald bei Bad Dürkheim.

Marcellino M. Hudalla: Marcellino's Restaurant Report Rhein-Neckar 2010/2011. Aktuelle Informationen zu schön gedeckten Tischen.

Helmuth Kiesel (Hrsg.): Briefe der Liselotte von der Pfalz, Frankfurt/Main 2006. Für die deutsche Prinzessin am Hofe des Sonnenkönigs war »Madame sein ein ellendes Handwerck«.

Armin Kohnle: Kleine Geschichte der Kurpfalz, Karlsruhe 2005. Das Buch vermittelt einen guten Überblick und ist liebevoll gestaltet.

Ingrid Noll: Viele der intelligent und hintergründig humorvoll geschriebenen Bestseller-Krimis dieser Autorin spielen in der Rhein-Neckar-Region.

Peter Pohlit u.a.: … wie eine gebannte, unnahbare Zauberburg. Burgen in der Pfalz. Regensburg 2005. Preiswerter

Reiseinfos

Burgenführer, dem auch ein Vergleichsbuch zur Nordpfalz zur Seite steht.
Bernhard Schlink: Selbs Betrug. Zürich 1987; Der Vorleser. Zürich 1995. Sowohl Schlinks erster Krimi als auch der Roman um das Thema der Vergangenheitsbewältigung spielen in Heidelberg.
Hermann Sinsheimer: Die Welt meines Dorfes. Freinsheimer Erzählungen und Pfälzer Erinnerungen. Ludwigshafen 2009. 1938 ins Londoner Exil vertrieben, bewahrte Sinsheimer seinem Heimatort eine lebenslange Zuneigung. Eine kleine literarische Kostbarkeit in einer Neuausgabe!
Ferdinand Werner: Die Kurfürstliche Residenz zu Mannheim. Worms 2006. Für alle, die sich mit der großen Zeit der Kurpfalz etwas ausführlicher beschäftigen möchten.

Wetter und Reisezeit

Klima

Die Metropolregion umschließt einen Abschnitt des Oberrheingrabens und dessen Bruchkanten in West und Ost. Kennzeichnend sind sehr milde Winter und warme Sommer mit geringen bis mäßigen Niederschlägen. Das Gebiet um die Deutsche Weinstraße liegt im Wind- und Regenschatten des Pfälzerwaldes. Vorwiegend Südwestwinde fallen föhnartig über der Hangzone an, wobei sich häufig Wolkenlücken entlang des Haardtrands bilden. In der im Sommer schwül-warmen Rheinebene können sich Gewitter ungewohnt heftig entladen. Die Niederschlagsmengen nehmen nach Osten hin zu, weil es an der Bergstraße zu Steigungsregen kommt.

Die günstigen klimatischen Bedingungen lassen von der Südpfalz bis zur Bergstraße im Freiland Weinreben, Mandelbäume, Feigen, Edelkastanien gedeihen und Früchte tragen. Etwas rauer zeigt sich das Klima im Odenwald. Nur wenige Kilometer östlich der Bergstraße nimmt die durchschnittliche Jahrestemperatur um 2 °C ab. Obstbäume blühen im Odenwald drei Wochen später als an der Bergstraße.

Die beste Reisezeit

Die Region an Rhein und Neckar ist zu jeder Jahreszeit ein attraktives Reiseziel. Mit den ersten warmen Sonnenstrahlen im Jahr blühen Anfang März an der Bergstraße und an der Weinstraße die Mandelbäume. Im Verlauf des Frühlings locken Kulturfestspiele ebenso wie die Spargelsaison oder Rad- und Wanderwege, auf denen man das farbenprächtige Erwachen der Natur bestaunen kann. Die vielen Badeseen erreichen schon im Juni angenehme Temperaturen und halten diese bis spät in den September. Biergärten, Stra-

Gut zu wissen: Achtung Zecken
Baden-Württemberg und Südhessen gehören nach wie vor zu den Hauptverbreitungsgebieten von Zecken in Deutschland. Für Reisende, die sich gerne in der Natur aufhalten, ist eine Schutzimpfung zu empfehlen, vor allem, wenn eine Reise in die Rhein-Neckar-Region im Frühsommer stattfindet. Bei den Wanderungen gehört auch das Tragen von langen Hosen und Oberteilen sowie das regelmäßige Absuchen nach Zecken zu den empfohlenen Vorsichtsmaßnahmen.

Reiseinfos

ßencafés und Gartenlokale haben ebenfalls eine lange Saison. Im Herbst reicht es an der Weinstraße schon, tief einzuatmen, um die süße Schwere zu genießen, die sich mit der Zeit der Weinlese verbindet. In golden-warmer Sonne wirken die vielen kleinen Orte der Region dann besonders schön. Von November bis Februar empfiehlt es sich, das große Kulturprogramm im Städtedreieck Ludwigshafen-Mannheim-Heidelberg ins Auge zu fassen.

Kleidung und Ausrüstung

Von Mai bis Oktober kommt man mit leichter Kleidung aus. In den Monaten davor und danach gehören wärmere Sachen und vor allem ein Regenschutz ins Gepäck. Wer im Winter unterwegs ist, stattet sich mit entsprechend warmer Kleidung aus. Da es im Pfälzerwald und im Odenwald große Wanderregionen gibt, ist an entsprechendes Schuhwerk zu denken. Bei Radtouren sollte man das übliche Werk- und Flickzeug mitführen, da entsprechende Werkstätten oder Fahrradgeschäfte nicht überall in der Nähe sind. Vor allem die Städte der Rhein-Neckar-Region bieten mit namhaften Theaterbühnen und noblen Restaurants häufig Gelegenheit, das ›kleine Schwarze‹ anzulegen. Da Unverhofft oft kommt, sollte man für einen großen Ausgehabend besser auch das Passende einpacken.

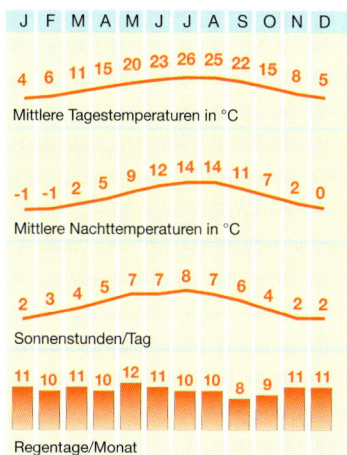

Klimadiagramm Mannheim

Rundreise planen

2-Tages-Radtour

Auf ca. 115 Radkilometern erlebt man bei einer Tour Lorsch–Schwetzingen–Speyer–Worms–Lorsch viele Schätze der Region: das Kloster Lorsch, den Marktplatz in Weinheim, die Altstadt des Römerstädtchens Ladenburg, das Schwetzinger Schloss mit dem berühmten Schlossgarten, den Dom zu Speyer, das Badeparadies der ›Blauen Adria‹ bei Altrip und schließlich den Dom zu Worms. Nicht zu vergessen sind die vielen schönen Landschaftsbilder an der Bergstraße und in den Rheinauen.

Anreise

Da in Baden-Württemberg und Rheinland-Pfalz die Mitnahme von Fahrrädern in Nahverkehrszügen kostenfrei ist (Sa, So durchgehend, Mo–Fr ab 9 Uhr) kann man den Ausgangspunkt Lorsch gut und günstig mit der Bahn ansteuern. Mit dem PKW kommt man über die A 67 und A 5 (Nord-Süd-Strecke) sowie über die Bundesstraße B 47 (West-Ost-Strecke) nach Lorsch. Der zentral

Reiseinfos

Schöne Aussichten für Radtouristen

gelegene Festplatz Klosterstraße erlaubt kostenloses Parken.

Streckenplanung

Am ersten Tag führt die insgesamt ebene Fahrt von Lorsch rechtsrheinisch nach Süden bis Schwetzingen (rund 42 km). Der zweite Tag beginnt mit der Fahrt nach Speyer und der Überquerung des Rheins. Dann geht es linksrheinisch auf dem Rheinradweg nach Norden bis Worms (knapp 70 km). Von dort aus kann man mit einer Bahnfahrt über den Rhein nach Lorsch die Rundreise bequem abschließen. Die Tour erfolgt überwiegend auf mit grünem Radlersymbol gekennzeichneten Wegen. Diese Ausschilderung von Ort zu Ort geleitet am sichersten, denn die der Touristenrouten ist nicht lückenlos.

Tourverlauf

Von der Königshalle in Lorsch aus fährt man auf dem Radweg nach Süden, streift Hüttenfeld und folgt südwestlich von Hemsbach der Alten Weschnitz nach Weinheim als erstem Etappenziel. Nach 18 km Fahrt bietet sich dort der Marktplatz für eine kleine Pause an. Weiter nach Süden, kann man alternativ zur B 3 noch etwas höher klettern und erst in Lützelsachsen auf der Sommergasse zur B 3 hinuntersausen, deren Radweg bis nach Schriesheim (6 km) führt. Vom Bahnhof dort geht es in westlicher Richtung entlang des Kanzel-Bachs nach Ladenburg (4 km). Mit einer stimmungsvollen Neckarüberquerung auf einer kleinen Fähre (s. Lieblingsort S. 108) oder über die Bahn- und Fußgängerbrücke erreicht man Neckarhausen und danach den Bahnhof in Friedrichsfeld-Süd. Von dort geht es am Grenzhof vorbei übers freie Feld nach Schwetzingen (14 km).

Von Schwetzingen auf dem Radweg nach Ketsch gelangt, folgt man dem Europa-Radweg bis zum Lußhof, fährt auf die Rheinbrücke hoch und hat nach ca. 16 km den Dom zu Speyer im Visier.

Die Strecke von Speyer nach Worms (54 km) ist als ›Rheinradweg‹ (Logo:

Reiseinfos

Euro-Radler) und ›R1 – von Dom zu Dom‹ gut ausgeschildert. Sie führt mit diesen Zeichen über Altrip (17 km) bis Rheingönheim (8 km) großenteils auf dem Rheindamm nach Ludwigshafen (7 km), das durchquert werden muss, um nach dem Nordhafen weitgehend am Strom entlang zu fahren, bis es vom Wormser Wäldchen aus zu den Biergärten am Rhein oder zu Innenstadtcafés rings um den Dom St. Peter nicht mehr weit ist (22 km).

Eine Radwanderkarte im Maßstab 1:50000 ist empfehlenswert.

Übernachten

Die Auswahl an empfehlenswerten Pensionen und Hotels in Schwetzingen ist groß. Ein ausführliches Verzeichnis findet sich unter www.schwetzingen.de (s. auch S. 121).

Rast

Am ersten Tag bieten sich die Marktplätze in Weinheim und Ladenburg an (s. S. 112, 246). Am zweiten Tag macht ein Picknick Spaß, wenn man Ludwigshafen hinter sich gelassen und den Rheinradweg erreicht hat.

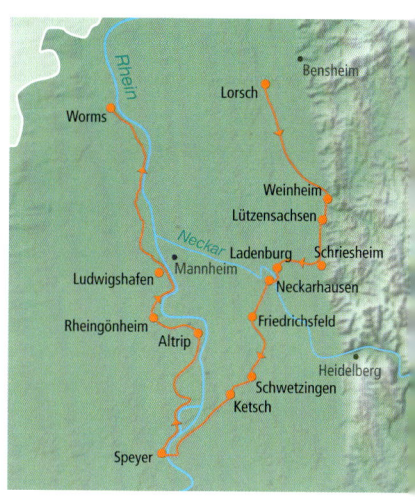

Mit dem Fahrrad durch die Pfalz

Interessante Plätze

Davon gibt es auf dieser Tour mit den Weltkulturerbe-Stätten Lorsch und Speyer, den malerischen Plätzen in Weinheim und Ladenburg sowie dem Schlosspark in Schwetzingen so viele, dass es sich empfiehlt, morgens früh zu starten.

Anreise und Verkehrsmittel

Einreisebestimmungen

Angehörige der ›Schengen-Staaten‹ brauchen kein Visum. Für alle anderen Besucher gilt Visumpflicht, sofern sie sich nicht schon innerhalb des Schengen-Gebiets aufhalten.

Anreise

... mit dem Flugzeug

Internationales Drehkreuz ist der Großflughafen Frankfurt/Rhein-Main (Tel. 069 69 00), mit dem ICE nur 31 Minuten vom Mannheimer Hauptbahnhof entfernt. Die Flughäfen Stuttgart (Tel. auch von der Schweiz und Österreich 018 05 94 84 44), Baden-Airpark bei Baden-Baden (Tel. 07229 66 20 00), Frankfurt-Hahn (Tel. 06543 50 92 00) sind gut zu erreichen. Der City-Airport Mannheim (Tel. 01804 44 48 88) bietet Linienflüge nach und von Berlin und Hamburg an.

... mit der Bahn

Die Region ist optimal an das europäische Fernverkehrsnetz angebunden,

Reiseinfos

allein 180 Fernverkehrsabfahrten pro Tag vom Mannheimer Hauptbahnhof belegen dies. Heidelberg, Neustadt an der Weinstraße und Worms sind weitere IC-Haltepunkte. Innerhalb der Region und auch über deren Grenzen hinweg sorgt der Verkehrsverbund Rhein-Neckar (VRN) mit der S-Bahn für beste Verbindungen (Tel. 0621 10 77 00). Bei Anreise von außerhalb des Verbunds muss für Fahrräder eine Fahrradkarte gelöst werden. Innerhalb des VRN ist die Mitnahme in Regionalexpress (RE), Regionalbahn (RB) und S-Bahn kostenlos (Mo–Fr ab 9 Uhr, Sa, So durchgehend).

... mit dem Bus

Im Gegensatz zum Bahnnetz gibt es in Deutschland noch kein Fernbus-Liniennetz, daher muss man bislang mit den Möglichkeiten der Deutschen Touring GmbH vorlieb nehmen. Das Unternehmen unterhält einen Buslinienverkehr durch Europa. Innerhalb Deutschlands ist die Route Hamburg–Hannover–Kassel–Frankfurt/Main–Heidelberg–Mannheim interessant. Die Einzelfahrt von Hamburg nach Heidelberg kostet im März 2010 zwischen 9 € (Frühbucher) und 49 € (beim Fahrer im Bus). Touring fährt Di, Do und So auch die Strecke Wien–Heidelberg. Nähere Informationen unter www.touring.de.

... mit dem Auto

Die Autobahnen A 5/A 67 und A 61/A 65 als Nord-Süd-Achsen und die A 6 als Ost-West-Achse erschließen mit entsprechenden Abfahrten und Anschluss-Bundesstraßen große Teile der Region. Ziele an der Weinstraße und in der Südpfalz sind bei einer Nord-Süd-Fahrt gut über die A 61 und A 65 zu erreichen. Wer es beschaulicher mag, nimmt die Deutsche Weinstraße (B 271, B 38). Ziele im Kraichgau fährt man gut über die B 3 an. Weiter nördlich heißt die B 3 auch ›Bergstraße‹ und erschließt die Landstraßen in den Odenwald. Bei Ausflügen mit dem Auto ins Neckartal auf der B 37 und der L 534 sollte man Fahrzeiten möglichst nicht zu knapp kalkulieren. Zahlreiche Ortsdurchfahrten, Neckarschleifen und häufiges Überholverbot legen dies nah.

Verkehrsmittel vor Ort

Öffentliche Verkehrsmittel

Der Verkehrsverbund Rhein-Neckar (VRN) feierte 2009 sein zwanzigjähriges Bestehen und hat in dieser Zeit für den Auf- und Ausbau einer flächendeckend hohen Mobilität und eines einheitlichen Tarifsystems in der Metropolregion Rhein-Neckar gesorgt. Busse, Straßenbahnen, ein weit verzweigtes S-Bahn-Netz und Ruftaxis befördern täglich ca. 800 000 Fahrgäste. Das Tarifgebiet des VRN reicht bundesländerübergreifend von Zweibrücken im Westen bis Wertheim und Bad Mergentheim im Osten. Im Norden erstreckt es sich bis Alzey und Bensheim, im Süden bis Landau und Sinsheim. Nachbarverbünde sind durch Übergangstarife (z. B. Würzburg, Germersheim, Homburg) integriert, für Wissembourg und Lauterbourg gilt der Tarif grenzüberschreitend. Für Ausflugsfahrten durch die Region ist das ›Ticket 24‹ (bei Gruppen bis zu fünf Personen das ›Ticket 24 PLUS‹), das Mo–Fr 24 Stunden lang und am Wochenende durchgängig gilt, eine lohnende Option. Diese Tickets kosten 2010 für das gesamte Streckennetz 14 € (bzw. 20 €), für den Stadtverkehr oder Preisstufe 0–3 sind 5,20 € (bzw. 9 €) zu bezahlen.

Fahrräder dürfen in Rheinland-Pfalz, Hessen und Baden-Württemberg in S-Bahnen, Regionalbahnen (RB) und

Reiseinfos

Regionalexpress-Zügen (RE) Mo–Fr ab 9 Uhr, an Wochenenden und Feiertagen ganztägig kostenlos mitgeführt werden (www.vrn.de).

Innerörtlich bieten sich Straßenbahnen, Busse und Fahrradverleihmöglichkeiten an. Weitere Auskünfte zu Reisen und Touren mit Bahn und Bus unter www.der-takt.de.

Bahn/S-Bahn

Mit dem Rheinland-Pfalz-Ticket (28 €, inkl. Saarland), dem Baden-Württemberg-Ticket (28 €) und dem Hessen-Ticket (31 €) können bis zu fünf Personen mit Nahverkehrszügen einen Tag lang (Mo–Fr 9–3, Sa, So 0–3 Uhr des Folgetages) durchs jeweilige Bundesland fahren. Singles zahlen in Baden-Württemberg und Rheinland-Pfalz 20 €. Die Tickets gelten im Grenzgebiet länderübergreifend – das Rheinland-Pfalz-Ticket also auch in Mannheim. Das ›Baden-Württemberg-Ticket Nacht‹ befördert an Werktagen von 18–6 Uhr, Sa, So bis 7 Uhr des Folgetages bis zu 5 Nachtschwärmer für 20 € (Preise: 2010).

Das Netz der S-Bahn Rhein-Neckar besteht aus fünf Linien und verbindet in West-Ost Richtung den Pfälzerwald mit dem Neckartal und dem Odenwald, in Nord-Süd Richtung das Gebiet der historischen Kurpfalz mit der Rheinebene bis Germersheim.

Bus

Ländliche Gebiete der Region sind durch Busse gut mit größeren Ortschaften und nächst gelegenen Städten vernetzt. Der Unterwegs-Teil dieses Reiseführers liefert viele einzelne Hinweise zu den Busverbindungen; eine zuverlässige Orientierung bietet die Website des Verkehrsverbundes Rhein-Neckar (www.vrn.de) und die Ergebnisse der dort angebotenen Funktion einer Verbindungssuche.

Rad

Ob Deutsche Weinstraße, Bergstraße, Neckartal oder Kraichgau: Die Rhein-Neckar-Region ist ein Paradies für Radfahrer. Viele Ziele lassen sich auf gut ausgeschilderten Radwegen erreichen. Vor Ort Räder zu leihen ist meist unproblematisch, nicht nur in Fahrradläden. Auch immer mehr Hotels bieten ihren Gästen diesen Service. In Mannheim und Heidelberg verleiht die Deutsche Bahn unter dem Label ›Call a Bike‹ Räder (www.callabike-interaktiv.de). VRN und Deutsche Bahn haben sich auf die Radler auch mit Tourenvorschlägen eingestellt (www.der-takt.de). Zur Mitnahme von Fahrrädern im Nahverkehr s. S. 20, Öffentliche Verkehrsmittel.

Taxi

Taxistände findet man in allen Städten der Region. Die Telefonnummern der Ruftaxis sind dort einfach zu ermitteln. In ländlichen Gebieten erfährt man die Rufnummern meist bei Tankstellen und Gaststätten. Auskunft für ganz Deutschland: www.taxi.de.

Mietwagen

Alle internationalen Mietwagenfirmen sind in den größeren Städten der Region vertreten. Es kann sich lohnen, Buchungen über Hotels vorzunehmen, da sie manchmal Sonderkonditionen mit den Autovermietern vereinbart haben.

Schiff

Auf Neckar und Rhein lädt vom Frühjahr bis Herbst die ›Weiße Flotte‹ zu Fahrten bis Hirschhorn (Neckar) oder Speyer und Worms ein. Besonders reizvoll sind Sonderfahrten, etwa zu Schlossbeleuchtungen oder Stadtfesten (Termine unter www.rnf-schifffahrt.de. In den Fahrplänen anderer Anbieter sind die Altrheinarme bei Speyer fest verankert (www.mssealife.de und www.personenschifffahrt-streib.de).

Übernachten

Die Metropolregion verfügt mit ihren beliebten Reisezielen wie der Deutschen Weinstraße, den Domstädten Speyer und Worms oder der alten Universitätsstadt Heidelberg über eine breite Palette an Übernachtungsmöglichkeiten. Vielerorts lohnt es sich, die günstigen Wochenendtarife von Hotels zu beachten. Die meisten Jugendherbergen erreichen inzwischen den Standard von guten Mittelklassehotels und zeigen sich als eine reizvolle Option für Familien. Auf dem Land gibt es eine Großauswahl an guten Pensionen und Ferienwohnungen, die sich außer in den örtlichen Unterkunftsverzeichnissen auch weitgehend über das Internet ermitteln lassen (oft über die Homepages der Gemeinden und Städte).

Internetseiten

Eine größere Datenbank mit Übernachtungsangeboten, die sich über die Rhein-Neckar-Region erstrecken, bietet die Website der Metropolregion Rhein-Neckar GmbH: www.m-r-n.com. Dort wählt man auf der Startseite den Menüpunkt ›Lebensqualität‹, darunter die Option ›Reisen und Erleben‹, dann ›Hotelbuchung‹. Unter www.pfalz-touristik.de findet sich eine gebietsbezogene Auswahl (inkl. Apartments und Campingplätzen) für die linke Rheinseite. Auf der Seite www.suedlicheweinstrasse.de kann man sich unter ›Reisen & Buchen‹ zu barrierefreien und unter ›Aktiv sein‹ zu familienfreundlichen Unterkünften durchklicken. Vorsicht ist beim Googeln geboten: Sogenannte Übersichtsseiten von privaten Herausgebern sind werbefinanziert und geben die Vielfalt des Übernachtungsangebots in keiner Weise wieder.

Hotels und Pensionen

Der Standard ist hoch und vor allem in den Städten dem Wettbewerb angepasst. Pensionen mit ›fließend Wasser‹ und Etagendusche gehören bis auf Ausnahmen in die touristischen Geschichtsbücher. Vor allem bei den Stadthotels verspürt man in den unteren Preissegmenten viel Bewegung hin zu einem einfachen, aber ausreichend komfortablen Niveau. Vielerorts ist das Bemühen der Hotels, auch gastronomisch angenehm aufzufallen, unverkennbar. Bewertungen im Internet: www.hotelkritiken.de. Zur Orientierung dienen auch www.booking.de, www.hotel.de und www.holidaycheck.de.

Ferienwohnungen

Fewos sind vor allem in stadtnah ländlichen Gebieten eine gern genutzte Option. Vor Ort informieren die jeweiligen Touristeninformationen. Im Internet können folgende Adressen bei der Suche und Auswahl hilfreich sein: www.fewo-direkt.de (Großangebot eines erfolgreichen Themenportals), www.ferienwohnungen.de (viele Fewos in der Rhein-Neckar-Region), www.tg-odenwald.de (die Seite dieser Tourismusgemeinschaft hat viele Fewos gelistet). Für die Pfalz sei ein Blick auf www.pfalz-touristik.de empfohlen; Fewos in pfälzischen Bauern-, Winzer- und Reiterhöfen findet man unter www.naturlaub-rlp.de.

Jugendherbergen

Nicht nur junge Leute mit schmalem Geldbeutel, sondern zunehmend auch

Reiseinfos

ältere Reisende und Familien nehmen das attraktive Angebot wahr. In vielen Fällen sind Jugendherbergen heute moderne Gästehäuser mit guten gastronomischen Angeboten und Internet-Nutzung für ihre Gäste. Übersicht für die Pfalz: www.diejugendherbergen.de, für Baden-Württemberg www.jugendherberge-bw.de und für Hessen www.djh-hessen.de. Ausgewählte Jugendherbergen sind mit Adressangaben im Reiseteil aufgeführt.

Häuser und Hütten

In manchen Naturfreundehäusern der Metropolregion kann man auch übernachten (www.naturfreunde.de). Das Gleiche gilt pfalzweit für einige Hütten des Pfälzerwald-Vereins (www.pwv.de).

Camping und Wohnmobile

Gut ausgestattete Zeltplätze sind in allen Feriengebieten der Metropolregion Rhein-Neckar vorhanden. In Flussnähe sind nach Hochwasser einige davon nicht nutzbar. Es empfiehlt sich also, Betrieb und freie Kapazitäten telefonisch zu erfragen. Bei Suche und Auswahl eines Platzes helfen www.camping.info (mit ausführlichen Beschreibungen der Plätze) und www.camping-in-deutschland.de. Stellplätze für Wohnmobile findet man unter www.touring24.info.

Essen und Trinken

Deftig bis Delikat

In der regionalen Küche finden die Traditionen aus der Pfalz, Baden, Schwaben und Hessen zu einer bunten Melange zusammen. Bei aller Verschmelzung bleiben aber einzelne Gerichte eng mit ihrer Herkunftsregion verbunden und kommen nur dort auf den Tisch, etwa der Pfälzer Saumagen, der in Hessen oder im Neckartal kaum zu finden ist. Umgekehrt weiß man in der Südpfalz nicht, was mit Grüner Soße gemeint ist, während die Heppenheimer auf diese hessische Köstlichkeit aus vielen Kräutern seit jeher stolz sind. Für alle Gegenden der Region, ob links oder rechts des Rheins, gilt: Die Grundlage der Regionalküche besteht in der deftigen Kost, die bei den Landleuten einst nötig war, um Leib und Seele zusammenzuhalten.

Bei der Verfeinerung der an Fleisch und Wurst reichen Landküche darf man dem Deidesheimer Hof unter der Regie des Sternekochs Manfred Schwarz (heute im eigenen Heidelberger Restaurant, s. S. 26) eine Vorreiterrolle zuschreiben. Er legte Saumagen und Leberwurst nicht nur auf feinstes Porzellan, sondern hat deren Zubereitung so verfeinert, dass Helmut Kohl sich in den 1980er-Jahren traute, sie seinen Staatsgästen auftischen zu lassen. In der Folge besannen sich viele Köche auf den natürlichen Reichtum der Region, nahmen den Traditionsrezepten mit Kräutern, Gemüse und Früchten die Schwere und kreierten aromatisch fein differenzierte Gerichte.

Deftiges findet aber auch in seiner Ursprungsform nach wie vor viele Freunde. Landauf landab genießt man in den vielen Biergärten und Weinstuben regionale Klassiker wie Leberknödel mit Sauerkraut, Schweinepfeffer (ein Schmorgericht aus mariniertem Schweinefleisch) oder Pfälzer Bratwurst.

Reiseinfos

Rechts des Rheins kommen noch Maultaschen, Odenwälder Kochkäse und Pellkartoffeln mit Grüner Soße dazu.

Die ›Grie Soß‹

Nicht nur die in Hessen so populäre ›Frankfurter Grie Soß‹ zeigt, dass die Traditionsrezepte der Region einige Alternativen für Vegetarier bieten. Galten Pellkartoffeln, Dampfnudeln mit Weinsoße, Kartoffelsuppe mit Zwetschgenkuchen oder Schupfnudeln mit Apfelkompott lange Zeit als traditionelle Freitagsgerichte, so erfreuen sie heute zunehmend Gäste, die vegetarische Speisen bevorzugen.

Besagte Grüne Soße schmeckt so lecker, dass ein 4-Personen-Rezept nicht vorenthalten werden soll. Als Zutaten (die es im Lebensmittelhandel an der Bergstraße bereits gebündelt gibt) nimmt man: je einen Bund Petersilie, Schnittlauch, Kerbel, Sauerampfer, Dill, Borretsch, Kresse, Estragon, Liebstöckel, Zitronenmelisse, 2 Zwiebeln, 4 hart gekochte Eier, 1 El Essig, 2 El Öl, 1/4 l Schmand od. Saure Sahne, 150 g Joghurt, 1 Prise Zucker, Salz, Pfeffer. Die Kräuter (ca. 300 g) zusammen mit den geschälten Zwiebeln fein hacken und in eine große Schüssel geben, mit Essig, Öl, Schmand und Joghurt verrühren, mit Salz und Pfeffer würzen. Zugedeckt für eine Stunde kühl stellen. Die hart gekochten Eier grob hacken und unterheben. Nochmals mit Salz, Pfeffer und eventuell etwas Zucker abschmecken, etwa 15 Min. durchziehen lassen und zu Pellkartoffeln servieren. Ein weiteres vegetarisches Highlight stellen die vielen Rezepte mit Spargel als königlichem

Solch delikat angerichtete Speisen bekommt man in der Regel nur in Sterne-Lokalen

Reiseinfos

Gemüse dar. Ob in Pfannkuchen eingerollt und mit Sauce Hollandaise übergossen, mit neuen Kartoffeln und heißer Butter oder als Salat ... da fehlt es nirgends an Fleisch.

Wein, was sonst

Zu den Gerichten der regionalen Küche bieten sich selbstverständlich die heimischen Weine an. Ob an der Weinstraße, der Bergstraße, in Rheinhessen oder im Kraichgau: Man kann sich überall auf ihre gute bis ausgezeichnete Qualität verlassen. In der Regel serviert die Gastronomie diese Weine auch preisgünstig als offene Viertel. Bei Fahrten in die Weinregionen lohnt es sich auch, einzelnen Weingütern, deren Namen man auf den Getränkekarten der Restaurants kennengelernt

Traditionelle Spezialitäten

Buwespitzle: Durchgepresste Kartoffeln vom Vortag werden mit Eiern, Mehl und Butter vermischt, gewürzt und in der Pfanne gebraten. Sie schmecken sowohl zu Süßem, beispielsweise Apfelbrei, als auch zu Herzhaften, z.B. Sauerkraut. Ihre Größe sollte so sein wie der ›Spitz‹ von einem Bub.
Federweißer: Der noch im Gärungsprozess befindliche neue Wein, der je nach Stadium – Süßer, Bitzler, Federweißer, Jungwein – einen unterschiedlichen Alkoholgehalt hat, schmeckt hervorragend zu ›Zwiwwelkuche‹ (Zwiebelkuchen) vom Blech.
Grumbeeresupp mit Quetschekuche: Dieses pfälzische Rezept wird seit Generationen weitergegeben. Zu der deftigen Kartoffelsuppe mit Speckeinlage wird der noch warme Zwetschgenkuchen serviert.
Hoorische bloe Knepp: Kartoffelklöße mit einer Saucenkreation aus ausgelassenem Speck, Milch und Sahne.
Kartäußerklöß: Nicht nur Kinder lieben dieses Gericht, bei dem altbackene Brötchen in gesüßter Milch, in die Eigelb gerührt wird, eingeweicht und anschließend in Fett ausgebacken und mit Zimt und Zucker serviert werden.
Keschde: Auf keinem Weihnachtsmarkt dürfen sie fehlen, die knusprig heißen Esskastanien, die über offenem Feuer gegart werden und die man im Herbst im Pfälzerwald allerorts sammeln kann. Die braunen Pfälzer sind kleiner und sanfter im Geschmack als z. B. ihre italienischen Artgenossen.
Kerscheplotzer: ›Kersche‹ sind jene süßen Kirschen, die in Brötchen vom Vortag oder Zwieback, im Verbund mit Eiern, Butter, Zucker, Mandeln und Kirschwasser gebacken, warm oder kalt, solo oder mit Vanillesauce ein wahrer Hochgenuss sind.
Saumagen: Das Pfälzer ›Nationalgericht‹ besteht aus klein geschnittenem Fleisch, Speck, Kartoffeln, Kastanien, Zwiebeln, Kräutern und Gewürzen, die in einem Schweinemagen drei Stunden gesotten werden.
Spargel: Ob klassisch mit Sauce Hollandaise oder als Salat mit Ei und einer Vinaigrette mit viel Schnittlauch – Spargel wächst auf den Feldern rund um Heidelberg, in der Vorderpfalz und im hessischen Ried.
Weingelee: Immer mehr Winzer und Landwirte bieten diese erfreuliche, weil wohlschmeckende Alternative zur herkömmlichen Marmelade an, die auch hervorragend zu Käse oder Pasteten schmeckt.

Reiseinfos

hat, einen Besuch abzustatten, um sich mit dem Rebensaft für genussvolle Stunden einzudecken.

Sterneträger der Region

Ob sich die Test-Esser von Michelin darüber streiten, wer von ihnen die Metropolregion Rhein-Neckar besuchen darf, ist nicht bekannt. Wohl aber gibt es die Ergebnisse dieser Tests für das Jahr 2010. In vielen Restaurants links und rechts des Rheins kann man himmlisch gut essen. Der Griff nach den Sternen ist dabei folgenden Köchen gelungen (je 1 Stern):

Hopfen und Malz

Zu deftigem Essen passt auch ein frisch gezapftes Bier. Fast alle traditionsreichen Brauereien der Region wurden von Konzernen geschluckt. Im Gegenzug schossen Hausbrauereien wie Pilze aus dem Boden. Sie werben mit unfiltriertem und mit Naturhopfen gebrautem Bier. Im dazugehörigen Gasthof wird der Gerstensaft ausgeschenkt: Kulturbrauerei Heidelberg (Tel. 06221 50 29 80), Vetter's Alt Heidelberger Brauhaus (Tel. 06221 16 58 57), Schwetzinger Brauhaus Zum Ritter (Tel. 06202 92 49 50), Hagenbräu in Worms (Tel. 06241 92 11 00), Brauhaus Zur Post in Frankenthal (Tel. 06233 22 02 86), Domhof-Hausbrauerei in Speyer (Tel. 06232 674 40), Neustadter Brauhaus (Tel. 063 21 18 51 55), Göcklinger Hausbräu (Tel. 06349 53 35), Ottersheimer Bärenbräu (Tel. 06348 75 95), Jockgrimer Froschbräu (Tel. 07271 54 78), Burggraf Bräu in Bensheim (Tel. 06251 725 25), Woinemer Hausbrauerei in Weinheim (Tel. 06201 120 01), Brauhaus Jupiter in Sinsheim-Steinfurt (Tel. 07261 97 55 37), Brauhaus Mosbach (Tel. 06261 369 69).

In Mannheim: Wolfgang Staudenmaier im Restaurant Da Gianni: R7, 34, Tel. 0621 203 26, www.da-gianni.de, Di–So 12–14, 18.30–22 Uhr; Enrico Netto, Restaurant Grissini: M3, 6, Tel. 0621 156 57 24, www.ristorante-grissini.de, Mo–Fr ab 12 und ab 18 Uhr, Sa ab 18.30, So ab 13.45 und 18 Uhr; Norbert Dobler, Restaurant Dobler's: Seckenheimer Str. 20, Tel. 0621 143 97, www.doblers.de, Di–Sa ab 12 und ab 18 Uhr; Juan Amador im Restaurant Amesa: Flosswörthstr. 38, Tel. 0621 854 74 96, www.a-mesa.de, Di–Sa ab 18.30 Uhr.

In Heidelberg: Manfred Schwarz im ›schwarzDasRestaurant‹: Kurfürsten-Anlage 60, Tel. 06221 75 70 30, www.schwarzdasrestaurant.com. Di–Sa 11.30 –14, 18–22 Uhr.

In Schriesheim bei Heidelberg: Jürgen Schneider, Strahlenberger Hof: Kirchstr. 2, Tel. 06203 630 76, www.strahlenbergerhof.de, Di–Sa ab 18 Uhr.

In der Pfalz: Karl-Emil Kuntz, Hotel-Restaurant Krone: Herxheim-Hayna, Hauptstr. 62–64, Tel. 07276 50 80, www.hotelkrone.de, Rest. Mi–So 18–22 Uhr, Pfälzer Stube Mi–Mo 12–14, ab 18 Uhr; Dieter Luther im Hotel-Restaurant Luther: Freinsheim, Hauptstr. 29, Tel. 06353 934 80, www.luther-freinsheim.de, Mo–Sa ab 18.30 Uhr; Stefan Neugebauer im Schwarzen Hahn: Deidesheim, Am Marktplatz, Tel. 06326 986 70, www.deidesheimerhof.de, Di–Sa ab 18.30 Uhr; Peter Steverding in Steverding's Isenhof: Knittelsheim, Hauptstr. 15a, Tel. 06348 57 00, www.isenhof.de, Mi–Sa ab 18.30 Uhr. Dazu gesellt sich schließlich Silvio Lange im romantischen Restaurant-Hotel Alte Pfarrey im ehemaligen Pfarrhaus von Neuleiningen: Untergasse 54, Tel. 063 59 860 66, www.altepfarrey.de, Do–Mo 12–13.30 und 18–21.30 Uhr.

In diesen ausgezeichneten Restaurants sollte man mit Menüpreisen ab ca. 65 € rechnen.

Feste und Veranstaltungen

Weinfeste

Wurstmarkt
Mit dem Wein verbunden sind die meisten der zahlreichen Feste an der Weinstraße. Das ›größte Weinfest der Welt‹ wird am zweiten und dritten Septemberwochenende in Bad Dürkheim gefeiert. Selbstredend verfügt dieses Fest über eine eigene Website – www.duerkheimer-wurstmarkt.de.

Deutsches Weinlesefest
Nach dem Motto ›Wenn schon keine Lady Di, dann wenigstens eine Weinkönigin‹ werden in Neustadt/Weinstr. alljährlich im Herbst während des Weinlesefestes aparte junge Frauen, die sich durch oenologisches Fachwissen, Intelligenz und Medienkompetenz auszeichnen, zur Pfälzischen bzw. Deutschen Weinkönigin als Botschafterinnen des Rebensafts gekürt.

Festspielkalender

Februar bis April
Heidelberger Frühling: Bei dem international gefeierten Musikfestival präsentieren sich große Solisten und Orchester aus aller Welt (Mitte März bis April, s. S. 52).

Mai bis Juli
Schwetzinger Festspiele: Klassikfestival mit weltweiter Rundfunkübertragung (Ende April bis Anfang Juni, s. S. 54)
Heidelberger Stückemarkt: Ein internationales Theaterforum junger Autoren (Anfang bis Mitte Mai, www.theaterheidelberg.de).
Heidelberger Schlossfestspiele: Theater-, Konzert- und Liederabende vor dem Hintergrund der festlich illuminierten Schlossruine (Mitte Juni bis Mitte August)
Festival des Deutschen Films: Auf der Parkinsel in Ludwigshafen (zehn Tage im Juni, s. S. 76)
Internationale Schillertage: am Nationaltheater in Mannheim (eine Woche Mitte Juni, www.schillertage.de)

Nibelungenfestspiele: Worms muss trotz großen Publikumszuspruchs aus Finanznot kleinere Brötchen backen. Ab 2011 finden die Festspiele im jährlichen Wechsel im Wormser Theater mit einer Aufführung vor dem Dom (ungerade Jahre) und als aufwendige Open-Air-Inszenierung (gerade Jahre) am gleichen historischen Schauplatz jeweils Ende Juli, Anfang August statt, www.nibelungenfestspiele.de

September bis Dezember
Enjoy Jazz: Großes internationales Jazz-Festival in Heidelberg, Mannheim und Ludwigshafen (Anfang Oktober bis Mitte November, s. S. 54)
Festspiele Ludwigshafen: Internationales Tanztheater steht im Mittelpunkt der Festspiele, die im Pfalzbau veranstaltet werden (Ende Okt. bis Mitte Dez, www.theater-im-pfalzbau.de)
Internationales Filmfestival Mannheim-Heidelberg: Das Festival ist neben der Berlinale das wichtigste Filmfestival in Deutschland (10 Tage im November, s. S. 75).

Reiseinfos

Bergsträßer Weinmarkt in Heppenheim
Dorthin kommen jährlich bis zu 100 000 Besucher. Weinproben und ein vielfältiges kulinarisches Angebot sowie ein abwechslungsreiches Unterhaltungsprogramm sind das Geheimrezpt dieser Veranstaltung. Der Bergsträßer Weinmarkt findet alljährlich an 10 Tagen vom letzten Juni- bis zum ersten Juliwochenende statt.

Matheise-Markt in Schriesheim
Am erste Wochenende im März steigt das erste große Frühlings- und Weinfest an der Bergstraße.

Kurpfälzisches Winzerfest in Wiesloch
Ein populäres Straßenfest am letzten Wochenende im August.

Stadt- und Altstadtfeste

Jährlich gefeierte Stadt- und Altstadtfeste zeigen sich zumeist als buntes Treiben in den Straßen der Stadtzentren. In der Regel verbinden sich damit besondere Livemusik-Events. Besonders gut besucht sind zum Beispiel das Mannheimer Stadtfest (Ende Mai), das Altstadtfest in Freinsheim vor der historischen

Zum schönsten Weinfest der Pfalz gekürt: das Kalmitfest in Ilbesheim

Reiseinfos

Kulisse der Stadtmauer (Anfang Juni), der ›Kuckucksmarkt‹ in Eberbach (letztes Wochenende im August), die Altstadtfeste in Ladenburg und Speyer (jeweils am zweiten Wochenende im September) und der ›Heidelberger Herbst‹ (am letzten Samstag im September). Zu den traditionellen Volksfesten s. S. 70.

Kulturelle Veranstaltungen

Zu den kulturellen Highlights der Region gehören zweifelsohne die großen Musik- und Filmfestivals, die in den Residenzstädten Heidelberg, Mannheim und Schwetzingen stattfinden (siehe auch Festspielkalender). Darüberhinaus sind zu empfehlen:

Lange Nacht der Museen: Sie zählt zu den sehr beliebten Kulturveranstaltungen der Region. An einem Samstagabend im März bieten Museen, Kunstvereine, Galerien, Theater und auch Kirchen der Städte Heidelberg, Mannheim und Ludwigshafen ein besonderes Veranstaltungsprogramm, das bis weit nach Mitternacht viele Gäste zählt.

Kultu(o)rnacht Speyer: Ende Mai/Juni öffnen sich an einem Freitag zahlreiche Kultureinrichtungen der Domstadt (auch Museen, Galerien) von 19–2 Uhr zu Musik, Tanz, Theater und Performance-Darbietungen.

Gassensensationen: Heppenheim, mit internationalem Straßentheater (vier Tage im Juli, s. S. 254).

Internationales Straßentheaterfestival Ludwigshafen: drei Tage Ende Juli, www.ludwigshafen.de.

Internationale Schlossfestspiele Bensheim-Auerbach: Theateraufführungen vor romantischer Kulisse. Ende Juni bis Anfang August.

Pop und Klassik am Fluss in Ladenburg: Sehr stimmungsvolle Musikveranstaltungen auf der großen Neckarwiese von Ladenburg. Zumeist findet ein Pop- und ein Klassik-Abend im Juni statt. Ein Blick auf die Website von Ladenburg (www.ladenburg.de) liefert genauere Informationen.

Schlossbeleuchtungen: Viele Gäste kommen zu den Schlossbeleuchtungen in Heidelberg (drei Samstagabende in den Sommermonaten, www.heidelberg.de) und zur Veranstaltung ›Schloss Auerbach in Flammen‹ (mehrfach im Sommer an Wochenenden, www.schloss-auerbach.de).

Töpfer- und Künstlermarkt in Angelbachtal: Im Schlosspark von Angelbachtal herrscht am 3. Septemberwochenende ein malerisches Treiben.

Aktivurlaub und Sport

Eine gute Übersicht über die zahlreichen Möglichkeiten sportlicher Betätigung in der Rhein-Neckar-Region gibt folgende Website: www.sportstaettenatlas.de.

Angeln

Neckar und Rhein bieten mit ihren Nebengewässern (Altarme) begehrte Angelreviere. Sie reichen am Neckar von Neckargemünd bis zur Rheinmündung des Flusses in Mannheim, am Rhein von Altlußheim (km 396) bis zur Landesgrenze zu Hessen (bei km 437). Beide Flüsse sind seit einigen Jahren wieder so sauber, dass Fische aus dem seither wachsenden Bestand bedenkenlos gegessen werden können. Im Neckar werden vor allem Barben, Wels, Rotaugen, Zander, Hechte und Aale gefangen. Im Rhein gehen hauptsächlich Rotaugen, Barben, Zander, Barsche und Aale an die Angel. Vorinformationen liefert www.anglermap.de, nähere Auskünfte zu Angelkarten, Fangplätzen und Zeiten erteilt die Rhein-Neckar-Pachtgemeinschaft e. V. in Edingen-Neckarhausen, Tel. 06203 839 97 39 (Mo–Do 18–20 Uhr).

Baden

In der Region gibt es einige sehr schön gelegene Badeseen. Ihre Wasserqualität wird regelmäßig kontrolliert und ist ausnahmslos gut. Nähere Informationen zu den genannten Seen finden sich auf den Internetseiten der zugehörigen Gemeinden. Eine gute Orientierung bietet www.seen.de. Infos zu rheinhessisch-pfälzischen Seen liefert www.badegewaesser.rlp.de, zu badischen www.lubw.baden-wuerttemberg.de, zu hessischen www.badeseen.hlug.de; hier eine Auswahl:

Waidsee in Weinheim: Dieser schöne Badeplatz zählt zu unseren persönlichen Favoriten. Er ist mit einer großen, durch Bäume beschatteten Liege- und Spielwiese ausgestattet. Vom See und der Wiese aus hat man einen wunderschönen Blick auf die grünen Hügel der Bergstraße. Wer dem See auf den Grund gehen möchte, kann dies mit entsprechender Taucherausrüstung tun. Abends beschert ein am See liegendes Restaurant Urlaubsgefühle (s. S. 250).

Heddesheimer Badesee: Ebenfalls als Strandbad mit beaufsichtigter Badezone ist ein Teil des unweit von Weinheim gelegenen Heddesheimer Badesees eingerichtet. An Schönwetter-Wochenenden herrscht hier allerdings reger Familienbetrieb. Von der Autobahn (A 5) kommend, sieht man kurz nach dem Ortseingang in Heppenheim Hinweisschilder zum See.

Hohenwiesensee bei Ketsch: Am Westufer des idyllisch gelegenen, recht kleinen Sees stehen Wochenendhäuser, das Ostufer ist Badezone. Hier gibt es keine Kassenhäuschen und kein Eis am Stiel. Die Anfahrt lässt man sich am besten im Ort Ketsch erklären.

St. Leoner See: Als große Badeanstalt mit Campingplatz zeigt sich der St. Leoner See bei St. Leon-Rot. Wassersportler kommen hier ebenso zum Zug wie Kinder und Schwimmer, denn im kleineren der beiden Seen geht es ruhiger zu, während im größeren Surfen und Wasserski möglich sind. Lage: ca. 1 km von der westlichen Ortsausfahrt von St. Leon rechts abbiegen, www.st.leoner-see.de.

Binsfeld, Speyer: Mehrere Badeseen hat der Kiesbau nördlich von Speyer im

Reiseinfos

Die Südpfalz ist ein Eldorado für Gleitschirmflieger

sogenannten Binsfeld geschaffen. Zum Schwimmen bzw. Wassersport sind freigegeben: Binsfeldsee (Schwimmen, Sandstrand, Kiosk); Speyerlachsee, südlicher Teil des Sonnensees (Baden); Gänsedrecksee (Tauchen); Silbersee (Surfen). Anfahrt: A 61 Hockenheim-Speyer, nach der Rheinbrücke Abfahrt Richtung Ludwigshafen, Bundesstraße an erster Ausfahrt Richtung Otterstadt verlassen, nach Otterstadt ist der Parkplatz Binsfeld ausgeschildert.
Blaue Adria, nahe Ludwigshafen: Von Mannheim und Ludwigshafen aus pilgert Groß mit Klein gerne zur nahen Blauen Adria. Der Weg zu dieser Seenlandschaft: Altrip Richtung Ludwigshafen, Ortsausgang links auf K 13, nach 1 km rechts den Schildern folgen.
Stollenwörthweiher, Mannheim: Badeplatz im Stadtteil Neckarau, mit Liegewiese, gastronomischen Angeboten, Kinderbecken und Pontonstegen ausgestattet. Route: Neckarau, Friedrichstraße, Promenadenweg.

Ballooning

Wer sich das Neckartal, den Odenwald und die Rheinebene gerne aus der Warte eines Heißluftballonfahrers ansieht, kann dieses Vergnügen rechtsrheinisch unter www.heidelberg-ballon.de (Tel. 06220 92 22 27), linksrheinisch unter www.ballooning-speyer.de (Tel. 06232 771 17) buchen. Solche Fahrten sind traditionell mit der Ballonfahrertaufe (meist mit Sekt) verbunden (ab 225 €).

Gleitschirmfliegen

Eine Sportart, die wohl eher zu den Exoten gehört, in der Südpfalz aber, nicht zuletzt dank Ex-CDU-Generalsekretär Heiner Geißler, eine breite Plattform hat. Von den Felslandschaften der Haardt wird abgehoben. Nähere Informationen unter www.duddefliecher.de (ab 30 €).

Reiseinfos

Golf

Eines der schönsten und größten deutschen Golf-Ressorts ist der von SAP-Mitbegründer Daniel Hopp initiierte Golf Club St. Leon-Rot (s. S. 120). Zwei 18-Loch-Anlagen, eine 9-Loch-Anlage, eine 5-Loch-Bambini-Anlage, Driving Range, Chipping-, Pitching- und Puttinggrüns schenken Anfängern ebenso viel Spaß wie Profis. Schaulustige kommen, um die vielen prominenten Gäste des Clubs einmal aus der Nähe zu sehen. Weitere Clubs gibt es u. a. in Bad Rappenau, Heddesheim, Lobenfeld, Dackenheim, Neustadt/Weinstr., Essingen, Limburgerhof, Viernheim, Wiesloch und Sinsheim (weitere Infos unter www.sportstaettenatlas.de).

Klettern

Hochseilgärten: Linksrheinisch (Pfälzerwald und Bienwald) wie rechtsrheinisch gibt es eine Reihe von beliebten Hochseilgärten, die sich meist auch für Kinder ab ca. 8 Jahre eignen. Eine Übersicht dazu bietet www.hochseilgarten-verzeichnis.de. Vom Autor bei mehreren Kindergeburtstagen mit acht- bis vierzehnjährigen Kindern ausprobiert und für gut befunden: Kletterpark Rhein-Neckar (Viernheim, Lorscherweg, www.kletterwald-rhein-neckar.de). Die gepflegte Anlage ist landschaftlich reizvoll, hat einen attraktiven Parcours und sehr freundliches Personal. In der Südpfalz gilt Gleiches für: Abenteuerpark Kandel (Kandel, Badallee, nahe beim Waldschwimmbad, Tel. 07275 61 80 32, www.abenteuerpark-kandel.de).
Indoor-Anlagen: Bei den Indoor-Kletteranlagen (Verzeichnis in www.kletterhallen.net) ist das Kletterzentrum des Deutschen Alpenvereins (DAV) in Heidelberg ein Tipp. In einer schönen und Halle gibt es dort eine große Kletterwand, die viel Zuspruch findet (Harbigweg 20, Tel. 06221 180 81 16, www.kletterzentrum-heidelberg.de).
Kletterfelsen: Zu den größten Fels-Klettergebieten der Region (Übersicht: www.klettergebiete-online.de) gehört der stillgelegte Steinbruch in Schriesheim (s. S. 243). 7 km nördlich von Heidelberg gelegen, bietet er 200 Routen der Schwierigkeitsgrade 2–10. Auch im Wasgau (Südliche Weinstraße) finden sich Kletterrouten aller Schwierigkeitsgrade (www.pfaelzer-kletterei.de). Empfehlenswerte Führer, in denen die Routen detailliert aufgeführt sind, hat der Panico Alpinverlag aufgelegt.

Radfahren

Ein dichtes Netz von Radwegen durchzieht die Metropolregion, im Rhein- und Neckartal mit zumeist bequem ebenem Verlauf, selbst an der Deutschen Weinstraße nur mit wenigen heftigen Steigungen. Hinauf zur Bergstraße, in den Odenwald oder in den Pfälzerwald hinein muss man sich allerdings sportlich mehr ins Zeug legen.

Gut ausgeschildert sind u. a. Touren auf dem Rheinradweg zwischen Speyer und Worms (s. S. 187), dem Neckartalradweg (www.fahrrad-tour.de/Neckar), Radweg Deutsche Weinstraße (www.pfalz-radtouren.de), Radweg entlang der Bergstraße (www.diebergstrasse.de) oder auf dem Kraichgau-Burgen-Radweg (www.tourismus-bw.de). Gute Tipps liefern die Infostellen auf S. 15.

Top-Stern Radwander- und Freizeitkarten (www.pietruska.de, 6,50 €) decken den ›Pfälzerwald‹ (1:40 000) und ›Rhein-Neckar Pfalz‹ (1:50 000, Deutsche Weinstraße bis Bergstraße) ab. Fürs rechtsrheinische Gebiet zu empfehlen sind Meki Landkarten (1:30 000, www.

Kletterer im Wasgau

Reiseinfos

meki-landkarten.de). Alle Karten sind über den Buchhandel beziehbar. Auf www.bikemap.net kann man von Usern beschriebene Radrouten einsehen.

Wer eine noch größere sportliche Herausforderung sucht, findet sie im Mountainbike-Park im Pfälzerwald (www.mtb.park-pfaelzerwald.de).

Reiten

Die Pfalz ist gut ausgestattet mit Wanderreit-Stationen: Höfe in Quirnheim, Bad Dürkheim, Rohrbach, Ilbesheim und Silz; Infos: www.diepfalzzupferd.de.

Volksläufe / Marathon

Stadtmarathon-Läufe und andere Volksläufe in der Region stoßen in den letzten Jahren auf immer größeres Teilnehmerinteresse. Ausführliche Informationen und Details zu den bekannteren Veranstaltungen finden sich unter www.runnersworld.de. Besonders viele Teilnehmermeldungen registrieren seit Jahren:
Halbmarathon Heidelberg: Der seit 1982 jährlich veranstaltete Volkslauf führt auf die Hügel, von denen die Altstadt umgeben ist. Die Strecke erfordert Fitness und läuferische Erfahrung (www.sashalbmarathon.tsg78-hd.de).
Marathon Deutsche Weinstraße: Der schon traditionelle Lauf über die Weinberge beginnt in Bockenheim als nördlichem Tor zur Weinstraße und hat am Riesenfass in Bad Dürkheim seinen Wendepunkt. Die Strecke zählt zu den landschaftlich schönsten Marathonstrecken in Deutschland.
Kalmit Berglauf: Der Lauf auf den höchsten Berg des Pfälzerwalds (673 m, jährlich im November) ist jahreszeitlich der letzte von sechs Läufen um den Pfälzischen Berglaufpokal. Er wird seit 1992 ausgetragen, die Strecke ist 8,1 km lang und Startort ist Maikammer.

Wandern

In der Regel sehr gut ausgeschilderte Wanderwege gibt es überall in der Region. Der Pfälzerwald und der Odenwald gehören zu den Favoriten. Routen oberhalb der Rheinebene und über dem Neckar schenken viele reizvolle Panoramablicke. In der Pfalz laden zahlreiche bewirtschaftete Hütten des Pfälzerwald-Vereins (PWV) sowie Naturfreunde- und Forsthäuser zu Zwischenstopps ein. In den topografischen Wander- und Freizeitkarten (Maßstab 1:25 000 bis 1:35 000) der Landesvermessungsämter von Rheinland-Pfalz, Hessen und Baden-Württemberg sind sie zumeist fixiert, zum Teil auch in diesem Reiseführer genannt. Pfalz-Wanderinfos liefern die Portale www.wanderportal-pfalz.de und (fast eine Kult-Website) www.wandere.net. Wer längere Touren plant, findet in den Führern von Andreas Stieglitz hilfreiche Infos (»Wandern im Odenwald«, »Wandern im Pfälzerwald«, beide in der Reihe »DuMont aktiv« erschienen).

Autofreie Events
Eine Vorreiterrolle spielt der »Erlebnistag Deutsche Weinstraße«, der seit 1985 jeweils am letzten Sonntag im August bis zu 300 000 Radler, Inliner und Wanderer an die dann von Bockenheim bis Schweigen für den Autoverkehr gesperrte Weinstraße bringt (ca. 85 km). In seinem Gefolge bewegen sich die kleineren Ausgaben »Radeln ohne Grenzen« (Sept.) im Grenzgebiet Südpfalz/Elsass und »Autofreies Eistal« (3. Okt.) bei Grünstadt. Terminübersicht unter www.upi-institut.de.

Reiseinfos von A bis Z

Apotheken

Diensthabende Notdienst-Apotheken sind unter www.apotheken.de schnell zu ermitteln. Man muss dazu nur die Postleitzahl seines Aufenthaltsortes wissen. Ansonsten sind an jeder Apotheke die nächsten diensthabenden Notdienstapotheken an der Tür mit Aushängen ebenso angezeigt wie in der Tagespresse.

Ärztliche Versorgung

In der Region ist bei Bedarf ärztliche Hilfe überall schnell erreichbar.

Krankenhäuser
Annweiler: Tel. 06346 97 00
Bensheim: 06251 13 20
Buchen: Tel. 06281 290
Heidelberg: Tel. 06221 560
Landau: Tel. 06341 90 80
Ludwigshafen: Tel. 0621 50 30
Mannheim: Tel. 0621 38 30
Mosbach: Tel. 06261 830
Schwetzingen: Tel. 06202 84 30
Speyer: Tel. 06232 22 14 01
Weinheim: Tel. 06201 890
Worms: Tel. 06241 85 60

Diplomatische Vertretungen

Österreichische Botschaft
Stauffenbergstr. 1
10785 Berlin
Tel. 030 20 28 70
www.oesterreichische-botschaft.de

Schweizer Botschaft
Otto-von-Bismarck-Allee 4a
10557 Berlin
Tel. 030 390 40 00
www.eda.admin.ch/berlin

Feiertage

Die drei Bundesländer der Metropolregion Rhein-Neckar haben folgende Feiertage gemeinsam: Karfreitag und Ostermontag, Tag der Arbeit (1. Mai), Christi Himmelfahrt, Pfingstmontag, Fronleichnam sowie Tag der deutschen Einheit (3. Oktober). Dagegen ist Hl. Drei Könige (6. Januar) nur in Baden-Württemberg ein Feiertag und Allerheiligen (1. November) nur in Baden-Württemberg und Rheinland-Pfalz.

Geld

Geldautomaten gibt es in jedem größeren Ort. Nahezu alle Hotels, Restaurants und Geschäfte akzeptieren Kreditkarten oder zumindest die EC-Karte.

Kinder

In der Rhein-Neckar-Region als Familie mit Kindern zu reisen, bedeutet für alle Beteiligten viel Spaß und schöne Erlebnisse. In freier Natur warten Badeseen, Tretboot- und Kanuverleih, mühelos zu bewältigende Fahrradstrecken, Streichelzoos und Wanderwege. Die Städte haben dank diverser Unterhaltungsprogramme, Preisermäßigungen und der Einbeziehung von Kindern ins öffentliche Leben das Prädikat kinderfreundlich durchaus verdient. Auch bei Bussen und Bahnen gibt es zahlreiche familienfreundliche Tarife.

Reiseinfos

Notruf

Polizei: 110
Ärztlicher Rettungsdienst und **Feuerwehr:** 112
Pannenhilfe des ADAC: über Festnetz 0180 222 2222, mobil 222 222

Öffnungszeiten

Die Ladenöffnungszeiten werden in Stadt und Land unterschiedlich gehandhabt. Als Kernzeiten gelten für Kaufhäuser und Supermärkte 9 bzw. 10–20 Uhr, kleinere Geschäfte schließen meist schon um 18.30 Uhr, samstags um 13 Uhr. Außerhalb der Stadtzentren und in kleineren Ortschaften wird oft von 13–14.30 Uhr Mittagspause gemacht.
Post: Kernzeit meist 9–18 Uhr; Postagenturen auf dem Land orientieren sich an den Ladenöffnungszeiten.
Banken: in der Regel Mo–Fr 9–13 und 14–16 Uhr
Museen: keine einheitlichen Zeiten, Mo geschlossen, Do oft längere Öffnungszeiten am Abend.
Gastronomie: Restaurants halten üblicherweise zwischen 14.30 und 17 Uhr Mittagsruhe. Weinstuben und Straußwirtschaften öffnen ab 17 oder 18 Uhr. Konditoreicafés schließen nicht selten schon um 18 Uhr.
Sperrzeiten: Nächtliche Schließzeiten von Bars und Diskotheken haben in Baden-Württemberg, Hessen und Rheinland-Pfalz eine liberale Rahmengesetzgebung. Trotzdem schließen Straßenlokale auch in schönen Sommernächten oft um 24 Uhr, während Nachtlokale außerhalb von Wohngebieten mitunter bis 3 Uhr geöffnet halten. Das ist in der Regel eine Frage des Schutzes der Anwohner vor Lärmbelästigung; übrigens ein dauerhaftes Streitthema in der Heidelberger Altstadt.

Radio

Neben der Senderfamilie des Südwestrundfunks (SWR), der seine Programme in Baden-Württemberg und Rheinland-Pfalz ausstrahlt, gibt es Privatsender mit unterschiedlichen Reichweiten. Der größte heißt Radio Regenbogen. SWR 1 bringt Popmusik und Oldies mit Information und Unterhaltung, SWR 2 Kultur, SWR 3 ist die junge Welle, SWR 4 das lokal ausgerichtete Programm. Das gleiche Sendeschema findet der Hörer beim Hessischen Rundfunk.

Reisende mit Handicap

Die Websites und Tourist-Informationen der Städte und Zielgebiete sind mit entsprechenden Informationen behilflich. Einen aktuellen Überblick über Hotels, Pensionen, Jugendherbergen und andere Unterkünfte für Rollstuhlfahrer in Deutschland gibt folgendes Buch: Handicapped-Reisen, 21. Auflage 2010, Escales-Verlag, ISBN 978-3-9813 233-0-6 6,80 Euro.

Sicherheit

Radlern seien Unterkünfte mit einem abschließbaren Raum empfohlen. Bett-&-Bike-Betriebe sind zu einem solchen Service verpflichtet. Mit der Sperrnummer 116 116 können bundeseinheitlich EC- oder Kreditkarten, Handys, Tankkarten usw. gesperrt werden.

Souvenirs

Originelle und schmackhafte Mitbringsel aus der Rhein-Neckar-Region reichen von der guten Flasche Wein (Adressen im Reiseteil) über traditionelle Köstlichkeiten wie dem ›Heidel-

Reiseinfos

berger Studentenkuss‹ oder die Wormser ›Luthernuss‹ bis hin zur Dosenleberwurst aus dem Verkaufsladen ›Knackpunkt‹ der Mannheimer Justizvollzugsanstalt. Schöne Mitbringsel von bleibendem Wert sind Landschafts- und Städtebilder, die als Stiche, Zeichnungen oder kleine Gemälde zu haben sind. Im regionalen Buchhandel und Antiquariaten finden Kulturinteressierte immer eine reizvolle Auswahl an Heimatkundlichem, seien es schöne Fotobände, Krimis mit Lokalkolorit oder monografische Werke zu einzelnen baulichen Besonderheiten.

Telefonieren

Mobiltelefone haben in der Rheinebene einen guten Empfang. Schlechter sieht es in manchen Gegenden des Pfälzerwaldes und des Odenwaldes aus. Man sollte sich bei einer Fahrt in diese Waldgebiete nicht absolut auf ein reibungsloses Telefonieren mit dem Handy verlassen. Bei Verlust und Diebstahl kann man die bundesweit gültige Telefonnummer 116 116 anrufen und seine Handynummer sperren lassen.

Trinkgeld

Wie anderswo in Deutschland auch, ist in der Rhein-Neckar-Region bei Zufriedenheit ein Trinkgeld von etwa 7% bis 10% üblich. Es kommt auch immer auf die Höhe der Gesamtrechnung an. Unhöflich erscheint es uns, wenn man eine Rechnung von 19,60 € ›großzügig‹ auf 20 € aufrundet.

Umwelt

Nicht nur beim Kehraus von Volksfesten fällt auf, dass viele Besucher bereitstehende Abfallkörbe nicht beachten und die Straßen mit Flaschen, Pappbechern, Imbissstüten und anderem Unrat verschmutzen. Es sollte auf Reisen zu den Selbstverständlichkeiten gehören, sich seiner Abfälle dort zu entledigen, wo es dafür vorgesehene Möglichkeiten gibt. Dies gilt für Stadtbesuche ebenso wie für Rad- und Wandertouren. Reisende gehen bisweilen recht verschwenderisch mit Wasser um. Wir möchten deshalb auf einen möglichst bedachten Wasserverbrauch in den Urlaubsunterkünften hinweisen.

Reisekosten und Spartipps

In der Rhein-Neckar-Region gibt es bei Hotel- und Restaurantpreisen ein ziemlich deutliches Gefälle zwischen Stadt und Land. Vor allem in den Hotels, Pensionen und Gaststätten des Odenwaldes erlebt man bezüglich der Preise so manch angenehme Überraschung. Bei Hotelbuchungen in den Städten sollte man darauf achten, dass Wochenendpreise oft deutlich günstiger sind als die Preise, die Geschäftsreisende an Werktagen bezahlen. Restaurants bieten wochentags zumeist preiswerte Mittagsgerichte an. Es schont also die Reisekasse, wenn man die Hauptmahlzeit am Mittag zu sich nimmt.

Zu den Verkehrsmitteln wurde unter dem entsprechenden Stichwort (s. S. 19–21) bereits darauf hingewiesen, dass sich die Option ›24Plus‹ beim Verkehrsverbund Rhein-Neckar als günstiger Gruppen- und Familientarif großer Beliebtheit erfreut. Ermäßigungen für den Besuch kultureller Einrichtungen erhalten in der Regel Schüler, Studenten, Rentner und Behinderte bei Vorlage des entsprechenden Ausweises.

Panorama – Daten, Essays, Hintergründe

Abendstimmung im Naturpark Pfälzerwald

Steckbrief Rhein-Neckar

Lage und Fläche: Das Gebiet in der Schnittfläche der Bundesländer Baden-Württemberg, Hessen und Rheinland-Pfalz hat sich 2005 als »Metropolregion Rhein-Neckar« formiert und fußt in seinem geografischen Kern auf der historischen Kurpfalz. Die Fläche dieser Region erstreckt sich über 5637 km², reicht im linksrheinischen Süden bis an die französische Grenze und im Norden bis zu den Städten Worms, Bürstadt und Bensheim. Im Westen bezieht die Region Teile des Pfälzerwaldes ein, im Osten den Odenwald.

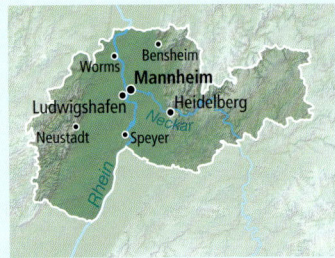

Die Rhein-Neckar-Region

Einwohner: Die Metropolregion Rhein-Neckar gehört zu den größten deutschen Ballungsräumen. Ein Großteil der insgesamt ca. 2,35 Mio. Einwohner lebt im Städtedreieck Ludwigshafen, Mannheim, Heidelberg.

Geografie und Natur

Rhein und Neckar, die der Region ihren Namen geben, haben Natur und Landschaft geprägt. Die Rheinebene als ca. 45 km breiter Oberrheingrabenbruch bildet zusammen mit den westlich und östlich angrenzenden Mittelgebirgslandschaften Odenwald und Kraichgau sowie dem Pfälzerwald die charakteristischen Großlandschaften der Region. Klimatisch zeigt sich die Region zwischen der Südpfalz und der Bergstraße in der Ebene als besonders mild, was inzwischen auch den Anbau südländischer Gemüsesorten und Früchte wie Feigen und Kiwis ermöglicht.

Die Rheinebene war bis ins 19. Jh. durch Sümpfe charakterisiert und für die Landwirtschaft ebenso schwer zu nutzen wie für Baumaßnahmen. Die Begradigung des Rheins zwischen 1817 und 1876 erhöhte die Fließgeschwindigkeit des Flusses, was den Städtebau (z. B. Ludwigshafen) und eine großflächige Agrokultur ermöglichte. Mit etwa 23 500 ha stellt die Pfalz außerdem die größte geschlossene Rebfläche in Deutschland dar.

Während der Pfälzerwald als größte zusammenhängende Waldfläche Europas gilt, ist der Odenwald durch den Wechsel von Wäldern und offenen Feldfluren geprägt. Ein Höhepunkt der ganzen Region ist das Neckartal. Der Fluss nimmt mit weiten Schleifen seinen Weg durch schroffe Steilhänge und sanfte Gleithänge, bis hin zur Rheinebene, die er bei Heidelberg erreicht.

Geschichte und Kultur

Beeindruckende Zeugnisse der Geschichte lassen sich vielerorts bestaunen: So verweist der Unterkiefer des »Homo heidelbergensis«, der auf 600 000 v. Chr. datiert wird, auf die Ur- und Frühgeschichte. Mit dem Limes und sehenswerten Siedlungsresten in Ladenburg haben die Römer hier ihre Spuren hinterlassen. Die ehemaligen Residenzschlösser in Heidelberg, Schwetzingen und Mannheim gelten als besondere Wahrzeichen der Kurpfalz. Weltkulturdenkmäler wie das Kloster Lorsch und der Dom zu Speyer als Grablege der Salierkaiser repräsentieren wichtige Kapitel der Kirchengeschichte und der politischen Entwicklung.

In der dicht gewachsenen Kulturlandschaft der Region ragen neben den großen Schlössern, Burgen und Kirchen auch hochkarätige Museen (vor allem Mannheim, Heidelberg, Speyer), Theater und Kunstsammlungen hervor.

Staat und Politik

Ein im Juli 2005 zwischen Baden-Württemberg, Hessen und Rheinland-Pfalz geschlossener Staatsvertrag regelt die regionale Zusammenarbeit über die Grenzen dieser drei Bundesländer hinweg. Die Landesregierungen werden in Baden-Württemberg seit 2006 von einer Koalition aus CDU und FDP/DVP, in Hessen seit 2009 von einer CDU/FDP-Koaltion und in Rheinland-Pfalz seit 2006 von der SPD gebildet. Die Landeshauptstädte in dieser Reihenfolge sind Stuttgart, Wiesbaden und Mainz.

Wirtschaft und Tourismus

Mehr als 100 000 Unternehmen in der Region beschäftigen rund 800 000 Mitarbeiter. Traditionsreiche Branchen wie Bau und Baustoffe, die Chemie- und Pharmaindustrie sowie der Maschinenbau werden durch bedeutende Informatik- und Hightech-Unternehmen ergänzt. Die Region gehört zu den wichtigsten deutschen Biotech-Standorten. Ihre wirtschaftliche Stärke verbindet sich eng mit Bildung und Wissenschaft. Die Medizinische Fakultät der Uni Heidelberg genießt Weltruf, die an der Uni Mannheim angesiedelten Wirtschaftswissenschaften führen nationale und internationale Rankings an.

Überdurchschnittlich viele Großunternehmen haben vor allem im Ballungsraum Mannheim-Ludwigshafen-Heidelberg ihren Sitz, darunter Marktführer wie BASF, SAP, ABB, Roche Diagnostics, Bilfinger Berger, HeidelbergCement, Brockhaus, Freudenberg oder Lamy. Die in Eppelheim bei Heidelberg ansässige Rudolf Wild GmbH, Produzent von ›Capri-Sonne‹, gilt als größtes Privatunternehmen der Welt.

Im Jahr 2007 wurden für die Metropolregion pro Tag ca. 300 000 Besucher gezählt. Den größten Anteil davon machen Tagestouristen aus. Die 3,2 Mio. Übernachtungsbesucher hielten sich 2007 im Durchschnitt 2,3 Tage hier auf. Zu den Favoriten bezüglich der Reiseziele gehören das Heidelberger Schloss und die Deutsche Weinstraße.

Bevölkerung, Sprache, Religion

Hochschulen, Forschungsstätten und Großunternehmen tragen im urbanen Kerngebiet der Region zu einem hohen Ausländeranteil (knapp 20 %) bei. Dialekte und ihre verschieden ausgeprägten Färbungen: Die pfälzische Mundart wird auf der linken Rheinseite gesprochen und geht ab Worms ins Rheinhessische über. Der badische Dialekt herrscht im Kraichgau vor und wechselt in der Heidelberger Gegend ins Kurpfälzische. Die ›Mannemer‹ haben aus dem Kurpfälzischen eine eigene Stadtsprache entwickelt. Und im hessischen Teil der Region hört man auch gleich, wenn ein Landeskind zu einem spricht.

Die evangelische und die katholische Konfession überwiegen in der Region zu etwa gleichen Teilen. In Ballungsräumen wie Mannheim zeugt die Nachbarschaft von Kirchen, Moscheen und Synagogen von religiöser Vielfalt und Toleranz, die erst in jüngerer Zeit selbstverständlich wurde.

Geschichte im Überblick

Jäger und Sammler

600000 v. Chr. Der Fund eines urmenschlichen Unterkiefers in der Gemeinde Mauer nahe Heidelberg (Homo heidelbergensis) weist darauf hin, dass die Region an Rhein und Neckar zu den ältesten europäischen Siedlungsgebieten gehört.

um 5000 v. Chr. Die sogenannte Bandkeramik repräsentiert die erste Bauernkultur in Deutschland. Entsprechende Hinweise auf eine bedeutende Siedlung der Bandkeramiker, mit denen die Steinzeit beginnt, lieferten Funde im südpfälzischen Herxheim. Die Bezeichnung Bandkeramik leitet sich von der charakteristischen Verzierung keramischer Gefäße ab.

1200/1300 v. Chr. Die bronzezeitliche Besiedlung der Region bestätigte ein 1835 bei Schifferstadt getätigter Fund. Der im Historischen Museum der Pfalz (Speyer) ausgestellte »Goldene Hut« ist ein religiöses Kultobjekt aus Goldblech.

Von den Kelten bis zu den Nibelungen

um 200– 100 v. Chr. Auf die Mitte des 2. vorchristlichen Jahrhunderts lässt sich eine spätkeltische Siedlung mit großem Ringwallsystem auf dem Donnersberg in der Nordpfalz datieren, deren Reste noch zu sehen sind. Da der pfälzische Raum im Gallischen Krieg keine Rolle gespielt zu haben scheint (die römische Grenze lag am Rhein), existieren keine schriftlichen Hinweise auf diese Anlage. Ausgrabungen ließen erkennen, dass die Anlage mit rund 240 ha die drittgrößte Stadt der Kelten in Mitteleuropa war. Die Siedlung wurde 20 Jahre vor der Zeitenwende kampflos geräumt.

58–51 v. Chr. Die Römer erobern unter Julius Caesar Gallien, also das Gebiet des heutigen Frankreichs, Belgiens, der Westschweiz und der größten Teile des linksrheinischen Deutschlands.

10 v. Chr. Speyer wird (wie kurze Zeit später auch Worms) zu einer wichtigen römischen Garnison.

43 Erste Erwähnung des Rheins in der römischen Literatur.

98 Kaiser Trajan erhebt Ladenburg zum Verwaltungsmittelpunkt einer römischen Region und zur ersten rechtsrheinischen Stadt im heutigen Deutschland. Die Römer drängen damit über den Rhein nach Osten. Gleichzeitig wird der in Teilen noch erhaltene ›Neckar-Odenwald-Limes‹ als römischer Grenzwall nach Osten errichtet.

um 260 Die Alamannen verdrängen die Römer, die in ihrem gesamten Weltreich mit Zerfallserscheinungen zu kämpfen haben. Rechtsrheinische Besitzungen der Römer werden wieder aufgegeben.

476	Die Epoche des Imperium Romanum endet. Alamannen, Burgunder und Franken füllen das entstandene Vakuum aus.
500	Der Merowinger König Chlodwig ist der erste große Herrscher, den die Franken hervorbringen. Er besiegt die rivalisierenden Alamannen.
764	Gründung des Benediktinerklosters Lorsch. Im Codex des Klosters finden viele Orte der heutigen Metropolregion durch Schenkungsurkunden erste Erwähnung. Die heute zum UNESCO-Welterbe gehörende Königshalle stammt aus dem 9. Jh. Karl der Große war hier zu Gast, Ludwig der Deutsche liegt hier begraben.
1024–1254	Unter den Saliern (1024–1125) und Staufern (1125–1254) wird die Region zum Königsland. Der Dom zu Speyer ist Grablege der Salierkaiser. Das Wormser Konkordat (1122) beendet den Investiturstreit zwischen Papst und Kaiser. Die Staufer stützen sich als Verfechter der Reichsidee auf die Rheinstädte. Die Nibelungensage spiegelt das Geschehen in Worms in der Stauferzeit um 1200 wider.

Die Zeit der Kurpfalz als prägende Epoche

1214	Das Reichslehen der Pfalzgrafschaft mit einem Gebiet, das sich vom Hunsrück bis in den östlichen Odenwald erstreckte, geht an die Wittelsbacher. 1356 kommt die Kurwürde hinzu.
um 1300	Mit dem »Codex Manesse« entsteht die bedeutendste und umfangreichste Liederhandschrift des Mittelalters. Die Illustrationen gelten als bedeutendes Dokument oberrheinischer gotischer Buchmalerei.
1386	Gründung der Universität Heidelberg.
1400	Kurfürst Ruprecht III. wird zum deutschen König gewählt. Unter seinen Nachfolgern entwickelt sich die Kurpfalz zu einer politischen, wirtschaftlichen und kulturellen Größe.
1610	Unter Kurfürst Friedrich V. (1610–23) wandelt sich das Heidelberger Schloss von einer wehrhaften Anlage zu einer repräsentativen Residenz.
1618–1648	Der Dreißigjährige Krieg bringt Not und Elend über weite Gebiete der Region. Die junge Stadt Mannheim wird völlig zerstört.
1689	Im Pfälzischen Erbfolgekrieg werden von den französischen Truppen viele Gemeinden und Bauwerke zerstört, auch das Heidelberger Schloss.
1720	Kurfürst Carl Philipp verlegt die Residenz von Heidelberg nach Mann-

heim und lässt dort nach Versailler Vorbild eines der größten europäischen Barockschlösser errichten.

1742–1799 Unter der Regierung von Carl Theodor wird der kurfürstliche Hof zu einem Zentrum für Kulturschaffende aus ganz Europa. In diese Jahre fällt auch der Ausbau der Residenz Schwetzingen. Die Verlegung der Residenz nach München im Jahr 1778 (Carl Theodor tritt dort die bayerische Erbschaft an) beendet diese glanzvolle Ära.

1803 Die Kurpfalz wird infolge des Reichsdeputationshauptschlusses aufgelöst. Die rechtsrheinischen Gebiete gehören fortan zum Großherzogtum Baden, das linksrheinische Kernland der Kurpfalz kommt 1815 zu Bayern. Der nördliche Teil wird (Rhein-)Hessen zugeordnet.

Der Kampf um Demokratie

1832 Das Hambacher Fest in Neustadt gilt als erste große Manifestation des Gedankenguts des Vormärz. Die Ideen der Französischen Revolution fruchteten an Rhein und Neckar in besonderem Maße. Die Pfalz und Rheinhessen gehörten von 1798 bis 1813 zu Frankreich. Somit setzten sich große Bevölkerungsteile für die Verteidigung der mit der napoleonischen Gesetzgebung errungenen Rechte gegen die Restauration ein.

1848 Die Erhebungen im Rahmen der demokratischen Revolution nehmen in Mannheim ihren Ausgang. Dabei geht es nicht nur um Einheit und Freiheit, sondern auch um die Soziale Frage.

Industrialisierung und Arbeiterbewegung

1840 Die erste badische Bahnlinie zwischen Mannheim und Heidelberg wird eröffnet, 1847 die pfälzische Ludwigsbahn. Zahlreiche neue Industrieunternehmen bescheren Mannheim einen Aufschwung.

1865 Der Mannheimer Goldschmied Friedrich Engelhorn gründet zur Herstellung von Anilin die BASF und siedelt das Werksgelände in Ludwigshafen an, nachdem er mit der Stadt Mannheim über den Kauf eines Betriebsgeländes nicht einig werden konnte.

1876 Die Arbeiten zur Rheinbegradigung finden ihren Abschluss. Sie erwiesen sich nicht nur als großer Gewinn für die Schifffahrt, sondern auch für die Uferbebauung des Rheins.

1885 Ernst Bloch wird in Ludwigshafen geboren. Im amerikanischen Exil schreibt der Kultur- und Sozialphilosoph zwischen 1938 und 1947 sein Hauptwerk »Das Prinzip Hoffnung«. Nach dem Krieg lehrt Bloch an den Universitäten in Leipzig und, ab 1961, in Tübingen, wo er 1977 stirbt.

1886	Der in Mannheim arbeitende Maschinenbauer Carl Friedrich Benz erhält das Patent für sein erstes Automobil.
1913	Friedrich Ebert wird zum Vorsitzenden der SPD, 1919 zum Reichspräsident gewählt. Der in Heidelberg geborene Sozialdemokrat stirbt 1925 in Berlin und wird auf dem Bergfriedhof seiner Heimatstadt beigesetzt.

Nationalsozialismus

1933	Am 1. Mai wird in Osthofen bei Worms das erste Konzentrationslager des »Volksstaats Hessen« eingerichtet, das die historische Vorlage liefert für das fiktive KZ Westhofen in Anna Seghers' Roman »Das siebte Kreuz«. Vor der Heidelberger Universität kommt es zu Bücherverbrennungen.
1935	Gründung der »Deutschen Weinstraße« durch die Nationalsozialisten als propagandistische Maßnahme zur Steigerung des Weinverkaufs. Gauleiter Josef Bürckel, Initiator dieser Maßnahme, brüstet sich zusammen mit Gauleiter Robert Wagner (Baden) fünf Jahre später mit der Deportation von 6000 jüdischen Bürgern nach Südfrankreich.
1944	Im KZ Mannheim-Sandhofen, einer Außenstelle des KZ Natzweiler (Elsass), werden zur Zeit des Warschauer Aufstands über 1000 polnische Häftlinge interniert. Eine Gedenkstätte am Ort erinnert daran.

Hin zur Gegenwart

1946	Gründung der Bundesländer Rheinland-Pfalz mit der Landeshauptstadt Mainz und Hessen mit der Landeshauptstadt Wiesbaden.
1952	Es folgt Baden-Württemberg (Stuttgart). Die Metropolregion Rhein-Neckar ist durchzogen von den Grenzen dieser drei Bundesländer.
2005	Die Anerkennung als europäische Metropolregion und der neue Staatsvertrag der beteiligten Länder geben der Region die Möglichkeit, ihre Beziehungen über die Ländergrenzen hinweg selbst zu organisieren.
2007	400 Jahre Stadt Mannheim: Anlässlich des großen Jubiläumsfestes öffnet das Barockschloss nach umfangreicher Sanierung.
2009	Der US-Senat genehmigt Mittel für ein neues Kommando-Center der europäischen US-Streitkräfte in Wiesbaden. Damit wird deren Umzug von Heidelberg/Mannheim nach Wiesbaden wahrscheinlich. In und um Heidelberg leben derzeit ca. 16 000 Amerikaner in Einrichtungen der Armee.
2010	Mannheim bewirbt sich um den Status »Europäische Kulturhauptstadt 2020« und schließt die Region in diese Bewerbung ein.

Römer ante portas

Am Obergermanisch-Raetischen Limes im Odenwald

Im 1. Jh. v. Chr. klopfen die Römer im Gebiet der heutigen Metropolregion nicht gerade sehr höflich an die Türen der keltischen Bevölkerung, die bereits durch interne Zwistigkeiten und durch Kämpfe mit Land suchenden germanischen Stämmen belastet ist.

Völkergemisch am Oberrhein

Die Fronten sind nicht ganz eindeutig, denn die linksrheinischen gallischen Sequaner und Arverner bitten im Jahr 71 v. Chr. die rechtsrheinischen germanischen Sueben unter ihrem Führer Ariovist um Unterstützung gegen die linksrheinischen, gleichfalls gallischen Haeduer. Diese wiederum wenden sich hilfesuchend an den römischen Statthalter Galliens, Gaius Julius Caesar, der um die Sicherheit der Provinzen fürchtet, als Ariovist weitere Germanenvölker (u. a. Vangionen, Triboker und Markomannen) über den Rhein holt. Und so setzt Caesar 58 v. Chr. Ariovists Traum von einem Fürstentum als Gegengewicht zu Roms Machthunger in der Schlacht bei Mulhouse ein jähes Ende.

Etwa seit dem Jahr 10 v. Chr., während Kaiser Augustus' Regierungszeit, richten sich die Römer am Oberrhein häuslich ein. Um 40 n. Chr. leben in Worms (Borbetomagus), Speyer (Noviomagus) und im Umkreis germanische Vangionen, Nemeter und Triboker mit Kelten, römischen Soldaten und Siedlern friedlich romanisiert zusammen. Die Region beiderseits des Rheins erhält 85 n. Chr. als Provinz Germania Superior eine einheitliche Verwaltung. Der Obergermanisch-Raetische Limes quer durch den Odenwald sowie Kastelle und Legionslager ebenda und entlang des Rheins sollen die Bewohner der Gaugemeinden *(civitates)*, Städte *(coloniae)*, Dörfer/Kleinstädte *(vici)* und Landgüter *(villae rusticae)* vor den Barbaren des ›freien Germanien‹ schützen. Bis heute erweist sich allerdings, dass Grenzwälle – seien sie nun aus Stein oder wie bei den Römern überwiegend aus Holz gefertigt – letztlich keine Feinde dauerhaft abwehren können.

Zwischen 275 und der Neujahrsnacht 406/407, dem ›offiziellen‹ Beginn der sogenannten Völkerwanderung, häufen sich germanische Überfälle und führen zur Aufgabe rechtsrheinischer Gebiete. Aber erst Roms Verzicht auf seine Nordprovinzen im 5. Jh. bedeutet das Ende gallo-germano-römischer Zivilisation in der Metropolregion Rhein-Neckar.

> **Schauplätze**
> **Frei zugänglich:** Ausgrabungen bei Wachenheim (Villa rustica), Ungstein (Römisches Weingut Weilberg), Osterburken (Kastell), Eisenberg (Römerpark, www.eisenberg.de); römischer Steinbruch Kriemhildenstuhl bei Bad Dürkheim.
> **Teilweise frei zugänglich:** Ausgrabungen und römische Ruinen in Ladenburg (www.ladenburg.de).

Mobilität und Handwerk

Europa durchzieht ein Netz kerzengerader Römerstraßen, die zum Teil noch heute genutzt werden oder im Gelände aufzuspüren sind. Damals garantieren die Staats-, Land-, Ackerweg- und Privatstraßen je nach Klassifizierung und Decke (gepflastert, geschottert, unbefestigt) Truppenbewegungen, Nachrichtenübermittlung und Versorgung von Zivilisten und Militärs mit Gütern. Die Logistik der Römer funktioniert reibungslos. Für den Hausbau behaut man Sandsteinblöcke, die im Pfälzerwald quasi vor der Haustür liegen – nicht unbedingt allerdings Material vom Kriemhildenstuhl bei Bad Dürkheim, der wohl nur für ein Bauobjekt in der Provinzhauptstadt Mainz ausgebeutet wurde und dessen gut sichtbare Steinmetzzeichen beeindrucken.

Während der nordpfälzische *vicus* Eisenberg als Zentrum der Eisengewinnung derzeit museal aufgepeppt wird, ist es schon lange ein produktives Erlebnis, im südpfälzischen *vicus* Rheinzabern das Terra Sigillata Museum aufzusuchen, das die Geschichte der bedeutendsten Töpfermanufaktur nördlich der Alpen erzählt.

Alltag in der Provinz

Wollte man alle potenziellen römischen Siedlungen aufspüren und erfassen, müsste man die gesamte Rhein-Neckar-Region umgraben und zum archäologischen Park erklären. Klugerweise beschränkt man sich auf Freilicht- und Römermuseen sowie auf Abteilungen in Regional-, Stadt- und Heimatmuseen. Das Sammelsurium früherer Zeiten ist passé, Anschaulichkeit der Darstellung und Aktivität der Besucher sind gefragt. In Heidelbergs Kurpfälzischem Museum kann man in einem Nachbau eines römischen Speisezimmers *(triclinium)* auf Sofas wie weiland die Römer zu Tische liegen. Das Historische Museum der Pfalz in Speyer inszeniert Wohnräume – und trumpft im Weinmuseum mit dem ältesten Wein der Welt auf. Ladenburgs Ruinen und Museum rekapitulieren die Entwicklung vom Hilfstruppen-Kastell zur zivilen Stadt, Osterburken konserviert Kastellrelikte am Limes und Funde im Römermuseum.

Gut versorgt

Landleben muss organisiert sein, denn davon hängt das Wohlergehen ganzer Legionen ab. Südländische Essgewohnheiten dürfen nicht vernachlässigt werden, um eine Art Heimatgefühl zu vermitteln. Daher führen die neuen Herren eine ganze Reihe mediterraner Gewächse ein, die in dem subtropisch anmutenden Klima der Rheinebene vortrefflich gedeihen. Den lebendigen Eindruck eines römischen Gutshofs vermittelt nahe der B 271 die *villa rustica* bei Wachenheim – mit großartiger Sicht auf die Haardt! Die Römer machen den Weinbau in der Pfalz heimisch, kultivieren die Rieslingrebe, erziehen die Reben im sogenannten Kammertbau, wofür sie die biegsamen Hölzer der Edelkastanie brauchen, die sie am Rand des Pfälzerwaldes ansiedeln. Einer der ihren hat ein Auge für einen bildschönen Siedlungsplatz mit weitem Blick ins Land. Auf dem Weilberg bei Ungstein nimmt die Rekonstruktion der Römervilla allmählich Kontur an. Die wechselvolle Geschichte des Weinguts samt der ebenfalls restaurierten und zeitweilig zu Festen aktivierten Kelter lässt sich auf Informationstafeln ablesen. Das Stück Lebensqualität hier oben muss man sich selbst ›abholen‹, sitzend und träumend.

Römermuseen
Osterburken: Römermuseum (www.roemermuseum-osterburken.de)
Eisenberg: Römermuseum (www.vicus.eisenberg.de)
Rheinzabern: Terra Sigillata Museum (www.terra-sigillata-museum.de)

Regional-, Stadt-, und Heimatmuseen
Ladenburg: Lobdengau-Museum (www.lobdengau-museum.de)
Speyer: Historisches Museum der Pfalz (www.museum.speyer.de)
Worms: Museum im Andreasstift (www.museum.worms.de)
Heidelberg: Kurpfälzisches Museum (www.museum-heidelberg.de).
Mannheim: Reiss-Engelhorn-Museen (www.rem-mannheim.de)

Römerstraßen
Germersheim: Deutsches Straßenmuseum (www.deutsches-strassenmuseum.de).

Feste
Bad-Dürkheim-Ungstein: Weinfest an der Römerkelter, Römisches Weingut Weilberg, Ende Juni Fr–So, u. a. römische Gerichte
Eisenberg: Römerfest im Vicus, Juli, www.vicus-eisenberg.de.

Burgen stolz und kühn ...

Fruchtbares Land, mildes Klima, die Ebene von einem mächtigen Strom durchschnitten – beste Voraussetzungen also für eine frühe Besiedlung; zudem bot sich die waldreiche Landschaft mit ihren Felsen und Bergkegeln als natürlichem Ausguck für den Bau von Burgen geradezu an. Noch als Ruinen geben sie linksrheinisch der Haardt und rechtsrheinisch dem Odenwald einen romantischen Touch.

Das Kernland des Reichs

Zur Zeit der Normannen- und Ungarneinfälle um 900 dienten von Ringwällen umgebene Fliehburgen wie die Heidenlöcher bei Deidesheim der Bevölkerung als Rückzugsort. Eine ähnliche Anlage bei Klingenmünster wurde im 11. Jh. in das ›Schlössel‹ integriert. Dieses in der Pfalz einzige Zeugnis einer rein salischen Turmburg, einer sogenannten Motte, erbaute im Auftrag Heinrichs V. vermutlich Herzog Friedrich von Schwaben, ›der Einäugige‹, dem man nachsagte, er habe am Schweif seines Pferdes immer eine Burg nach sich gezogen.

Zum Tummelplatz für hocharistokratische, in Reaktion darauf königlich-kaiserliche und schließlich niederadelig-ritterliche Burgenbauer wurde die Pfalz ab dem 11. Jh., als sie zum Kernland des Reichs aufstieg. Markenzeichen der nachfolgenden staufischen Bauepoche

Blick vom Slevogtfelsen auf die Burgen Münz, Anebos und Trifels

ist der mächtige Bergfried, um den sich Wohngebäude einschließlich des Palas, Burgkapelle, Ställe, Werkstätten, Ring- und Schildmauer gruppieren.

Die Staufer kannten noch keinen festen Regierungssitz, zogen mit ihrem Tross durch die Königsgüter des Reichs, hielten Hof, sprachen Recht, stifteten Klöster, gründeten Städte, belehnten Gefolgsleute. Sie nutzten dabei uralte Straßen, auf denen schon die Kelten Handelsgüter befördert hatten und römische Legionäre marschiert waren. Die Ost-West-Verbindung führte von Speyer bzw. Worms über Neustadt bzw. Dürkheim nach Kaiserslautern, in süd-nördlicher Richtung verlief sie von Weißenburg über Alzey nach Mainz.

Burg Trifels

Zur Sicherung dieser lebensnotwendigen Adern, der Klöster, Städte und Dörfer und nicht zuletzt zum Schutz der Reichsfeste Trifels entstand ein Burgensystem sonder Beispiel. Der dreigeteilte Felsen (Trifels) hatte schon eine Holzburg der Ottonen und seit ca. 1100 einen steinernen Bau der Salier getragen, als die Stauferherrscher daran gingen, den Bergfried (um 1200) in der neuen Buckelquadertechnik zu errichten. Ungewöhnlich ist seine Mehrfunktionalität – nicht nur letzter Zufluchtsort bei Belagerung, sondern zugleich Burgzugang und Kapelle, unüblich auch der direkte Anbau des Palas. »Wer den Trifels hat, hat das Reich« hieß es, denn er war zur Stauferzeit Hüter der Reichsinsignien und -kleinodien. Im Dreißigjährigen Krieg aufgegeben, wurde die Ruine im Dritten Reich zur NS-Ordensburg wieder aufgebaut.

Die Burgenkette setzt sich nach Norden mit Ramburg, Neuscharfeneck und Meistersel, nach Süden mit Scharfenberg (Münz), Neukastel, Madenburg, Landeck und Guttenberg fort. Burg Landeck, Schutz des Klosters Klin-

Burgfest auf der Hardenburg mit mittelalterlichem Markt

genmünster, hat mit seinem, in der vieleckigen Kernanlage freistehenden Bergfried das Staufererbe eindrucksvoll konserviert.

Burgen als Statussymbol

Neben dem Hochadel stieß mit dem Schwinden der Reichsgewalt (Interregnum) ab dem 13. Jh. auch der niedere Adel ins machtpolitische Vakuum hinein. An der Bergstraße und im Neckartal sind etwa die Strahlenburg (Schriesheim), Starkenburg (Heppenheim), Burg Auerbach (Bensheim) beispielhaft dafür. Eine Ausnahme bildet die Vorläuferburg zum Heidelberger Schloss, sie wurde vom mit der Pfalzgrafschaft belehnten Herzog von Bayern erbaut. An der Haardt sicherten die Pfalzgrafen mit der Wolfsburg das um 1200 gegründete Neustadt. Die Speyerer Bischöfe, die dem Nachbarn zutiefst misstrauten, renovierten auf dem nahen Bergkegel ihre salische Kästenburg, das spätere Hambacher Schloss (s. Essay S. 58). Die dritte Großmacht der Region, die Grafen von Leiningen, waren als Burgenbauer vornehmlich im Weinstraßen-Norden aktiv: Neuleiningen (1238–41) huldigt mit dem durch Kreuzritter verpflanzten Kastelltyp orientalischen Vorbildern, was es selbst als Ruine nicht leugnen kann. Die imposante Hardenburg wurde im 16. Jh. zur Residenz umgebaut und verstärkt. Wachsende Komfortansprüche machten nun aus manch ungemütlichem ›Loch‹ ein Schloss, so aus Burg Altleiningen, die eh im Bauernkrieg zerstört worden war. In Bergzabern modelten die Herzöge von Pfalz-Zweibrücken, die politische Kraft im Wasgau, ihre Wasserburg ab 1526 zum vierflügeligen Schloss um.

Als einziges echtes Schloss an der Weinstraße präsentiert sich Villa Ludwigshöhe. 1845–52 für König Ludwig I. von Bayern erbaut, zieht sie von Weitem die Blicke auf sich (s. Entdeckungstour S. 222); www.burgen-rlp.de: präsentiert das kulturelle Erbe von Rheinland-Pfalz; www.burgenwelt.de: Basisinformationen zu Burgen weltweit.

Burgfeste
Landeckfest: Ende Juni Sa, So, Burg Landeck, Klingenmünster. Ältestes historisches Burgfest der Pfalz, www.landeck-burg.de, Mittelaltermarkt, 4 €, Kin. 2 €
Wachtenburg: Mitte August Fr–Mo, Wachenheim, www.wachtenburg.de. Kein Mittelalter!
Trifels: Minnesänger-Wettstreit, Sept., www.minnesang.com
Hardenburg: Ende Sept. Sa, So ab 11 Uhr, Bad Dürkheim, Tel. 06322 75 30. Spektakel mit Mittelaltermarkt, 4 €, Kin. 1,50 €, Familien 8 €

Führungen
Hardenburg, Limburg, Madenburg, Landeck, Hambacher Schloss, Schloss Villa Ludwigshöhe, Berwartstein, Dilsberg u. a. (Infos vor Ort)

Gastronomie
Wachtenburg, Wolfsburg, Hambacher Schloss, Madenburg, Landeck, Trifels, Berwartstein, Heidelberger Schloss, Strahlenburg, Starkenburg, Schloss Auerbach, Burg Hirschhorn u. a.

Jugendherbergen
Starkenburg, Dilsberg, Altleiningen

Museen
Hambacher Schloss, Schloss Villa Ludwigshöhe, Heidelberger Schloss, Lindenfels u. a.

Nicht nur Heidelberger Frühling – die Theater- und Musiklandschaft

Maurice Béjarts Ballett »Zarathustra« wurde in Ludwigshafen begeistert gefeiert

Das Nationaltheater Mannheim verweist als weltweit größtes und ältestes Vierspartenhaus auf die große Tradition von Theater und Musik in der Region. Heute sind es vor allem jüngere Musikfestivals, die national und international auf sich aufmerksam machen.

Bleiben wir gleich in Mannheim und seinem im 18. Jh. gegründeten Nationaltheater. Mit Schauspiel, Oper, Ballett sowie Kinder- und Jugendtheater zieht es heute jährlich etwa 350 000 Besucher aus der ganzen Region an. Und diese Leuchtturmfunktion übt das Haus mit großer Kontinuität aus.

Ein Meilenstein in der Geschichte des Nationaltheaters war die Uraufführung von Schillers »Die Räuber« am 13. Januar 1782, die für den jungen Theaterdichter den ersten großen Erfolg bedeutete. Wobei der Aufenthalt in der Stadt für Schiller kein Zuckerschlecken war. Mit seiner vertraglich vereinbarten Arbeit für das Theater konnte er zunächst gar nicht beginnen, da er im September 1783 an der Malaria erkrankte, einer Krankheit die in der damals sumpfigen Rheinebene verbreitet war. Nachdem Schillers Jahresvertrag 1784 vom Mannheimer Theater nicht verlängert worden war, reiste er im April 1785 hoch verschuldet nach Leipzig weiter.

Theater ums Geld

Die Sorge ums Geld kennzeichnet das Leben an den Bühnen der Region bis heute. Zwei aktuelle Beispiele, die Aufsehen erregten: Die in Worms in jüngerer Zeit jährlich veranstalteten Nibelungenfestspiele hatten schnell ein großes Publikum erobert. Trotzdem musste die Stadt Worms für die aufwendigen Inszenierungen zuletzt zwei Millionen Euro pro Jahr zuschießen. Vor dem Hintergrund der aktuellen Wirtschaftskrise wurden diese Ausgaben im Oktober 2009 für die Zukunft stark gekürzt. Die Festspiele müssen nun als finanziell abgeschlossen sein. Bis dahin finden die Aufführungen der Städtischen Bühnen in einem stillgelegten Kino statt. Für Opern und Konzerte steht als Zwischenlösung ein 600 Sitzplätze umfassendes Opernzelt an der Alten Feuerwache zur Verfügung.

Neben den großen Bühnen in Mannheim, Heidelberg und Ludwigshafen haben sich im Ballungsraum selbst, aber auch an der Peripherie der Region viele experimentierfreudige Theaterinitiativen entwickelt und eine lebendige Kleinkunstszene entstehen lassen. Das Kulturzentrum Karlstorbahnhof und das Taeter Theater in Heidelberg stark abgespeckte Variante zurechtkommen. Einen glücklicheren Ausgang fanden Sanierung und Umbau des Stadttheaters Heidelberg. In dem 1853 errichteten Haus war im Jahr 2006 ein unaufschiebbarer Sanierungsbedarf festgestellt worden. Die dafür nötigen 53 Mio. € konnten öffentliche Haushalte nicht aufbringen. Unter dem Aufruf »Rettet das Theater« und mit einer ganzen Reihe fantasievoller Aktionen erreichte eine Bürgerinitiative einen Spendenbetrag von 16,5 Mio. €. Die größte Einzelspende leistete dabei der Heidelberger Unternehmer Wolfgang Marguerre mit 13 Mio. €. So konnte der Heidelberger Gemeinderat im November 2008 die Sanierung des Theaters beschließen. Das größte Bauprojekt der Stadt Heidelberg soll bis Herbst 2012 gehören ebenso in diese Reihe wie die Klapsmühl' und das TiG7 in Mannheim.

Chawwerusch

Dem Theater als volksnaher Kulturform haben sich die Akteure des Chawwerusch-Theaters in Herxheim verschrieben, worunter nicht das Bauerntheater mit der schönen Müllerin zu verstehen ist, sondern eine tiefgreifende basisdemokratische Initiative. Das kleine Ensemble in der Südpfalz besteht seit 1984. Der Name ist hier Programm: Chawwerusch kommt aus dem Rotwelschen (einer Art Geheimsprache, die früher vom fahrenden Volk gesprochen wurde) und bedeutet »Bande«. Mit unzähligen Projekten hat sich diese

›Bande‹ in der ganzen Pfalz bekannt und beliebt gemacht. Die Stoffe sind dem Alltagsleben entnommen, folgen aber auch immer wieder dem Ansinnen, historische Prozesse nachvollziehbar zu machen. Dabei geht es genauso um die ›Pfälzer Seele‹ wie um die Ereignisse der Revolution von 1848. Chawwerusch ist seinen Wurzeln als wandernde Theaterkarawane treu geblieben. Ein ehemaliger Tanzsaal in Herxheim ist zwar die Heimatbühne, man kann diese Truppe aber auch im Rahmen von Gastspielen an vielen anderen Orten der Region kennenlernen. Zur Geschichte und zum aktuellen Programm des Chawwerusch-Theaters finden sich lesenswerte Ausführungen auf der Homepage www.chawwerusch.de.

Klassik und Jazz – Festivals von Format

Was die Schwetzinger Festspiele (Ende April–Anfang Juni) seit mehr als einem halben Jahrhundert gemeinsam mit den jüngeren Musikfestivals »Heidelberger Frühling« (Klassik) und »Enjoy Jazz« der Region an Aufmerksamkeit in der nationalen wie internationalen Musikwelt beschert haben, ist famos.

Die vom Südwestrundfunk mitveranstalteten Schwetzinger Festspiele werden in die ganze Welt übertragen. Seit mehr als 50 Jahren folgen sie der Programmatik »Altes wiederentdecken, Neues initiieren, dem Nachwuchs eine Chance«. Mehr als 35 Opernkompositionen wurden von den Schwetzinger SWR-Festspielen in Auftrag gegeben und in Schwetzingen uraufgeführt. Die Liste der Komponisten liest sich wie ein ›Who is Who‹ der Musikgeschichte seit 1945. Die große Qualität der Vorträge und die zauberhafte Atmosphäre des Schwetzinger Schlosses machen es sehr schwer, Karten für die einzelnen Veranstaltungen dieser Festspiele zu bekommen.

Das von Mitte März bis Ende April stattfindende internationale Musikfestival »Heidelberger Frühling« (Klassik) hat durch sein Konzept der »Nähe zwischen Bühne und musikinteressiertem Publikum« und durch das Engagement herausragender Künstler schnell einen großen Freundeskreis gefunden.

Von Anfang Oktober bis Mitte November können sich Jazz-Freunde beim Festival »Enjoy Jazz« in Heidelberg, Mannheim und Ludwigshafen an hervorragender Musik mit internationalen Stars laben. In den vergangenen Jahren traten Jazzgrößen wie Charlie Haden, Brad Mehldau, Jan Garbarek, Herbie Hancock oder Archie Shepp auf. Dass 2006 der Mitschnitt eines Konzerts von Ornette Coleman für einen Grammy als bestes Jazz-Instrumentalalbum nominiert wurde, wirft ein Schlaglicht auf das hohe Niveau der Konzerte. Neben den Konzerten gibt es bei der ab 1998

Unser Tipp

Große Konzerterlebnisse
Das »Internationale Musikfestival Heidelberger Frühling« wurde 1996 initiiert und hat einen steilen Aufstieg genommen. Die Feuilletons zählen es zu den »spannendsten und innovativsten Musikfestivals in Deutschland«. Konzerte mit herausragenden Künstlern wie Edita Gruberova, Ivo Pogorelich oder dem London Symphony Orchestra zeigen seine Qualität (www.heidelberger-fruehling.de).

kontinuierlich aufgebauten Veranstaltungsreihe auch ein umfangreiches Begleitprogramm mit Matineen, Masterclasses und Vorträgen. Die Grundsätze des Festivals lassen sich durchaus mit denen der Schwetzinger Festspiele vergleichen: Die Wertschätzung musikalischer Traditionen und des Pioniergeistes bei der Suche nach neuen Ausdrucksformen finden eine attraktive Balance (www.enjoyjazz.de).

Auch unabhängig vom Festivalgeschehen hat die Region einiges zu bieten. Links und rechts des Rheins sind großartige Sinfonieorchester zu Hause. So hat die Deutsche Staatsphilharmonie Rheinland-Pfalz als führendes Sinfonieorchester des Landes ihren Sitz in Ludwigshafen. Das Orchester des Nationaltheaters Mannheim gilt als eines der besten Opernorchester Deutschlands; die Heidelberger Sinfoniker musizieren ebenfalls auf höchstem Niveau.

An der Mannheimer Popakademie wird der musikalische Nachwuchs systematisch geschult und aufgebaut. Wenn es um ›Songwriting‹ geht, dürfen die Schüler der Akademie die Tipps des Gastdozenten Xavier Naidoo aufnehmen. Mit den anderen ›Söhnen Mannheims‹ ist der populäre Naidoo ebenfalls ein Kind der Region.

Duncan Bellamy vom Portico Quartet – die Musiker aus London begeisterten das Publikum beim Enjoy-Jazz-Festival 2009

Völkerverständigung im Jazzkeller – das ›Cave‹ in Heidelberg

Der älteste Jazz-Club Deutschlands liegt etwas versteckt in der Heidelberger Altstadt. Als »Verein zur Förderung und Pflege studentischer Geselligkeit« im Jahr 1954 gegründet, entwickelte sich das Cave 54 in seinen Anfangsjahren auch schnell zu einem beliebten Treffpunkt für amerikanische Soldaten, die in Heidelberg stationiert waren. Noch heute ist diese ›Höhle‹ ein friedvoller Ort, an dem Hautfarbe, Alter und akademischer Grad unbedeutend sind.

Wer von der Bar im Erdgeschoss die enge Wendeltreppe in den kleinen Keller hinabsteigt, sollte dies nur in Ausnahmen vor Mitternacht tun. Denn je tiefer die Nacht, desto weiter scheint alles entfernt, was ein relaxtes Abhängen bei guter Musik stören könnte. Diese Erfahrung geben inzwischen manche Heidelberger Oldies ihren Töchtern und Söhnen mit auf den Weg in die Krämergasse. Und wenn die Väter mit ins Cave kommen, dann nicht als Anstandswauwau, sondern – wie man das auch von den Stones kennt – als Stammgäste, zu deren Leben dieser Jazz-Keller schon immer dazugehört.

Auch für uns ist das Cave seit 30 Jahren ein Ort, an dem man bei Jazz und Rock all das vergessen kann, was das Leben zuweilen so anstrengend macht. Dazu trägt die intime Atmosphäre des Sandsteinkellers ebenso bei wie die von der engen Räumlichkeit vorgegebene Nähe zwischen den Musikern auf der Mini-Bühne und dem Publikum.

Satchmo, Ella und die GIs

Heidelberg war im Zweiten Weltkrieg ohne Bombenschaden unversehrt geblieben und danach Teil der amerikanischen Besatzungszone. Als strategisch günstiger Standort für hohe Kommandostellen der US-Armee wurde die Stadt in den 1950er-Jahren mit zwei großen Siedlungen zum Wohnort für mehr als 20000 amerikanische Soldaten, Familienmitglieder und Zivilangestellte. Das Cave und sein Jazz-Programm gelangten bei den GIs sehr schnell zu großer Beliebtheit, und im Rahmen der amerikanischen Truppenbetreuung kamen Musiker wie Louis ›Satchmo‹ Armstrong, Ella Fitzgerald, Oscar Peterson, Lionel Hampton, Dizzy Gillespie oder andere Stars aus Übersee auf die Bühne. Sie machten nach ihren Auftritten in den Heidelberger Kasernen beim Bummel durch die Altstadt einen Abstecher ins Cave und ließen sich um die ein oder andere Session nicht lange bitten.

Ähnliche Formen des Kulturaustauschs, den die Präsenz der vielen Amerikaner in Heidelberg nach sich zog, zeigten sich auch in heimischen Orchestern, Bigbands und auf anderen Ebenen. Sicher hat das Cave über die Jahre und die vielen dort entstandenen Bekanntschaften seinen Beitrag dazu geleistet, dass es Umfragen zufolge in Heidelberg heutzutage mehr Sympathien für US-Amerikaner gibt als anderswo in Deutschland.

Nach wie vor viele Live-Gigs

Für Livemusik der Genres Jazz, Blues und Rock gibt es in Heidelberg nach wie vor keine bessere Adresse. Nationale und internationale Bands dieser Musikstile treten im Cave 54 regelmäßig auf. Bei den dienstags stattfindenden Jam Sessons finden sich erfahrene Musiker mit dem musikalischen Nachwuchs auf der Bühne zusammen – fast immer zum Vergnügen des Publikums. Für die Blues-Fans hat das Cave seit einiger Zeit ein ganz besonderes Angebot: Je nach Möglichkeit gastieren in unregelmäßigen Abständen nationale und internationale Blues-Bands der Spitzenklasse. Zu den Größen der jungen Blues-Reihe gehören u. a. die Ford Blues Band oder Paul Lamb. Ihre Auftritte im Cave lösten Begeisterung aus.

Kommt die Musik aus der Konserve, sind zumeist auch die Evergreens des tanzbaren Pops dabei und auf der kleinen Tanzfläche wird es dann recht eng. Zu den Pluspunkten des Cave gehören auch die vergleichsweise niedrigen Getränkepreise, die sich in fairer Weise an den Budgets der Gäste orientieren.

Versteckt in der Altstadt
Wer mit dem Auto kommt, nimmt am besten das Parkhaus am Kornmarkt. Von dort aus sind es zur Heiliggeistkirche zwei Gehminuten. Ziemlich genau bei der Hälfte des großen Kirchenbaus geht linker Hand die Krämergasse ab. Dort findet sich nach etwa hundert Metern das Cave auf der rechten Seite: Krämergasse 1, 69117 Heidelberg, Tel. 06221 278 40, www.cave54.de, Di–Sa 22–3 Uhr.

Am Morgen des 27. Mai 1832 brach eine schier unübersehbare Menschenmenge vom Marktplatz in Neustadt a. d. Haardt auf, um auf die Ruine der Kästenburg oberhalb des Dorfs Hambach zu ziehen. Schon am Vorabend hatten Böllerschüsse und Freudenfeuer die erste große Demonstration des Bürgerwillens eingeläutet, die als Hambacher Fest Geschichte machen sollte.

»Hinauf Patrioten, zum Schloss ...« – wie ein Lauffeuer verbreitete sich der Aufruf der Journalisten Philipp Jakob Siebenpfeiffer und Johann Georg August Wirth als Teil ihrer Kampagne für Pressefreiheit. An die 30 000 Menschen

Das Fest

In der linksrheinischen Pfalz, die 1816 Bayern zugeschlagen wurde, gingen die Uhren eine Zeitlang anders als in den übrigen deutschen Landen. Nun aber standen die in der französischen Ära (1798–1814) verbrieften bürgerlichen Freiheiten wie Meinungs-, Rede-, Versammlungsfreiheit, unabhängige Justiz, Trennung von Kirche und Staat auf dem Prüfstand, Rechte und Prnzipien, die König Ludwig I. bisher garantiert hatte. Als nach Pressezensur und Verbot liberaler Zeitungen die Regierung Flugblätter und Aushänge untersagte, schuf sich der Bürgerunmut mit schein-

Das Hambacher Fest

waren angereist, um sich in den Protest einzureihen. Das zu diesem Anlass von Siebenpfeiffer geschriebene Lied »Der Deutschen Mai« erscholl aus vielen Kehlen. Fahnen wehten, die Uniformen der Burschenschafter und die Festtagsgewänder der Handwerker, Winzer, Honoratioren und ihrer Frauen ergaben ein buntes Bild. Nach den Befreiungskriegen 1814/15 waren die Hoffnungen auf nationale Einheit und Demokratie enorm – und wurden gründlich enttäuscht. Das Deutsche Reich hatte aufgehört zu existieren, an seine Stelle rückte der Deutsche Bund mit 39 lose verbandelten, souveränen Einzelstaaten, die immer mehr ins Fahrwasser der repressiven Politik des österreichischen Staatskanzlers Metternich gerieten.

bar unpolitischen Festen ein Forum gegen den von oben verpassten Maulkorb.

Da Pfälzer aus jedem Anlass zu feiern verstehen, ging die ganze Sache nicht allzu trocken vonstatten. An langen Tischen tafelten die Honoratioren, Buden versorgten die Patrioten mit Speis und Trank. Die richtige Stimmung besorgten aber die über 20 Hambacher Reden, die der Obrigkeit wie Revolutionsfanfaren in den Ohren klingen mussten.

Freiheit und Demokratie

Die Rednertribüne stand am Fuße des Hauptturms, auf dem Neustadter Bür-

Das Hambacher Schloss

Hambach heute
In Etappen teilweise wieder aufgebaut, ist das Hambacher Schloss Schauplatz für Statements und Shakehands bei **Jubiläen und Staatsempfängen,** aber auch für die **Hambacher Gespräche.**
Die 2008 wiedereröffnete **Dauerausstellung** informiert über Fest und Folgen, Demokratie und den Weg nach Europa. www.hambacher-schloss.de, April-Okt. tgl. 10–18, sonst 11–17 Uhr.
Die **PKW-Anfahrt** ist ausgeschildert. Bus 502 fährt stündlich ab Neustadt-Hbf zum Schloss.
Restaurant 1832: Tel. 06321 959 78 80, Öffnung wie Ausstellung s. o.
Revolutionslieder auf CD: Hannes Wader: Volkssänger; Dieter Süverkrüp: 1848, Lieder der Deutschen Revolution; Hein & Oss Kröher: Deutsche Lieder 1848/49; Peter Rohland, Lieder deutscher Demokraten.

---

ger eine mit »Deutschlands Wiedergeburt« bestickte Fahne in den Burschenschaftsfarben schwarz-rot-gold aufgezogen hatten. Rufe nach nationaler Einheit, Volkssouveränität und einem konföderierten republikanischen Europa wurden laut, die Vision eines Völkerbunds beschworen. Die Burschenschafter forderten die fürstlichen Versprechen aus den Freiheitskriegen ein. Winzer und Kaufleute revoltierten gegen den »verdammten Zoll«, der die Pfalz von den traditionellen Märkten isolierte. Am Pariser Juliaufstand (1830) entzündete sich die Hoffnung auf eine Revolution in Deutschland, auch wenn das Zarenregime 1830/31 den Polenaufstand niedergeschlagen hatte. Allerorten gründeten sich Polenvereine, inmitten »deutscher Frauen und Jungfrauen« aus Neustadt zogen Exilanten aufs Schloss. Auch die Emanzipation der Frau hatte man sich an die Fahnen geheftet. Der junge Advokat Daniel Pistor aus Bergzabern begeisterte mit sozialrevolutionären Ideen. Der Dichter Ludwig Börne und der spätere Eisenbahnpionier Paul von Denis zeigten sich durch ihre Teilnahme solidarisch.

Hambach und die Folgen

Tags darauf beriet man in Neustadt über das weitere Vorgehen: Republik oder konstitutionelle Monarchie? Revolution oder Reform? Man kam zu keinem Ergebnis. Der »Hambacher Skandal«, wie Fürst Metternich zu urteilen geruhte, bot dem Deutschen Bund willkommenen Anlass, die demokratische Bewegung mit verschärften Gesetzen zu zerschlagen. Der Prozess gegen die »Rädelsführer«, allen voran Siebenpfeiffer und Wirth, wegen Anstiftung zum Aufruhr endete zwar mit umjubelten Freisprüchen. Folgeprozesse wegen Majestätsbeleidigung aber brachten vielen »Demagogen« Kerkerstrafen ein, sofern sie sich dem nicht durch Flucht, Exil oder Emigration entzogen.

Hydra mit 39 Bundes-Köpfen – einer abgehackt, andere wachsen nach! Im Gegensatz zu zentralistisch regierten Staaten hatten es deutsche Revolutionäre schwer. Bürgermut und Zivilcourage machen das Hambacher Fest zum Meilenstein auf dem Weg in die Demokratie, auch wenn die Revolution 1848/49 scheiterte und fast 90 Jahre vergingen bis zur Erfüllung des Hambacher Traums in der Weimarer Republik. Gerade jetzt ist die Balance zwischen Bürgerrechten und Staatsgewalt wieder hoch aktuell!

Hier wächst nur Gutes

Wenn nicht ein selten hartnäckiger Winter das Frühlingserwachen hinauszögert, zeigt sich das Rheintal mitsamt seinen Vorhügelzonen dank der vor kalten Winden schützenden Mittelgebirgslandschaften Odenwald, Kraichgau und Pfälzerwald als ausgesprochener Frühstarter. Ein wonniger Lenz in Heidelberg macht es leicht, das Herz komplett an diese Stadt zu verlieren. Kein Zufall ist es, dass der Reigen von Festen im Frühjahr mit dem bezaubernden Gimmeldinger Mandelblütenfest eröffnet wird.

Eine Vielzahl mediterraner Pflanzen fühlt sich im Sonnenland heimisch. An den Hängen der Wein- und Bergstraße bestimmen endlos scheinende Reihen von Rebstöcken das Bild, aber auch Exoten wie Zitronen- und Orangenbäume setzen Farbakzente. Hier und zu beiden Seiten des großen Stroms gedeihen Aprikosen, Pfirsiche, Feigen und Kiwis, Palmen, Hibiskus- und Oleanderbüsche, schmücken Maulbeer-, Mammut- und Ginkgobäume die Parks. Die Rheinebene ist zudem der Gemüsegarten der Region.

Ihre Tätigkeit übernehmen heute Maschinen: die ›Tabaknäherin‹ von Lorsch

Der Gemüsegarten

An die Zeiten, als Bauersfrauen mit Produkten aus Garten und Acker auf die Märkte in den Städten zu Fuß gingen, erinnern in der pfälzischen Flur die steinernen ›Napoleonsbänke‹, auf denen die schweren, den Rücken krümmenden Lasten zur Rast abgestellt werden konnten. Heute spielt das ›Märkeln‹ keine volkswirtschaftlich relevante Rolle mehr, der Trend zu Großbetrieben setzt auch in der Metropolregion Maßstäbe. Nicht Bauern im traditionellen Sinne, sondern auf bestimmte Feldfrüchte spezialisierte ›Gärtner‹ bewirtschaften riesige Flächen, LKW-Armadas transportieren Gemüse aller Art quer durch die Lande. Aus Schifferstadt, noch immer eine der Hochburgen für alles, was auf den Äckern der Vorderpfalz wächst, liefert einer der größten Rettich- und Karotten-Produzenten Deutschlands an Läden und Supermärkte auf dem europäischen Kontinent. Pfälzer Radieschen schlagen in Menge und Qualität europaweit alle Rekorde. Mildes Klima und fruchtbare Löss-Lehm-Böden sind außerdem für Frühkartoffeln (Pälzer Grumbeere) ein unschätzbarer Wettbewerbsvorteil.

Die Rheintal-Böden variieren in der Zusammensetzung. Im Sandboden fühlt sich der Spargel wohl, der von Mitte April bis 24. Juni (Johannis) gestochen wird. Für Gourmets ist das ›königliche Gemüse‹ aus Schwetzingen das Nonplusultra, nicht etwa, weil er von hier aus im 17. Jh. die Herzen eroberte, sondern weil er einfach fantastisch gut schmeckt. Aber auch weniger berühmte Orte wie rechtsrheinisch Oftersheim, Lampertheim, Reilingen oder linksrheinisch Dudenhofen, Gönnheim, Mutterstadt und Erpolzheim erzeugen hervorragende Qualitäten – in Grün und Weiß.

Sonderkulturen mit regionaler Tradition! Die Zuckerrübenbauern aus

Weinberghäuschen bei Maikammer

Rheinhessen, Pfalz, Nordbaden und Südhessen haben die mit dem jüngsten Strukturwandel einhergehenden Probleme inzwischen recht gut in den Griff bekommen. Während der Erntekampagne (September–Dezember) liefern sie täglich ca. 15 000 t Rüben an Südzucker in Offstein bei Grünstadt, wo sie zu Zucker verarbeitet oder als Dicksaft zwischengelagert werden. Existenzsorgen plagen hingegen die von EU-Verordnungen und Antiraucher-Klima gebeutelten Tabakbauern. Da Pfälzer Tabake, die in Zigarettenmarken wie Roth-Händle stecken, kaum mehr Chancen haben, satteln immer mehr Betriebe auf Gewürzkräuter wie Petersilie um, die in Herxheim-Hayna getrocknet werden, um weltweit in Fertigsuppen, Salatdressings oder Kräuterkäse zu landen.

Wein- und Obstgärten

An Wein- und Bergstraße hüllen sich Alleen und Wiesen Ende März in den zartweißen und rosa Hauch der Mandelbäume. Die rosa blühende Davidsmandel ist eine Zierpflanze, die Frucht der weißen Süßmandel wird für Backwaren verwendet oder zu kandierten Genüssen verarbeitet (z. B. Biffar in Deidesheim). An den Rebstöcken treiben zur Mandelblüte die ersten Blätter aus, bald grünt alles so weit das Auge reicht. Am Haardtrand gesellen sich Edelkastanien (Keschde) hinzu. In der Ebene geben die Weingärten (Wingerte) allmählich ihre Dominanz auf, Korn- und Gemüsefelder und Obstplantagen lösen sie ab, dies ganz augenfällig bei Freinsheim und Weisenheim am Sand. Hier und andernorts erleben Kirschen, Mirabellen, Äpfel, Birnen und Pfirsiche dann eine Metamorphose zu Fruchtsaft oder Hochprozentigem.

Überquellende Fülle
Markt der Genüsse: Neustadt-Mußbach, 3 Tage Pfingsten im Herrenhof, www.markt-der-genuesse.de
Bauernmärkte: vielerorts beliebt, z. B. BASF-Bauernmarkt, Pfingstsamstag, Gutsbetrieb Rehhütte, www.wirtschaftsbetriebe.basf.com
Weinfeste: Termine unter www.pfalz.de, www.diebergstrasse.de.
Spargelfeste: Schwetzingen (Mai), Lampertheim, Dudenhofen (Juni)
Kräuter- und Ölmarkt: Kandel (Juni), www.outdoor-plan.de
Zäskämer Zwewwlfescht: Zeiskam, www.frohsinn-zeiskam.de
Obst- und Gemüsetag: Schifferstadt, um Erntedank, www.schifferstadt.de
Tabakmuseen: Hockenheim, Lorsch, Lampertheim, Rödersheim-Gronau; optimal im südpfälzischen Herxheim (www.museum-herxheim.de)
Touristenrouten: Kraut- und Rüben-Radweg, Pälzer Keschdeweg, Pfälzer Mandelpfad u. a.
Gastronomie: Spargel-, Feigenwochen, Keschde- und Rettichgerichte
Mediterrane Gärten: Infos/Führungen, auch durch den Kräuter-Garten in Kirrweiler und den Park in Gleisweiler: Peter Straub, Tel. 06323 98 02 66, www.outdoor-plan.de

Südgärten

Maikammer setzte mit dem ›Mediterranen Garten‹ eine Idee der Landschaftsarchitektin Gabi Westermann um. Der Winzer Peter Straub legte im heimischen St. Martin an der Kirche einen ›Bibelgarten‹ an. Zuletzt gesellte sich der ›Südfrüchtegarten‹ in Rhodt hinzu – kleine Paradiese der Region!

Junge Wilde und Wein

Wie und wann »Junge Wilde des deutschen Weins« zum Synonym für junge Winzer wurde, die die Qualitätskriterien ihrer Produkte neu formulierten, lässt sich nicht mehr eruieren. Was noch vor 20 Jahren revolutionär, zumindest visionär war, ist heute vielfach Standard. Der Generationswechsel hat sich erstaunlich unaufgeregt vollzogen. Gemeinsam traut man sich, neue, zuweilen unkonventionelle Wege zu gehen. Wer wagt gewinnt – Kunden, Ansehen und hohe Zufriedenheit bei der Arbeit.

Bewusst grenzt sich die im pfälzischen Neustadt, rheinhessischen Oppenheim und Geisenheim im Rheingau optimal ausgebildete Winzerschaft gegen den scheinbar übermächtigen Zwang zur Massenproduktion ab und kombiniert die Tradition der Väter mit neuer Technik und der Wiederentdeckung regionaler Identität. Hangneigung, Kleinklima und Boden bestimmen die Wahl der Rebsorte und die Art und Weise, wie der Wingert im Einklang mit der Natur bearbeitet wird.

Wein und Natur

Immer mehr Weingüter der Metropolregion Rhein-Neckar (Pfalz, Rheinhessen, Hessische und Badische Bergstraße, Kraichgau) setzen auf Klasse

Barbara Roth und Thorsten Ochocki vom Weingut Wilhelmshof in Siebeldingen

statt Masse – und stehen bei Wettbewerben ganz oben. Sie erfüllen freiwillig Kriterien, die für den VDP die Norm und für den Öko-Weinbau die Arbeitsbasis sind: Verzicht auf Massenerträge durch rigorosen Rebschnitt, Lese nur der besten Trauben, ruhige Reifung der Weine im Fass, Nützlinge im Weinberg, Begrünung, organische Düngung. Im Zusammenspiel mit handwerklichem Können, Kreativität und Kunst des Winzers entsteht ein für das Terroir charakteristischer Wein. Wie die Südpfälzer »Fünf Freunde – fünf Winzer«, die schon Anfang der 1990er-Jahre »ihre Kraft aus enger Zusammenarbeit und offener Diskussion« zu schöpfen versprachen, bekennen sich ihre jungen Kollegen nun zu Erfahrungsaustausch statt Abschottung. Nur so, wissen sie, ist die globale Herausforderung zu meistern, denn die Konkurrenten sitzen in den internationalen Konzernen, nicht im Weinkeller des Nachbarn.

Wein global

Weltweit agierende Unternehmen werfen unter Ausnutzung des Booms geglättete, im Keller ›weichgespülte‹ Weine auf den Markt, die trendy sind – und langweilig. Ein wahres Horrorszenario tut sich auf, sollten eines Tages die letzten Hürden fallen und ein in der chemischen Hexenküche erzeugter, auf die erwünschte Geschmacksrichtung getrimmter Mix aus Traubenwein, Enzymen, Aromahefen und Eichenholzchips (als Illusion von Barrique) im Glas ahnungsloser Konsumenten landen. Wein ist Kult – nicht nur als Getränk, sondern auch im ursprünglichen religiösen Sinne als Teil der Liturgie. In den Kirchen wird grundsätzlich ›reiner Wein eingeschenkt‹. Das sollte auch für weltliche Orte gelten.

Wein vor Ort

Vertrauen ist gut, ein persönlicher Kontakt noch besser, um sich ein eigenes Urteil zu erschmecken. Wer in der Metropolregion lebt und gern mal einen Schoppen trinkt, hat meist ›seinen‹ Winzer gefunden, kennt die Familie, hilft vielleicht sogar bei der Lese. Touristen können intensivere Einblicke beim Urlaub auf einem Weingut gewinnen. Auch eine kommentierte Weinprobe oder ein Hoffest helfen, den Dschungel der vielen Möglichkeiten des Weingenusses zu lichten. Infos zu Führungen erhält man unter www.weinundkultur botschafterpfalz.de.

Weinwissen
Terroir: Kombination natürlicher Faktoren (Boden, Lage, Mikroklima) und Leistung des Winzers
VDP: Die Prädikatsweingüter bürgen seit 1910 für Naturwein-Qualität, www.vdp.de. Präsident: Steffen Christmann (Gimmeldingen)
Winzervereinigungen: Pfalz: www.fuenf-winzer.de, www.suedpfalz-connexion.de, www.edelundsuess.de; Rheinhessen: www.vinovation-worms.de, www.message-in-a-bottle.info; Fachfrauen-Netzwerk Vinissima: www.vinissima-ev.de; Weinbruderschaft der Pfalz: www.weinbruderschaft-der-pfalz.com, Ordensmeister: Dr. Fritz Schumann
Öko-Weinbau im Internet: www.ecovin.org
Öko-Landbau im Internet: www.naturland.de, www.demeter.de, www.bioland.de
Urlaub auf Winzerhöfen: Fewo/Gästehaus: www.naturlaub-rlp.de; Adressen im Reiseteil, s. S. 193, 208, 217, 226, 231, 235, 268

Grenzenlos – die Metropolregion Rhein-Neckar

Die junge politische Bemühung, das Zusammenleben und Kooperieren im Rhein-Neckar-Raum über die Landesgrenzen von Baden-Württemberg, Hessen und Rheinland-Pfalz hinweg zu stärken, trägt beachtliche Früchte. Mit der Aufnahme in den Kreis der Europäischen Metropolregionen im Jahr 2005 verstärkte sich ein regionaler Integrationsprozess, dessen Wurzeln nach dem Ende der historischen Kurpfalz zu Beginn des 19. Jh. nicht vollständig gekappt wurden.

Wenn man die Menschen zwischen Landau und Ladenburg, Worms und Wiesloch oder Sinsheim und Speyer fragt, was über den Rhein hinweg das Verbindende sei, erhält man eine klare Antwort. Sie lautet: »die Sprooch« und weist darauf hin, dass der Dialekt in diesem Großgebiet tatsächlich nur geringe lokale Abweichungen hat. Ob Altkanzler Kohl aus dem linksrheinischen Ludwigshafen oder Wimbledon-Sieger Boris Becker aus dem rechtsrheinischen Leimen: Beide haben den hiesigen Dialekt in die Welt getragen, ohne dabei erhebliche Unterschiede zwischen dem Links und Rechts des Rheins erkennbar zu machen. Und wenn wir schon bei der Prominenz sind, soll nicht unerwähnt bleiben, dass auch die prominenten Töchter und Söhne, auf die man in der Pfalz und im Odenwald gleichermaßen stolz ist, ihren Beitrag zur Identitätsstiftung in der Region geleistet haben und leisten. Das verhält sich mit Carl Benz und seinem ersten Auto in Mannheim nicht anders als mit dem Fußballtrainer Sepp Herberger oder dem Nobelpreisträger Carl Bosch.

Zu den Integrationsfaktoren, auf die man überall stolz ist, gehören Kulturgüter wie das Heidelberger Schloss, die Dome von Speyer und Worms, der Schwetzinger Schlossgarten und das Mannheimer Nationaltheater. Solche Größen werden als gemeinsames kulturelles Erbe wahrgenommen und als solches den nachkommenden Generationen in den Schulen nahegebracht.

Jüngere Säulen des Gemeinschaftsgefühls

Zu den jüngeren Säulen der regionalen Integration zählen die großen Unternehmen, die seit dem ausgehenden 19. Jh. in Mannheim und Ludwigshafen als Magnete und Schmelztiegel tief in die umliegenden ländlichen Regionen wirken. Ob die BASF in Ludwigshafen, die Lanz-Werke (später John Deere) und BBC (später ABB) in Mannheim oder auch die Freudenberg-Gruppe in Weinheim: Diese und weitere Großunternehmen rekrutieren ihre Arbeitskräfte aus dem gesamten Großraum und machen aus Pfälzern, Hessen und Badenern in erster Linie Kollegen. Eine vergleichbare Wirkung haben die Universitäten und anderen Bildungsein-

»S-Printing-Horse« in Heidelberg

> **Homepage der Metropolregion**
> Wissenswertes zur Kultur, Wirtschaft und Wissenschaft der Region findet sich auf der stets aktuellen Website der Metropolregion Rhein-Neckar GmbH, www.das-chancenreich.de.

richtungen des Städtedreiecks Heidelberg-Mannheim-Ludwigshafen. Dazu kommt der 1989 gegründete Verkehrsverbund Rhein-Neckar (VRN), in dessen Rahmen die einzelnen Verkehrsunternehmen der Großregion kooperieren, um ein flächendeckendes Angebot an Bussen, Straßen- und Stadtbahnen zur Verfügung zu stellen, bei dem über die Grenzen von Bundesländern hinweg einheitliche Tarife und abgestimmte Taktzeiten die Nutzung erleichtern. Gleiches gilt für die 2003 eingeführte S-Bahn mit ihren fünf Linien.

Was heißt »Metropolregion«?

Die Rhein-Neckar-Region ist seit April 2005 eine Europäische Metropolregion. Sie hat diesen Status von der Bundesministerkonferenz für Raumordnung erhalten und damit ihren Rang bezüglich besonderer wirtschaftlicher, logistischer und kultureller Leistungsfähigkeiten bestätigt. Europäische Metropolregionen gelten als Motoren der gesellschaftlichen, wirtschaftlichen, sozialen und kulturellen Entwicklung. Nach der Aufnahme in den illustren Kreis der Europäischen Metropolregionen haben die Ministerpräsidenten von Baden-Württemberg, Hessen und Rheinland-Pfalz den Gestaltungsspielraum der Region und ihrer Akteure im Juli 2005 mit einem neuen Staatsvertrag deutlich ausgeweitet. Damit wurden länderübergreifende Kooperationen in vielfacher Weise erleichtert. Als operative Plattform für solche Kooperationen dient die »Metropolregion Rhein-Neckar GmbH«. Sie führt Projekte durch, bündelt einzelne Aktivitäten und initiiert die Bildung von regionalen Netzwerken. Diese Vernetzung und Förderung der Gesamtregion begann bereits mit einem ersten entsprechend formulierten Staatsvertrag der einbezogenen Bundesländer im Jahr 1969. Später förderten der Verein »Rhein-Neckar-Dreieck« und das IHK Wirtschaftsforum die grenzüberschreitende Zusammenarbeit. Das Ergebnis dieser Bemühungen zeigt sich heute als enger Schulterschluss zwischen Wirtschaft, Wissenschaft, Kultureinrichtungen, Politik und Verwaltung.

Von den so geschaffenen Netzwerken profitieren die Unternehmen der Region ebenso wie die Bürger. Den Unternehmen bietet eine Börse zur regionalen Auftragsvergabe Vorteile bei Messeauftritten, bei der Anbahnung internationaler Geschäftsbeziehungen, der Anwerbung qualifizierter Arbeitskräfte oder der Zusammenarbeit mit Forschung und Wissenschaft. Für die Bürger zeigen sich die Vorteile ebenfalls auf verschiedenen Ebenen: Sie reichen von sehr guten Bildungs- und Fortbildungsmöglichkeiten bis zur ausgezeichneten medizinischen Versorgung. Für berufstätige und alleinerziehende Eltern gibt es eine Kinderbetreuungsdatenbank sowie gezielte, mit Unternehmen entwickelte Maßnahmen, um Beruf und Familie leichter miteinander vereinbaren zu können.

Auch kulturell zeigt sich die Region immer mehr als eine Einheit. Das Filmfestival Mannheim-Heidelberg und das Jazzfestival »Enjoy Jazz« gehören zu den erfolgreichen Beispielen einer überörtlichen Zusammenarbeit.

Lewe und lewe losse – zur Lebensart in der Region

»Fröhlich Pfalz, Gott erhalt's« – der gereimte Wunsch des bekannten und nach wie vor gelesenen Mundartdichters Karl Gottfried Nadler (1809–1849) trifft einen Kern der Mentalität, die im Rhein-Neckar-Dreieck vorherrscht. Und dass sich eine große Mannheimer Karnevalsgesellschaft diesen Wunsch als Name und Programm gegeben hat, verweist darauf, dass man es in puncto Lebensfreude am wenigsten ernst nimmt mit irgendwelchen Landesgrenzen.

Regionale Mentalität

Ein sonniges Grundgemüt herrscht in Landau, Speyer und Worms ebenso vor wie in Heidelberg, Weinheim und Bensheim – was allerdings keinesfalls bedeutet, dass die Menschen hier von morgens bis abends mit einem schwachsinnigen Grinsen durch die Gegend laufen. ›Fröhlichkeit‹ meint da schon eher eine Unbeschwertheit im Umgang mit der Lebenslast und den Tabus. Das Wort ›Verzicht‹ wurde hier nicht erfunden – man kann den vielen Wein, den die Reben liefern, ja nicht wegschütten. Und die traditionellen Schlachtfeste wären nie als solche entstanden, wenn alle daran Beteiligten die arme Sau beweinen und frisches Kesselfleisch nur nach seinen Auswirkungen auf das gute und schlechte Cholesterin bemessen würden.

Die bodenständige Geradlinigkeit scheint besonders in der Provinz ausgeprägt zu sein; sie schenkt die Kraft

Weinfest in Schriesheim

Das Weinjahr beginnt im Odenwald am 1. Mai – mit Weinwanderung und Vesper

zur Skepsis gegenüber jeglicher Schaumschlägerei. Aber es gibt diese Haltung auch in den Städten. Gerade Mannheim und Ludwigshafen haftet die Charakterlosigkeit vieler Großstädte nicht an. Akademischen Dünkel findet man dort eher selten, eine selbstbewusste Arbeiterschaft und die Durchsetzung entsprechender Milieus wussten dies zu verhindern. Insofern darf man ganz unterschiedlichen Vertretern der regionalen Prominenz von Ernst Bloch über Sepp Herberger und Helmut Kohl bis zu Joy Fleming und Uwe Ochsenknecht eine gemeinsame heimatliche Erdung zuschreiben.

Ein stark ausgeprägtes Vereinsleben gehört ebenfalls zu den Kennzeichen der Region an Rhein und Neckar. In unzähligen Sport- und Musikvereinen finden Kinder und Jugendliche nach wie vor Zugang zu entsprechenden Freizeitaktivitäten. Dass vor allem in den städtischen Fußball- und Hockeyclubs, Kirchenchören, Fanfarenzügen und Jugendorchestern inzwischen viele Nationalitäten vertreten sind, lässt sich als Hinweis auf eine weithin respektable Integration ausländischer Arbeitsmigranten verstehen.

Brauchtum, Volksfeste

Beim Brauchtum und den Volksfesten überwiegen die agrargesellschaftlichen und geografischen Wurzeln. Religiöse Motive werden dabei nur noch in Ausnahmen sichtbar, so zum Beispiel bei den ländlichen Fronleichnamszügen in der Pfalz, bei denen sich die Straßen kleiner Orte als große Blütenmeere präsentieren. Nach Walldürn im Odenwald führen in den Wochen nach Pfingsten jährlich Wallfahrten zur Basilika Zum Heiligen Blut. Der Ort zeigt sich dann rund um die Kirche mit Blumen und Altären geschmückt. Der Sage zufolge sollen sich hier vor langer Zeit einige Tropfen verschütter Messwein in Christi Blut verwandelt haben. Regelmäßig gefeierte ›patriotische‹ Feste gibt es nicht, sieht man einmal davon ab, dass die Gedenktage zum ›Hambacher Fest‹ durch entsprechende Veranstaltungen begangen werden.

Die zahlreichen Fischerfeste in der Region tragen der Lage an Rhein und Neckar Rechnung. Zu den populärsten zählt das »Backfischfest« in Worms. Es findet jeweils in der letzten Augustwoche statt und stellt mit der Wormser Fischerzunft die älteste Zunft Deutschlands in den Mittelpunkt. Auch die beiden sommerlichen Fischerfeste in Steffi Grafs Heimatgemeinde Brühl gehören in diese Reihe. Am Neckar feiern die Ladenburger ihr Fischerfest Ende Juni, Anfang Juli. Sie tun es fast so stimmungsvoll wie bei ihrem Altstadtfest Anfang September. Das Fischerfest in Heidelberg-Neuenheim findet ebenfalls Ende Juni statt und zieht zahlreiche Besucher in das einst unabhängige Fischerdorf. Und so geht es den Neckar aufwärts weiter.

Die sonnige Lage der Bergstraße und der Deutschen Weinstraße lockt dort schon früh im Jahr zu den Mandelblütenfesten. In Neustadt-Gimmeldingen schlägt man dabei zwei Fliegen mit einer Klappe: Das dortige Mandelblütenfest geht Mitte März über die Bühne und ist gleichzeitig das erste Weinfest der Region im Jahr. Solche Feste rund ums Schoppenglas folgen dann in unerbittlich langer Reihe. Das ›größte Weinfest der Welt‹ wird am zweiten und dritten Septemberwochenende in Bad Dürkheim gefeiert. Selbstredend verfügt dieses Fest über eine eigene Website – www.duerkheimer-wurstmarkt.de.

Mit dem Wein verbunden sind auch andere Reste des Brauchtums, die sich erhalten haben. So pflegt man an der Weinstraße nach wie vor den Brauch, jährlich eine hübsche, önologisch gebildete junge Frau als Weinkönigin und Botschafterin des Rebensafts zu inthronisieren. Auch die Geißbockversteigerung in Deidesheim ist keine trockene Veranstaltung. Sie erinnert an die Zeiten des schwunghaften Viehhandels in der Region und führt dienstags nach Pfingsten eine Menge Volk in den Ort, der durch Gourmetrestaurants wie den ›Schwarzen Hahn‹, den ›Ketschauer Hof‹ oder die ›Kanne‹ in Genießerkreisen bekannt wurde. Mit dem Viehhandel begann vor 400 Jahren auch die Geschichte des Mannheimer Maimarkts. Heute präsentiert sich diese Jahresveranstaltung als größte deutsche Regionalmesse für Verbraucher. Die Messe wird Jahr für Jahr gerne besucht, denn sie ist eine bunte Mischung aus Produktschau, Stelldichein und Spektakel.

Unser Tipp

Zauberhaft – das Altstadtfest in Ladenburg
Große Volksfeste sind ja nicht jedermanns Sache. Wer aber einmal ein Wochenende Anfang September durch die engen Gassen des Römerstädtchens an den vielen Flohmarktständen vorbei gebummelt ist, könnte sogar als Volksfestmuffel seine Meinung ändern. Was die dortigen Vereine vor der Kulisse eines reizvollen Alstadtbildes an Aktionen, Unterhaltung und kulinarischen Genüssen offerieren, verdient die Bezeichnung »eines der beliebtesten Straßenfeste weit und breit« (Termine: Tel. 06203 92 26 03, www.ladenburg.de).

›Alla Hopp‹ – Mäzene zeigen Heimatverbundenheit

In der Rhein-Neckar Region gehört das Helfen, Fördern und Entwickeln mittels privater und unternehmerischer Zuwendungen zum kulturellen Erbe. Einige Museen, Theater und große Sportstätten wären ohne solche Zuwendungen gar nicht entstanden oder nicht lebensfähig.

Mäzenatentum und Sponsoring sind in der Rhein-Neckar-Region vor allem in den Stadträumen Mannheim-Ludwigshafen und Heidelberg verankert und haben die Stadtbilder mitgeprägt. Ein ansehnliches Beispiel dafür stellt die große Jugendstilanlage des Friedrichsplatzes in Mannheim dar. Sie entstand 1907 zum 300. Stadtgeburtstag mit Gebäuden wie dem Rosengarten und der Kunsthalle. Großteils mit privaten Mitteln finanziert, waren sie Ausdruck eines neuen Selbstbewusstseins des Bürgertums und Großbürgertums.

Den Bau der Kunsthalle hatte eine Großspende des jüdischen Kaufmann-Ehepaares Henriette und Julius Aberle möglich gemacht. Von Bernhard Herschel (1837–1905), einem anderen jüdischen Kaufmann, war in diesen Jahren das nach ihm benannte Jugendstil-Hallenbad gestiftet worden.

Der Generalkonsul Carl Reiß gehörte ebenfalls in diese Epoche. Reiß (1834–1914) gründete in Mannheim eine Reihe namhafter Finanzinstitute. Er hat der Stadt die nach ihm benannte Rheininsel vermacht und testamentarisch als Naturschutzgebiet deklariert. Außerdem hinterließ er eine enorme Geldvermögen, nach heutigem Wert ungefähr 20 Mio. €, für die Entwicklung der Reiss-Engelhorn-Museen.

1907 und 2007 im Vergleich

Mit dem Sponsoring haben neben den Einzelstiftern in jüngerer Zeit auch Unternehmen eine tragende Rolle in der Förderung sozialer und kultureller Einrichtungen übernommen. Dazu kommt heute eine Reihe von Stiftungen, Fördererkreisen und Projektinitiativen. Welche Summen solche Initiativen aufbringen können, hat jüngst der 3000 Mitglieder starke »Fördererkreis für die Reiss-Engelhorn-Museen« gezeigt. Unter dem Motto »Zaster fürs Zeughaus« ist es dem Kreis gelungen, für die neue Innenausstattung des historischen Bauwerks und Museums 2,5 Mio. € an Spenden zu sammeln. Ein Vielfaches davon war in den Jahren 2007/08 für die Sanierung und den Umbau des Theaters der Stadt Heidelberg nötig. Dass dieses große Bauprojekt gestartet werden konnte, verdankt sich auch einer Bürgerinitiative, die 3,5 Mio. € sammelte, und in besonderer Weise der Einzelspende des Heidelberger Unternehmers Wolfgang Marguerre, der 13 Mio. € zur Verfügung stellte. Sein Mo-

Skulptur im neuen Museumsbau des Mannheimer Zeughauses

Neuer Glanz: das Museum Zeughaus in Mannheim

Die zum 400. Stadtgeburtstag im Jahr 2007 abgeschlossene Sanierung des Zeughauses wurde durch Spendengelder unterstützt und schuf den wohl schönsten Museumsbau in der Region. Nach einfühlsamer Restaurierung gibt es nun 6000 m² Ausstellungsfläche für die Bereiche Stadtgeschichte, kunst- und kulturgeschichtliche Sammlungen, Antikensammlung sowie für ein Forum der Internationalen Fotografie. Das Bauwerk zählt zu den bedeutendsten des deutschen Frühklassizismus und besticht durch seine schlichte Eleganz. Nach einem Besuch findet man im Hofgebäude einen sehr schönen Platz für eine Pause im Museumsrestaurant (www.rem-mannheim.de).

tiv: »Als gebürtiger Heidelberger habe ich bereits in meiner Kindheit das Theater genossen. Was ich dort sehen und erleben konnte, hat wesentlich zu meiner Bildung und Lebensfreude beigetragen ... Da ich ein erfolgreiches Unternehmen habe, ist es mir ein großes Bedürfnis und eine Selbstverständlichkeit, diese wichtige Sanierung des Theaters zu unterstützen ...«

Die Gründer von SAP und MLP

In der regionalen Tagespresse nahezu omnipräsent sind die großen Namensstiftungen der SAP-Gründer Dietmar Hopp, Hasso Plattner, Klaus Tschira und Claus Hector sowie des MLP Mitbegründers Manfred Lautenschläger. Der im Kraichgau aufgewachsene Dietmar Hopp gilt dabei als derjenige Förderer, dem die Kurpfalz am meisten wert ist.

Neben seinen Sport-Prestigeobjekten (SAP-Arena Mannheim, Golf Club St. Leon-Rot und jüngst die Rhein-Neckar-Arena in Sinsheim) stehen viele Förderprojekte mit den Schwerpunkten Medizin, Ausbildung und soziale Einrichtungen. Ende 2009 sind es fast 200 Mio. €, die von der Dietmar-Hopp-Stiftung seit ihrer Gründung 1995 für gemeinnützige Zwecke verwendet wurden.

Hasso Plattner und Klaus Tschira wenden sich mit ihren Stiftungen klarer den Themen Bildung und Wissenschaft zu. So hat Plattner jüngst den Ausbau der Universitätsbibliothek im Schloss von Mannheim mit 10 Mio. € unterstützt und damit die größte private Spende abgegeben, die eine deutsche Hochschule jemals erhalten hat.

Hans-Werner Hector gliedert sein Stiftungsengagement in die Bereiche medizinische Forschung und Hilfe im sozialen Bereich sowie bei Aus- und Weiterbildungsprogrammen in Schule und Universität. Einen weiteren Förderschwerpunkt der H.W. & J. Hector Stiftung bilden Kunst und Museen. Einen regionalen Fokus seiner Fördertätigkeiten setzt auch der mit Heidelberg eng verbundene MLP-Mitbegründer Manfred Lautenschläger. Seine 2002 gegründete Stiftung zählt zu den großen Privatstiftungen Deutschlands. Wissenschaft, Medizin und Sport profitieren davon. Den Bau der neuen Universitätsklinik für Kinder- und Jugendmedizin unterstützte die Manfred-Lautenschläger-Stiftung mit 14 Mio. €.

Mit der Größe und dem professionalisierten Organisationsgrad von Stiftungen erhöht sich tendenziell die persönliche Distanz von Gebern und Nehmern. Dessen sind sich Stifter wie Hopp oder Lautenschläger bewusst. Sie versuchen, ihre Stiftungen schlank zu führen und die persönliche Nähe zu den geförderten Einrichtungen zu halten.

Vorhang auf – das Internationale Filmfestival Mannheim-Heidelberg

R. W. Fassbinder feiert mit seiner Crew (Hanna Schygulla, rechts) den Deutschen Filmpreis 1970 für seinen Film »Katzelmacher«, der auf dem Festival in Mannheim Premiere hatte

Jährlich im November sind die Städte Mannheim und Heidelberg für zehn Tage ein Mekka für Cineasten. 1952 ins Leben gerufen, nimmt das Festival inzwischen nach der Berlinale in Deutschland den zweiten Rang bei den Filmfestspielen ein. Für die jährlich 60 000 Besucher und mehr als 1000 Gäste aus dem Filmgeschäft gibt es bei dieser zehntägigen Reise um die Welt viel zu entdecken.

Wenn Kino die Wirklichkeit im Brennglas zeigt, lässt sich Filmgeschichte auch als Pointierung der wahren Geschichte beschreiben. Gutes Kino begnügt sich dabei nicht mit dem Abbilden, sondern unternimmt auch stets den Versuch eines In-Bewegung-Setzens. In diesem Sinne hat das Internationale Filmfestival in seiner mehr als 50-jährigen Geschichte einiges bewegt.

Dabei fingen diese Festspiele 1952 als »Kultur- und Dokumentarfilmwochen« recht unspektakulär an. 1953 drückte sich die Sehnsucht des kriegsgebeutelten Publikums nach Harmonie und Beschaulichkeit auch in der Wahl des beliebtesten Festivalfilms aus. Es gab noch keinen offiziellen Wettbewerb, aber der Film »Affenkinder« des Frankfurter Zoodirektors Bernhard Grzimek war damals klarer Publikumsliebling. 1956 zeigte sich das Festival bereits als eine Instanz, die im Kalten Krieg für Verständigungsbereitschaft warb: 34 der 150 gezeigten Filme kamen aus dem sogenannten Ostblock und verschafften dem westdeutschen Publikum Einblicke in das Leben der Menschen Osteuropas.

Anfang der 1960er-Jahre nimmt das Festival den Namen »Internationale Filmwoche Mannheim« an und ersetzt den Dokumentarfilm durch den künst-

> **Festival des deutschen Films**
> Seit dem Jahr 2005 findet dieses Festival jeweils in der 2. Junihälfte auf der Parkinsel in Ludwigshafen als ein Ableger des Internationalen Filmfestivals statt. Zwischen dem alten Baumbestand dieser Rheininsel gruppieren sich weiße Film- und Strandzelte, es gibt Bars, Liegestühle und eine intime Partybeleuchtung. In dieser zauberhaften Atmosphäre kommen rund 20 der besten neuen deutschen Filme zur Präsentation (www.iffmh.de).

lerisch ambitionierten Spielfilm. Schon 1964 berichten alle großen deutschen Zeitungen darüber. Sie kommentieren dabei u. a. die Beiträge des Jurypräsidenten Fritz Lang und des Podiumsdiskutanten Marcel Reich-Ranicki.

Fassbinder wird entdeckt

Heute berühmte Regisseure wie François Truffaut, Wim Wenders, Rainer Werner Fassbinder, Krzysztof Kieslowski, Jim Jarmusch, Lars von Trier, Bryan Singer oder Thomas Vinterberg haben ihre ersten Filme in Mannheim gezeigt. So war es 1969 Rainer Werner Fassbinders Film »Katzelmacher«, der hier uraufgeführt wurde und den Anfang einer großen Karriere markierte. Trotz großer Akzeptanz musste das Festival in seiner jüngeren Geschichte wegen ungesicherter Finanzierung bisweilen um seine Existenz bangen. Mit dem seit 1991 als Festival-Direktor tätigen Journalist und Filmwissenschaftler Michael Kötz wurde in den Jahren 1993/94 eine tragfähige Lösung gefunden. Die Einbindung der Stadt Heidelberg war dabei eines der stabilisierenden Elemente. So fand 1994 erstmals das »Internationale Filmfestival Mannheim-Heidelberg« statt. Damit verband sich auch ein erhöhter Mittelzuschuss durch das Land Baden-Württemberg.

Künstlerische Qualität als Maxime

Unter der Vielzahl bestehender Filmfestivals hat sich das Festival in Mannheim und Heidelberg ein unverkennbares Profil erarbeitet. Mit strengen Maßstäben setzt es auf hohe künstlerische Qualität, was eine rigorose Auswahl für das Programm bedeutet. Dazu unterziehen Mitarbeiter und Scouts jeweils ca. 2500 neue Autorenfilme von Newcomern einer Prüfung. Davon kommen 700 Filme in einen engeren Pool, aus dem 35 oder 40 Filme zur Präsentation ausgewählt werden.

Das Festival ist deshalb so spannend und einmalig, weil es neue Filme aus der ganzen Welt zeigt und als wirkliche Entdeckungsreise rund um den Globus zu erleben ist. Mit 75 % bilden Spielfilme den größten Programmteil. Daneben gibt es Kurzfilme und cinematografisch herausragende Dokumentarfilme. Das Festival vergibt auch eine ganze Reihe begehrter Preise. Dazu zählen unter anderem: Der »Große Preis von Mannheim-Heidelberg« für den besten Spielfilm ab einer Länge von 70 Minuten, der »Rainer Werner Fassbinder Preis« für den besten Film mit einer unkonventionellen Erzählstruktur, der Spezialpreis der Jury und der Publikumspreis. Die Vielzahl der Preise deutet auch auf den Status des Festivals als wichtiger Treffpunkt der Filmbranche hin. Die Melange aus Filmerlebnis und der Nähe zu anwesenden Schauspielern, Regisseuren, Filmschaffenden und Rezensenten macht den Reiz des Dabeiseins noch größer.

Pfälzer Waldeslust

Der Naturpark Pfälzerwald, das größte zusammenhängende Waldgebiet Deutschlands, erschließt unendlich viele Möglichkeiten der Bewegung. In diesem einzigartigen Naturparadies kann man wandern, joggen, radfahren, klettern oder reiten. Touren unterschiedlicher Schwierigkeitsgrade warten auf Frischluftfans, darunter auch solche, die bis ins hohe Alter absolviert werden können – einfach weil's Spaß macht, die ›Keschde‹ gerade reif sind, eine Burg der Eroberung harrt, der ›Pfälzer Teller‹ in einer der vielen Hütten so gut schmeckt ...

Der Hamburger Unternehmer Alfred Toepfer bereitete der Naturparkidee in den 1950er-Jahren den Weg. »Der vom Tempo der Maschinen getriebene und meist von Lärm und schlechter Luft umgebene Sitzmensch« sollte befreit neue Energie tanken. Und so kann sich der Pfälzerwald rühmen, schon 1958 auf ca. 1800 km² zum deutschen Naturpark ernannt worden zu sein, als dritter von mittlerweile 101. Tausende, meist städtische ›Sitzmenschen‹ folgten dem Ruf, parkten die Waldwege zu, bevölkerten die Hütten und die rasch mit Grill-, Campingplätzen u. v. m. möblierte Natur. Das entsprach dem Zeitgeist, war aber nicht im Sinne des Erfinders, der gleichzeitig den Landschaftsschutz propagiert hatte. Mit Hilfe von Waldparkplätzen, Schutzhütten und einer umfassenden Markierung durch Wegewarte des Pfälzerwald-Vereins versuchte man daraufhin, den Strom der Erholungswilligen zu kanalisieren.

Geografisch gliedert sich die großartige Buntsandstein-Landschaft in nördlicher, mittlerer, südlicher Pfälzerwald und Deutsche Weinstraße. Der südliche

Basisinfos

www.naturparke.de: Deutschlands Naturparks stellen sich vor.
www.pfaelzerwald.de: Infos zu Ausflügen, Naturführern usw. Unter »Wirtschaften im Einklang mit der Natur« sind Betriebe aufgeführt, die die regionale Produktvielfalt fördern, darunter im Unterwegs-Kapitel erwähnte Gastronomiebetriebe: Naturfreundehaus Rahnenhof (Hertlingshausen), Seehaus Forelle (Eiswoog), Bioland-Wirtshaus Konfetti und Zur Herberge (Neustadt), Gutshof Ziegelhütte und Pfälzer Hof (Edenkoben).
www.pwv.de: Seit über 100 Jahren pflegt der Pfälzerwald-Verein (PWV) die Wanderwege u. a. mit Zeichen und unterhält bewirtschaftete Hütten.
www.naturfreunde-rlp.de: Wanderwege (Markierung N) verbinden die Naturfreundehäuser.
www.wanderportal-pfalz.de: Wanderungen und Radtouren, Aussichtspunkte und Einkehr.

Der Clausensee am westlichen Rand des Pfälzerwalds nahe Waldfischbach-Burgalben

Teil (Wasgau) ist dank bizarrer Felsformationen ein Dorado für Kletterer.

Biosphärenreservat Pfälzerwald-Nordvogesen

1992 nahm die UNESCO den Pfälzerwald in die Liga der Biosphärenreservate auf, 1998 wurde dieser Status grenzübergreifend auf die französischen Nordvogesen ausgedehnt. Weniger um die Balance zwischen Erholungsbedürfnis und Naturschutz als um den Erhalt der Kulturlandschaft im Sinne der Nachhaltigkeit geht es hier. Der Schutz bestimmter Pflanzen- und Tierarten, die Pflege lokalen Handwerks, das Angebot regionaler Vielfalt in der Gastronomie und sanfter Tourismus sind auch unter wirtschaftlichen Gesichtspunkten eng miteinander verknüpft. Das Reservat ist in drei Zonen aufgeteilt: die von jedweder Nutzung ausgeschlossene Kernzone, die angrenzende Pflegezone und die nachhaltig bewirtschaftete, randständige Entwicklungszone (z. B. die Haardt).

Wandern und Bücken

Jede Jahreszeit hat ihren eigenen Reiz, am schönsten aber ist vielleicht der

> **Reizvolle Ziele**
> **Haus der Nachhaltigkeit:** Johanniskreuz 1a, Trippstadt, Tel. 06306 921 01 30, www.hdn-pfalz.de, So–Fr 10–17 Uhr. Ein hochinteressantes Haus, allein schon aufgrund der Architektur; mit Regionalladen (März–Okt.), Dauerausstellung und Außenbereich.
> **Alte Samenklenge:** Hauptstr. 52, Elmstein, www.alte-samenklenge.de, Mi, Sa, So 14–17 Uhr. Das Haus der Wald- und Forstgeschichte können Sie z. B. auf der Kuckucksbähnel-Entdeckungstour (s. S. 214) besuchen.
> **Biosphärenhaus mit Baumwipfelpfad:** Am Königsbruch 1, Fischbach, Tel. 06393 921 00, www.biosphaerenhaus.de, tgl. ab 9.30 Uhr, Dez. teilweise geschl. Neben Multimediaausstellung, Wasser- und Biospärenerlebnisweg ist der über 270 m lange Baumwipfelpfad die Attraktion.

Herbst. Wenn sich das Weinlaub färbt, hüllt sich der Pfälzerwald dank des gestiegenen Anteils an Laubhölzern (35 % Buchen, 9 % Eichen) in ein buntes Kleid. Dann ist Hochsaison für ›Jäger und Sammler‹. Körbeweise werden Walnüsse von den Schattenspendern am Weinberg, Keschde von den Edelkastanien am Haardtrand und eine reiche Pilzernte verstaut. Nach ihrem Streifzug durch Waldesklüfte, Pfälzerwaldhütten, Forst- und Naturfreundehäuser strömen die Wandervögel in die Weinorte. Rucksack, Anorak, Bergstiefel, Stock und zuweilen ein flottes Hütchen sind Erkennungszeichen der ›Heckeschisser‹, wie sie liebevoll von den Einheimischen genannt werden. Viele nutzen inzwischen Bus und Bahn, ein Beitrag zum Schutz der faszinierenden Kulturlandschaft Pfälzerwald. Feriengästen sei empfohlen, Unterkünfte für diese Zeit frühzeitig zu buchen.

Die nur zu Fuß erreichbaren sieben Trekkingplätze im Pfälzerwald zwischen Burg Guttenberg und Kalmit versprechen ein spezielles Naturerlebnis. Auch wenn man unter freiem Himmel im Zelt schläft, muss man für rechtzeitige Buchung sorgen. Dann steht dem Abenteuer bei Fuchs und Hase nichts mehr im Weg (www.trekking-pfalz.de).

Nachhaltigkeit ist das neue Zauberwort. Das Natursport Opening im April, bei dem ›ökosystemverträgliche‹ Sportarten ausprobiert werden, hat als Startpunkt das Haus der Nachhaltigkeit (s. o.) – ein weiterer Grund für einen Besuch.

Unterwegs an Rhein und Neckar

Blick von der Maximilianstraße auf den Speyerer Dom

Das Beste auf einen Blick

Das Zentrum der historischen Kurpfalz

Highlights!

Heidelberg: Viel besucht und viel besungen wird die alte Universitätsstadt seit die Deutsche Romantik die hoch über dem Neckar gelegene Schlossruine zu ihrem Ort machte. S. 84

Schwetzingen: Die Sommerresidenz der Kurfürsten bezaubert durch einen der schönsten Schlossgärten Europas. Ein Spaziergang durch die paradiesische Anlage beglückt zu allen Jahreszeiten. S. 113

Mannheim: Die Mischung macht's – kulturelles Zentrum, Schmuddelkind des Industriezeitalters, Shopping-Zentrum für die Region, vor allem aber eine Stadt der gelebten Toleranz. S. 123

Auf Entdeckungstour

Streifzug durch das studentische Heidelberg: In dieser Altstadttour geht es weniger um Lehrgebäude als um Weinlokale, Bars und andere Treffpunkte des studentischen Lebens. S. 94

Schlössertour Heidelberg-Schwetzingen-Mannheim: Die Identitätsorte der Kurpfalz faszinieren nicht zuletzt durch ihren jeweils sehr eigenen Charakter. S. 114

Mannheimer Integrationskraft – drei Kirchen, drei Religionen: Die dicht beieinander liegenden Gebetsstätten der drei Weltreligionen dokumentieren eindrucksvoll eine multikulturelle Stadtgesellschaft. S. 126

Kultur & Sehenswertes

Kurpfälzisches Museum Heidelberg: Das in der Altstadt in einem schönen Palais untergebrachte Museum stimmt auf eine Reise durch die ehemalige Kurpfalz ein. S. 92

Zeughaus Mannheim: Das beeindruckende Architekturzeugnis des deutschen Frühklassizismus beherbergt große kunst- und kulturgeschichtliche Sammlungen, auch zur Mannheimer Stadtgeschichte. S. 133

Aktiv & Kreativ

Philosophenweg: Der bekannteste Spazierweg Heidelbergs begeistert mit seinen vielen schönen Ausblicken immer wieder aufs Neue. S. 90

Kollerinsel: In dem idyllischen Naherholungsgebiet am Altrhein bei Brühl kann man baden, segeln, reiten oder bei einem Spaziergang die artenreiche Vegetation bewundern. S. 120

Genießen & Atmosphäre

Altstadt Ladenburg: Mit der Neckarfähre übersetzen, über die große Wiese in Ladenburgs Altstadt spazieren und dort am Domhofplatz ein Eis mit Sahne essen – Genuss pur. S. 112

Schwetzinger Schlossgarten: Kleinteilige Rokokokabinette und weitläufige Landschaftspartien im englischen Stil verleihen diesem Park ganzjährig einen großen Zauber. S. 116

Abends & Nachts

Opernzelt Heidelberg: Das Provisorium wurde durch die Renovierung des Theaterbaus (bis 2012/13) nötig und hat sich sofort zu einem Publikumsmagneten entwickelt. S. 107

Capitol Mannheim: Der ehemalige Lichtspielpalast ist seit 1998 vieles in einem. Hier gibt es Musik, Shows, Literatur, Kabarett und alles, was zu einem unterhaltsamen Abend gehört. S. 137

Die Residenzstädte

Schon die Kurfürsten wussten, wo es sich in der Rhein-Neckar Region gut residieren lässt. Sie bauten ihre Schlösser in Heidelberg, Mannheim und Schwetzingen und schufen damit eine wichtige Grundlage für die weitere Entwicklung dieses Gebietes zu einem regionalen Zentrum. Heute präsentiert sich dieses Kernland, abgesehen von ein paar Eifersüchteleien, als harmonischer Dreiklang: die romantisch geprägte Universitätsstadt Heidelberg mit ihren verwinkelten Altstadtgassen, das durch seine Industriegeschichte wohltuend geerdete Mannheim mit seiner großzügigen Stadtanlage und schließlich die heitere, immer unbeschwert wirkende Sommerresidenz Schwetzingen.

Eingebettet ist dieses Städtedreieck in eine Landschaft, die von den Flüssen Rhein und Neckar ihre Prägung erhielt. Bis hin zum Odenwald gibt es hier kaum einen Hügel. Bei guter Sicht kann man von Schwetzingen aus den Königsstuhl sehen, den Heidelberger Hausberg. Und von der dritten Etage eines Hauses in Heidelberg lässt sich der Mannheimer Fernmeldeturm erkennen. Mit dem Fahrrad am Neckarufer von Heidelberg nach Mannheim zu fahren, bedeutet auch für Kinder keine Mühe. Die vielen Badeseen in diesem Gebiet laden zur Erfrischung ein, und wenn die Badehosen zum Trocknen auf der Leine hängen, bieten die milden Sommerabende reichlich Gelegenheit, die abendliche Freizeit zu gestalten. Terrassenlokale, Open-Air-Konzerte und sommerliche Kulturfestivals stehen dabei in der Gunst ganz oben. Die Festival-Saison im Dreieck Heidelberg, Schwetzingen und Mannheim beschränkt sich allerdings nicht auf den Sommer, sondern setzt in allen Jahreszeiten Glanzpunkte (s. S. 52).

Wissenschaft und Wirtschaft

Residenzen sind Heidelberg und Mannheim sowie das nahe Umland dieser Städte bis heute geblieben. Das Zepter halten allerdings nicht mehr die Kurfürsten in der Hand. Es ist an große Universitäten, Forschungseinrichtungen und Wirtschaftskonzerne weitergereicht worden. Dabei findet eine bemerkenswert enge Verzahnung von Wissenschaft und Wirtschaft statt, durch die man sich im Bereich »Life Science« sowie in den Branchen Maschinenbau und Informationstechnologie Führungspositionen erarbeitet hat.

Infobox

Reisekarte: ▶ E 3 – G 4

Verkehr
Der öffentliche Personennahverkehr in der Rhein-Neckar-Region und insbesondere in dessen Zentrum ist mit Bussen, Straßenbahnen, S-Bahnen und Zügen vorbildlich geregelt. Aktuelle Auskünfte zu Linien und Tarifen finden sich auf der Website des Verkehrsverbundes Rhein-Neckar (VRN), www.vrn.de.

Heidelberg! ▶ G 4

Heidelberg ist als landschaftlich reizvoll gelegene Universitätsstadt und Zentrum der deutschen Romantik weltweit bekannt. Mit dem berühmten Schloss, verträumten Altstadtgassen, Straßencafés, Studentenkneipen, dem malerischen Philosophenweg und der großen Neckarwiese bietet die kleine Stadt

Heidelberg

eine große Kulisse für die ganzjährige Inszenierung eines kurpfälzischen und gleichzeitig urbanen Lebens.

Für diese Stadt musste die Tourismusindustrie gar nicht erst nach griffigen Werbesprüchen suchen, reicht es doch, sich der vielen Zitate aus berufenen Mündern zu bedienen. Eines davon lieferte Goethe. Jeder Lobhudelei unverdächtig notierte er 1797: »Die Stadt in ihrer Lage und mit ihrer ganzen Umgebung hat, darf man sagen, etwas Ideales«. Ihm nachfolgende Romantiker wie Görres, Brentano und von Arnim sorgten im frühen 19. Jh. gemeinsam mit ihren malenden Zeitgenossen dafür, dass die Wirksamkeit dieses Lobs nicht nachließ. Damals entstanden auch erste Reiseführer, sodass Heidelberg gerüstet war, zunächst als Reiseziel der akademischen Welt, dann zunehmend als schicht- und grenzüberschreitende ›Marke‹. Jedes Jahr kommen ca. 1 Mio. Touristen, um das Schloss zu besichtigen. 3,5 Mio. Besucher halten sich pro Jahr in der Stadt auf. 30 000 Studenten lernen an der 1386 gegründeten Universität. Immer noch gefällt allen die Intimität der barock geprägten Altstadt. Von den knapp 150 000 Einwohnern gehen mehr zum »Heidelberger Herbst« als zur Wahl ihres Oberbürgermeisters, obwohl das Volks- und Straßenfest jährlich stattfindet und die Wahl des Stadtoberhauptes nur alle acht Jahre. Im Herbst 2006 wurde Eckard Würzner als parteiloser Kandidat in dieses Amt gewählt. Im Hinblick auf die ausländische Bevölkerung geraten dem Besucher die vielen Gaststudenten ebenso deutlich ins Blickfeld wie die Familien der US-amerikanischen Streitkräfte. Heidelberg wurde nach dem Krieg europäisches Hauptquartier des amerikanischen Heeres. In Stadt und Umland leben 19 000 amerikanische Staatsbürger. Mit der geplanten Verlegung des Hauptquartiers nach Wiesbaden und dem Auszug der Amerikaner steht in den Jahren 2014/15 eine große Veränderung des Stadtbildes bevor.

Heidelberg ist ein akademisches Pflaster, was der Stadt bei den sittsam gepflegten Eifersüchteleien mit der jüngeren Nachbarin Mannheim teils als Vorteil gereicht, manchmal aber auch als Dünkel zu erleben ist.

Kurfürsten machen aus dem Flecken eine Stadt

1196 wird »Heidelberch« erstmals urkundlich erwähnt. Aber erst mit der Ernennung zur kurfürstlichen Residenz 1356 und mit der Gründung der ältesten Universität im heutigen Deutschland durch Kurfürst Ruprecht I. im Jahr 1386 kommt dem Ort Bedeutung zu. Im 1618 einsetzenden Dreißigjährigen Krieg und vor allem im Pfälzischen Erbfolgekrieg (1622, 1689 und 1693) erleidet Heidelberg mehrfach verheerende Zerstörungen. Nach 1693 lassen vor allem die Jesuiten eine Barockstadt entstehen. Es werden Gebäude wie die Jesuitenkirche und das benachbarte Collegium Academicum errichtet. Auch das Rathaus am Marktplatz stammt aus dieser Zeit. Als Kurfürst Carl Philipp 1720 die Residenz nach Mannheim verlegt, droht Heidelberg in die Bedeutungslosigkeit abzusinken. Unter Kurfürst (seit 1806 Großherzog) Karl Friedrich von Baden erfährt die Universität eine ›zweite Neugründung‹ und gewinnt durch angesehene Lehrkräfte wieder an überregionalem Ansehen. Das beginnende 19. Jh. ist auch die Geburtszeit des »Mythos Heidelberg«: Dichter und Maler der Deutschen Romantik verklären die Stadt wegen ihrer schönen Lage zur idealen Kulisse für zwischenmenschliche Gefühle. So wurden Joseph von Eichendorffs Zeilen »In einem kühlen Grunde«, die er seiner gescheiterten

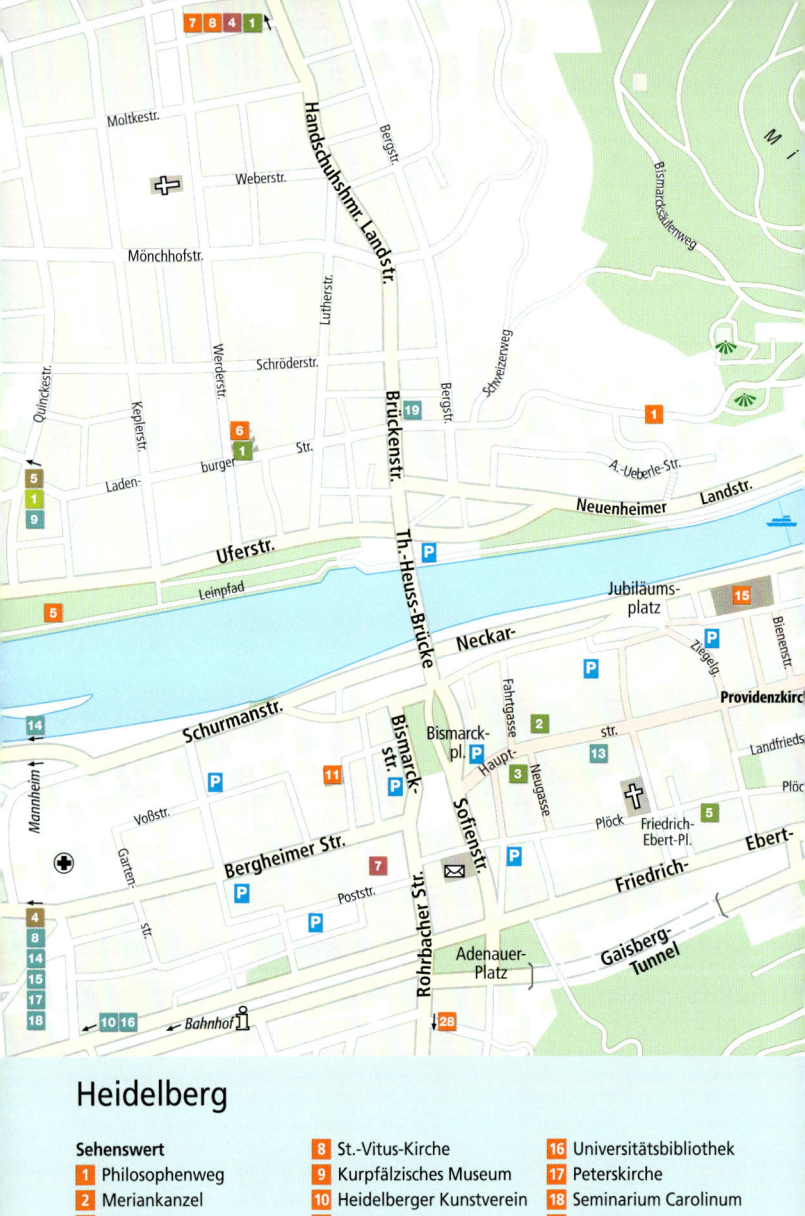

Heidelberg

Sehenswert
1. Philosophenweg
2. Meriankanzel
3. Thingstätte
4. Stift Neuburg
5. Neckarwiese
6. Neuenheimer Marktplatz
7. Tiefburg
8. St.-Vitus-Kirche
9. Kurpfälzisches Museum
10. Heidelberger Kunstverein
11. Prinzhornsammlung
12. Alte Universität
13. Studentenkarzer
14. Marstall-Mensa
15. Stadthalle
16. Universitätsbibliothek
17. Peterskirche
18. Seminarium Carolinum
19. Jesuitenkirche
20. Heiliggeistkirche
21. Rathaus
22. Geburtshaus F. Ebert
23. Alte Brücke

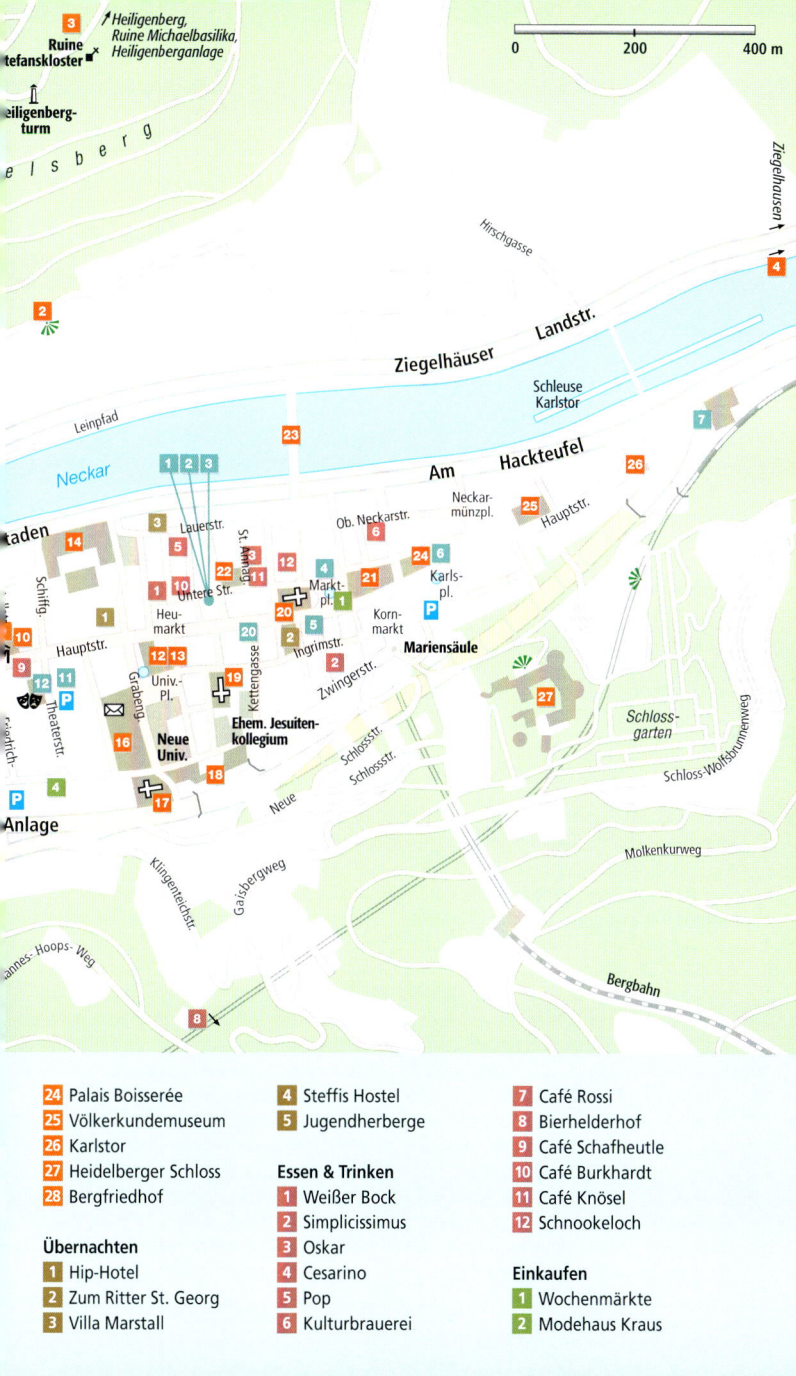

3 Chocolaterie St. Anna No 1	3 Goldener Reichsapfel	13 Theaterkino
4 Zuckerladen	4 Max Bar	14 Opernzelt
5 Heidelberg Images	5 Cave 54	15 Kulturfenster
	6 Sepp'l	16 Print Media Lounge
Aktiv & Kreativ	7 Karlstorbahnhof	17 Skylounge
1 ExploHeidelberg	8 8 Grad	18 Kinocenter Harmonie Lux
	9 Schwimmbad-Club	19 Kamera (Kino)
Abends & Nachts	10 halle02	20 Gloria (Kino)
1 Destille	11 Zimmertheater	
2 Weinloch	12 Stadttheater	

Liebelei mit Kätchen Förster aus dem heutigen Stadtteil Rohrbach widmete, zum allgemeinen Bildungsgut.

Durch die nationalsozialistische Gleichschaltung von 1933 verliert die Universität ein Drittel ihrer Wissenschaftler. 1942 kommt Fritz Löhner im Konzentrationslager Buchenwald ums Leben. Ihm wird der Text des Evergreens »Ich hab mein Herz in Heidelberg verloren« zugeschrieben. Heidelberg selbst bleibt im Zweiten Weltkrieg von größeren Zerstörungen verschont.

Stadt am Fluss

In den 1960er- und 1970er-Jahren sieht sich die Stadt als Zentrum der antiautoritären Studentenbewegung. Mit der Altstadtsanierung ab 1972 erhält die Innenstadt eine bauliche Modernisierung (Gebäudesanierungen, Hauptstraße als längste Fußgängerzone Europas). Die ärmere und ältere Wohnbevölkerung wird dabei an den Stadtrand gedrängt. Das Neuenheimer Feld entwickelt sich zu einem neuen Standort für Einrichtungen der Universität, für Forschungsinstitute und forschungsnahe Unternehmen. Für die nahe Zukunft sind zwei Großprojekte in Planung: Unter dem Motto »Stadt am Fluss« soll die stark befahrene Bundesstraße 37 zwischen Altstadt und Neckar untertunnelt werden, um so eine große Promenade als verkehrsfreie Verbindung zwischen der Stadt und dem Fluss zu schaffen. Groß dimensioniert ist auch das Projekt »Bahnstadt«, das aus dem 116 ha großen Gelände des ehemaligen Güterbahnhofs einen neuen Stadtteil macht. Dabei soll die größte Passivhaus-Siedlung Deutschlands entstehen.

Jenseits des Neckars

Mit Stadtspaziergängen verhält es sich so wie mit dem Lebensalter: Je höher man kommt, desto besser die Aussicht. In Heidelberg bewahrheitet sich der Satz auf den Anhöhen beidseits des Neckars. Um den berühmten »Merian-Blick« auf die Stadt und das Schloss genießen zu können, nimmt man seit Generationen den etwas steilen Anstieg von der Bergstraße zum **Philosophenweg** 1 gerne in Kauf (s. Lieblingsort S. 90). Nach wenigen Metern ist dann das Kleinod des **Philosophengärtchens** erreicht. Auf diesem sonnenverwöhnten Naturbalkon finden zwischen vielen exotischen Pflanzen ab und an sogar Lesungen und musikalische Vorträge statt. Aber die Gestalt dieses Platzes ist eigentlich schon Programm genug. Umgeben von Kirsch- und Mandelbäumen, Zypressen und Ginster, Jasmin und Zitrussträuchern geht es auf dem im frühen 19. Jh. eingerichteten Panorama-

Heidelberg

weg bis zum nächsten Aussichtspunkt, der **Meriankanzel** [2], der Position, von der aus Matthaeus Merian 1620 mit dem »Großen Panorama« seinen schönsten Stich fertigte. Dieser Kupferstich gilt als wichtigstes Dokument über die Zeit vor den Zerstörungen der Stadt in den Jahren 1689 und 1693. Die Reste der Meriankanzel wurden 1967 entdeckt, aber erst 1988 renoviert und zum Verweilen hergerichtet.

Bergauf kommt man an der Bismarcksäule vorbei und bald zu den Ruinen des Heiligenbergs und zur **Thingstätte** [3], die während des Nationalsozialismus als Freilichtbühne ausgebaut wurde und in jüngerer Zeit im Sommer für Konzerte genutzt wird. Hier finden sich Reste eines keltischen Ringwalls aus dem 4. Jh. v. Chr. sowie die Ruine der Basilika und des **Klosters St. Michael** (erste Kirche ca. 870, in jetziger Lage im Jahr 1023 errichtet). Mehr zu Stadt gewandt liegt die Ruine des im 11. Jh. erbauten Stephansklosters.

Stift Neuburg [4]

Stiftweg 2, Tel. 06221 89 50, www.stift-neuburg.de

Das vom Kloster aus etwa 3 km Fußweg entfernte Stift liegt ebenfalls auf einer Anhöhe und lässt sich mit einem Spaziergang in Verlängerung des Philosophenwegs mühelos erreichen. Das 1130 als Benediktinerkloster gegründete und idyllisch gelegene Stift wurde in der Folge der Reformation aufgelöst und ist erst seit 1926 wieder ein Kloster, in dem heute 16 Mönche leben. Die Klosterkirche wird gerne für kleine Konzerte und Hochzeiten genutzt. Im Klosterladen gibt es fangfrische Forellen aus eigener Zucht, Rohmilchkäse und weitere Klosterprodukte zu kaufen. Seit 2009 empfängt eine kleine Biobrauerei in den ehemaligen Stallungen des Klosters ihre Gäste. Das Kloster bietet Männern auch die Möglichkeit, sich für ein paar Tage im Gästehaus einzumieten, um in klösterlicher Stille zu Ruhe, Besinnung und Ausgeglichenheit zu kommen.

Neuenheim und Handschuhsheim

Nach der Rückfahrt in die Innenstadt mit einem Bus der Linie 34 wäre es unverzeihlich, die Stadtteile Neuenheim und Handschuhsheim unbesucht rechts liegen zu lassen. Was den Münchnern der Englische Garten, ist den Heidelbergern die **Neckarwiese** [5] am nördlichen Flussufer zwischen Theodor-Heuss-Brücke und Ernst-Walz-Brücke. Hier tummeln sich Sonnenanbeter, Spaziergänger, Jogger, Hundebesitzer, Liebespaare, Leseratten, Frisbee-Spieler und Picknickfreunde, und von hier aus erreicht man auch ohne lange Wege den Tiergarten und den daneben gelegenen Botanischen Garten im Neuenheimer Feld (www.botgart.uni-hd.de). Die Lutherstraße verbindet die Neckarwiese mit dem **Neuenheimer Marktplatz** [6], der sich mittwoch- und samstagvormittags mit den Ständen des Wochenmarktes von seiner schönsten Seite zeigt. Umgeben von Häusern aus der Gründerzeit, ist der Marktplatz ein Treffpunkt gut situierter Anwohner, die den französischen Lebensstil dieses Stadtteils sehr schätzen. Sie bilden auch die Kundschaft der attraktiven Wein-, Käse-, Mode- und Einrichtungsgeschäfte in der Ladenburger Straße und Brückenstraße. Wer diesen Straßen folgt und dann über die Bergstraße den Weg zur Tiefburg nimmt, wird angesichts der schönen alten Villen leicht verstehen, was das Besondere dieses Stadtviertels ausmacht. Die **Tiefburg** [7] selbst, der benachbarte Graham-Park, die Gassen um die **St.-Vitus-Kirche** [8] mit ihren vielen Restaurants und Kneipen – sie bilden das Zen-

Lieblingsort

Hoch über dem Neckar – Philosophenweg 1
Auf diesem Panoramaweg genießen wir den Blick auf das Ensemble mit Fluss, Altstadt und Schloss. Hier fertigte Merian seinen berühmten Stich mit der Heidelberger Stadtansicht an. Die ersten Sonnenstrahlen im Jahr lassen eine italienische Pflanzenwelt erblühen, die sich im Philosophengärtchen idyllisch zu einem bunten Strauß versammelt.

Das Zentrum der historischen Kurpfalz

trum von Handschuhsheim und die Szenerie des dörflich-selbstzufriedenen Heidelbergs. Die Ruinen der Wasserburg aus dem 13. und 14. Jh. sind so weit restauriert, dass eine Nutzung für Feste, gastronomische Zwecke und Ausstellungen möglich ist (Besichtigung der Räumlichkeiten jeweils am 1. und 3. So eines Monats 11–13 Uhr). Die Steubenstraße führt an dem gegenüber der Burg gelegenen kleinen Graham-Park entlang.

Nach wenigen Metern erhebt sich auf der linken Seite die St.-Vitus-Kirche. Trotz mehrfacher Um- und Anbauten hat die älteste Kirche auf Heidelberger Stadtgebiet ihre schlichte Würde erhalten. Fast Tür an Tür steht in der Pfarrgasse gegenüber der Kirche eines der gemütlichsten Hotel-Restaurants, das Lamm. Am Ende der Pfarrgasse und ein paar Schritte darüber hinaus warten dann Studentenlokale wie das Gilberts, stadtbekannte Biergärten wie das Alt Hendesse oder auch eines der besten italienischen Restaurants der Stadt (Enoteca Cesarino).

Altstadtbummel

Mit ihrer verwinkelten Gassenwelt, einer Reihe hübscher Plätze, den Gebäuden der Alten Universität, sehenswerten Museen, netten Cafés, Bars und Restaurants hat sich die Heidelberger Altstadt in alle internationalen Reiseführer eingetragen.

Der Bismarckplatz ist Schnittpunkt aller Straßenbahnlinien. Von hier aus empfiehlt sich ein Zickzack-Kurs durch die Hauptstraße und ihre kleine Schwester, die Plöck. Zunächst gestaltet sich der Weg als Schaufensterbummel, wobei allzu hohe Erwartungen schnell auf das Niveau abgesenkt werden, das in deutschen Innenstädten inzwischen üblich geworden ist: große Kaufhäuser, Filialgeschäfte und Ramschläden, dazwischen zahllose Fastfood-Theken. Zu den erwähnenswerten Ausnahmen zählen im vorderen Teil der Hauptstraße die süße Stube der **Chocolaterie St. Anna No 1** [3] und das **Modehaus Kraus** [2] als Überbleibsel eines qualitäts- und preisbewussten Einkaufangebots. Manch angenehme Überraschung erlebt man als Besucher diesbezüglich in der Plöck.

Kurpfälzisches Museum [9]
Hauptstr. 97, Tel. 06221 583 40 20, www.museum-heidelberg.de, Di–So 10–18 Uhr

Die ersten Stationen in der Hauptstraße, bei denen ein längeres Verweilen ratsam ist, liegen eng beieinander: Das Kurpfälzische Museum residiert seit 1908 im ehemaligen Palais des Kunstsammlers und Juristen Philipp Morass. Den Grundstock an Exponaten lieferten die Sammlungsbestände von Charles de Graimberg, der 1810 begonnen hatte, sich der Geschichte von Schloss und Stadt zu widmen. 1879 erfolgte der Ankauf der Graimbergschen Sammlungen durch die Stadt. In dem herrschaftlichen Stadtpalais mit seinem wunderschönen Garten lassen sich die wichtigsten Entwicklungsphasen der Stadt und der Kurpfalz nachvollziehen.

Heidelberger Kunstverein [10]
Tel. 06221 18 40 86, www.hdkv.de, Mo–Fr 12–19, Sa, So 11–19 Uhr

In einem Erweiterungsbau des Museums, den man über den schönsten Hofgarten der Stadt erreicht, ist der Heidelberger Kunstverein untergebracht. Der 1869 gegründete Verein gehört zu den größten und aktivsten seiner Art in Deutschland. Und die hellen, großzügig gestalteten Räume sind bestens geeignet für die zunehmend multimediale Präsentation zeitgenössischer Arbeiten.

Heidelberg

Prinzhornsammlung 11
Voßstr. 2, Tel. 06221 56 44 92, www.prinzhorn.uni-hd.de, Di–So 11–17, Mi bis 20, Führungen So 14, Mi 18 Uhr
Kunstinteressierte sollten es nicht versäumen, sich die Prinzhornsammlung anzusehen. Sie liegt hier zwar nicht auf der Wegstrecke, lässt sich aber mit einem Spaziergang durch das jüngst aufgelöste Altklinikum in Bergheim verbinden. Die Sammlung wurde zwischen 1919 und 1921 von dem Psychiater und Kunsthistoriker Hans Prinzhorn zusammengetragen und umfasst ca. 5000 Arbeiten von 450 Patienten. In wechselnden Ausstellungen sind jeweils Teile dieser Sammlung im ehemaligen Hörsaalgebäude der Neurologischen Klinik zu sehen . Nach Museum und Kunstverein sollte man sich unbedingt im **Café Schafheutle** 9 verwöhnen lassen. Es liegt unmittelbar gegenüber vom Kurpfälzischen Museum und ist mit seiner langen Tradition schon fast eine ausgelagerte Abteilung desselben. Bei schönem Wetter ist im idyllischen Garten selten noch ein Stuhl frei.

Theater
Ein paar Meter weiter öffnet sich ein kleiner Platz. Plakatkästen weisen auf die sechs Säle des größten Heidelberger Kinos hin. Das **Zimmertheater** 11 und das **Stadttheater** 12 gehören ebenfalls zu den Anrainern des Theaterplatzes; Ersteres (Hauptstr. 118) zählt zu den ältesten deutschen Privattheatern. In der intimen Atmosphäre eines Kammertheaters kommen hier zumeist zeitgenössische Stücke auf die Bühne. Das Stadttheater (Theaterstr. 4, Tel. 06221 582 00 00, www.theaterheidelberg.de) stand nach seiner Gründung im Jahr 1853 lange im Schatten des Mannhei-

Ein Bummel durch Heidelbergs Altstadt gehört unbedingt ins Besuchsprogramm

Auf Entdeckungstour

Streifzug durch das studentische Heidelberg

Diese Tour führt durch Bars, Kneipen, Weinstuben, Clubs und Lokale, die sich vor langer Zeit oder auch ganz aktuell einen Namen als studentische Lieblingsadressen gemacht haben.

Zeit: Vom Spätnachmittag bis tief in die Nacht

Planung: Die Monatszeitschrift »Meier« ist für 2,50 € im Buch- und Zeitschriftenhandel erhältlich. Sie informiert ausführlich über das Nachtleben und dazugehörige Veranstaltungen (im Internet www.meier-online.de). Auch ein Blick auf die Veranstaltungsseite in der Rhein-Neckar- Zeitung gibt tagesaktuelle Programmhinweise.

Start: Studentenkarzer, Alte Universität, s. S. 98

Gleich zu Beginn eines Streifzugs durch das abendliche Studentenleben vermittelt ein Besuch des historischen **Studentenkarzers** 13 (s. Abb. links) an der Rückseite der **Alten Universität** 12 lebhafte Eindrücke von den Schattenseiten, die das studentische Nachtleben in früherer Zeit hatte. In dieser Zelle mussten von 1778 bis 1914 alle von der Universitätsgerichtsbarkeit arrestierten Zechbrüder ihre Strafe absitzen, die durch nächtliche Ruhestörung und andere ›Kavaliersdelikte‹ unangenehm aufgefallen waren. Die erhaltenen Kritzeleien und Wandmalereien zeigen, dass damit wohl kein allzu großes Leid verbunden war und Graffitis keine Erfindung der Neuzeit sind (Augustinergasse 2, April–Sept. tgl. 10–18, Okt. tgl. 10–16, Okt.–März Mo–Sa 10–16 Uhr). Von hier aus sind es nur ein paar Meter zur **Marstall-Mensa** 14 im historischen Längstrakt eines hübschen Gevierts (s. S. 98). Auch Nicht-Immatrikulierte können hier gut und preiswert essen (Mo–Sa 11.30–22 Uhr). Der Innenhof dient oft als Veranstaltungsort für Konzerte, Public Viewing und Filmvorführungen.

Untere Straße – Tag und Nacht geöffnet

Kaum zu glauben, aber wahr: Dieses kleine Sträßchen war einst die Heidelberger Hauptstraße. Heute wird sie gesäumt von Bars, Restaurants, Cafés und kleinen Boutiquen, wobei das rege Nachtleben auf dieser kleinen Meile immer wieder hohe Wellen des Anwohnerprotests hochkommen lässt. Keinerlei Anlass zu Beschwerden liefert das **Café Burkhardt** 10 (Nr. 27, tgl. 11–24 Uhr), in dem hausgemachter Kuchen und Snacks serviert werden. In der gemütlichen Atmosphäre dieser Stube finden sich seit mehreren Generationen viele Studenten ein, auch solche, die ihr Studium schon lange abgeschlossen haben. Das Café grenzt übrigens an das **Geburtshaus von Friedrich Ebert** 22. Als Trink- und Denkstätte bewährt sich für Studenten seit Langem auch das Lokal **Destille** 1 (Nr. 16). Der Legende nach kamen Manfred Lautenschläger, inzwischen einer der großen Mäzene der Region, und Eicke Marscholleck hier 1971 auf die Idee zur Gründung des Finanzdienstleistungsunternehmens MLP. Der Plan, Studenten als Besserverdienende in spe bezüglich Versicherungen und Geldanlage zu beraten, erwies sich in den Folgejahren nicht als Schnapsidee, sondern als Grundlage einer großen Erfolgsstory. Ein paar Meter weiter zeigt sich das **Weinloch** 2 (Nr. 19) als »ganzjähriges Volksfest mit vier Wänden«. Hier stehen auf engstem Raum ca. 100 Leute um einen kleinen Schanktresen und trinken Weinschorle wie Wasser. Niemand scheint in dem derben Ambiente Sitzplätze zu vermissen.

Für die Ewigkeit – Pop-Art und der Reiz des Unspektakulären

Im Nachbarhaus hat das **Restaurant Pop** 5 seinen Platz. Dort hängt ein Auto an der Decke, was dazu beitrug, dass die gesamte Einrichtung unter Denkmalschutz gestellt wurde. Weit und breit einmalig: Ein Pop-Art-Interieur unter Denkmalschutz. Das haben sogar schon Neil Young und Alain Delon bestaunt. Nicht einmalig, aber ziemlich gut ist hier auch die italienische Küche und das Weinangebot.

Für eine Ewigkeit an Studentenleben scheint auch der **Goldene Reichsapfel** 3 (Nr. 35) eingerichtet zu sein. Das Besondere an dieser Kneipe ist, dass sie nicht versucht, besonders zu sein. Auch das im Hinterhaus des Reichsapfels untergebrachte **Lager** ist als großräumige Bar zumeist gut besucht.

Das **Cafe Knösel** 11 (tgl. bis 22 Uhr) steht als ältestes Café der Stadt an der Ecke Untere Straße/Haspelgasse. Hier wurde der »Studentenkuss« kreiert. Die mit der Mozartkugel vergleichbare Praline ist ein beliebtes Mitbringsel und wird nebenan in einer Chocolaterie verkauft (Haspelgasse 7). Das Knösel ist nach wie vor ein beliebter Treffpunkt und funktioniert heute als angenehme Mischung aus Café, Bistro und Hotel.

Favorit bei Ansichtskarten – die Alte Brücke

In der Haspelgasse, die am Ende der Unteren Straße von der Heiliggeistkirche zum Neckar führt, fällt die Vinothek **Oskar** 3 (Hausnummer. 5) nicht nur durch ihre zurückhaltend elegante Einrichtung auf. Zu einer Großauswahl an regionalen Weinen gibt es dort eine leichte mediterrane Küche, die das Herz von Feinschmeckern höher schlagen lässt und dabei zumindest ab und zu auch für Studenten erschwinglich ist. Weiter unten erinnert die Einrichtung des historischen Studentenlokals **Schnookeloch** 12 (Nr. 8) an lange vergangene Zeiten, in denen ein Joseph von Eichendorff hier einkehrte. Viel Holzvertäfelung, blank gescheuerte Holztische, ein Mann am Klavier und deftiges Essen. So präsentiert sich das Hotel-Restaurant heute. Von hier aus sind es nur ein paar Meter zur **Alten Brücke** 23 (s. S. 101). Seit Mai 2009 zählt dieses Wahrzeichen Heidelbergs auch abends zu den beliebten Treffpunkten frisch verliebter Pärchen, wofür nicht zuletzt die orstansässigen Architekten Uwe Belzner und Andrew Holmes mit einem stimmungsvollen Beleuchtungskonzept gesorgt haben. Die neue Brückenbeleuchtung ist der erste Bestandteil eines stimmigen Beleuchtungskonzepts für die gesamte Altstadt.

Am Karlstorbahnhof geht die Post ab

Von der Alten Brücke aus sind es durch die Steingasse nur wenige Gehminuten zum Marktplatz. Auf dem Weg durch diese Gasse lohnt sich ein Blick in **Vetters Brauhaus** (Nr. 9), wo sich nicht nur junge Leute in uriger Atmosphäre frisch gebrautes Bier und herzhafte Mahlzeiten schmecken lassen. Am Marktplatz selbst hält die **Max Bar** 4 (Marktplatz 5) seit Langem die Position des Platzhirschs unter den nahen Kneipen. Auch hier gilt das Motto, demzufolge es Platz in der kleinsten Hütte gibt, wenn die Atmosphäre stimmt. Und in diesem französisch angehauchten Bistro stimmt sie. Bevor man dann der Hauptstraße in Richtung Karlstor folgt, gilt, je später am Abend, desto empfehlenswerter ist ein kleiner Abstecher in den Keller der Krämergasse 2 zu unternehmen. Dort residiert mit dem **Cave 54** 5 (Krämergasse 2, s. auch S. 56) der älteste deutsche Studenten-Jazzclub. Eine ganz große Nummer war dieser kleine Keller in den späten 1950er- und frühen 1960er-Jahren, als Ella Fitzgerald, Louis Armstrong und Oscar Peterson ihre Truppenbesuche bei der US-Army in Heidelberg zum Anlass nahmen, auch die Bühne des Cave zu beehren. Auch wer heute über die enge Wendeltreppe hinabsteigt, bleibt bei Jazz und anderen regelmäßigen Liveauftritten gerne ein paar Stunden dort unten.

In Richtung Karlstor folgen an der Hauptstraße dann mit dem **Sepp'l** 6 (Hauptstr. 213) und dem **Roten Ochsen** (Hauptstr. 217) zwei nostalgische Studentenlokale mit langer Tradition. Der Sepp'l wurde nach dem Wirt Joseph Ditteney benannt, der sich in der zweiten Hälfte des 19. Jh. bei den Studenten beliebt machte und sie sogar bei Rechtsstreitigkeiten gegenüber der

Obrigkeit verteidigte. Die dankbaren Studiosi widmeten dem Wirt die Butzenscheibenfenster mit dem Wappen ihrer Verbindung. Dieses Dankeschön ziert das weitbekannte Stubenlokal bis heute. Die mit Erinnerungen beladende Stube diente in den 1950er- und 1960er-Jahren als Kulisse einiger Heidelbergfilme und gilt heute vor allem amerikanischen und japanischen Touristen als *must*. Noch länger empfängt das Gasthaus Zum Roten Ochsen seine Gäste. Es ist seit 1839 in Besitz der Gastronomenfamilie Spengel. Der Gründer Albrecht Spengel führte zur Erleichterung der Abrechnung Biermünzen ein, die bis 1965 in Gebrauch waren. Sein Sohn Karl war gemäß der Homepage des Lokals wegen seines »großen Verständnisses für die Freuden und Nöte seiner Buben« für viele deutsche und ausländische Studenten »Papa Spengel«. Neuzeitlicher geht es ein paar Meter weiter im **Karlstorbahnhof** 7 zu (Am Karlstor 1, www.karlstorbahnhof.de). Hier kommen schon lange keine Züge mehr an, dafür seit Mitte der 1990er-Jahre aber jede Menge Kleinkunst, Livemusik und Kino. Dieser Kulturbahnhof gehört zu den meistfrequentierten Orten im Heidelberger Nachtleben.

Natürlich beschränkt sich das studentische und unakademische Nachtleben in Heidelberg nicht nur auf die Altstadt. Am Stadtrand sind seit Langem folgende Adressen beliebt: **8 Grad** 8 (Bergheimerstr. 147, www.achtgrad.com) als generationenübergreifender Musik-Club, der **Schwimmbad-Club** 9 (Tiergartenstr. 13, www.schwimmbad-club.de) mit einem großen Programm an Livemusik und die **halle02** 10 (Güteramtsstr. 2, www.halle02.de), die sich in jüngerer Zeit einen Teil des verwaisten Güterbahnhofs mit Musik- und Kleinkunstveranstaltungen erfolgreich zunutze gemacht hat.

Die Marstall-Mensa ist für jedermann geöffnet

Das Zentrum der historischen Kurpfalz

mer Nationaltheaters. Erst in den 1960er-Jahren konnte hier ein eigenes Profil erarbeitet werden. Der Theaterbau wird derzeit neu errichtet. Die Neueröffnung ist für die Spielzeit 2012/13 vorgesehen. Bis dahin wurden zwei provisorische Spielstätten eingerichtet, die aufgrund ihrer architektonischen Originalität schnell eine große Beliebtheit erreichten: ein **Theaterkino** 13, das in einem stillgelegten Kino den Platz für Bühnenstücke bietet, und ein **Opernzelt** 14, das auf dem Gelände der alten Feuerwache nahe beim Hauptbahnhof aufgebaut wurde. Der mit hohen Kosten verbundene Neubau des Theaters wurde übrigens durch das große finanzielle Engagement einer Bürgerinitiative und durch Einzelstiftungen im zweistelligen Millionenbereich ermöglicht.

Alte Universität 12
Grabengasse 2, Museum, Aula, Karzer: Di–Sa 10–18 Uhr, April–Sept. auch So, Nov.–März jeweils bis 16 Uhr
Am Universitätsplatz bietet sich dem Besucher vieles auf einmal. Da ist zunächst das 1728 errichtete Gebäude der Alten Universität. Es gehört wie das Schloss zu den Wahrzeichen Heidelbergs. Im Innern bringen Deckengemälde, Porträtbüsten, Holzvertäfelungen und Ahnengalerien eine ehrwürdige Tradition zum Ausdruck, die von den Rebellen der 1960er- und 1970er-Jahre als ›Muff‹ verspottet wurde. Heute sieht man solche Einrichtungen wieder als Manifestation erinnernswerter Geschichte. Das Gebäude der Alten Universität birgt das Universitätsmuseum, die Alte Aula sowie den **Studentenkarzer** 13 (s. Entdeckungstour S. 94). Ein jüngerer und eher profaner Publikumsmagnet an diesem Ort heißt **Käthe Wohlfahrt** (Hauptstr. 124). Als Europäer kann man in dem Geschäft vor allem verzückte Überseereisende aus Japan und den USA bestaunen, die ihrerseits mit ›Ahs!‹ und ›Ohs!‹ nicht geizen, wenn sie auf zwei Stockwerken an Puppen, Kuckucksuhren und Holzspielzeug vorbeiflanieren.

Marstall-Mensa 14
Das Kopfsteinpflaster der Marstallstraße zeigt den Weg zur Marstall-Mensa. In dem historischen Längstrakt des Gevierts, einem der wenigen spätmittelalterlichen Zeugnisse der Stadt, finden auch Nicht-Immatrikulierte einen angenehm abseitigen Platz für eine kleine Pause, bei schönem Wetter am besten im Innenhof, von wo aus der Blick auch schnell auf die Abgusssammlung der Universität fällt. Die wohlgeformten Körper aus Gips gehören zu den Exponaten des hier untergebrachten **Antikenmuseums**.

Stadthalle 15
Neckarstaden 24
Verlässt man den Marstall in Richtung Untere Neckarstraße, sind es bis zur Stadthalle nur ein paar Schritte. 1886 zum 500. Geburtstag der Universität errichtet und knapp hundert Jahre später aufwendig restauriert, wird der noble Sandsteinbau ebenso für Konzerte wie für Kongresse genutzt. Er soll aus Platznot in Kürze um einen Erweiterungsbau ergänzt werden. Der östliche Ausgang des Marstalls führt gleich zum **Alten Synagogenplatz,** wo ein großer Findling an die Zerstörung des jüdischen Gebetshauses erinnert, das hier von 1878 bis 1938 seinen Platz hatte. Zurück zum Universitätsplatz und die Grabengasse hoch, wartet an dem Abzweig zur Plöck ein weiteres sehenswertes Stück Heidelberg.

Universitätsbibliothek 16
Plöck 107–109, www.ub.uni-hd.de, Ausstellungsräume Mo–Sa 10–18 Uhr

Heidelberg

Die älteste deutsche Universitätsbibliothek geht auf Urkundensammlungen aus dem 14. Jh. zurück und ist die größte wissenschaftliche Universalbibliothek Baden-Württembergs. Das zwischen 1901 und 1905 von Josef Durm aus rotem Sandstein geschaffene Bauwerk greift durch seine Neorenaissancefassade bauliche Elemente des Schlosses auf. Im ersten Obergeschoss beherbergt der Manesse-Raum ein Faksimile des »Codex Manesse«. Aus Erhaltungsgründen lagert das Original der berühmten Handschriftensammlung des mittelhochdeutschen Minnesangs im Keller der Bibliothek. Die **Bibliotheca Palatina** gilt mit ca. 270 000 Seiten und rund 700 Miniaturen als eine der wertvollsten Sammlungen deutschsprachiger Handschriften des Mittelalters und der frühen Neuzeit. Ihre Ursprünge reichen bis ins Gründungsjahr der Universität zurück (1386). Ihr vorläufiges Ende brachte die Eroberung Heidelbergs im Dreißigjährigen Krieg 1622. Herzog Maximilian von Bayern schenkte Papst Gregor XV. damals die Sammlung mit etwa 3700 Handschriften und 13 000 Druckschriften. Davon wurden 847 deutsche Handschriften in den Jahren 1815/16 vom Vatikan wieder nach Heidelberg zurückgegeben. 1888 kam auch der »Codex Manesse«, die große Heidelberger Liederhandschrift zurück. Im Rahmen eines zwischen Mai 2006 und April 2009 realisierten Großprojekts gelang es, die gesamte Bibliotheca Palatina online verfügbar zu machen (http://palatina-digital.uni-hd.de).

Peterskirche [17]

In der gegenüber gelegenen Peterskirche finden regelmäßig Konzerte statt. Das Patronatsrecht der ältesten Pfarrkirche in der Altstadt ging 1400 an die Universität. Sie wurde so zur Grablege hochrangiger Wissenschaftler, wie es das Grabmal von Olympia Fulvia Morata, einer italienischen Wissenschaftlerin aus dem 15. Jh., zu erkennen gibt. Gegenüber markiert der **Hexenturm** als Teil der ehemaligen Stadtmauer – jetzt in das Gebäude der Universität einbezogen – die einstige Stadtgrenze. In der Seminarstraße pflegen dann architektonische Modernität und Geschichte gute Nachbarschaft.

Seminarium Carolinum [18]

Neben dem Art-Hotel an der Ecke zur Grabengasse, einem im Jahr 2005 eröffneten, puristisch gehaltenen Hotel-

Unser Tipp

Originell und familienfreundlich – Steffis Hostel [4]
Im zentrumsnahen Gebäudekomplex einer ehemaligen Zigarrenfabrik haben mit Theater, Nachtclub, Restaurant und Fitnessstudio eine ganze Reihe an Freizeiteinrichtungen Einzug gehalten. Im Frühjahr 2009 ist auch eine reizvolle Übernachtungsmöglichkeit dazugekommen, eine empfehlenswerte Bleibe nicht nur für Rucksackreisende. Die geschmackvoll eingerichteten Einzel-, Doppel- und Mehrbettzimmer kosten pro Person unter 30 €. Darin sind sogar ein kleines Frühstück, freier Internetzugang sowie die Nutzung eines Fahrrades eingeschlossen. Tagebucheinträge sprechen eine deutliche Sprache der Begeisterung (Alte Eppelheimer Str. 50, Tel. 06221 778 27 72, Rezeption 10–13, 17–20 Uhr, www.hostelheidelberg.de, DZ 26 €/Pers., Familienzimmer Eltern je 25 €, zwei Kinder unter 6 Jahren frei).

Das Zentrum der historischen Kurpfalz

bau, macht das Seminarium Carolinum als eines der schönsten Barockgebäude der Stadt auf sich aufmerksam. Die dreiflügelige Anlage entstand 1750 als Jesuitenkonvikt und dient heute der Universitätsverwaltung.

Jesuitenkirche [19]
Wenige Meter von hier steht am etwas versteckten Richard-Hauser-Platz die Jesuitenkirche als Bauwerk des frühen 18. Jh. und Zentrum weiterer Jesuitenbauten. Am Ende der Seminarstraße kann man sich darüber wundern, warum so teurer städtischer Grund und Boden immer noch für ein Gefängnis verwendet wird. Beim Blick auf Stacheldraht und Gitterfenster kommen einem auch gleich die vielen Heidelberg-Krimis in den Sinn. Nach Bernhard Schlinks »Selbs Justiz« in den 1980er-Jahren hat ein wahrer Stadtkrimi-Boom eingesetzt. Herausragend ist dabei die in Weinheim lebende Ingrid Noll, die sich mit ihren klug und witzig komponierten Geschichten seit Jahren in die Bestsellerlisten schreibt.

Rund um den Marktplatz
In der Gassenwelt zwischen Hauptstraße und Zwingerstraße tut es gut, sich ein bisschen treiben zu lassen. Dabei landet man zum Beispiel in der **Edition Staeck** (Ingrimstr. 3) bei den vielen Plakaten des Meisters der politischen Satire, Klaus Staeck. Wenige Meter weiter hat sich mit dem **Simplicissimus** [2] eines der besten Restaurants der Stadt versteckt. Und in der Krämergasse übersieht man auch schnell das alte Schild zum **Cave 54** [5]. Es zeigt den Eingang zu einem der ältesten und besten deutschen Jazzkeller (s. S. 56). Die Krämergasse öffnet sich zum **Marktplatz,** der von der **Heiliggeistkirche** [20] dominiert wird. Der größte Heidelberger Kirchenbau wurde in seiner jetzigen Form Ende des 14. Jh. begon-

nen. Eigens dafür eingerichtete Emporen dienten als Standort der Bibliotheca Palatina. Gegenüber ist das **Hotel Zum Ritter St. Georg** [2] ein häufig fotografiertes Motiv, wird doch das älteste Bürgerhaus der Stadt von einer prachtvollen Renaissancefassade geschmückt. Das 1592 von einem Tuchhändler errichtete Gebäude wurde schon nach dem Dreißigjährigen Krieg als Gasthaus genutzt. Es blieb bei den ansonsten verheerenden Franzosenangriffen auf die Stadt in den Jahren 1689

Heidelberg

Blick in den eindrucksvollen spätgotischen Chor der Heiliggeistkirche

und 1693 erhalten und diente angesichts eines zerstörten **Rathauses** 21 bis 1703 als dessen Ersatz. Danach empfing es wieder Gäste, die bis heute gerne hier logieren und die gute Küche genießen.

Geburtshaus von Friedrich Ebert 22
Pfaffengasse 18, Tel. 06221 910 70,
www.ebert-gedenkstaette.de,
Di–So 10–18, Do bis 20 Uhr
In der Unteren Straße, historisch die älteste Einkaufsstraße der Stadt, steht an der Ecke zur Pfaffengasse das Friedrich Eberts Geburtshaus. Dem ersten Reichspräsidenten wurde hier ein Museum errichtet. Das Haus grenzt an den Innenhof des seit langem als großes Wohnzimmer beliebten **Café Burkhardt** 10 (s. Entdeckungstour S. 94).

Alte Brücke 23
Von hier aus ist es nicht weit zur Alten Brücke, deren offiziellen Namen Karl-Theodor-Brücke kaum ein Einheimischer benutzt. Diese bis ins 19. Jh. ein-

Das Zentrum der historischen Kurpfalz

zige Neckarüberquerung hatte den kleinen Platz davor lange zum wichtigsten Ankunftsort für Stadtbesucher gemacht. Goethe bezeichnete die Brücke als »die vielleicht schönste der Welt«. Nachdem einige Vorgängerinnen aus Holz durch Hochwasser zerstört worden waren, gab Kurfürst Carl Theodor im 18. Jh. diese steinerne Konstruktion in Auftrag. Das 1788 errichtete Standbild lobt den Kurfürsten in einer Sockelinschrift als »Vater der Pfälzer«. Es ist das einzige noch existierende Denkmal für einen Feudalherrscher in Heidelberg; 2006 wurde das beliebte Fotomotiv mit viel Aufwand restauriert. Weitere Brückenstatuen sind der Pallas Athene und am Nordufer dem Brückenpatron Johannes von Nepomuk gewidmet. Der frühklassizistische Torbau mit seinen zwei dicken, mittelalterlichen Türmen diente einst als Kerker und Wohnort des Brückenwächters. Nach dem Zweiten Weltkrieg wurde der, von der Stadtseite aus betrachtet, rechte Turm bewohnbar gemacht und eine Zeit lang verdienten Literaten als Bleibe überlassen. Inzwischen wohnt hier allerdings nur noch die Baufälligkeit. Die Skulptur des Brückenaffen vor dem Tor versinnbildlicht eine Legende, derzufolge seit dem 15. Jh. ein Affe im Brückentor lebte, der einen Spiegel der Selbsterkenntnis menschlicher Schwächen in Händen hielt.

Auf der hinteren Hauptstraße

Zurück auf der Hauptstraße würde man gerne verbieten, dass ein McDonalds hinter der reich gegliederten Fassade der **Alten Hofapotheke** Fast Food verkauft. Das barocke Bauwerk wurde als eines der ersten Häuser nach der großen Zerstörung von 1693 gebaut. Richtung Karlstor folgen nach wenigen Metern der Kornmarkt und der **Karlsplatz**.

Palais Boisserée 24

Hauptstr. 207–09, Mo–Fr 9–16 Uhr, Eintritt frei

Am Karlsplatz liegen das Palais Boisserée an der Straßenseite sowie das Großherzogliche Palais an der gegenüberliegenden Seite. Letzeres ist Sitz der Akademie der Wissenschaften, die 2009 ihren 100. Geburtstag feierte. Die Brüder Melchior und Sulpiz Boisserée wohnten zwischen 1810 und 1819 in dem nach ihnen benannten Palais. Mit ihrer Sammlung altdeutscher und frühniederländischer Gemälde lockten sie Kaiser, Zaren, Dichter und Komponisten als staunende Betrachter in dieses Haus; u. a. waren Goethe und Chopin hier zu Gast. Das Glanzstück der Sammlung ist der Dreikönigsaltar von Rogier van der Weyden. Das Verschleudern von Kunstschätzen aus Kirchen und Klöstern im Rahmen der Säkularisation ab 1803 hatte die beiden Brüder zu Besitzern dieser Sammlung gemacht. Heidelberg war für sie zwar nur eine kurze, aber für die Entwicklung der Romantik wichtige Station. Nach nicht einmal zehn Jahren Aufenthalt zogen sie mit ihrer Sammlung zunächst nach Stuttgart und dann nach München, wo König Ludwig I. die Kunstwerke kaufte, die später den Grundstock der Alten Pinakothek bilden sollten. In dem Palais hat seit 1975 das Germanistische Seminar seinen Platz. Zu den Nachbarn dieses Hauses zählt das historische Studentenlokal **Sepp'l** 6 (s. S. 96).

Völkerkundemuseum 25

Hauptstr. 235, Tel. 06221 220 67, www. voelkerkundemuseum-vpst.de, Mi–Sa 14–18, So, Fei 11–18 Uhr, Erw. 5 €, erm. 3 €

Kurz vor dem Karlstor verdient das Völkerkundemuseum im Palais Weimar noch einen Besuch. Es zeigt Kunstwerke und ethnografische Objekte aus Asien, Afrika und Ozeanien.

Heidelberg

Karlstor 26
Das Karlstor markiert das östliche Ende der Altstadt. Das 1775–81 von Nicolas de Pigage im Stile eines Triumphbogens errichtete Stadttor gilt als Bürgergeschenk an Kurfürst Karl Theodor.

Vom Schlossberg zum Bergfriedhof

Es lohnt durchaus, für eine Tour zum Schlossberg einen ganzen Tag zu veranschlagen. Neben dem Schloss verdienen die Berglandschaft des Königsstuhls, schöne Spazierwege, ländliche Gasthöfe und schließlich der Bergfriedhof am Fuß des Berges einen Besuch.

Heidelberger Schloss 27
Über den Burgweg, der am Kornmarkt beginnt, kommt man nach etwa 15 Minuten Fußweg zum Heidelberger Schloss. Den stimmungsvollsten und gleichzeitig bequemsten Weg zu dem berühmten Kulturdenkmal bietet allerdings die am Kornmarkt startende älteste deutsche Standseilbahn. Fast eine Million Menschen pilgern jährlich zum Heidelberger Schloss, um 300 Jahre Bautätigkeit zu bestaunen und das romantische Ambiente hoch über dem Neckar aufzunehmen. Nach mehrfacher Zerstörung, zuletzt 1693, wurde das Schloss von der heimischen Bevölkerung im 18. Jh. als Steinbruch genutzt.

Der Fortbestand als Schlossruine war Glückssache und verdankt sich dem französischen Revolutions-Exilanten und Landschaftsmaler Charles de Graimberg (1774–1864). Von der romantischen Dichtung und Malerei zu Beginn des 19. Jh. schon weithin populär gemacht, fand das Schloss in Graimberg seinen Retter. Er war 1810 nach Heidelberg gekommen, um Skizzen für ein Gemälde des Schlosses anzufertigen. Graimberg blieb 54 Jahre in der Stadt, bis zu seinem Lebensende. Als vermögender Sammler baute er den Grundstock des heutigen Kurpfälzischen Museums auf und widmete sich dem Erhalt der Schlossruine. Die Lage über dem Neckar, die facettenreiche Baugeschichte, vielfältige Ausstellungen und Museen, das ›Große Fass‹ und nicht zuletzt der Schlossgarten sorgten dafür, dass das Schloss mit der Zeit zu einem der bedeutendsten europäischen Kulturdenkmäler wurde (s. Entdeckungstour S. 114)

Königsstuhl und Bergfriedhof
Vom Schloss aus fährt die Bergbahn weiter nach oben zum Königsstuhl und versammelt am höchsten Punkt der Stadt eine Reihe von Attraktionen, die vor allem jüngeren Besuchern Spaß machen. Dazu zählen das **Märchenpa-**

Unser Tipp

Fast wie in der Schweiz – Bierhelderhof 8
Nicht nur für Besucher des Königsstuhls eine tolle Adresse für die Mittagspause oder den Tagesausklang. Hier sitzt man im Biergarten unter alten Bäumen inmitten eines Landschaftsbildes, das mit seinen großen Wiesen und Hängen an die Schweiz erinnert. Auf der Koppel weiden Angusrinder und sehen ihrem Schicksal gefasst ins Auge. Ob Steaks oder Mastochsenfleisch mit Meerrettichsauce und Salat: Alle Speisen sind hier zu empfehlen, weil gut und preiswert (Bierhelderhofweg 1, Tel. 06221 228 27, www.bierhelderhof.de, Di–So 10–22 Uhr, Tellergerichte ab ca. 10 €).

Das Zentrum der historischen Kurpfalz

radies, die **Landessternwarte**, eine Falknerei mit Flugvorführungen und der Rundweg eines Walderlebnispfads, den Heidelberger Familien wegen seiner fantasievollen Ausstattung sehr schätzen. Vom Königstuhl aus fährt die Buslinie 39 zu zwei idyllisch auf Hochplateaus gelegenen Höfen. Ob Alter Kohlhof (ca. 5 Min. Fahrt) oder **Bierhelderhof** 8 (ca. 20 Min.) macht für den Gast keinen großen Unterschied. Für eine Vesper am frühen Sommerabend eignen sich beide gleichermaßen. Im Kohlhof kann man recht preiswert übernachten, während der Bierhelderhof den schönsten Biergarten weit und breit besitzt. Unter den weit ausladenden Kronen alter Bäume lässt sich bei deftigen Gerichten die große Herde Angusrinder auf der Wiese beobachten. Der Weg zurück in die Stadt lohnt dann als Fußweg. Er führt vom Bierhelderhof zunächst zum Ehrenfriedhof und von da aus in wenigen Minuten zu einem der schönsten deutschen Waldfriedhöfe, dem 1844 eingerichteten **Bergfriedhof** 28. Gleich zu welcher Jahreszeit, kommen nicht nur Angehörige hierher, um auf den insgesamt mehr als 30 km langen Wegen Besinnlichkeit zu üben. Zu den Persönlichkeiten, die hier ihre letzte Ruhestätte fanden, gehören Reichspräsident Friedrich Ebert, Wilhelm Furtwängler und Carl Bosch.

Übernachten

Gekonnt crazy – **Hip-Hotel** 1 : Hauptstr. 115, Tel. 06221 208 79, www.hiphotel.de. DZ ab 150 €. Das 2005 im Zentrum eröffnete Haus mit seinen originellen Themenzimmern (internationale Städte) avancierte sehr bald zu einem der beliebtesten Hotels der Stadt.
In der Altstadt 1a aufgehoben – **Hotel Zum Ritter St. Georg** 2 : Hauptstr. 178, Tel. 06221 13 50, www.ritter-heidelberg.de. DZ ab 120 €. Hinter der eindrucksvollen Renaissancefassade bietet das Haus Behaglichkeit und Komfort mitten in der Altstadt.
Preiswerter Luxus – **Villa Marstall** 3 : Lauerstr. 1, Tel. 06221 65 55 70, www.villamarstall.de. DZ ab 115 €. Ein neues Haus in der Altstadt, das durch eine schöne Einrichtung und faire Preise auffällt. Nichtraucherhotel.
Nicht nur für Backpacker – **Steffis Hostel** 4 s. Unser Tipp S. 99
Prima Lage – **Jugendherberge** 5 : Tiergartenstr. 5, Tel. 06221 65 11 90, www.jugendherberge-heidelberg.de. Preise 2010: erste Nacht: 23,80 € inkl. Frühstück, jede weitere Nacht 20,50 €. Ab 27 Jahre 3 € mehr. Zuschlag für EZ und DZ 10 €. Direkt am Neckar gelegen. Freundliche, helle Räume und einladendes Ambiente, mit Internet-Café.

Essen & Trinken

Stilvolles Cross Over – **Weißer Bock** 1 : Große Mantelgasse 24, Tel. 06221 900 00, www.weisserbock.de, tgl. 7–1 Uhr. Hauptgerichte ab 28 €. In der großen holzgetäfelten Gaststube kann man sich von einer fantasievollen Küche verzaubern lassen.
Für Feinschmecker – **Simplicissimus** 2 : Ingrimstr. 16, Tel. 06221 18 33 36, www.restaurant-simplicissimus.de, tgl. 18–24 Uhr. Hauptgerichte ab ca. 20 €. Eine in der Altstadt versteckte Stube, in der sich Heidelbergs Feinschmecker seit langem treffen. Saucen und Salate zum Verlieben.
Schlichte Eleganz – **Oskar** 3 : Haspelgasse 5, Tel. 06221 431 90 34, www.oskar-hd.de, Mo–Sa ab 18 Uhr, So geschl., Hauptgerichte ab ca. 18 €. Als Vinothek und Restaurant überzeugt Oskar durch seine frische und leichte Küche, eine große Auswahl vor allem regionaler

Heidelberg: Adressen

Weine sowie das stilvolle und gleichzeitig zurückhaltende Ambiente.

Die kleine Verführung – **Cesarino** 4: Handschuhsheimer Landstr. 118, Tel. 06221 43 44 41, Mo–Fr 12–15, 18–23.30 Uhr, Sa 18–24 Uhr, So geschl., Hauptgerichte ab 15 €. Die ideale Adresse für ein Candlelight Dinner. Von außen gesichtslos, innen eine Mischung aus Wohnzimmer, Kunstgalerie und Feinschmeckerstube. Wunderbare italienische Gerichte werden vom Chef am Tisch empfohlen.

Unter Denkmalschutz – **Pop** 5: Untere Str. 17, Tel. 06221 255 59, www.pop-heidelberg.de. Mo–Fr 18–2, Sa, So bis 3 Uhr. Hauptgerichte ab ca. 15 €. Gehobene italienische Küche im ersten und einzigen Restaurant der Stadt, dessen Pop-Art-Einrichtung unter Denkmalschutz steht.

Frisch gebraut – **Kulturbrauerei** 6: Leyergasse 6, Tel. 06221 50 29 80, www.heidelberger-kulturbrauerei.de, tgl. 11.30–1 Uhr. Hauptgerichte ab ca. 12 €. Ein historischer Ort in der Alstadt, an dem man nicht nur frisch gebrautes Bier genießen kann. Vor dem zünftigen Essen und Trinken in stilvollem Gemäuer lohnt sich ein Blick in die Kunstgalerie, die in das Ensemble einbezogen ist.

Prima Brunch – **Café Rossi** 7: Rohrbacher Str. 4, Tel. 06221 974 60, www.caferossi.de. Mo–Sa 8–24 Uhr, So ab 10 Uhr. Das direkt am Bismarckplatz gelegene Großraum-Café mit Gartenterrasse eignet sich nicht für die kleine Pause zwischendurch, sondern lässt vor allem sonntags viele Gäste zu seinem famosen Brunch kommen (19,80 € ohne Getränke, Kinder bis 6 J. kostenlos, bis 12 J. 50 % Nachlass).

Gut und preiswert – **Bierhelderhof** 8 s. Unser Tipp S. 103

Paradiesgärtlein – **Café Schafheutle** 9: Hauptstr. 94, Tel. 06221 146 80. Mo–Sa 9.30–19, Sa bis 18 Uhr, So geschl. In dem wunderschönen Innenhof kann man seit

Im Pop steht das Pop-Art-Interieur unter Denkmalschutz

Das Zentrum der historischen Kurpfalz

1832 süße Köstlichkeiten und herzhafte Snacks (ab ca. 5 €) genießen.
Studentenkneipen – **Café Burkhardt** [10]: Untere Str. 27, Tel. 06221 16 66 20, www.cafe-burkardt.de, tgl. 11–24 Uhr; **Café Knösel** [11]: Haspelgasse 20, Tel. 06221 727 27 54, www.cafek-hd.de, tgl. bis 22 Uhr; s. auch Entdeckungstour S. 95, 96.
Historisches Gasthaus – **Schnookeloch** [12]: Haspelgasse 8, Tel. 06221 13 80 80, www.schnookeloch.de, tgl. 12–23 Uhr. Käsespätzle 5,90 €, DZ 99–110 €. Holzvertäfelungen prägen das Ambiente, dazu passend zünftige Speisen, s. S. 96.

Mein Favorit – **Chocolaterie St. Anna No 1** [3]: St. Anna Gasse 1, www.chocolaterie-st-anna.de. Wer wissen möchte, wie ein Lebkuchenhaus von innen aussehen sollte, kann es hier erfahren. Viele selbstgemachte Spezialitäten und ein charmanter Service. Hausgemachtes Eis, herrliche Trinkschokolade oder auch ein Kaffee im Stehen.
Einfach süß – **Zuckerladen** [4]: Plöck 52, Tel. 06221 243 65, www.zuckerladen.de, Mo–Fr 12–19, Sa 11–14 Uhr. Die Erfüllung aller Kinder- und Kindheitsträume in einem Kolonialwarenladen, den gute Geister bis unter die Decke mit Naschwerk angefüllt haben.
Mitbringsel – **Heidelberg Images** [5]: Plöck 32 a, Tel. 06221 215 08, www.heidelberg-images.com. Von Postkarten- bis Posterformat bestechende Fotomotive aus Geschichte und Gegenwart der Stadt. Eine Fundgrube für geschmackvolle Mitbringsel.

Einkaufen

Heidelbergs **Hauptstraße** gilt als eine der längsten Fußgängerzonen und Shoppingmeilen Deutschlands. Hier finden sich neben den üblichen Kaufhäusern, Filialisten und Handyshops allerdings kaum Besonderheiten. Mehr zum Stöbern gibt es in den vielen Seitenstraßen.
Malerisch – **Wochenmärkte** [1]: Drei Heidelberger Wochenmärkte machen durch ihre besonders schöne Lage und Stimmung auf sich aufmerksam: in der Altstadt auf dem Marktplatz neben der Heiliggeistkirche (Mi, Sa 7–14 Uhr), auf dem Neuenheimer Marktplatz (Mi, Sa 7–13 Uhr) und vor der Tiefburg in Handschuhsheim (Sa 7–13 Uhr). Mit großer Spannung erwartet man auch den Umbau des stillgelegten Jugendstil-Hallenbades (Bergheimer Str., Nähe Bismarckplatz) in eine Markthalle, die im Herbst 2011 eröffnen soll.
Platzhirsch für Mode – **Modehaus Kraus** [2]: Hauptstr. 39–43. Das mehrstöckige Modehaus ist eines der letzten Traditionsgeschäfte, die in der Hauptstraße überlebt haben. Es bietet ein großes und modisch aktuelles Sortiment gehobener Qualität.

Aktiv & Kreativ

Wissensdurst stillen – **ExploHeidelberg** [1]: Im Neuenheimer Feld 582, Tel. 06221 728 23 46, www.explo-heidelberg.de, Mo–Fr 14–18, Sa 13–18, So , Fei 13–18 Uhr, Di geschl. So wird Wissenschaft spannend gemacht: Anhand vielfältiger Experimente kommen Kinder und ihre Eltern naturwissenschaftlichen Phänomenen auf die Spur.
Stadtführungen – Der städtisch-institutionelle Anbieter ist das **Stadtmarketing** von Heidelberg (Tel. 06221 14 22 23). Die organisierten Stadtführungen sind unter www.heidelberg-marketing.de einzusehen. Auskünfte erteilen auch die Touristeninformationen am Bahnhof und im Rathaus. Daneben gibt es Themenführungen von **H & B Tour Conception** (www.heidelberg-stadtfuehrungen.de). Unregelmäßig angebotene, aber beliebte Themenspaziergänge

Heidelberg: Adressen

sind unter den Terminankündigungen der Rhein-Neckar-Zeitung verzeichnet.
Panorama genießen – **Philosophenweg** 1: Zur Einstimmung sollte man das friedlich freundliche Ambiente der Neckarwiese aufnehmen. Dieses begrünte Uferstück ist bei schönem Wetter Treffpunkt aller sozialen Schichten und Altersgruppen. Von da aus ist der Aufstieg zum Philosophenweg schnell gefunden (Bergstr.). Und wenn das erste steile Stück bergauf erst überwunden ist, öffnet sich ein wunderschönes Panorama über den Neckar, die Altstadt und das Schloss.
Ausflug nach Afrika – **Bettendorffsche Galerie:** Im Schlossgarten 1, Gauangelloch/Leimen, Tel. 06226 99 00 00, www.bettendorff.de, Do, Fr, Sa 14.30–18 Uhr, So 12–18 Uhr. Im Garten des idyllisch gelegenen Wasserschlösschens, das ca. 15 Minuten Autofahrt von Heidelberg entfernt liegt, ist zu sehen, warum es sich hier um eine »Galerie für zeitgenössische afrikanische Kunst« handelt. Der Skulpturenpark mit Shona-Plastiken aus Simbabwe gehört zu den weltweit größten Sammlungen dieser Kunstform.

Abends & Nachts

Überwiegend studentisch – die folgenden Lokalitäten werden auf der Entdeckungstour durch Heidelbergs Studentenszene ausführlicher beschrieben, s. S. 94: **Destille** 1, **Weinloch** 2, **Goldener Reichsapfel** 3, **Max Bar** 4, **Cave 54** 5, **Sepp'l** 6, **halle02** 10.
Bühne frei – Die provisorischen Spielstätten des **Stadttheaters** 12 für Schauspiel, Oper und Konzert, die wegen des Neubaus des Theatergebäudes bis 2013 in Betrieb sind, finden sich in einem **Theaterkino** 13 (Hauptstr. 42) und einem **Opernzelt** 14 (Ecke Emil-Maier-Str./Alte Eppelheimer Str.). Nähere Informationen: http://theater.heidelberg.eu und Tel. 06221 582 00 00. Unverändert bezüglich Ort und hoher Beliebtheit ist das **Kinder- und Jugendtheater Zwinger 3** (Zwingerstr. 3–5). Es ist dem Stadttheater angeschlossen. Seit langen Jahren zeigt das **Zimmertheater** 11 (Hauptstr. 118, Tel. 06221 210 69, www.zimmertheaterheidelberg.de) Eigenproduktionen. Um dieses große Theaterzimmer hat sich eine treue Fangemeinde geschart. Unter den Kleinkunstbühnen gehören die Bühne des **Karlstorbahnhofs** 7 (s. S. 97) und des **Kulturfensters** 15 (Kirchstr. 16, Tel. 062 21 137 48 60, www.kulturfenster.de) zu den best besuchten der Stadt.
Vorhang auf – Im **Kinocenter Harmonie Lux** 18 (Hauptstr. 110, Tel. 06221 220 00) laufen Kassenschlager. Gutes Programmkino gibt es seit langem im **Gloria** 20 (Hauptstr. 146, Tel. 06221 253 19) und in der **Kamera** 19 (Brückenstr. 26, Tel. 06221 40 98 02). In jüngerer Zeit hat sich auch das **Karlstorkino** (Am Karlstor 1, Tel. 06221 97 89 18) durch anspruchsvolle Filme einen Namen gemacht. Aktuelles Programm: www.kino.de/kinoprogramm/heidelberg.
Cocktails schlürfen und Leute gucken – **Bars/Clubs:** Zu den beliebtesten Adressen am späten Abend gehört die **Print Media Lounge** 16: Kurfürstenanlage 60, Tel. 06221 65 39 49, www.printmedialounge.de, Mo–Do 9–1, Fr 9–3, Sa 18–3 Uhr, So geschl. Im großen Glasturm der Print Media Academy trifft sich am Abend ein buntes, gut betuchtes Völkchen zum Plausch. Dass bei den Snacks die Currywurst mit Blattgold serviert wird, wirft ein Licht auf die Art des Hauses. **Skylounge** 17: Alte Glockengießerei 9, Tel. 06221 43 49 68, www.skylounge-heidelberg.de, So–Do 17–2, Fr, Sa 20–3 Uhr. Eine zweistöckige Aussichtsbar mit Flair. Am späten Abend meist sehr gut besucht. **8 Grad** 8: Bergheimer Str. 147, Tel. 06221 43 85 50,

Lieblingsort

Idyllische Überfahrt – auf der Fähre Neckarhausen–Ladenburg
▶ F 3/4

»Uff dem fare zu Neckarhusen« hieß es schon 1483 in einer Urkunde des Wormser Bischofs. Diese idyllische Überfahrt gibt es noch heute als Drahtseilfähre für ein paar Cent. Wenige Autos und Fahrräder, manchmal 10, manchmal 30 Passagiere, dann geht es in ruhiger Fahrt mitten in das schöne Bild, das der Neckar, die große Uferwiese und das Panorama von Ladenburg hier in die Landschaft zaubern.

Das Zentrum der historischen Kurpfalz

www.achtgrad.com. Auf einem ehemaligen Fabrikgelände gibt es Theater, Fitness-Studios, Kneipen und eben den Club 8 Grad – für alle, die nicht in eine Teenie-Disko tanzen gehen möchten.
Schwimmbad-Club 9 : Tiergartenstr. 13, Tel. 06221 47 02 01, www.schwimmbad-club.de. In dem etwas außerhalb gelegenen Club gibt es oft Livemusik, auch für Menschen jenseits der 30.

Infos & Termine

Touristeninformation
Vorplatz des Hauptbahnhofs (Willy-Brandt-Platz1), 06221 194 33, www.heidelberg-tourismus.de. 1. April bis 31. Okt.: Mo–Sa 9–19, So, Fei 10–18 Uhr, 1. Nov.–31. März Mo–Sa 9–18 Uhr, So, Fei geschl. und Touristeninformation im Rathaus, Marktplatz, Mo–Fr 8–17, Sa 10–17 Uhr, So, Fei geschl. Ein breites Informationsangebot inkl. Kultur und Veranstaltungen gibt Heidelberg Marketing auf der Website www.heidelberg-marketing.de.

Verkehr
Flugzeug: Die nächsten Flughäfen sind der City Airport Mannheim (ca. 15 km), den allerdings nur kleine Fluglinien anfliegen. Relevanter sind die Flughäfen Frankfurt (ca. 80 km, Shuttle Tel. 06221 14 22 24), Karlsruhe/Baden-Baden (ca. 90 km, Shuttle fährt zum Hauptbahnhof Heidelberg), Stuttgart (ca. 120 km, gute Bahnverbindungen).
Bahn: Heidelberg ist eingebunden ins ICE- und IC/EC-Netz der Deutschen Bahn.
Auto: Die Autobahnen A 5/A 6 erschließen mit entsprechenden Abfahrten und Anschluss-Bundesstraßen große Teile der gesamten Rhein-Neckar Region. Direkte Abfahrten nach Heidelberg haben die Autobahnen A5/A656.
Innerstädtisch/regional: Busse, Straßenbahnen und S-Bahnen. Die wichtigsten Verkehrsknotenpunkte sind der Bismarckplatz und der Hauptbahnhof. Für Fahrten nach Mannheim und in die Region steht neben den Bahn- und Buslinien auch ein gut ausgebautes **S-Bahn-Netz** zur Verfügung. Die Oberrheinische Eisenbahn-Gesellschaft AG (OEG) fährt einen Rundkurs zwischen Heidelberg, Mannheim und Weinheim. Auskünfte zu Abfahrtszeiten und Tarifen gibt es im Internet unter www.rnv-online.de. Zu den nicht alltäglichen Fortbewegungsmitteln in Heidelberg zählen die **Bergbahn** und die **Neckarschiffe**. Die Bergbahn fährt vom Kornmarkt aus über die Stationen Schloss und Molkenkur zum Königsstuhl. Zeiten und Preise: www.bergbahn-heidelberg.de und Tel. 06221 51 30. Ausflugsfahrten mit dem Schiff starten an der Stadthalle (Tel. 06221 201 81, www.rnf-schifffahrt.de) und, wenn es ein Solarschiff sein soll, an der Karl-Theodor-Brücke (Altstadtseite, Tel. 07263 40 92 84, www.hdsolarschiff.com).

Veranstaltungen
Heidelberger Frühling: März–April. Was 1996 anlässlich der 800-Jahr-Feier der Stadt als lokales Ereignis begann, hat sich zu einem der spannendsten und innovativsten Festivals der klassischen Musik in Deutschland entwickelt. www.heidelberger-fruehling.de.
Heidelberger Schlossfestspiele: Juli–Aug. Konzerte und Theater vor der romantischen Kulisse des Schlosses, www.schlossfestspiele-heidelberg.de.
Heidelberger Herbst: Am letzten Samstag im Sept. schmückt sich die gesamte Altstadt mit Musikbühnen und Flohmarktständen.
Enjoy Jazz: Okt. bis Mitte Nov. ein hochkarätiges Jazz-Festival mit Spielorten in Heidelberg, Mannheim und Ludwigshafen, www.enjoyjazz.de.
**Internationales Filmfestival Mann-

heim-Heidelberg:** Zehn Tage im November. Dabei werden Mannheim und Heidelberg jährlich zu einem Mekka für Cineasten, s. auch S. 75.

Ladenburg ▶F3

Die schönste Ankunft in dem kleinen Römerstädtchen ermöglicht die Fahrt mit der Fähre. Dazu parkt man sein Auto auf dem großen Parkplatz am Hallenbad von Neckarhausen und geht ein paar Schritte über den Neckardamm zur Anlegestelle.

Zwei Dinge zeichnen die Stadt vor allem aus: das als große Spiel- und Freizeitwiese angelegte **Neckarvorland** und der alte Stadtkern mit seinen hübschen Häusern, Brunnen und Gassen.

Neckarwiese

Bevor man also ins Zentrum der ältesten deutschen Stadt rechts des Rheins gelangt, genießt man den Gang durch die Neckaraue. Hier begann 2000 die Konzertreihe »Klassik am Fluss« eine Erfolgsgeschichte zu schreiben, die jährlich im Juni ihre Fortsetzung findet. Je tiefer man in dieses Landschaftsbild eintaucht, desto besser lässt sich verstehen, warum eine Fachjury den neu geschaffenen »Grünen Ring« in Ladenburg 2006 zum schönsten Park Deutschlands gekürt hat. An der neuen Anlegestelle, deren Treppen zum Sitzen und Schauen einladen, steht der Wasserturm zum Greifen nah und gibt damit einen Hinweis auf den Eingang in die Altstadt. Noch außerhalb der Stadtmauer finden sich am Dr.-Carl-Benz-Platz die **Stadtinformation** und das **Carl-Benz-Haus.** Hier war das Zuhause des Autopioniers bis zu seinem Tod 1929. Heute macht dort eine Ausstellung (So 14.30–17.30 Uhr) mit seinen Ingenieursleistungen und Lebensstationen vertraut. Seit 2005 sind in der authentischen Atmosphäre der ehemaligen Werkstatt 80 histori-

Ladenburgs Marktplatz mit dem Marienbrunnen

Das Zentrum der historischen Kurpfalz

sche Fahrzeuge zu besichtigen (Ilvesheimer Str. 26, Tel. 06203 18 17 86, Mi, Sa, So 14–18 Uhr).

Altstadtbummel

Von Kaiser Trajan im Jahr 98 n. Chr. zum Verwaltungsmittelpunkt einer römischen Region erhoben und mit Stadtrechten versehen, erlebte das heutige Ladenburg als »Lopodunum« um 200 eine erste Blüte. Innerhalb der Stadtmauer gab es Tempel, Theater und Thermen sowie ein Forum mit einer angrenzenden Marktbasilika, deren geplanter Monumentalbau allerdings nicht vollendet wurde. Auch nach der Aufgabe Ladenburgs durch die Römer und deren Rückzug über den Rhein blieb die am Schnittpunkt mehrerer Handelsstraßen gelegene Stadt als fränkischer Königshof und späterer Bischofssitz bedeutsam. Von den Kriegen des 17. Jh. verschont geblieben, weist Ladenburg im Kern heute noch ein intaktes mittelalterliches Stadtbild auf.

Gleich nach dem Eingang in die Altstadt lohnt mittwochs und an Wochenenden rechter Hand im Lobdengaumuseum ein kurzes Eintauchen in die Geschichte der Stadt.

Lobdengaumuseum

Bischofshof, Tel. 06203 92 26 03, www.lobdengau-museum.de, Sa, So 11–17, Mi 14–17 Uhr, mit Freilichtmuseum
Das ganze Anwesen atmet Geschichte. Im 14. und 15. Jh. benutzten es die Wormser Bischöfe zeitweise als Haupt- und Nebenresidenz. Das Gebäude entstand auf den Fundamenten römischer Vorgängerbauten und auf dem Gelände des fränkischen Königshofs, der Lobdenburg im 5. Jh. als Hauptstadt der mittelalterlichen Gaugrafschaft Lobdengau nutzte. Drei Säle des Museums sind der römischen Geschichte Ladenburgs gewidmet.

Marktplatz und Umgebung

Nach dem Museumsbesuch ist eine kleine Pause wohltuend. Im **Eiscafé Venezia** kann man die hohe Qualität des Eises in schöner Terrassenatmosphäre genießen. Dann geht es auf der Hauptstraße weiter zum Marktplatz und den ihn umgebenden Fachwerkhäusern. Zurück in Richtung Neckar zeigt sich in der Kirchstraße die Pfarrkirche St. Gallus, die im 14. und 15. Jh. über den Fundamenten einer römischen Marktbasilika erbaut wurde. Ein paar Schritte weiter kann man einem kulinarischen Lieblingskind der Region frönen: Das kleine, urige **Restaurant Kartoffel** (Kirchenstr. 3) hat seinen Platz in einem Haus aus dem 16. Jh. und bietet Gerichte rund um den Erdapfel an.

Sehenswerte Raritäten finden sich ein paar Meter weiter bei den **Ladenburger Spielzeugauktionen** (Lustgartenstr. 6, Tel. 06203 130 14, www.spielzeugauktion.de, Mo–Fr 8–16 Uhr). Hier wird auf 450 m^2 Ausstellungsfläche historisches Spielzeug aus den Jahren 1750 bis 1960 gezeigt. Wenn gerade keine Auktion stattfindet, sitzt man in dem in das Gebäude integrierten Café inmitten von gefüllten Vitrinen und kann im Freiverkauf das ein oder andere Stück als Souvenir erstehen (Café Di–So 10–20 Uhr).

Essen & Trinken

Urig und gut geerdet – **Die Kartoffel:** Kirchstr. 3, Tel. 06203 161 66, www.gasthaus-kartoffel-ladenburg.de, tgl. 11–15, 17–24 Uhr. Deutsche Küche, schöner Biergarten. Die Spezialität des Hauses sind ›Steaks vom heißen Stein‹, ab ca. 19 €.

Bitte mit Sahne – **Eiscafé Venezia:** Hauptstr. 7, Tel. 06203 21 91. Mo–Sa 9–20, So 10–20 Uhr. Winterpause Dez.–Febr. Gute Eisspezialitäten auf einer schönen Terrasse am Domhofplatz.

Idyllisch – **Café Bistro Antique:** Lustgartenstr. 6, Tel. 06203 95 79 29, Di–So 9–20 Uhr. Frühstück und Pausensnack in Museumsatmosphäre oder auf der Terrasse, schöner Blick auf den Wasserturm.

Aktiv & Kreativ

Fahrradtour – Ob am Neckar in Richtung Heidelberg oder durch die Stadt Ladenburg – Erkundungsfahrten mit dem Fahrrad werden hier leicht gemacht. Die Stadtinformation verleiht kostenlos zwei Damen- und zwei Herren-Fahrräder. Sie können gegen Vorlage des Personalausweises während der Öffnungszeit entgegen genommen werden.

Infos & Termine

Touristeninformation

Stadtinformation: Dr. Carl-Benz-Platz 1, Tel. 06203 92 26 03, www.ladenburg.de, Di–Fr 10–12, 14–16 Uhr, Sa, So, Fei 11–16 Uhr

Veranstaltungen

Ladenburger Altstadtfest: Eines der schönsten Volksfeste der Region findet jeweils am zweiten Septemberwochenende statt. Die romantischen Gassen, Plätze und Innenhöfe werden zu Bühnen für Flohmärkte, Musik, Tanz und Veranstaltungen für Kinder.

Klassik und Pop im Fluss: Alljährlich im Juni füllt sich für einen Abend das Neckarvorland anlässlich großer Open-Air-Veranstaltungen. Nähere Infos und Termine finden sich auf der Homepage der Stadtinformation.

Schwetzingen! ▶F 4

Die kleine Stadt mit dem großen Schlossgarten liegt ca. zehn Kilometer von Heidelberg und Mannheim entfernt. Ein Besuch lohnt sich immer, besonders aber im Mai, wenn der Spargel wächst und sich die Stadt anlässlich der Schwetzinger Festspiele auch wochentags in Festtagsstimmung zeigt. Ab Mitte Juni kann man sich bei kleinen Ausflugsfahrten an den schönen Badeseen in Ketsch und Brühl oder beim Golfen in Sankt Leon-Rot vergnügen.

Im Jahre 766 erstmals urkundlich erwähnt, blieb Schwetzingen bis ins 18. Jh. ein Marktflecken, der eine Wasserburg, später auch ein Jagdschloss besaß. Erst mit der Verlegung der Residenz von Heidelberg nach Mannheim wurde Schwetzingen unter Carl Philipp 1720 als Sommerresidenz der Kurfürsten auf- und ausgebaut. Architektonischer Dreh- und Angelpunkt ist das Schloss mit dem großen Schlossgarten geblieben. So sehr die Sommerresidenz blühte und wuchs, so jäh wurde ihre Entwicklung durch den Weggang des Hofes 1777/78 beendet. Unter badischer Herrschaft blieb Schwetzingen zwar ein Standort für Garnisonen und Verwaltungssitz mit Stadtrechten (1833), aber der Glanz früherer Tage war dahin. Nach dem Zweiten Weltkrieg besetzten amerikanische Truppen die Stadt. Mit den erstmals 1952 stattfindenden Schwetzinger Festspielen entwickelte sich der Ort Schritt für Schritt wieder zu einem gepflegten Reiseziel für Liebhaber der Gartenkunst, der Musik und des beschaulichen Flanierens.

Durch die Innenstadt

Bei der Stadtinformation am Anfang der Dreikönigstraße bekommt man ei-

Auf Entdeckungstour

Schlössertour Heidelberg-Schwetzingen-Mannheim

Die Identitätsorte der Kurpfalz lassen sich im Rahmen einer Tagestour erleben. Alle drei Schlossanlagen faszinieren durch ihren jeweils eigenen Charakter. Bei den Schlössern von Heidelberg und Schwetzingen bilden schöne Parkanlagen wichtige Bestandteile der Gesamtkonzeption, während beim Schloss Mannheim das jüngst aufgewertete Museum zu einem Schlossbesuch dazugehören sollte.

Reisekarte: ▶ F/G 3/4

Zeit: Ein- bis Zweitagestour, die sich auch gut mit öffentlichen Verkehrsmitteln gestalten lässt (Bergbahn, Busse, S-Bahn).

Planung: Die drei Schlösser stehen unter der Obhut des Landes. Zuständig ist die Institution Staatliche Schlösser & Gärten Baden-Württemberg, www.schloesser-magazin.de.

Inbegriff deutscher Romantik

Etwa eine Million Menschen pilgern jährlich zur **Heidelberger Schlossruine,** um 300 Jahre Bautätigkeit zu bestaunen und das romantische Ambiente der Anlage zu genießen. Der zwischen 1601 und 1604 errichtete **Friedrichsbau** beherbergt heute das Schlossmuseum, in dem Wohnsituationen und Möbel des 17. und 19. Jh. gezeigt werden. Mit dem nach Osten hin gelegenen **Ottheinrichsbau** (1556–59) zeigt sich eine der bedeutendsten profanen Renaissancefassaden nördlich der Alpen. Der Bau beherbergt das **Deutsche Apothekenmuseum,** in dem sich der Besucher in die spannend erzählte Geschichte der Pharmazie vertiefen kann. Die nordwestliche Ecke des Hofes bietet Zugang zum 1591 entstandenen **Fassbau.** Um das dort aufbewahrte Große Fass und den trinkfesten Hoffnarr Perkeo ranken sich viele volkstümliche Geschichten. Die aktuelle Version des Fasses stammt von 1751 und gilt mit einem Fassungsvermögen von 222000 Litern als größtes Weinfass der Welt. Den Auftakt der heute noch existierenden Bauten bildete der auf das 15. Jh. zurückgehende gotische **Ruprechtsbau,** in dem eine Ausstellung zur romantischen Rezeption des Schlosses in Literatur und Kunst zu sehen ist. Vom **Frauenzimmerbau** ist nur noch das Erdgeschoss erhalten. Errichtet wurde der Bau als Wohnstätte der Hofdamen unter Ludwig V. in der ersten Hälfte des 16. Jh. Im Erdgeschoss befindet sich der Königssaal, der für Festlichkeiten aller Art genutzt wurde und wird. Die Nazis machten ihn zum ›Rittersaal‹. Eine Komplettsanierung nahm 2008–09 das Nazi-Dekor etwas zurück und gestaltete den großen Saal wieder freundlicher.

Die zunächst wehrhafte Anlage des Schlosses erhielt unter Kurfürst Friedrich V. (1610–23) einen repräsentativen Charakter. So entstand der **Englische Bau** – heute eine Ruine – für die Prinzessin Elisabeth Stuart, Gemahlin des Kurfürsten. Zu ihrem 19. Geburtstag ließ ihr der Kurfürst das Elisabethentor errichten, durch das man heute noch den Stückgarten betritt. Die größte Gestaltungsleistung des Kurfürsten Friedrich V. war die Anlage des **Hortus Palatinus.** Von Zeitgenossen wurde dieser Garten als achtes Weltwunder gefeiert. Seine Vollendung verhinderte allerdings der Dreißigjährige Krieg (Tel. 06 221 53 84 31, www.schloss-heidelberg. de. Innenbesichtigungen nur bei tgl. Führungen; Schlosshof und Großes Fass, tgl. 8–17.30 Uhr, Romantik-Ausstellung tgl. 9.30–18 Uhr, Apothekenmuseum, Tel. 06221 258 80, April–Okt. tgl. 10.15–18, Nov.–März tgl. 10–17.30 Uhr).

Barocke Pracht

Das Schloss Mannheim entstand ab 1720 unter Kurfürst Carl Philipp als eine der größten europäischen Barockanlagen. Die Nachfolgeresidenz von Heidelberg sollte, wie Versailles in der Ebene gelegen, die Enge des Heidelberger Bergschlosses überwinden. Der breit gestreckte Prachtbau mit mehr als 400 Räumen und rund 1400 Fenstern hatte unter Kurfürst Carl Theodor (1724–99) den Rang eines europäischen Zentrums von Kunst, Kultur und Wissenschaft. Diese Blüte währte allerdings nur bis 1778, dem Jahr, in dem Carl Theodor die Residenz nach München verlegte. 1803 wurde die rechtsrheinische Kurpfalz an das badische Markgrafen- und spätere Großherzogshaus übertragen. Die badische Großherzogin Stéphanie, Adoptivtochter Napoleons, modernisierte das Schloss im Empire-Stil und richtete es neu ein. Nach ihrem Tod verlor das Bauwerk an Bedeutung. Zunächst durchkreuzten Schienenwege des noch jungen Bahnverkehrs den Schlossgarten, und nach der fast völligen Zerstörung des Schlosses im Zweiten Weltkrieg war sogar von Abriss die Rede. Schließlich wurden der **Mittelbau** und die **Schlosskirche** nach alten Vorlagen restauriert, während die Universität in den restlichen Gebäudeteilen Einzug hielt. Eine aufwendige Sanierung, die 2007 ihren Abschluss fand, hat das historische Mansarddach wieder hergestellt. Es behütet jetzt eine neue **Universitätsbibliothek** (Schloss Mannheim: Bismarckstr., Tel. 0621 292 28 91, www.schloss-mannheim.de. Di–So und Fei. 10–17 Uhr).

Französische ›Wohnlandschaft‹
Die Sommerresidenz Schwetzingen verdankt als Ensemble aus Wohnbauten, Schloss und Garten ihre Existenz den pfälzischen Kurfürsten des 18. Jh. Während der Regierungszeit von Carl Theodor (1742–99) wechselte der gesamte Hofstaat jährlich im Sommer von Mannheim hierher, um Staatsmänner, Künstler und Gelehrte zu empfangen. Man hörte Opern, genoss den Spargel und vor allem den groß ausgebauten **Schlossgarten.** Nach den Vorbildern von Versailles und Vaux-le-Vicomte entstand eine ›Wohnlandschaft‹ mit einer Fläche von 73 ha. Bestechend ist dabei das Zusammenspiel der kleinteiligen Rokokokabinette mit den weitläufigen Landschaftspartien im englischen Stil. Die wichtigsten Akteure dieser Arbeiten waren Carl Theodors »Intendant der Gärten und Wasserkünste« Nicolas de Pigage sowie der Gartenarchitekt Ludwig Sckell. Von Pigage stammen u. a. die Neue Orangerie, die Tempel, das Badhaus und das letzte erhaltene Beispiel einer **Gartenmoschee.** Jüngeren Erkenntnissen zufolge zeigen die Anlage und ihre Bauten eine deutliche Orientierung an den aufklärerischen Prinzipien der Freimaurer (Tel. 06202 12 88 28, www.schloss-schwetz ingen.de. Führungen stdl. April–Okt. Di–Fr 11–16, Sa, So, Fei 11–17 Uhr, Nov.–März Fr 14, Sa, So, Fei 11,14, 15 Uhr; Schlossgarten: April–3. Okt. tgl. 8–20, 4.–31. Okt. und März tgl. 9–18 Uhr, Nov.–Febr. tgl. 9–17 Uhr).

Der Minerva-Tempel im Schwetzinger Schlossgarten ist der Göttin der Künste gewidmet

Schwetzingen

nen Stadtplan, auf dem ein ausführlicher Stadtspaziergang verzeichnet ist. Gleich gegenüber steht das älteste Gotteshaus Schwetzingens; die **St. Pankratius Kirche** 1 wurde bereits 1305 urkundlich erwähnt. Ihr heutiges Aussehen verdankt sie allerdings den kurfürstlichen Hofbaumeistern Sigismund Zeller, Franz Wilhelm Rabaliatti und Nicolas de Pigage. Nach ein paar Metern macht rechter Hand eine moderne Plastik der Heiligen Drei Könige auf die Namensgeber der Straße aufmerksam. Das Werk steht am **Alten Katholischen Schulhaus** 2, einem repräsentativen Barockgebäude, in dem das **Gasthaus Zum Rothen Haus** mehr als 200 Jahre seinen Platz hatte. Hier logierten 1763 Leopold Mozart und dessen siebenjähriger Sohn Wolfgang Amadeus. Das damalige Vorspiel des Wunderkindes am kurfürstlichen Hof begründete die spätere Entwicklung Schwetzingens zu einer Musik- und Festspielstadt, in der insbesondere das musikalische Erbe Mozarts Beachtung und Pflege findet.

Stadtbibliothek 3

Gebäude der ehemaligen Invalidenkaserne, Eingang Kronenstr., Tel. 06202 12 73 13, Di 10–12, 14–19, Mi 10–12, 14–18, Do 14–18, Fr 10–15 Uhr
Das erste, links von der Dreikönigstraße abzweigende Sträßchen heißt Invalidengasse. Im Haus Nr. 6 war in der zweiten Hälfte des 19. Jh. die Alte Synagoge untergebracht. Ein Informationstafel an dem heutigen Wohnhaus macht Ausführungen zur Geschichte der Synagoge bzw. Betsäle in Schwetzingen. Am Ende dieser Gasse führt die Wildemannstraße in Richtung Schlossgarten zur ehemaligen Invalidenkaserne, die bereits jenseits des Leimbachs liegt und in der heute die Stadtbibliothek und ein **Ausstellungsraum der Xylon-Werkstätten** (Holzschnitt-Drucke) untergebracht sind. In dem von Hofbaumeister de Pigage geplanten und 1773 errichteten Gebäude lebten die Invaliden der kurpfälzischen und später badischen Armee, die noch als Schloss- und Parkwächter eingesetzt wurden.

Richtung Schlossplatz

Nach wenigen Schritten auf der Hildastraße stadteinwärts erinnert rechter Hand ein **Grabmal** 4 an **Johann Peter Hebel**, der 1826 in Schwetzingen starb. Es ist das einzige nicht eingeebnete Grab des vormaligen Stadtfriedhofs. Am Ende der Hildastraße führt die Mannheimer Straße als kleine **Shoppingmeile** zurück ins Zentrum, das mit der Carl-Theodor-Straße seine Hauptachse hat. Dabei gerät auf der linken Seite zunächst die **Evangelische Stadtkirche** 5 als neobarocker Bau aus dem späten 19. Jh. in den Blick. Gegenüber hat die Volkshochschule in der ehemaligen Friedrichsschule ihr Domizil. Das dahinter gelegene, im Jahr 2005 eingerichtete **Kulturzentrum** 6 dokumentiert die Rolle Schwetzingens als Ort der musikalischen Nachwuchsförderung. Hier veranstaltet die »Internationale Sommerakademie Schwetzingen« im Sommer ihre Meisterkurse sowie die »Schwetzinger Musical-Workshops«, in denen es auf sehr hohem Niveau um Gesang, Tanz und Schauspiel geht (Mannheimer Str. 29).

An der Ecke Mannheimer Straße/Dreikönigstraße bietet es sich an, eine kurze Pause einzulegen: Auf der großen Terrasse von **La Gelateria** gibt es das beste Eis weit und breit. Von hier bis zur Carl-Theodor-Straße zeigt sich die Mannheimer Straße als lebendige Einkaufsstraße, deren hübsche Geschäfte mitunter in Gebäuden aus der Barockzeit untergebracht sind. Im **Stammhaus der Brauerei Weldebräu** 4, das in dieser Straße die Hausnummer 2a trägt, kann man ein heimisches

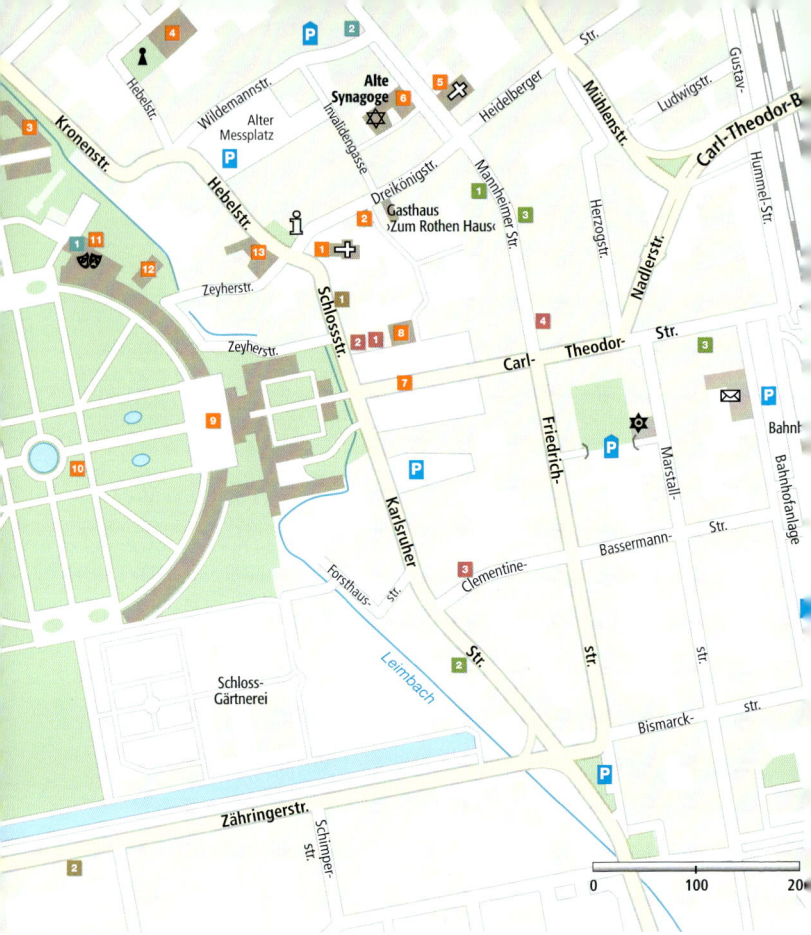

Bier und eine gute regionale Küche genießen. Die 1752 gegründete Brauerei ist der einzige der ehemals zahlreichen hier ansässigen Brauereibetriebe, der bis heute überlebt hat.

Am Ende der Mannheimer Straße führt dann die Carl-Theodor-Straße zum **Schlossplatz** 7, der 1748 angelegt wurde. Das **Palais Hirsch** 8 mit Tagungs-, Ausstellungs- und Veranstaltungsräumen an der nördlichen Seite des Platzes wurde 1748 im Auftrag von Kurfürst Carl Theodor für seinen Berater und Beichtvater, den Jesuitenpater Franz Joseph Seedorf, erbaut. Seinen Namen erhielt das Haus durch die langjährige Nutzung als Hotel Zum Goldenen Hirsch. Mit den ersten Sonnenstrahlen im Jahr verwandelt sich die Nordhälfte des Platzes in einen großen Biergarten. Und im Mai verkaufen die Bauern hier unter alten Kastanien frischen Spargel. Die Skulptur einer Spargelfrau weist auf die Bedeutung dieses königlichen Gemüses für Schwetzingen hin.

Schwetzingen

Sehenswert
1 St. Pankratius Kirche
2 Altes Katholisches Schulhaus
3 Stadtbibliothek
4 Grabmal Johann Peter Hebel
5 Evangelische Stadtkirche
6 Kulturzentrum
7 Schlossplatz
8 Palais Hirsch
9 Schloss
10 Schlossgarten
11 Rokokotheater
12 Amtsgericht
13 Rathaus

Übernachten
1 Hotel Adler-Post
2 Hotel Garni – Villa Benz

Essen & Trinken
1 Kaffeehaus Schwetzingen
2 Brauhaus Zum Ritter
3 Greenhouse
4 Weldebräu-Stammhaus

Einkaufen
1 De Craecker
2 Genussreich
3 Parfümerie Haas

Aktiv & Kreativ
1 Freizeitbad Bellamar
2 Pfitzenmeier

Abends & Nachts
1 Schlosstheater
2 Alte Wollfabrik

Schloss 9 und Schlossgarten 10
Öffnungszeiten, Führungen etc. s. Entdeckungstour S. 116

Jetzt wartet das Schloss mit dem Schlossgarten und dem Rokokotheater auf einen Besuch. Für einen ausführlichen Spaziergang durch dieses Ensemble sollte man mindestens zwei Stunden einplanen. Das 1752 eröffnete **Rokokotheater** 11 liegt hinter dem nördlichen Zirkelsaal des Schlosses und gilt als eines der schönsten historischen Theater in Deutschland. Als Gast des kurpfälzischen Hofes weilte auch Voltaire hier (Programme, Karten: Stadtinformation Schwetzingen). In der Schlossstraße, die zum Ausgangspunkt des Spaziergangs zurück- führt, bietet das **Hotel Adler-Post** 1 gehobene Regionalküche in schönem Ambiente. Gegenüber führt die Zeyherstraße als Bogen wieder Richtung Schlossgarten. Hier richtet sich der Blick noch einmal auf das Rokokotheater und auf das ihm benachbarte heutige **Amtsgericht** 12. 1725 als Wohnhaus erbaut, diente es den Kurfürsten als Gäste- und Gesandtenhaus. Wer sich abschließend einige Daten zur Geschichte der kleinen Stadt vergegenwärtigen möchte, findet dazu an der Fassade des nahe gelegenen **Rathauses** 13 gute Gelegenheit. Eine Tafel aus dem frühen 19. Jh. hält diese Daten fest.

Ausflüge

In Schwetzingens Nachbargemeinden lassen sich einige interessante Entdeckungen machen. Sportlich interessierte Besucher finden in der Sommerzeit beste Gelegenheiten für Wassersport und Golf.

Brühl ▶ F 4

Von der Mannheimer Landstraße in Schwetzingen führt am Stadtrand die L 630 als Brühler Landstraße in die ›Steffi-Graf-Gemeinde‹ Brühl. Dort wird man am Ortseingang an der Schwetzinger Straße 24 von der **Villa Meixner** begrüßt. Das 1899 errichtete backsteinerne Jugendstilgebäude ist Repräsentations- und Veranstaltungsort zugleich. Von der Schwetzinger Straße zweigt in der Ortsmitte die Hauptstraße ab. Dort wurde Steffi Graf als junges Mädchen von ihren Eltern oft in die Ratsstube zum Essen geführt (Hauptstr. 2, Tel. 06202 947 95 90, Mi–Mo 11.30–14.30, 17.30–24 Uhr). Ein Nebenzimmer des Restaurants erinnert mit Fotos und Dokumenten an Kind-

Das Zentrum der historischen Kurpfalz

heit, Jugend und große Erfolge der ›Tennisgräfin‹. Die Gemeinde ist stolz auf ihre weltberühmte Tochter, und viele Kinder und Jugendliche der gesamten Region sind dem Tennissport durch die Idole Steffi Graf und Boris Becker nahegekommen.

Folgt man der Hauptstraße nach Süden bis zum Ortsausgang, taucht linker Hand neben dem Friedhof die **Kriegergedächtniskapelle** auf, deren gesamter Innenraum mit Mosaiken geschmückt ist, etwa 450000 Steinchen sollen es sein. Im Südwesten des Orts hat sich am Altrhein rund um die **Kollerinsel** ein beliebtes Naherholungsgebiet entwickelt. Die Halbinsel steht seit 1938 unter Naturschutz. Der 6 km lange Ringdeich macht Spaziergänger mit der artenreichen Vegetation bekannt. Hier gibt es außerdem einen Reiterhof. Im Terrassenrestaurant des Hofes sitzt man sehr idyllisch (Pferdeland Kollerhof, Tel. 06232 687 00).

Unser Tipp

Lecker – Käsemanufaktur Müller
Mitten in Hockenheim findet sich eine der besten Käsereien Deutschlands. Dieses Lob, das die Fachwelt in den letzten Jahren regelmäßig ausspricht, lässt sich von jedem bestätigen, der den handgeschöpften, mit Spätburgunder verfeinerten Weichkäse, den Hartkäse aus Rohmilch »Lustiger Abt« oder eine der zahlreichen anderen Sorten probiert (Rathausstr. 36, Hockenheim, Tel. 06205 64 85, www.kaesemanufaktur.de, Di 10–13, 16–18.30, Do, Fr 9–13, 15–18.30, Sa 9–13 Uhr, So, Mo, Mi geschl.).

Ketsch ▶ F 5
Einen sehr schönen Badesee erreicht man über die Brühler Straße, die an Ketsch vorbeiführt und in die Speyerer Straße übergeht. Nach dem Ortsende liegt linker Hand zunächst der Anglersee mit dem empfehlenswerten Terrassenrestaurant **Die Ente im See Hotel.** Für die hervorragende Küchenleistung bezahlt man moderate Preise (Tel. 062 02 69 70, www.seehotel.de). Dann folgt gleich der Hohwiesensee als kleine Sommeroase. Am Westufer ist ein öffentlicher Badestrand eingerichtet.

Hockenheim ▶ F 5
Die Kreisstadt Hockenheim ist traditionell das Ziel von Anhängern des Motorsports und von Heidelberg oder Schwetzingen aus nach wenigen Kilometern auf der Autobahn A 5 erreicht. Den Weg zum Hockenheimring, auf dem auch Grand-Prix-Rennen der Formel 1 ausgetragen werden, zeigt nach der Autobahnausfahrt die entsprechende Beschilderung. Außer Motorsport gibt es an diesem Platz nicht nur famose Skater-Nights, sondern auch große Open-Air-Konzerte (www.hockenheimring-shop.com).

Sankt Leon-Rot ▶ F 6
Die ca. 8 km östlich von Hockenheim gelegene Ortschaft entwickelt sich mehr und mehr zu einem Eldorado einer sehr viel ruhigeren Sportart. Der von Dietmar Hopp 1997 gegründete Golf Club Sankt Leon-Rot verfügt über beste infrastrukturelle Rahmenbedingungen, die die Anlage zu einer der etabliertesten in Deutschland werden ließen. Hier treffen sich regelmäßig die Top-Stars des internationalen Golfsports – und wer sich zur gesellschaftlichen Elite der Metropolregion Rhein-Neckar zählen möchte, muss hier ab und an seinen Schläger schwingen. Tel. 06227 860 80, www.gc-slr.de.

Schwetzingen: Adressen

Übernachten

Herberge der Stars – **Hotel Adler-Post** **1**: Schlossstr. 3, Tel. 06202 277 70, www.adler-post.de. DZ ab ca. 120 €. Ein wegen seiner Lage am Schloss und seines Komforts beliebtes Hotel, in dem der prominente Besuch der Festspiele gerne absteigt. Das Restaurant bietet u. a. famose Spargelgerichte.

Wie zuhause – **Hotel Garni – Villa Benz** **2**: Zähringerstr. 51, Tel. 06202 93 60 90, www.villa-benz.de. DZ ab 90 €. Ein sehr gemütliches Haus direkt am Schlossgarten mit großem eigenem Garten.

Essen & Trinken

Frühstück bis Mitternacht – **Kaffeehaus Schwetzingen** **1**: Schlossplatz 3, Tel. 06202 121 70, www.kaffeehaus.de, Mo–Mi 8–1, Do–So 9–2 Uhr, große Frühstückskarte, die bis Mitternacht gereicht wird. Hier, auf der großen Terrasse trifft sich halb Schwetzingen.

Deftig – **Brauhaus Zum Ritter** **2**: Schlossplatz 1, Tel. 06202 92 49 61 50, www.brauhaus-zum-ritter.de, tgl. 11–01, warme Küche bis 23 Uhr. Tellergerichte ab 10 €. Ein weiterer schöner Ort zum Sehen und Gesehenwerden. Herzhafte Speisen, frisch gebrautes Bier.

Originell – **Greenhouse** **3**: Clementine-Bassermann-Str. 3, Tel. 06202 175 88, www.greenhouse-schwetzingen.de. So–Do 10–24, Fr, Sa 10–01 Uhr. Gerichte ab 7 €. Ein schönes Bistro, dessen lichtdurchflutete Räumlichkeiten in einem Gewächshaus untergebracht sind.

Kult – **Welde-Stammhaus** **4**: Mannheimer Str. 2 a, Tel. 06202 48 30, www.welde.de. Do–Di 10–1 Uhr, Mi geschl., Tellergerichte ab 9 €. Die heimische Welde-Brauerei ist die letzte der vielen Brauereien, die es einst hier gab. Dieses Bier ist in der Region zum Kult geworden. Gute regionale Küche.

Einkaufen

Belgische Schokolade! – **De Craecker** **1**: Ederer Passage, Mannheimer Straße 15–17. Mehr als 100 Sorten belgische Pralinen.

Nomen est Omen – **Genussreich** **2**: Karlsruher Str. 36. Diese Adresse für Kaffee- und Schokoladenspezialitäten gibt es erst seit 2008, hat sich aber schnell sehr beliebt gemacht.

Aktiv & Kreativ

Familienfreundlich – **Freizeitbad Bellamar** **1**: Odenwaldring s/n, Tel. 06202 97 82 80, www.bellamar-schwetzingen.de, tgl. geöffnet. Ein sehr schönes Hallenbad mit großer Saunalandschaft, vielen Attraktionen für Kinder und großem Schwimmerbecken.

Fitnesspalast – **Pfitzenmeier** **2**: Duisburger Str. 3, Tel. 06202 85 93 70, www.pfitzenmeier.de. Auf einen solchen Großpalast, in dem so ziemlich alles an-

Unser Tipp

Maître des Parfums – Parfümerie Haas **3**

In diesem Reich der Düfte kreiert Armin Haas viele der angebotenen Parfums selbst und lässt sie in der Provence herstellen. In Frankreich wurde ihm für seine Kompositionen die Ehrung eines »Maître des Parfums« zuteil. Haas führt hier eine der besten Privatparfümerien Deutschlands, das Sortiment ist wie eine Schatzkammer aufgebaut (Mannheimer Str. 16 und Carl-Theodor-Str. 18, Tel. 06202 47 08, www.parfuemerie-haas.de, Mo–Fr 9–18.30, Sa 9.30–14 Uhr).

Das Zentrum der historischen Kurpfalz

geboten wird, was mit Fitness und Wellness zu tun hat, kann so manche Großstadt neidisch sein. Die moderne Anlage lässt sich durchaus zu den Sehenswürdigkeiten der Region zählen.

Abends & Nachts

Ein Schmuckkästchen – **Schlosstheater** 1: Schloss-Str. s/n, Tel. 06202 814 71. Das Rokokotheater des Schlosses ist als ältestes erhaltenes Theater Baden-Württembergs mit seinem reichen Dekor auch außerhalb der Veranstaltungen sehenswert. Neben den Aufführungen der Festspiele und des Mozartfests finden hier auch übers Jahr Theater- und Musikaufführungen statt.
Lockeres Völkchen – **Alte Wollfabrik** 2: Mannheimer Str. 35, Tel. 06224 90 73 92, www.alte-wollfabrik.de. Ein junges Veranstaltungshaus in einer alten Fabrik. Kleinkunst, Comedy und Jazz haben hier einen attraktiven Spielort bekommen, an dem sich mehrere Generationen gerne ein Stelldichein geben.

Infos & Termine

Touristeninformation
Dreikönigstr. 3, Tel. 06202 94 58 75, www.schwetzingen.de. Mo–Fr 9–18.30, Sa 10–13 Uhr, April–Sept. Sa bis 15 Uhr

Verkehr
Autofahrer finden auf den Autobahnen A 5 und A 6 ausgeschilderte Abfahrten. Nach den Abfahrten Heidelberg-Schwetzingen (A 5) und Schwetzigen-Hockenheim (A 6) sind es jeweils nicht mehr als 5 km bis zum Schloss. Nutzern öffentlicher Verkehrsmittel stehen von Mannheim und Karlsruhe aus Züge zur Verfügung. Von Heidelberg aus startet am Hauptbahnhof der Bus BRN 717 (bis Schlossplatz 30 Min.).

Veranstaltungen
Schwetzinger Festspiele: jährlich Ende April bis Anfang Juni. Seit 1952 ein Großereignis der klassischen Musik. Opern und Konzerte im Rokokotheater und den Konzertsälen des Schlosses. Mit etwa 700 Rundfunkausstrahlungen das weltweit größte Radio-Festival für klassische Musik. Karten sind schwer erhältlich, bei Interesse richten Sie Anfragen an die Stadtinformation.
Mozartfest: Alljährlich in der zweiten Septemberhälfte. Das zweite Highlight für Klassikfreunde mit überregionaler Bedeutung. Infos: Mozartgesellschaft Schwetzingen e. V., Uhlandstr. 4, Tel. 06202 33 64.

Mannheim! ▶ E 3

Was hat diese Stadt nicht schon alles an Beinamen erhalten: ›Musenhof‹ unter den Kurfürsten, ›Handelsplatz an Rhein und Neckar‹ sowie ›Industrie- und Arbeiterstadt‹ im 19. Jh., und ›Hightech-Standort‹ oder auch ›Hauptstadt des Pop‹ in unserer Zeit. Wie bei Schubladendefinitionen üblich, trifft nichts davon ganz zu. Aber von allem ist etwas vorhanden – eine allem Fremden gegenüber offene Melange.

Im Stadtbild spiegeln sich die Beinamen an vielen Stellen wider. Ob Schloss, Zeughaus und Nationaltheater, verfallende Silos und Handelskontore, die große Jugendstilanlage am Friedrichsplatz oder die große Einkaufsmeile der Planken: Vieles in Mannheim ist Zeuge von klar definierten Entwicklungsetappen. Aus dem 766 urkundlich erstmals genannten Dorf Mannenheim und der späteren Veste Mannheim war zwar 1607 eine Stadt geworden, die auch schon mit dem kennzeichnenden Gitternetz ihrer Straßen angelegt war, aber größere Bedeutung stellte sich erst ein, als Kurfürst Carl Philipp 1720 die Residenz von Heidelberg nach Mannheim verlegte und mit dem Bau eines neuen Residenzschlosses begann. Unter Kurfürst Carl Theodor (bis 1799) entwickelte sich Mannheim dann in der zwei-

Der Wasserturm im Luisenpark diente bis ins Jahr 2000 als Trinkwasserreservoir

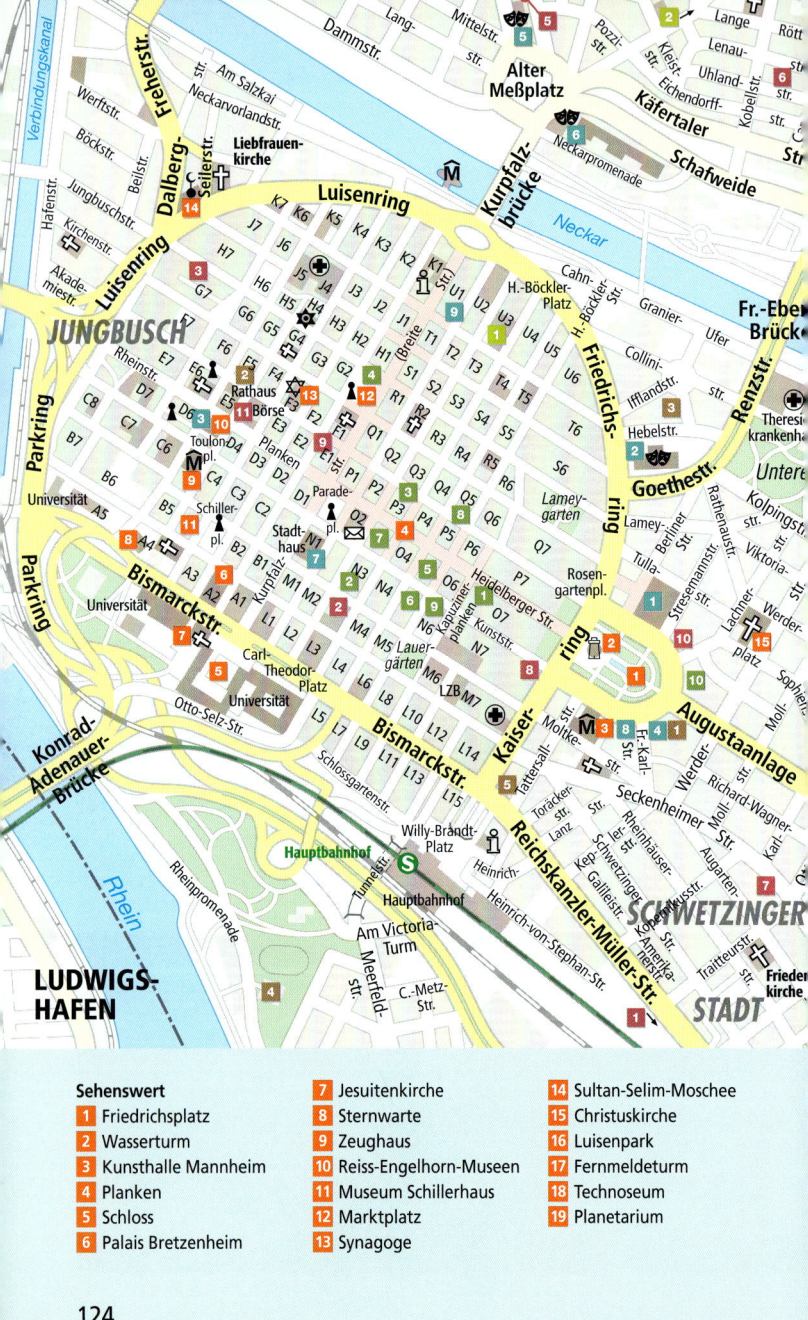

Sehenswert
1. Friedrichsplatz
2. Wasserturm
3. Kunsthalle Mannheim
4. Planken
5. Schloss
6. Palais Bretzenheim
7. Jesuitenkirche
8. Sternwarte
9. Zeughaus
10. Reiss-Engelhorn-Museen
11. Museum Schillerhaus
12. Marktplatz
13. Synagoge
14. Sultan-Selim-Moschee
15. Christuskirche
16. Luisenpark
17. Fernmeldeturm
18. Technoseum
19. Planetarium

124

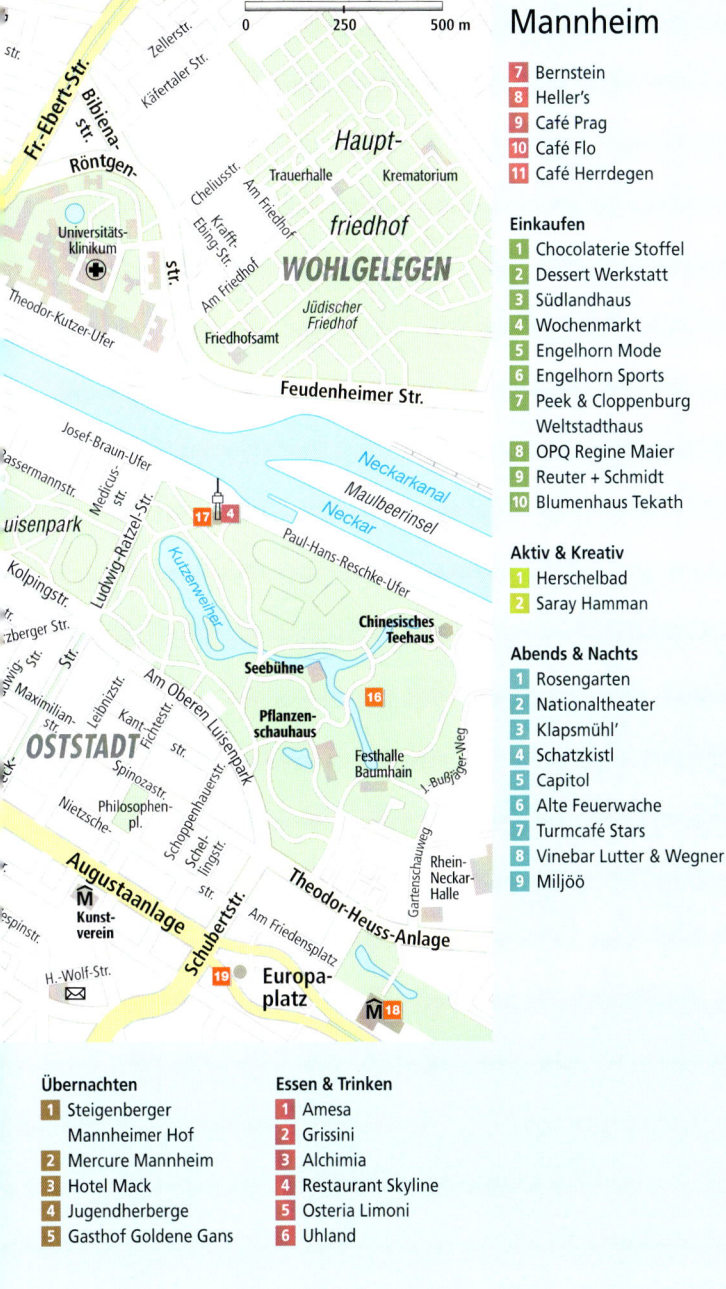

Mannheim

- 7 Bernstein
- 8 Heller's
- 9 Café Prag
- 10 Café Flo
- 11 Café Herrdegen

Einkaufen
- 1 Chocolaterie Stoffel
- 2 Dessert Werkstatt
- 3 Südlandhaus
- 4 Wochenmarkt
- 5 Engelhorn Mode
- 6 Engelhorn Sports
- 7 Peek & Cloppenburg Weltstadthaus
- 8 OPQ Regine Maier
- 9 Reuter + Schmidt
- 10 Blumenhaus Tekath

Aktiv & Kreativ
- 1 Herschelbad
- 2 Saray Hamman

Abends & Nachts
- 1 Rosengarten
- 2 Nationaltheater
- 3 Klapsmühl'
- 4 Schatzkistl
- 5 Capitol
- 6 Alte Feuerwache
- 7 Turmcafé Stars
- 8 Vinebar Lutter & Wegner
- 9 Miljöö

Übernachten
- 1 Steigenberger Mannheimer Hof
- 2 Mercure Mannheim
- 3 Hotel Mack
- 4 Jugendherberge
- 5 Gasthof Goldene Gans

Essen & Trinken
- 1 Amesa
- 2 Grissini
- 3 Alchimia
- 4 Restaurant Skyline
- 5 Osteria Limoni
- 6 Uhland

Auf Entdeckungstour

Mannheimer Integrationskraft – drei Kirchen, drei Religionen

Mannheim folgt dem Weg einer weltoffenen Stadtgesellschaft schon seit langem. Ein Spaziergang entlang der Sichtachse von Jesuitenkirche, Synagoge und Sultan-Selim-Moschee vermittelt Einblicke in Geschichte und Gegenwart des für Mannheim und seine Einwohner so typischen Miteinanders der Religionen.

Dauer: 2–4 Std.

Planung: Die Jesuitenkirche ist täglich von 9–19 Uhr geöffnet. Um 18 Uhr finden Gottesdienste statt. Die Synagoge können Einzelpersonen nur von außen besichtigen. Die Sultan-Selim-Moschee steht Besuchern täglich außer freitags von 10–20 Uhr offen.

Ein einzigartiges Miteinander der Religionen

Von den 325 000 Einwohnern Mannheims weisen 30,4 Prozent einen Migrationshintergrund auf, 19,8 Prozent sind Ausländer, die sich auf 160 Nationalitäten verteilen (Zahlen von 2008). Viele Nationalitäten aus unterschiedlichen Kulturkreisen, das bedeutet auch ein Miteinander unterschiedlicher Religionen. Einzigartig ist eine Veranstaltung, die dieses Miteinander jährlich stimmungsvoll dokumentiert. Am ›langen Tisch der Religionen‹ nahmen 2009 mehr als 5000 Menschen Platz. Für diese Tafel, die quer durch die Quadrate (s. S. 130) aufgestellt wird, engagieren sich gemeinsam alle christlichen, islamischen und jüdischen Religionsgemeinschaften der Stadt. Die eingeladene Bevölkerung genießt Speisen aus aller Welt, hört Verse aus dem Koran und Zitate aus der Bibel wie aus jüdischen Gebetsbüchern, nimmt an Führungen durch die Kirchen der Weltreligionen teil.

Dieses Bild, das man sich vor 30 Jahren noch an keinem Ort der Welt vorstellen konnte, animiert dazu, auch den Gästen der Stadt einen Eindruck ihrer diesbezüglichen Integrationskraft zu vermitteln, ein Eindruck, der sich einstellen mag beim Besuch von drei nahe beieinander liegenden Kirchen unterschiedlicher Religionen.

Im wahrsten Sinne des Wortes zum Bild geworden ist diese religiöse Eintracht auf dem Foto links: Es zeigt den Imam Mustafa Aydini (rechts) und den Priester Hans-Joachim Martin auf dem Minarett der Sultan-Selim-Moschee.

Katholisches Zentrum

Als große Hofkirche wurde die unweit des Schlosses liegende **Jesuitenkirche** [7] zwischen 1733 und 1760 von dem in Mannheim residierenden Kurfürsten Carl Philipp und Carl Theodor nach einem Entwurf des italienischen Architekten Alessandro Galli da Bibiena erbaut. Sie gilt als eine der bedeutendsten Barockkirchen Südwestdeutschlands und verweist auf eine Zeit, in der vor allem Kurfürst Carl Theodor die damalige Residenz Mannheim zu einem Zentrum europäischer Kulturschaffender und im Rahmen einer offenen Ansiedlungspolitik zu einem Wohnort für Menschen unterschiedlichster Herkunft machte. Am Außenbau der Kirche wird die zweitürmige Schaufassade aus rotem Sandstein von den Statuen der vier Kardinaltugenden, der Fama und einem Giebelrelief des bedeutenden Barockbildhauers Paul Egell (1691–1752) geschmückt. Die 75 m hohe Kuppel ist ein imposanter Blickfang. Der Innenraum zeigt sich im späten Barockstil und beginnenden Klassizismus.

Im Zweiten Weltkrieg schwer beschädigt, konnte die Kirche bis 1960 wieder aufgebaut werden, wobei mit einer umfassenden Rekonstruktion der Innenräume erst 1986 begonnen wurde (2004 fertiggestellt). Sie bezog auch den imposanten, 20 m hohen Hochaltar von Peter Anton von Verschaffelt mit ein. Gut besucht sind immer wieder die Aufführungen des Chors der Jesuitenkirche, der aus 45 Sängerinnen und Sängern aus der gesamten Region besteht. Die erst 1907 in den Nischen der Vorhalle aufgestellten Plastiken erinnern an die kurfürstlichen Bauherren Carl Philipp und Carl Theodor. Eine außen angebrachte Gedenktafel berichtet, dass Mozart bei seinen Aufenthalten in Mannheim hier regelmäßig den Gottesdienst besuchte (Jesuitenkirche: A4, 2, Tel. 0621 12 70 90, www.jesuitenkirche-mannheim.de, tgl. 9–19 Uhr, Gottesdienste tgl. 18 Uhr sowie sonntagvormittags, Führungen an zwei Sonntagen im Monat telefonisch zu erfragen).

Mittelpunkt des jüdischen Lebens

Auf dem Weg zur **Synagoge** 13 bedeutet es nur einen kleinen Umweg, am Paradeplatz vorbeizugehen, um dort auf den Planken (vor P2) einen Blick auf das Mahnmal zu richten, das in Form eines Glaskubus im Jahr 2003 hier errichtet wurde. 2400 Juden aus Mannheim fielen dem Naziterror zum Opfer. Ihre Namen sind spiegelverkehrt in die Glaswände des Mahnmals eingelassen und dann zu lesen, wenn man durch eine Scheibe hindurchschaut und auf die gegenüberliegende Scheibe sieht. Die Mannheimer Bevölkerung widersetzte sich dem Nationalsozialismus in höherem Maße, als dies in anderen deutschen Großstädten der Fall war, erduldete nach der Reichstagswahl vom März 1933 aber die dann vollzogene ›Gleichschaltung‹. Die große jüdische Gemeinde der Stadt sah sich in den Folgejahren den rassistischen Auswüchsen der NS-Zeit ausgesetzt. 1940 wurden fast 2000 Mannheimer Juden in das Lager Gurs im Südwesten Frankreichs deportiert.

Zur Synagoge am Rabbiner-Grünewald-Platz sind es von hier aus kaum fünf Minuten Fußweg. Das 1985–87 errichtete Gebäude mit jüdischem Gemeindezentrum ist der Mittelpunkt des jüdischen Lebens der Stadt. Es ist von innen im Rahmen von Gruppenführungen zu besichtigen. Die jüdische Gemeinde Mannheims erlebte mit der Verlegung des kurfürstlichen Hofes von Heidelberg nach Mannheim einen großen Aufschwung und große allgemeine Akzeptanz. Bei der im 19. Jh. einsetzenden Entwicklung der Stadt zu einem prosperierenden Standort von Handel und Industrie traten eine Reihe jüdischer Bürger als engagierte Vereinsmitglieder, Amtsmänner und Mäzene auf. Die Jahre des Nationalsozialismus setzten all dem ein schreckliches Ende. Nach dem Zweiten Weltkrieg begann um die Mitte der 1950er-Jahre zaghaft ein neues jüdisches Gemeindeleben. Gegenwärtig zählt die Gemeinde etwa 600 Mitglieder (Synagoge: F3, 4 Rabbiner-Grünewald-Platz, Tel. 0621 153 97, www.jgm-net.de).

Islamisches Architektur-Juwel

An der Grenze zwischen den Quadraten (H7) und dem Jungbusch steht eines der größten islamischen Gotteshäuser in Deutschland. Die 1995 eingeweihte **Sultan-Selim-Moschee** 14 ist mit ihrem rund 33 m hohen Minarett schon von Weitem sichtbar und bietet den etwa 20 000 muslimischen Einwohnern Mannheims eine besonders schöne Gebetsstätte. Sie wurde von dem Architektengespann Hubert Geißler und Mehmet Bedri Sevincsoy unter der Trägerschaft des Islamischen Bundes Mannheim e. V. geplant. Der große Gebetssaal fasst 2500, die Ebene der Frauengalerie 500 Personen. Die Kronleuchter in der Gebetshalle wurden von der katholischen und der jüdischen Gemeinde gespendet.

Man kann die Moschee ohne Anmeldung besuchen und in der angeschlossenen Cafeteria einen guten türkischen Mokka genießen. Wie in allen islamischen Gotteshäusern gehört es zur Hausordnung, die Teppiche nicht mit Schuhen zu betreten. Angemessener als eine kurze Stippvisite ist es allerdings, sich im Rahmen einer angemeldeten Führung mit der Bedeutung der muslimischen Rituale etwas vertraut zu machen (Luisenring 28, Tel. 0621 454 82 83, www.moschee-mannheim.de, tgl. außer Fr 10–20 Uhr).

ten Hälfte des 18. Jh. rasch zu einem blühenden Kulturzentrum mit neuen Akademien, Theater und Musik (Mannheimer Schule). Diese Blüte war nur von kurzer Dauer, denn der Kurfürst trat 1778 seine bayerische Erbfolge an und siedelte mit dem Hof nach München um. Mannheims Lage an den beiden Flüssen Rhein und Neckar begründete die bald folgende Entwicklung zu einem bedeutsamen Handelsplatz. Der heute noch imposante Rheinhafen, den man im Rahmen einer Rundfahrt mit dem Schiff erleben kann, existiert in groß ausgebauter Form seit 1840, dem Jahr, in dem auch die erste badische Eisenbahnlinie zwischen Mannheim und Heidelberg eröffnet wurde.

Ein aufmerksamer Spaziergang durch den Jungbusch, den Stadtteil, der dem Zusammenfluss von Rhein und Neckar am nächsten liegt, zeigt die verfallene Pracht großer Handelskontore und nobler Stadthäuser, die sich reiche Handelsleute hier bauen ließen. Die logistisch günstige Lage der Stadt war schließlich ein wichtiger Grund für die Ansiedlung großer Produktionsbetriebe, die aus Mannheim ab der zweiten Hälfte des 19. Jh. eine Industrie- und Arbeiterstadt machten. Zu den diesbezüglich klangvollen Namen gehören die hier 1883 gegründete Motorenfabrik von Carl Benz und die 1859 gegründeten Heinrich-Lanz-Werke (heute John Deere), denen die deutschen Bauern erste Traktoren verdankten. Bei der Gründung der Badischen Anilin- und Soda-Fabrik (BASF) scheiterte der Plan, das Unternehmen in Mannheim dort anzusiedeln, wo heute der Luisenpark seinen Platz hat. Die Ansiedlung des eigentlich badischen Unternehmens fand deshalb über dem Rhein im pfälzischen Ludwigshafen statt. Großflächige Industrieansiedlungen prägten in der Folge den Charakter von Stadtteilen wie Neckarau, Käfertal und Waldhof. Sie überzogen bis in die 1960er-Jahre diese Stadtteile mit Produktionshallen und Schornsteinen und ließen im Stadtteil Waldhof Straßennamen wie Zäher Wille, Große Ausdauer oder Kleiner Anfang entstehen. Wer in diesen Stadtteilen zuhause ist, bringt es auch heute nur in Ausnahmen zum Aufstieg in obere gesellschaftliche Schichten.

Einer von hier, auf den ganz Mannheim stolz ist, war Sepp Herberger. 1897 im Waldhof als Arbeitersohn geboren, kickte er sich mit zähem Willen zum Trainer der deutschen Fußballnationalmannschaft hoch, die 1954 Weltmeister wurde. Mit der Industrialisierung verband sich in den 1960er-Jahren auch der Zuzug vieler Gastarbeiter, die mit ihren Nachkommen heute die Bevölkerungsmehrheit im Jungbusch bilden.

Die 1907 gegründete Universität setzt im Stadtbild ebenfalls ihre Akzente. Sie residiert als eine der wenigen deutschen Unis in einem Schloss und füllt nicht nur die Köpfe ihrer Studenten (vor allem in den Wirtschaftswissenschaften) mit Wissen, sondern auch Kneipen, Kinos und Clubs mit Gästen.

Durch die Innenstadt

Friedrichsplatz 1

Hinaus aus dem aufpolierten Bahnhof, der als Nachbar des Schlosses am Rande der Innenstadt liegt und dessen Gleisanlagen im 19. Jh. das Ende des Schlossgartens mit sich brachte. Und hin zum Friedrichsplatz, eine der größten Platz- und Gartenanlagen des Jugendstils in Europa, die den **Wasserturm** 2 als Wahrzeichen Mannheims trägt. Die Anlage wurde 1907 anlässlich des 300. Stadtgeburtstages geschaffen. Sie dokumentiert die Prosperität der Stadt in der Gründerzeit. Wenn es etwas zu feiern gibt – ob Sylvester, sportliche Erfolge oder Stadtfeste –, trifft man sich hier. Am Friedrichsplatz haben auch die Flaggschiffe der Mannheimer Hotellerie ihren Platz. Das Dorint Sofitel Kongress Hotel zeigt schon durch seinen Namen, wen es anspricht. Die Kongressgäste, die in den letzten Jahren in Scharen nach Mannheim kommen, finden vom Hotel aus durch eine Gangway den direkten Weg in den **Rosengarten** 1, der bis zu 10 000 Kongressteilnehmer aufnehmen kann und zahlreichen Konzertveranstaltungen Raum bietet. Im gegenüberliegenden Maritim Parkhotel herrscht ein zeitlos edles Ambiente mit schweren Teppichen, tiefen Polstern und livrierten Pagen. Das dritte Hotel im Bunde, das **Steigenberger Hotel Mannheimer Hof** 1, gilt nach wie vor als die ›gute Stubb‹ der Mannheimer. In seinem Keller hat mit dem Schatzkistl seit langem eine beliebte Kleinkunstbühne ihren Platz.

Sinnenfroh – Heller's Vollwertrestaurant 8

Vorurteile hinsichtlich der vermeintlichen Lustfeindlichkeit vegetarischer Essensangebote sieht man in diesem hellen Wintergartenrestaurant mit Freuden über Bord gehen. Seit 1987 zeigt Wolfgang Heller einer ganzen Region, wie sinnenfroh vegetarische Buffets gestaltet werden können. Das Restaurant ist kinderfreundlich und behindertengerecht eingerichtet (N7, 13–15, Tel. 0621 12 07 20, www.hellers-restaurant.de. Mo–Fr 11–20, Sa 11–16.30, So (Mitte Sept.–Ende Juni) und Fei 11.30–15 Uhr, Hauptgerichte ab ca. 9 €).

Kunsthalle Mannheim 3
Friedrichsplatz 4, Tel. 0621 293 64 52, www.kunsthalle-mannheim.de, Di–So 11–18 Uhr

Als regelrechte Schatzkiste residiert am Friedrichsplatz die 1907 im Jugendstil errichtete Kunsthalle. Ihre Bestände zählen zum Besten, was man in Deutschland an jüngerer Kunst sehen kann. Zwei Denkmäler am Friedrichsplatz verdienen Beachtung: die Büste von Carl Benz auf dem Mittelstreifen der Augustaanlage vor dem Steigenberger Hotel und die Büste von Sepp Herberger im Entree des Rosengartens. Benz wurde Ende des 19. Jh. in Mannheim als Erfinder des Automobils berühmt und Herberger war der von hier stammende Fußballtrainer, dem Deutschland 1954 das ›Wunder von Bern‹ verdankte.

Durch die Quadrate

Mannheimer Innenstadtadressen wie B2, 5 oder L4, 12 verdanken sich der Gliederung in Planquadrate, die von Kurfürst Friedrich IV. von der Pfalz um das Jahr 1600 vorgenommen wurde und bis heute Bestand hat. Diese Quadrate werden von zwei sich kreuzenden Boulevards durchzogen. Die auch »Breite Straße« genannte Kurpfalzstraße verläuft vom Schloss bis zum Neckartor. Sie kreuzt am Paradeplatz die Haupteinkaufsstraße **Planken** 4. Und diese Shoppingmeile ist vom Friedrichsplatz nur ein paar Meter entfernt. Auf dem Weg dorthin kommt man nur schwer am **Heller's** 8 vorbei, ohne sich selbst davon zu überzeugen, dass sich hinter diesem Namen eines der besten vegetarischen Restaurants in Deutschland verbirgt.

Ein Bummel über die Planken lässt sich für Besucher, die etwas Zeit mitgebracht haben, als Zick-Zack-Kurs empfehlen, um die schönen Geschäfte der beiden Parallelstraßen nicht zu versäumen. Die berühmten **Passagen**

Die imposante Kuppel der Jesuitenkirche wurde 1748 vollendet

erleichtern und verschönen einen solchen Kurs. Sie verbinden als überdachte Wege und Shoppinggalerien die Planken im vorderen Bereich mit der Fressgasse und der Kunststraße. So führt die Vetterpassage von den Planken zur Kunststraße und den Kapuzinerplanken, einem beliebten kleinen Platz und innerstädtischen Treffpunkt mit Terrassencafés. Zu den Anrainern dieses Platzes zählt auch der ›Sportpalast‹ mit dem Namen **Engelhorn Sports** 6 (N5, 7). Hier gibt es auf sieben Etagen alles, was man für den Sport an Bekleidung und Gerät braucht, vom Baden bis zum Bergsteigen, vom Walken bis zum Wintersport. Eine Kletterwand, eine Laufteststrecke und ein Golfsimulator gehören zu den Attraktionen des Hauses, das seine Produkte eindrucksvoll zu präsentieren weiß.

Mannheimer Schloss 5

Eindrucksvolles Präsentieren ist ein paar Ecken weiter ebenfalls angesagt, wenn auch in anderen Dimensionen. Von den Kapuzinerplanken, wegen eines ehemaligen Klosters so benannt, bis zum Mannheimer Schloss (s. Entdeckungstour S. 114) sind es kaum zehn Minuten Fußweg. Die große Barockanlage mit ihren weit ausladenden Seitenflügeln ist seit 1955 Sitz der Universität. Das zentrale **Corps de Logis** ist mit seinen großen Repräsentations- und Prunkräumen nach umfänglicher

Das Zentrum der historischen Kurpfalz

Sanierung und historischer Ausstattung seit 2007 als Museum zu besichtigen. Unter den wiederhergestellten Mansarddächern dieses Gebäudeteils wurde im Rahmen der Sanierung mit großem Aufwand eine neue, architektonisch sehr reizvolle **Universitätsbibliothek** eingerichtet.

Unmittelbar gegenüber des Eingangs zum Schloss ließ Kurfürst Carl Theodor seiner Geliebten, der Tänzerin Josepha Seyffert, und ihren vier Kindern das **Palais Bretzenheim** 6 errichten. Das prunkvolle Wappen der Familie von Heydeck-Bretzenheim glänzt heute noch an der Fassade. Im Prunksaal des nach Kriegszerstörungen wiederhergestellten Palastes finden Veranstaltungen und kleinere Konzerte statt. Ebenfalls in den A-Quadraten, der Baureihe, die dem Schloss am nächsten liegt, hat die **Jesuitenkirche** 7 ihren Platz. Die ehemalige Hofkirche gilt als bedeutendste Barockkirche des deutschen Südwestens (s. Entdeckungstour S. 126).

Hier ist der richtige Ort, um ein wenig über den Kurfürsten Carl Theodor und die Musen zu erzählen. Ob Stadtentwicklung, regionale Bau- und Kulturgeschichte oder Landwirtschaft: Viele Facetten der Region weisen auf Kurfürst Carl Theodor zurück und auf die 35 Jahre zwischen 1742 und 1777, in denen er der Hofgesellschaft in Mannheim internationalen Glanz verlieh und viel Bleibendes schuf. 1724 als Sohn des Herzogs Johann Christian von Pfalz-Sulzbach geboren, holte ihn der kinderlose Kurfürst Carl Philipp (reg. 1716–1742) im Alter von neun Jahren nach Mannheim. Dort wurde er von Jesuiten erzogen, um später in Leyden und Löwen Recht, Ökonomie und Geschichte zu studieren. Im Jahr 1742 sah Mannheim die Hochzeit von Carl Theodor mit Elisabeth Augusta als eines der bis dahin größten barocken Feste in Europa. In der Sylvesternacht des gleichen Jahres starb Carl Philipp, und Carl Theodor wurde mit 18 Jahren pfälzischer Kurfürst. Zu den Grundsätzen seiner Regentschaft gehörte die Vermeidung von militärischen Konflikten. Der Kurfürst trat weltmännisch und sicher auf, bestach durch seine gewinnenden Formen und galt als gebildeter und freisinniger Kopf. Seine Verdienste um Kunst und Wissenschaft wurden im ganzen Reich anerkannt.

Die Mannheimer Residenz und die Sommerresidenz Schwetzingen profitierten von der Bautätigkeit des Kurfürsten. In Mannheim wurde das Schloss vollendet und die barocke Jesuitenkirche als Hofkirche errichtet. In Schwetzingen tragen das Schloss und vor allem der Schlossgarten seine Handschrift. Nicht nur die Zwänge höfischer Repräsentation, sondern auch Wissbegierde und Liebe zu den Künsten ließen den Kurfürsten zum eifrigen Kunstsammler und Förderer von Musik, Theater und Wissenschaft werden, der sich in seiner 56-jährigen Regierungszeit aufklärerischen Ideen gegenüber zunehmend offen zeigte. 1755 erbaute Hofbaumeister Nicolas de Pigage im Westflügel des Mannheimer Schlosses eine große Bibliothek. Mit knapp 37 000 Bänden zu Geschichte, Naturwissenschaften, Literatur und Theologie gehörte sie zu den ersten fürstlichen Bibliotheken, die auch der gebildeten Bevölkerung unentgeltlich zur Verfügung standen. Seit 1758 wurde der Ausbau des Kupferstichkabinetts und der Sammlung von Zeichnungen tatkräftig vorangetrieben, und ins selbe Jahr fiel die Gründung der Zeichnungs- und Bildhauer-Akademie unter Leitung von Peter Anton von Verschaffelt.

Auch die 1777 zum Nationaltheater erhobene Schaubühne entstand unter Carl Theodor (1768). Durch seine Kul-

Mannheim

turförderung konnte in der Kurpfalz eine ganz neue Musikgattung entstehen, die man als Mannheimer Schule kennt. Mozart, Voltaire und andere namhafte Künstler der Zeit verkehrten als Gäste am kurpfälzischen Hof. Internationalen Rang erreichte unter Carl Theodor die Förderung der Naturwissenschaften. An der 1763 errichteten Akademie der Wissenschaften in Mannheim entwickelte man erste Blitzableiter und legte die Grundlagen für wissenschaftliche Wetterbeobachtungen. Frankenthal wurde in diesen Jahren als vorindustrielles Zentrum des Manufaktur- und Fabrikwesens und vor allem als Zentrum der Porzellanmanufaktur ausgebaut. Unternehmungen wie der Bau von Hospitälern, die Einrichtung von Schulen und die Verbesserung des Schulunterrichts zielten auf Fortschritte in der Lage der Bevölkerung. In der Sylvesternacht des Jahres 1777 erhielt Carl Theodor die Nachricht vom Tod des bayerischen Kurfürsten Maximilian III. Joseph. Durch alte Familienverträge geregelt, erbte Carl Theodor Bayern, musste damit aber seine Residenz nach München verlegen, was mit einem großen Bedeutungsverlust für Mannheim und die Kurpfalz einherging. Carl Theodor starb am 16. Februar 1799 in München.

Reiss-Engelhorn-Museen 10

Tel. 0621 293 31 50, www.reiss-engelhorn-museen.de, Di–So 11–18 Uhr
Vorbei an der historischen **Sternwarte 8**, in deren hübschem Bauwerk heute Künstlerateliers untergebracht sind, führt der Weg vom Schloss aus mit wenigen Schritten zum **Zeughaus 9** und zu den **Reiss-Engelhorn-Museen 10**. Deren Bestand gründet sich auf die kurfürstliche Sammlung des 18. Jh. und ist über folgende vier Häuser verteilt: das **Museum Weltkulturen** (D5), das **Zeughaus** (C5), das **Museum Schillerhaus 11** (B5,7) sowie ein auf Forschung ausgerichtetes **Zentrum für Kunst und Kulturgeschichte** (C4). Besonders beeindruckend ist das **Zeughaus,** das sich unter anderem der Mannheimer Stadtgeschichte widmet (s. u. Unser Tipp). Nach dreijähriger, historisch orientierter Sanierung wurde das Haus 2007 als ein Highlight des Festjahres »400 Jahre Stadt Mannheim« wiedereröffnet.

Paradeplatz und Marktplatz

Über die Planken ist man von hier aus in wenigen Minuten am Paradeplatz. Auf diesem kurzen Weg bieten sich das

Unser Tipp

Ein Juwel – das Zeughaus 9

Anfang 2007 wurde der letzte erhaltene Monumentalbau der Kurfürstenzeit nach mehrjähriger Sanierung wiedereröffnet (s. Abb. S. 73). 1777/78 von Peter Anton von Verschaffelt errichtet, zeigt sich das imposante Bauwerk heute im Innern mit modernster Museumstechnik und neuem Ausstellungskonzept. Das Stammhaus der Reiss-Engelhorn Museen präsentiert auf 6000 m^2 Ausstellungsfläche u. a. die Stadtgeschichte, eine Antikensammlung, ein Forum internationaler Fotografie sowie Kunst- und Kulturgeschichte, die Sammlungen der Kurfürsten einschließen. Zur Wiedereröffnung realisierte die Künstlerin Elisabeth Brockmann an der Fassade eines der größten Lichtkunstwerke Europas. Die Dauerinstallation LUX ist in die Fensternischen der über 1000 Quadratmeter großen Barockfassade eingebettet (C5, Tel. 0621 293 31 50, www.reiss-engelhorn-museen.de, Di–So 11–18 Uhr).

Lieblingsort

Das Sackträger-Denkmal im Jungbusch

Der kleine Platz, an dem die Böckstraße auf die Beilstraße trifft, hat zwar keinen Namen, aber dafür an frühen Sommerabenden viel Atmosphäre. Familien italienischer Herkunft lassen sich den Kaffee aus dem Fenster ihrer Wohnungen reichen und genießen das Leben unter einem Sonnenschirm. Zehn Meter weiter unterhalten sich in Tuch verhüllte Frauen. Kinder toben auf dem Spielgerät des Platzes, keines davon ist blond. Und am Rande erinnert die kleine Statue eines Sackträgers an die Zeit, als es ein Beruf war, Schiffe am Rhein zu entladen und die Ladung auf dem Rücken zu den Neckarschiffen zu tragen. Hier lebt das Mannheim der kleinen Leute, die die Straßen und Plätze als ›Wohnzimmer‹ nutzen.

Das Zentrum der historischen Kurpfalz

Café Prag 9 und das **Café Herrdegen** 11 für eine kleine Stärkung an. Ersteres zieht ein eher jüngeres Publikum an, beim Herrdegen handelt es sich um ein klassisches Konditoreicafé, dem die Erfindung des ›Mannheimer Dreck‹, einer Schokoladenspezialität, zugeschrieben wird. Der Paradeplatz dient lange schon als zentraler Treffpunkt und ist Schnittstelle der meisten städtischen Bus- und Bahnlinien. Das **Stadthaus** am Platz wurde 1991 eröffnet und bezieht sich in seiner Architektur auf ein Kaufhaus aus dem 18. Jh., das im Zweiten Weltkrieg zerstört wurde. Ganz oben bietet das **Turmcafé Stars** 7 einen fantastischen Blick über die Stadt und eine Auswahl von über 130 Cocktails.

In den anderen Etagen sind Veranstaltungsräume und Teile der Stadtbibliothek untergebracht. Und im Erdgeschoss ist eine 3000 m² große Verkaufsebene eingerichtet. Wenn moderne Großstadtkaufhäuser als ›Kathedralen der Neuzeit‹ bezeichnet werden, dann darf das 2007 von **Peek & Cloppenburg** eröffnete **Weltstadthaus** 7 auch ausnahmsweise mal als Sehenswürdigkeit durchgehen. Mode auf 12500 m², umhüllt von einer auf Transparenz zielenden Architektur, für die der amerikanische Stararchitekt Richard Meier verantwortlich zeichnet. Ein Abstecher vom Paradeplatz zum Quadrat O3 ist dieses Gebäude allemal wert. Die Breite Straße führt vom Paradeplatz zur Kurpfalzbrücke. Dieser Boulevard wurde 1979 zur Fußgängerzone umgestaltet. Den Planken kam diese Ehre bereits vier Jahre früher anlässlich der Bundesgartenschau von 1975 zu.

Auf dem **Marktplatz** 12 wird dienstags, donnerstags und samstags ein malerischer **Wochenmarkt** 4 abgehalten. Zentraler Punkt ist der barocke **Brunnen,** dessen Figurengruppe eine Allegorie auf die Handels- und Fluss-Stadt Mannheim darstellt: Der Handelsgott Merkur hält seine Hand schützend über die Stadtgöttin Mannheimia. Zu ihren Füßen sitzen die Flussgötter Rhein und Neckar. An der Südseite des Platzes bilden das **Alte Rathaus** und die angebaute Untere Pfarrkirche St. Sebastian, 1700–23 erbaut, das älteste erhaltene Ensemble der Kurfürstenzeit.

Jungbusch, Neckarstadt

Noch im 19. Jh. ein blühendes Hafenviertel mit Konsulaten, Handelsvertretungen und noblen Wohnhäusern, sank die Bedeutung des Jungbuschs proportional mit der Entwicklung von Schiene und Straße als neuen Transportwegen. Mit dem Ausbau der modernen Verkehrswege war die Lage dieses Stadtteils im Mündungsbereich von Neckar und Rhein nicht mehr von Vorteil. Der Wegzug gut betuchter Schichten führte zu einem Leerstand, der mit der Anwerbung ausländischer Arbeitskräfte in den 1960er-Jahren aufgefüllt wurde. Reste der traditionellen Hafenprostitution, türkisch und italienisches Sprachgewirr in den Bars, ein paar Gemüsehändler, baulicher Zerfall ... – so die Situation in den 1970er-Jahren. In den späten 1980er-Jahren kamen ein paar Künstler, Studenten und der Subkultur zugewandte Jungunternehmer in das Viertel. Die Einrichtung der **Popakademie** am Verbindungskanal gab dem Viertel im Jahr 2003 einen wichtigen Entwicklungsimpuls. Seither gilt es als schick, die Innenstadtquadrate mittags für einen kurzen Pausensnack im Jungbusch zu verlassen und abends im **Strandgut** Cocktails zu schlürfen. An der Grenze zwischen den Quadraten (H7) und dem Jungbusch lohnt ein Blick in die Sultan-Selim-Moschee, die mit ihrem weithin sichtbaren Minarett zu den größten und

Mannheim

schönsten Moscheen in Deutschland zählt (s. S. 126). Nach einem Streifzug durch den Jungbusch bietet es sich an, dem Luisenring bis zur Kurpfalzbrücke zu folgen und den Neckar zu überqueren, um im Stadtteil **Neckarstadt** der **Alten Feuerwache** 6 einen Besuch abzustatten. Die neobarocke ehemalige Fahrzeughalle gehört zusammen mit dem **Capitol** 5 (s. u. Unser Tipp) zu den beliebtesten Veranstaltungsorten für junge Kultur und Musik. Im Café der Alten Feuerwache, es heißt afm, lassen sich die Veranstaltungsprogramme direkt vor Ort studieren (Brückenstr. 2, www.altefeuerwache.com).

Oststadt und Luisenpark

Keine fünf Minuten Fußweg vom Friedrichsplatz entfernt steht der repräsentativste Sakralbau der Stadt.

Christuskirche 15
Werderplatz 15, www.christuskirche mannheim.de
Die 1911 eingeweihte Kirche gefällt vor allem wegen ihrer ausgewogenen Proportionen. Sie strahlt in ihrer Schönheit eher Bescheidenheit als Kirchenmacht aus. Und ein Besuch der regelmäßig hier stattfindenden Konzerte gehört sicher zu den ganz besonderen Erlebnissen eines jeden Aufenthalts in Mannheim.

Nationaltheater Mannheim 2
Goetheplatz, Kartentelefon 0621 168 01 50, www.nationaltheater-mann heim.de
Einen Steinwurf entfernt am Goetheplatz steht seit 1957 das Nationaltheater. Das in der gesamten Region beliebte Haus zählt zu den weltweit größten und bedeutendsten Vierspartenhäusern. Es hat seine Wurzeln in der kulturellen Blütezeit der kurfürstlichen Residenz des 18. Jh. Das Theater ist auch ein guter Ort, um auf die ›Mannheimer Schule‹ hinzuweisen. Damit wird ein Musikerkreis bezeichnet, der in der Regierungszeit Carl Theodors in Mannheim 1743–77 europaweit Bedeutung erlangte. Johann Anton Wenzel Stamitz gilt als Begründer der Mannheimer Schule, unter der man zunächst eine Violin- und Orchesterschule, dann aber auch eine Kompositionsschule verstand, die die barocken Formen der Musiksprache überwand.

Luisenpark 16
Eingänge: Friedensplatz, Fichtestr., Ludwig-Ratzel-Str. und Fernmeldeturm; www.luisenpark.de, tgl. ab 9 Uhr bis Eintritt der Dämmerung
Ein Spaziergang durch die Oststadt macht ein wenig mit der Bau- und Lebensweise des gehobenen Bürgertums des späten 19. Jh. vertraut. Lohnendes Ziel eines solchen Spaziergangs ist der Luisenpark. Als großer Landschaftspark gehört er zum Schönsten, was Mannheim seinen Gästen zu bieten hat.

Unser Tipp

Stimmungsvoll durch die Nacht – das Capitol 5
Das 1927 erbaute Lichtspielhaus mit schönem Kuppeldach ist inzwischen ein Veranstaltungsort von Rang. Bei Kleinkunst und Livemusik finden hier 700 Gäste in rotem Sesseln Platz (unbestuhlt 1200). So mancher Star ist hier groß geworden, wovon etwa Xavier Naidoo ein Lied zu singen weiß. Die Atmosphäre hat viel von den klassischen Revuepalästen in Paris (Waldhofstr. 2, Tel. 0621 336 73 33, www.capitol-mannheim.de).

Das Zentrum der historischen Kurpfalz

Neben den vielfältigen Landschafts- und Stimmungseindrücken, die sich hier sammeln lassen, gibt es in dem Park auch eine Reihe überdachter Sehenswürdigkeiten – ein Park für alle, die Ruhe suchen, am Morgen oder frühen Abend als Jogger ihre Runden drehen, für Kinder, die sich gerne austoben, für die Bewunderer von Pflanzen und Tieren. Als eines der ersten Firmengelände von der BASF verkauft, wurde der Park zwischen 1892 und 1903 angelegt und im Zuge der Bundesgartenschau von 1975 erheblich erweitert. An der Neckarseite ist der 205 m hohe **Fernmeldeturm** 17 als eines der neueren Wahrzeichen Mannheims schon von Weitem zu erkennen. Im Aussichtsgeschoss des Turms kann man aus 121 m Höhe einen Blick auf die Stadt werfen. Wer einen Rundblick zusammen mit einem Snack genießen möchte, steigt beim Drehrestaurant **Skyline** 4 aus dem Lift (s. Unser Tipp S. 140).

Nach einer Bootsfahrt auf dem Kutzenweiher warten das Pinguingehege und das benachbarte Jungtierhaus. Vor den Seerosenterrassen präsentieren sich fünf Wasserbecken auf über 2000 m^2 am schönsten im Juni und Juli, wenn die Seerosen in unzähligen Farben und Sorten erblühen. Das Storchennest-TV zeigt mit Hilfe einer am Nest installierten Kamera, wie Störche ihre Jungen füttern. Zu den neueren Attraktionen des Parks zählt auch der Chinesische Garten mit Teehaus. Die Anlage wurde von Experten aus China geplant und errichtet. Nach dem Genuss eines Tees bringt einen die Duojing-Elektrobahn bequem zum Ausgangspunkt am Fernmeldeturm zurück.

Technoseum 18
Museumsstr. 1, Tel. 0621 429 89, www.technoseum.de, tgl. 9–17 Uhr
Wer den Luisenpark am Friedensplatz verlässt, muss nur noch die Straße überqueren, um vor dem Eingang des Technoseums zu stehen. 1990 eröffnet und 1992 von der UNESCO als Europäisches Museum des Jahres ausgezeichnet, wurde das Landesmuseum für Technik und Arbeit jüngst einer umfangreichen Renovierung und inhaltlichen Neugliederung unterzogen. Nach diesem Relaunch eröffnete es im Januar 2010 unter dem neuen Namen Technoseum. Das großzügig dimensionierte Ausstellungshaus zeigt auf mehreren Stockwerken und 8000 m^2 eine große Schau der Technikgeschichte, die bis zum derzeit vieldiskutierten Thema der Bionik reicht. Große Bereiche für ein interaktives Erleben technisch-physikalischer Zusammenhänge machen das Museum auch für Kinder und Jugendliche zu einem Erlebnis.

Planetarium 19
Wilhelm-Varnholdt-Allee 1, Europaplatz, Tel. 0621 41 56 92, www.planetarium-mannheim.de, wechselnde Öffnungszeiten, Mo geschl.
Vom Museum aus blickt man auf das vis-à-vis gelegene Planetarium. Anders als in einer Sternwarte braucht man hier für eine Sternenschau nicht auf gutes Wetter zu warten. Die Himmelskörper werden von einem Hightech-Projektor naturgetreu auf eine Kuppel mit einem Durchmesser von 20 m projiziert.

Übernachten

Bei den angegeben Preisen ist zu berücksichtigen, dass viele Mannheimer Hotels ihre Preise an den Wochenenden deutlich senken.

›Gut Stubb‹ – **Steigenberger Mannheimer Hof** 1: Augustaanlage 4–8, Tel. 0621 400 50, www.mannheim.steigenberger.de. DZ ab ca 120 € ohne Frühstück. Größere Preisschwankungen

durch Spezialangebote. Das noble Haus am Wasserturm ist den Mannheimern ein Wahrzeichen für den wirtschaftlichen Wiederaufbau nach dem Zweiten Weltkrieg. Der Komfort bleibt angenehm diskret und wirkt nicht pompös, was den populären Beinamen der ›guten Stubb‹ nachvollziehbar macht.

Mitten drin – **Mercure Mannheim** 2: F7, 5–13, Tel. 0621 33 69 90, www.mercure.com. DZ ab 115 € ohne Frühstück. 1 Kind bis 16 J. im Zimmer der Eltern kostenlos. Im Zentrum gelegen, sind es von dem komfortablen Haus aus zu den Museen und anderen Sehenswürdigkeiten nur ein paar Schritte.

Liebling der Schauspieler – **Hotel Mack** 3: Mozartstr. 14, Tel. 0621 124 20, www.hotelmack.de. DZ ab 105 €, Wochenende ab 87 € inkl. Frühstück. Familiengeführtes Hotel in einem schönen Jugendstilbau in der Nähe des Nationaltheaters. Hier nächtigen Schauspieler und Gäste des Theaters.

Direkt am Rhein – **Jugendherberge** 4: Rheinpromenade 21, Tel. 0621 82 27 18, www.jugendherberge-mannheim.de. Preise pro Person inkl. Bettwäsche und Frühstück: erste Nacht bis 26 Jahre 18,30 €, ab 27 Jahre 21,30 €, jede weitere Nacht 15,10 (18,10) €. Die an der Rheinpromenade gelegene Herberge wird derzeit (bis 2013) umfangreich saniert, erweitert und mit mehr Komfort ausgestattet. Sie bleibt während der Bauarbeiten aber in Betrieb.

Wie bei Muttern – **Gasthof Goldene Gans** 5: Ecke Tattersallstr. 19/Bismarckplatz, Tel. 0621 42 20 20. www.gasthaus-goldenegans.de, DZ ab 70 €, inkl. Frühstück. Traditionelles Gasthaus in zentraler Lage. In der Weinstube gibt es regionale Gerichte, die aus dem Kochbuch einer Genießerin kommen. Freundlich, familiär und gepflegt.

Die SAP-Arena ist eine der größten und modernsten Veranstaltungshallen in Europa

Das Zentrum der historischen Kurpfalz

Restaurant Skyline 4
Hier führen viele Mannheimer ihre Besucher gerne hin: Das Restaurant im Fernmeldeturm bietet in 125 m Höhe einen grandiosen Rundblick. Dafür sorgt eine Drehplattform, die sich in einer Stunde einmal um die eigene Achse dreht. Damit einem nicht schwindelig wird, empfiehlt es sich, vom Angebot der guten Küche Gebrauch zu machen (Hans Reschke Ufer 2, Tel. 0621 41 92 90, www.restaurant-skyline-mannheim.de, tgl. 10–24 Uhr. Küche 11.30–14 und 18–22 Uhr. Hauptgerichte ab ca. 20 €).

Ländlich – **Zum Ochsen:** Hauptstr. 70, Mannheim Feudenheim, Tel. 0621 79 95 50, www.ochsen-mannheim.de, DZ 98 € inkl. Frühstück. Das älteste Gasthaus Mannheims liegt etwa zehn Fahrminuten von der Innenstadt entfernt und präsentiert sich heute mit gemütlichem Stubenrestaurant und feiner Küche als empfehlenswerte Option.

Essen & Trinken

Augezeichnete Gourmet-Restaurants verbinden sich in Mannheim seit vielen Jahren auch mit Namen wie **Dobler's** (www.doblers.de) oder **Da Gianni** (www.da-gianni.de).
Experimentalküche – **Amesa** 1 : Flosswörthstr. 38 (Neckarau), Tel. 0621 854 74 96, www.a-mesa.de, Di–Sa ab 18.30 Uhr. Hauptgerichte ab ca. 40 €. Im Sommer 2009 ist die kreative Experimentalküche in Mannheim mit einem Paukenschlag gelandet. Nicht molekular, sondern kreativ in der Interpretation von Traditionsgerichten. So will Sternekoch Juan Amador seine Küche verstanden wissen. Er ließ sich eine alte Fabrik in ein Nobelrestaurant umbauen und füllte es mit vielen Gästen.
Fisch als Muss – **Grissini** 2 : M 3,6, Tel. 0621 156 57 24, www.ristorante-grissini.de, Mo–Fr ab 12, Sa ab 18.30, So geschl. Hauptgerichte ab ca. 25 €. Ein kleines Restaurant mit großer Küche, in der vor allem die Fischgerichte viel Freude machen. Das Ambiente ist intim-nobel, ohne aufdringlich oder steif zu sein.
Mein Favorit – **Alchimia** 3 : G 7, 7, Tel. 06 21 149 63, www.alchimia.de. Di–Sa 18–23 Uhr, So, Fei, Mo geschl. Hauptgerichte ab ca. 24 €. Romantische und entspannte Atmosphäre, eine große Küchenkünstlerin bringt leichte und sehr delikate Gerichte auf die Teller.
Ein Stück Sardinien – **Osteria Limoni** 5 : Schimperstr. 16 (Neckarstadt), Tel. 0621 345 03, www.osteria-limoni.de, Di–Fr 12–14, 18–23 Uhr, Sa 18–23 Uhr, Mo geschl. Tellergerichte ab 10 €, Drei- bzw. Viergang-Menüs 27 bzw. 35 €. Wenn es eine authentische italienische Küchenkultur mit entsprechendem Osteria-Ambiente sein soll, dann fühlt man sich hier wohl.
Lässiges Wirtshaus – **Uhland** 6 : Uhlandstr. 19 (Neckarstadt), Tel. 0621 342 57, www.wirtshaus-uhland.de, Mo–Fr 15–1, Sa u. So 10.30–1 Uhr. Tellergerichte ca. 10 €, sonntags Brunch 13 €. Seit vielen Jahren ein unprätentiöser Treffpunkt zum Plauschen und gut satt werden. Ein Wirtshaus als großes Wohnzimmer.
Le Flair français – **Bernstein** 7 : Seckenheimer Str. 58 (Schwetzinger Vorstadt), Tel. 0621 494 91 59, www.brasseriebernstein.net, Mo–Do 9–24, Fr, Sa 9–1, So 10–24 Uhr. Tellergerichte ab ca. 12 €. Alles französisch: die Atmosphäre, das große Speiseangebot, die ausgelegten Zeitungen und die Art, das Leben zu genießen.

Mannheim: Adressen

Naturkost vom Feinsten – **Heller's 8**: s. Unser Tipp S. 130

Kaffeehaustradition – **Café Prag 9**: E 4, 17, Tel. 0621 178 77 24, www.cafeprag.de. Mo–Fr 8.30–20, Sa 10–19, So 11–18 Uhr. An Jazz-Abenden bleibt das Café länger geöffnet. Schöner Raum im Kaffeehaus-Stil der 1920er-Jahre.

Schwulentreff – **Café Flo 10**: Friedrichsplatz 15, Tel. 0621 418 20 83, Mo–Do 9–1, Fr, Sa 9–2, So 15 –24 Uhr. Ein Ort des guten Geschmacks, der Lebensfreude und lockeren Toleranz. Hier treffen sich Schwule, Lesben, Schwarze, Gelbe, Blasse und Braune. Neben Kaffee und Kuchen gibt es auch leckere Kleingerichte. Für die hübsche Dekoration sorgt der Nachbar Jürgen Tekath, der den wohl schönsten Blumenladen (s. u.) der gesamten Region besitzt.

Mannemer Dreck – **Cafe Herrdegen 11**: E2, 8, Tel. 0621 201 85, Mo–Fr 8.30–18, Sa 8–17.30 Uhr, So, Fei geschlossen. Die Familie Herrdegen steht schon seit mehreren Generationen für süßen Genuss. Berühmt ist das hier kreierte Backwerk des ›Mannemer Drecks‹, eine auf Oblaten gebackene Schokoladenspezialität, die seit langem den Rang des wichtigsten Souvenirs aus Mannheim innehat.

Einkaufen

Süßes Selbstgemacht – **Chocolaterie Stoffel 1**: O7, 9 (Heinrich-Vetter-Passage). Mo–Fr 10–19, Sa 9–18 Uhr. Familienbetrieb mit großer Auswahl an Schokoladenprodukten.

Süßes selbst machen – **Dessert Werkstatt 2**: N3, 3. Mo–Fr 10–19, Sa 10–18 Uhr. Alles, was man zum Herstellen leckerer Desserts an Geräten und Materialien braucht, in familiengerechten Verkaufsmengen.

Feinkost wie im Schlaraffenland – **Südlandhaus 3**: P3, 8–9. Mo–Fr 9.30–19, Sa 9–17 Uhr. 30 000 Feinkostprodukte bis unter die Zimmerdecke gepackt – unbedingt sehenswert!

Malerisch – **Wochenmarkt 4** auf dem Marktplatz: G1, Di, Do 7–13.30, Sa bis 15 Uhr. Unter den großen Marktschirmen erlebt man nicht nur den Augenschmaus der feilgebotenen Früchte und Gemüse, sondern auch den herzhaften Kurpfälzer Dialekt in Reinkultur.

Qualitätsware – **Engelhorn Mode 5**: O5. Mo–Sa 10–20 Uhr. Große Auswahl an bekannten Modelabels.

Ein Sportpalast – **Engelhorn Sports 6**: N5, 7, Mo–Sa 10–20 Uhr, www.engelhorn.de/sport. Der Mannheimer Sportpalast, in dem es an Sportartikeln und -kleidung nichts gibt, was es nicht gibt, s. auch S. 131.

Weltstadthaus – **Peek & Cloppenburg 7**: O3, Mo–Sa 10–20 Uhr. Die Architektur von Richard Meier glänzt seit 2007 als Kathedrale der Modewelt und nennt sich ›Weltstadthaus‹, s. S. 136.

Mode-Designerin – **OPQ Regine Maier 8**: Q5, 24. Di–Fr 11–19, Sa 11–16 Uhr. Eine Modedesignern, die zeigt, dass auch kleine Läden gut leben können. Andere Boutiquen in der Nähe: **Coccon Fashion** (Q5, 4), **Freudenhaus** (Q5, 2), **Boutique Verdi** (Q2, 4) und **Sabotage Store** (Q7, 28).

Möbel vom Feinsten – **Reuter + Schmidt 9**: N 6, 3–7, www.sur.de, Mo–Fr 10–19, Sa 10–18 Uhr. Hier kann man sich frische und extravagante Ideen zu Möblierung und Inneneinrichtung holen.

Blütenmeer – **Blumenhaus Jürgen Tekath 10**: Friedrichsplatz 15. Mo–Fr 9–13.30, 15– 18.30, Sa 9–14 Uhr. Es ist sicher ungewöhnlich, sich als Gast in einer fremden Stadt Blumen zu kaufen – diesen Laden sollte man allerdings gesehen haben.

Kunstgalerien – Sieben Galerien der Stadt haben sich zusammengeschlossen, um mit gemeinsamen Aktionen ein größeres Publikum anzusprechen: www.galerienverband-mannheim.de.

141

Das Zentrum der historischen Kurpfalz

Aktiv & Kreativ

Spannend – **Mannheimer Stadtführungen e. V.:** Tel. 06322 684 34, www.mannheimerstadtfuehrungen.de. Regelmäßige Stadtführungen im Sinne von allgemeinen Rundgängen werden von der Touristeninformation nur für Gruppen angeboten. Diese Angebotslücke schließt seit 1992 der Mannheimer Stadtführungen e. V. Das komplette Programm der thematisch gestalteten, ca. zweistündigen Führungen liegt in vielen Museen aus. Es ist auch auf der Website nachzulesen.

Türkisches Bad – **Saray Hamman 2**: Freiberger Ring 8 (Vogelstang), Tel. 0621 714 16 12, www.sarayhamam.de, Mo–Fr 12–21, Sa u. So 10–21 Uhr. Ein original türkisches Bad mit weißem Marmor und osmanischen Kacheln. Man kann sich hier mit Seifenmassagen, Peeling, Duftölen, Tee, Früchtetellern und Sekt verwöhnen lassen.

Unser Tipp

Stilvoll Schwimmen im Herschelbad 1
1920 als eines der größten überdachten Volksbäder in Deutschland eröffnet, hat dieses feine Jugendstilbad bis heute überlebt, was angesichts notwendiger Instandhaltungs- und Erneuerungsarbeiten schwer war und ist. Dass sich diese Anstrengungen lohnen, sieht jeder, der das Hallenbad besucht (U3, 1, Tel. 0621 293 71 61, www.herschelbadmannheim.de, Mo 13–21, Di 6.15–21, Mi 6.15–20, Do, Fr 8–22, Sa 8–18, So 9–18 Uhr. Dienstags und mittwochs ist das Bad für Senioren reserviert).

Joggen – **Luisenpark:** Der große Stadtpark wird auch von Joggern gerne genutzt, auch wenn der Eintritt Geld kostet, Näheres zu diesem Park s. S. 137.

Fitness-Studios – Es gibt in Mannheim ca. 20 Fitness-Studios, teils für beide Geschlechter, teils nur für Frauen. Eine gute Übersicht bietet www.fitnesswelt.de.

Abends & Nachts

Große Konzerte – **Rosengarten 1**: s. S. 143, Veranstaltungen

Größtes Vierspartenhaus – **Nationaltheater 2**: Goetheplatz, Tel. 0621 168 01 50, www.nationaltheater.de. Als größtes und ältestes kommunales Vierspartenhaus weltweit blickt das Theater im Jahr 2010 auf 231 Jahre Geschichte zurück. Schauspiel, Oper, Ballett und Kinder-/Jugendtheater bieten tatsächlich für jeden etwas, s. S. 137.

Kleinkunst 1 – **Klapsmühl' 3**: D 6,3. Tel. 0621 224 88, www.Klapsmuehl.de. Das Theater wird an ca. 240 Tagen im Jahr bespielt und zählt zu den besten deutschen Kabarett-Bühnen.

Kleinkunst 2 – **Schatzkistl 4**: Augustaanlage 4–8, im Hotel Steigenberger Mannheimer Hof, Ticket-Tel. 0621 101 01, www.schatzkistl.de. Ein Programm-Klassiker ist z. B. »Dinner for one … wie alles begann«.

Livemusik und Kleinkunst – **Capitol 5**: Waldhofstr. 2 (Neckarstadt), Tel. 0621 336 73 33, www.capitol-mannheim.de. Diese zauberhafte Mischung aus Musik, Show und Varieté hat ihr Zuhause in einem alten Filmpalast. Hier fühlt man sich wie in Paris, s. Tipp S. 137.

Jazz & Co. – **Alte Feuerwache 6**: Brückenstr. 2, Tel. 0621 293 92 81, www.altefeuerwache.com. Seit den 1980er-Jahren gehört das alte Feuerwehrhaus zu den wichtigsten Zielen für Musikliebhaber aus der ganzen Region, auch Ausstellungen, Partys und Lesungen.

Mannheim: Adressen

Hochsitz – **Turmcafé Stars** 7: N1 (Stadthaus). Tel. 0621 21600, www.turmcafe-stars.de, So–Do 14–1, Fr, Sa 14–3 Uhr. Die Cocktailbar im hohen Turm des Stadthauses bietet 130 Cocktails und in puncto Ausblick das Zehnfache an Häuserdächern.

Treff am Wasserturm – **Vinebar Lutter & Wegner** 8: Friedrichsplatz 14, Tel. 0621 40 04 29 33, www.lutter-wegner-mannheim.de, tgl. 17–1 Uhr. Der eindrucksvoll großen Auswahl an Weinen steht diejenige an Gesichtern nicht nach. Ein beliebter Abendtreff.

Partyplatz – **Miljöö** 9: U1, 23. Tel. 0621 178 52 17, www.miljoeoe-mannheim.de, Mo 20–2, Do, Fr, Sa 20–3 Uhr. Vor allem von Studenten gerne besucht, gemischte Partymusik.

Infos & Termine

Touristeninformation

Willy-Brandt-Platz 3, Innenstadt, gegenüber vom Hauptbahnhof. Tel. 0621 293 87 00, www.tourist-mannheim.de, Mo–Fr 9–19, Sa 10–13 Uhr. Infos zu ÖPNV, Hotelsuche, Freizeittipps sowie Verkauf der Mannheim Card (1 Tag 8,50 €, 3 Tage 13,50 €), mit der sich viele Preisvorteile für Museen und Veranstaltungsorte verbinden.

Verkehr

Straßenbahnen verkehren auf sieben Linien. Der Paradeplatz ist ein Knotenpunkt aller Linien. Tgl. von 6.30 – ca. 20 Uhr im 10-Min.-Takt, danach bis ca. 24 Uhr im 30-Min.-Takt. Die Linie 1 (Schönau–Innenstadt–Rheinau) fährt im Stundentakt die ganze Nacht durch.

Veranstaltungen

Orte für Großveranstaltungen

SAP-Arena: Von Eishockey über Handball bis zu großen Musikevents – all dies und mehr hat in der 2005 eingeweihten SAP-Arena einen imposanten Platz. Xaver-Fuhr-Str. 150, Tel. 0621 10 10 11, www.saparena.de.

Rosengarten: Der am Wasserturm gelegene Veranstaltungsort bietet vor allem für Konzerte einen großen Rahmen. Rosengartenplatz 2, Tel. 0621 410 60, www.mcon-mannheim.de.

Termine

Mitte März findet die **Lange Nacht der Museen** statt. Da dieser immer interessante Nachtwandel zeitgleich in Ludwigshafen und Mannheim veranstaltet wird, ist in der Museumsnacht die halbe Region auf den Beinen.

Zu den Großereignissen des Jahres gehört vor allem der **Maimarkt** als Deutschlands größte regionale Verbrauchermesse. Ab letztem Samstag im April für elf Tage, www.mmm-maimarkt-mannheim.de.

Das **Mannheimer Stadtfest** findet jeweils am letzten Wochenende im Mai statt – dann sind zwischen Wasserturm und Paradeplatz überall Musikbühnen aufgebaut.

Internationale Schillertage: Anfang Juni. Das einwöchige Klassikfestival des Nationaltheaters such die Verknüpfung von Klassik und Moderne und zeigt immer wieder aufs Neue die Aktualität von Schillers Themen.

Enjoy Jazz: Okt. bis Mitte Nov. ein hochkarätiges Jazz-Festival mit Spielorten in Heidelberg, Mannheim und Ludwigshafen. Dabei wartet Mannheim mit besonders schönen Spielstätten auf: z. B. Alte Feuerwache, Christuskirche, Café Prag, Schlosskirche, Universität im Schloss und Atlantiskino, www.enjoyjazz.de, s. S. 54.

Internationalen Filmfestival Mannheim-Heidelberg: Jährlich im November findet hier das nach der Berlinale zweitwichtigste Filmfestival in Deutschland statt. Ausführliche Informationen dazu s. S. 75.

Das Beste auf einen Blick

Ludwigshafen und Frankenthal

Auf Entdeckungstour

Im Ernst-Bloch-Zentrum in Ludwigshafen: Der große deutsche Philosoph des »Prinzips Hoffnung« wurde 1885 in der Chemiestadt geboren. In diesem »Wildwest am Rhein« verbrachte er Kindheit und Jugend. Die Dauerausstellung gibt fundierte Einblicke in Blochs Leben und Werk. S. 156

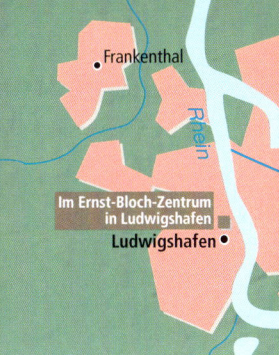

Im Ernst-Bloch-Zentrum in Ludwigshafen

Kultur & Sehenswertes

Wilhelm-Hack-Museum: Das Museum im Zentrum von Ludwigshafen beherbergt die bedeutendste Sammlung moderner Kunst in der Pfalz. S. 150

BASF-Kolonie: Die historischen Wohnbauten vor dem Werksgelände der BASF in Ludwigshafen verkörpern einen wichtigen Aspekt der Sozialgeschichte des 19. Jh. S. 152

Aktiv & Kreativ

Pfälzisch Lernen: Erste Lektionen dazu erteilen die Mundart-Stücke des Prinzregenten-Theaters und des Theaters Hemshofschachtel in Ludwigshafen. S. 159

Stadtsafari: Mit elektrisch betriebenen Segways fährt man lautlos durch Ludwigshafens Grünflächen. Segways sind so etwas Ähnliches wie Kinderroller, nur mit Motor. S. 159

Genießen & Atmosphäre

Parkinsel: ›Stadt-Land-Fluss‹ – alles in einem erlebt man bei einem Spaziergang über diese Insel im Rhein. Stimmungsvoll illuminiert zeigt sie sich beim Festival des deutschen Films. S. 147

Gesellschaftshaus der BASF: Das Haus und sein Restaurant repräsentieren ein Stück deutscher Wirtschaftsgeschichte. Eine hervorragende Küche macht diese Zeitreise sehr schmackhaft. S. 154

Adamslust: Man muss nicht erst im Paradies einen Apfel essen, um in Frankenthals Vorzeige-Restaurant vorzüglich zu speisen – ein bildschönes Lokal mit einem zauberhaften Gartenhof. S. 163

Abends & Nachts

Lounge-Bar Kulturm: Eine originelle Adresse in Ludwigshafen – aus einem Hochbunker wurde ein Wasserturm, und seit 2008 gibt es hier u. a. gute Cocktails und Kulturevents. S. 154

Industriekultur am Rhein

In den linksrheinischen Städten Ludwigshafen und Frankenthal wurde nie Hof gehalten, ihre Entstehungs- und Entwicklungsgeschichte ist eng mit vorindustrieller und industrieller Arbeit verbunden. Aus der Perspektive rechtsrheinischer Residenzstädte erscheint Ludwigshafen wie ein Schmuddelkind. Aber die als Industriestandort groß gewordene Stadt und ihre 167000 Einwohner haben gelernt, mit dem Etikett zu leben, das ihnen von dem Philosophen Ernst Bloch schon 1935 angeheftet wurde: »Drüben lag das Schachbrett der alten Residenz, heiter und freundlich gebaut … Ludwigshafen dagegen blieb der Fabrikschmutz, den man gezwungen hatte, Stadt zu werden«. Eine Generation später ist die Industrie zwar weiterhin eine dominante Größe, aber auf der Habenseite sind viele Facetten einer gewachsenen Lebensqualität dazu gekommen.

In Frankenthal wiederum lässt sich nachvollziehen, wie aus den Manufakturen für kurfürstliche Luxusgüter eine beschauliche Kleinstadt entstand.

Ludwigshafen ▶ E 3–4

Die Stadt zu entdecken ist alles andere als eintönig. Dabei erschließt sich der besondere Charme von ›Lu‹, wie die Bewohner ihre Stadt gleichermaßen mundfaul wie liebevoll nennen, erst auf den zweiten Blick. Zwischen nüchternen Hochhausfassaden und Hochstraßen trifft man auf lebensfrohe Menschen, die stolz auf das sind, was hier geschaffen wurde.

Die hoch gebauten Durchfahrtstraßen begann man in kluger Voraussicht schon 1956 zu errichten, um der wachsenden Lawine von Pendlern Herr zu werden. Sie legen sich der Stadt zwar schlangenförmig um den Hals, erlauben aber unten herum in der Innenstadt mehr Beschaulichkeit. Heute sind es ca. 60000 von 100000 Beschäftigten, die als Pendler kommen. Ihre Autos fallen im Straßenbild nicht auf. Dies ist den über 10000 roten BASF-Betriebsfahrrädern vorbehalten, die man an allen Ecken und Enden sieht. Jüngeren Datums sind die Grünzonen, mit denen der Stadtkern im Zuge großflächiger Sanierungsmaßnahmen aufgelockert wurde.

1937 war Ludwigshafen die am dichtesten besiedelte deutsche Stadt. Im Zweiten Weltkrieg wurden 80% der Innenstadt zerstört. Der Wiederaufbau und die Nachkriegsentwicklung der Industriebetriebe brachten viele aus-

Infobox

Reisekarte: ▶ D 3 – E 4

Touristeninformation
Ludwigshafen: Info-Center am Berliner Platz, Ludwigsstr. 6, Tel. 0621 51 20 35, www.lukom.com, Mo–Fr 9– 17, Sa 9–13 Uhr, 24.Dez. – 1. Jan geschl.
Frankenthal: Rathausplatz 2, Tel. 06233 890, www.frankenthal.de, Infoschalter im Rathaus.

Ausgehen
Eine gute Übersicht zum Veranstaltungs- und Ausgehangebot im Städtedreieck Ludwigshafen-Mannheim-Heidelberg gibt die Monatszeitschrift »meier«. Sie ist an jeder Tankstelle zu erhalten. Die entsprechende Internetadresse lautet www.meier-online.de

Ludwigshafen

ländische Arbeitskräfte nach Ludwigshafen. Sie schufen eine multikulturelle Szenerie, die viele Facetten an Lebenslust und Lebenslast offen zum Ausdruck bringt. Parallel zum erfolgreichen wirtschaftlichen Aufbau entwickelt sich in der Stadt seit den 1960er-Jahren ein breites Kulturangebot mit großstädtischem Spektrum.

Von der Parkinsel zur Walzmühle

Ursprung und Gründungsmotiv von Ludwigshafen geben sich schon im Namen der Stadt zu erkennen: Die Lage am Rhein und das vis-à-vis gelegene Mannheim legten die Entwicklung eines Hafens für linksrheinische Handelsgüter nah. Im 17. Jh. war das heutige Stadtgebiet des ›Mannheimer Rheinschanze‹ noch eine Festung. Nach den Revolutionskriegen und dem Zerbrechen der historischen Kurpfalz sprach der Wiener Kongress 1815 die linke Rheinseite Bayern zu. Die Rheinschanze selbst gehörte als Teil Bayerns bis 1843 einer einzigen Familie, die hier Handel trieb. In jenem Jahr kaufte der Bayerische Staat den Platz, unterteilte ihn in mehrere Parzellen und verkaufte ihn, mit Ausnahme des Hafens, weiter. Die Ansiedlung bekam dabei die königliche Erlaubnis, sich zu Ehren König Ludwig I. von Bayern ›Ludwigshafen‹ zu nennen. Voraussetzung für eine bauliche Ausweitung war die 1817 begonnene ›Rheinkorrektion‹ durch Johann Gottfried Tulla. Durch die damit einhergehende erhöhte Fließgeschwindigkeit des Flusses sank der Grundwasserspiegel ab, das Sumpfland trocknete und die zukünftige Stadt bekam festen Boden unter die Füße. Der Wechsel vom Handelsplatz zum Industriestandort vollzog sich schnell. 1859 erhielt Ludwigshafen die Stadtrechte.

Parkinsel 1

Von seiner schönsten Seite zeigt sich Ludwigshafen bei einem Spaziergang über die Parkinsel, die der Südstadt vorgelagert ist und im Jahr 1900 als Park angelegt wurde. Sehenswert ist der **Pegelturm** 2 an der Kammerschleuse im Süden der Insel, mit dem seit über 100 Jahren der Pegelstand des Rheins gemessen wird. 1968 erleichterte der Bau eines größeren Damms die teilweise Urbanisierung der Insel. So kann man hier die Villen der örtlichen Prominenz bestaunen oder einfach in dem Auwald unter Ulmen und Eschen spazieren gehen und den Blick von den Rheinschiffen zu den Grünspechten und Zaunkönigen schweifen lassen. Seit 2005 ist die Insel stimmungsvoller Spielort des Festivals des Deutschen Films (s. S. 75).

Über die Fußgängerbrücke im Norden erreicht man an der Rheinuferstraße flussaufwärts gleich das **Ostasieninstitut** 3. Der Ausbildungsort für Wirtschaftsstudenten mit den Studienschwerpunkten Ostasien, Japan und China sieht aus wie ein zu Stein gewordenes Schiff.

Walzmühle 4 und Ernst-Bloch-Zentrum 5

Die Fassade der historischen **Mühle** wurde nach Stilllegung der technischen Einrichtung im Jahr 1985 erhalten und saniert – ein Wahrzeichen von Ludwigshafen, das in direkter Sichtbeziehung zum Mannheimer Schloss steht. Im Innern ist jetzt ein Einkaufs- und Freizeitzentrum untergebracht.

In der Mitte der beiden Trakte, dem ehemaligen Verwaltungshaus der Walzmühle, hat das **Ernst-Bloch-Zentrum** seit November 2000 seinen Platz. Es dient als Studien-, Ausstellungs- und Tagungsort sowie zur Aufbewahrung des wissenschaftlichen Nachlasses des aus Ludwigshafen stammenden Philosophen (s. Entdeckungstour S. 156).

Ludwigshafen

Sehenswert
1. Parkinsel
2. Pegelturm
3. Ostasieninstitut
4. Walzmühle
5. Ernst-Bloch-Zentrum
6. Rheinuferpark
7. Berliner Platz
8. Bürgermeister-Ludwig-Reichert-Haus
9. Theater im Pfalzbau
10. Wilhelm-Hack-Museum
11. Staatsphilharmonie
12. Lutherturm
13. Stadtmuseum
14. Prinzregentenstraße
15. Prinzregenten-Theater
16. Hochbunker
17. Goerdelerplatz
18. BASF-Kolonie
19. BASF-Besucherzentrum
20. Ebertpark

Übernachten
1. Business-Hotel René Bohn
2. EuroHotel Excelsior

Essen & Trinken
1. BASF-Gesellschaftshaus
2. Restaurant Marly
3. Turmrestaurant
4. Maffenbeier
5. La Torre Da Angelo
6. Café Laul
7. Café König

Einkaufen
1. Rhein-Galerie
2. BASF-Weinkellerei
3. The American Shop
4. AIG Antik
5. Fashion House Lu
6. Kaffee-Rösterei Mohrbacher

Aktiv & Kreativ
1. Eisstadion

Abends & Nachts
1. Theater Hemshofschachtel
2. BASF-Feierabendhaus
3. Cocktailbar im Excelsior
4. Lounge-Bar Kulturm

Rheinufer und Innenstadt

Rhein-Galerie 1

Weiter nördlich gibt es am Rheinufer seit Oktober 2010 ein neues Shoppingcenter, dessen moderne Architektur einen weiteren Blickfang darstellt. Auf 30000 m² verteilen sich ca. 120 Geschäfte, die man nach Meinung der Betreiber ›einfach gesehen haben muss‹. Sagen wir mal, dass dies nur ein bisschen übertrieben ist, denn eindrucksvoll ist die Rhein-Galerie in der Tat.

Berliner Platz 7

Der neben dem Shopppingcenter gelegene **Rheinuferpark** 6 macht den Übergang in die Innenstadt zum Berliner Platz angenehm. Der Platz wurde beim Neubau des futuristisch anmutenden S-Bahn-Haltepunktes LU-Mitte im Jahr 2003 neu gestaltet und ist ein Knotenpunkt für Stadtbahnen und Busse. In seiner Mitte markiert eine kinetische Skulptur von George Rickey den hohen Stellenwert, den Kunst im öffentlichen Raum in Ludwigshafen genießt.

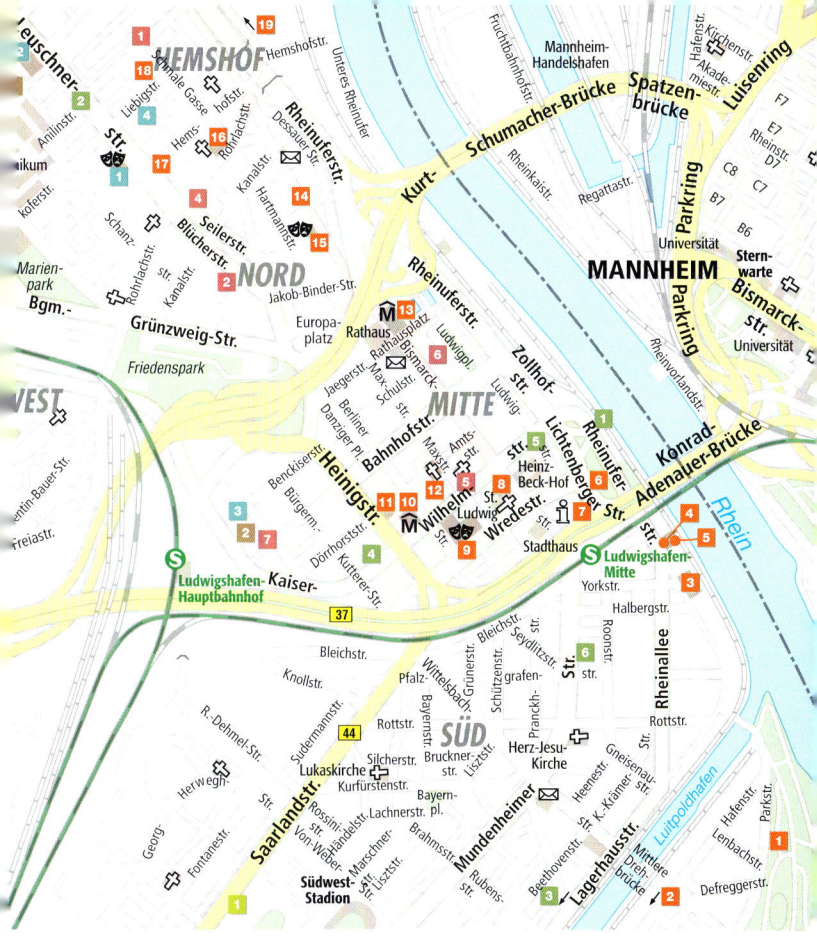

Bürgermeister-Ludwig-Reichert-Haus 8

Bismarckstr. 44–48, Tel. 0621 52 80 55, www.kunstverein-ludwigshafen.de, Di–Fr 12–18, Sa, So 11–18 Uhr

In unmittelbarer Nachbarschaft sind der **Kunstverein** und die **Stadtbibliothek** im Bürgermeister-Ludwig-Reichert-Haus untergebracht. In dessen großer Ausstellungshalle und im Programm des Kunstvereins ist die künstlerische Fotografie ein besonderer Schwerpunkt.

Theater im Pfalzbau 9

Berliner Str. 30, Tel. 0621 504 25 58, www.theater-im-pfalzbau.de

Auch der Theaterplatz mit dem Theater im Pfalzbau ist vom Berliner Platz nur einen Steinwurf entfernt. Ohne eigenes Ensemble, dafür aber als Spielort der internationalen Ballett- und Tanztheaterszene, hat sich das Haus unter Hansgünther Heyme (seit 2004 Intendant) einen großen Namen gemacht. Dazu tragen auch die Festspiele Ludwigshafen bei, die seit 2005 jähr-

Ludwigshafen und Frankenthal

Unser Tipp

Cocktails mit Fernblick
Im 17. Stockwerk des **EuroHotels Excelsior** 2 können sich nicht nur Hotelgäste einen sehr stimmungsvollen Überblick verschaffen. Die Hotelbar bietet eine große Cocktailkarte und eine grandiose Sicht auf die nächtliche Industriemetropole, den Rhein und das benachbarte Mannheim (Lorientallee 16, am Hauptbahnhof, Tel. 0621 598 50, tgl. ab 18–2 Uhr).

lich im Spätherbst stattfinden. Eine 2009 abgeschlossene Generalsanierung des 1960er-Jahre-Baus schuf neben nötigen Infrastrukturanpassungen mehr Transparenz und Großzügigkeit im Innenraum.

Wilhelm-Hack-Museum 10
Berliner Str. 23, Tel. 0621 504 30 45,
www.wilhelm-hack-museum.de,
Di, Mi, Fr 11–18, Do 11–20, Sa, So
10–18 Uhr; 7 €, erm. 5 €
Das gleich um die Ecke gelegene, 1979 eröffnete Wilhelm-Hack-Museum fällt schon von weitem durch die farbenfrohe Keramikwand auf, die mit 55 m Länge und 10 m Höhe als größtes Kunstwerk des katalanischen Künstlers Joan Miró gilt. Das Museum wurde nach einem Kölner Kunstsammler benannt, der 1973 seine umfangreiche Sammlung der Stadt Ludwigshafen stiftete. Sammlungsschwerpunkt ist die klassische Moderne (u. a. Robert Delaunay, Kandinsky, Kupka, Macke). Das wichtigste Museum der Pfalz für Kunst des 20. und 21. Jh. gehört zweifelsohne zu den kulturellen Hauptattraktionen der Rhein-Neckar-Region.

Deutsche Staatsphilharmonie Rheinland-Pfalz 11
Heinigstr. 40, Tel. 0621 599 09 50,
www.staatsphilharmonie.de
In der Heinigstraße, die parallel zur Berliner Straße verläuft, residiert die Deutsche Staatsphilharmonie Rheinland-Pfalz als führendes Sinfonieorchester, das sich mit einem großen Spektrum an Orchesterwerken präsentiert. Sehr beliebt ist die Kammer-Konzertreihe ›Sonntags um 5‹. Viele Ludwigshafener sehen darin einen schönen Ausklang des Wochenendes.

Lutherturm 12
Folgt man vom Wilhelm-Hack-Museum der kurzen Lutherstraße Richtung Rhein bis zur Maxstraße, gerät nach wenigen Schritten der Lutherturm ins Blickfeld. Der Turm, in dem heute ein italienisches Restaurant zu angenehmen Pausen einlädt, gehörte zur Lutherkirche, die 1945 im Krieg zerstört wurde. Rosenbeete bilden heute die Umrisse des Kirchenschiffes nach. Die hübsche Anlage mit dem Wasserspiel des Lutherbrunnens dient auch als Café-Terrasse.

Ein weiterer schöner ›Rastplatz‹ in der Stadtmitte ist das **Café Laul** 6 am Ludwigsplatz. Es residiert in einem Pavillonbau der 1950er-Jahre, dessen zeittypische Inneneinrichtung weitgehend erhalten werden konnte. Für abendliche Kulturveranstaltungen bietet das Café einen stimmungsvollen Rahmen.

Stadtmuseum 13
Rathausplatz 20, Tel. 0621 504 25 74,
Di 10–17, Do 10–19, So 13–17 Uhr;
Dauerausstellung Eintritt frei
Von hier aus ist es ein Katzensprung zum Stadtmuseum. Es hat seinen Platz im ›Rathaus-Center‹ und stellt neben der Stadtgeschichte auch archäologische Funde aus dem Stadtgebiet vor.

Das Wilhelm-Hack-Museum bietet fundierte Einblicke in die Kunst der Moderne

›Altstadt‹ – Spaziergang durch den Hemshof

Manche, die sich hier gut auskennen, vergleichen den Stadtteil Hemshof mit Klein-Chicago: schnell gewachsen, multikultiurell-sozialer Brennpunkt, große Kneipendichte. Der Sache lässt sich näher kommen, wenn man folgende Aussage akzeptiert: »Die BASF liegt nicht bei oder in Ludwigshafen, sondern Ludwigshafen liegt bei der BASF«.

1865 begann das Unternehmen hier mit der Produktion. Es war in Mannheim als ›Badische Anilin- und Soda-Fabrik‹ gegründet worden, konnte sich dort mit den Stadtoberen aber nicht über ein Betriebsgelände einigen und nahm deshalb seinen Produktionsstandort links des Rheins. ›Gründerzeit‹ bedeutete für Ludwigshafen den Aufbau von 16 chemischen und 14 Metall verarbeitenden Betrieben. Und die Ludwigshafener ›Altstadt‹ lässt sich so auch schnell als Vorhof des BASF-Werksgeländes erkennen, auf dem sich zwischen 1870 und 1910 ein großes Wohngebiet für Mitarbeiter des stark expandierenden Unternehmens entwickelte.

Ein Großteil des Gebiets wurde von der BASF ab 1872 als **Kolonie** mit mehr als 400 Wohnungen bebaut. Andere Teile des Quartiers wuchsen parallel dazu und wurden – wie in der Prinzregentenstraße – auch von gut betuchten Leuten bebaut, die etwa als Einzelhändler und Vermieter von dem rasanten Wachstum profitieren wollten.

Ludwigshafen und Frankenthal

Mit den ersten Anwerbungs- und Zuwanderungswellen italienischer und türkischer Arbeitskräfte schwoll der Hemshof in den 1960er-Jahren zu einem äußerst dicht besiedelten Wohngebiet an. Den Häusern fehlte es oft an Sanitäreinrichtungen, die Bausubstanz war marode, entsprechend niedrig die Mieten. 1968 gab es hier lediglich 573 Wohnungen mit Bad und Zentralheizung, bereits 1997 waren es bei etwa gleich gebliebener Einwohnerzahl 5399. Dazwischen lag eine der ersten und größten deutschen Flächensanierungen, deren Ergebnisse sich sehen lassen können, die 1970 begonnenen Gebäudesanierungen ebenso wie die Schließung von Baulücken durch Neubauten, aber auch die Schaffung neuer Grünzonen, Plätze und Freiräume durch bewussten Rückbau. Hinzu kamen Maßnahmen der Verkehrsberuhigung und neue infrastrukturelle Angebote. In dieser Weise auf Vordermann gebracht und mit allem Drum und Dran eines südländischen Straßenlebens versehen, zeigt sich der Hemshof heute als lebendigster Stadtteil Ludwigshafens. Geblieben sind der hohe Ausländeranteil (mehr als 40 %) und die Schieflage der Sozialstruktur. Es gilt als schick, hier für ein paar Stunden bummeln zu gehen, sich in den Bars, Biergärten, Kleintheatern und guten Restaurants blicken zu lassen, aber hier wohnen? Junge Familien mit Kindern haben den Hemshof verlassen, viele ältere Menschen jedoch, denen es im ›Grünen‹ zu langweilig ist, kommen hierher zurück.

Bei einem Spaziergang durch die **Prinzregentenstraße** 14 kann man sich kaum vorstellen, dass diese beschauliche Fußgängerzone bis in die 1980er-Jahre eine Hauptverkehrsachse war. Das **Prinzregenten-Theater** 15, das mit seinen Mundartstücken nahes und fernes Leben auf den Arm nimmt, hat hier unter der Hausnummer 45 seinen Platz. Richtung BASF zweigt von der Prinzregentenstraße die kleine Ganderhofstraße ab. Sie mündet in die Rohrlachstraße, an der nach wenigen Metern neben der Dreifaltigkeitskirche ein für Ludwigshafen typisches Kriegsdenkmal sichtbar wird: Der bunt bemalte **Hochbunker** 16 sieht auf den ersten Blick aus wie ein Wohnhaus, ist aber nichts anderes als einer von 30 hier verbliebenen Luftschutzbunkern aus dem Zweiten Weltkrieg, die wegen des relativ hohen Grundwasserspiegels als Hochbauten angelegt werden mussten. Sie dienen heute als Archive und Warenlager.

Auch der **Goerdelerplatz** 17 wurde im Zuge der Sanierungsmaßnahmen neu gestaltet – in Form von Märkten, abendlichen Treffs und Stadtteilfesten zeigt sich, dass deren Ziel, dem Platz wieder eine stärkere soziale Funktion zuzuordnen, erreicht werden konnte. Vis-à-vis an der Leuschnerstraße hat das beliebte **Theater Hemshofschachtel** 1 die Sanierung des Hemshofs im Stile eines frechen Boulevardtheaters begleitet. Vor und nach den Vorstellungen der beiden Theater trifft man sich in Cafébars wie dem Libresso oder im alten Biergarten des Maffenbeier, beide in der Rohrlachstraße. Mit dem Restaurant Marly in der Welserstraße ist es eine Hemshofer Adresse, die von Feinschmeckern der Stadt am meisten genannt wird, fragt man sie nach ihrem Lieblingsrestaurant.

BASF-Kolonie 18

Vom Goerdelerplatz aus führt die Rollesstraße in die zum Großteil noch bestehende historische BASF-Kolonie. Namen wie ›Anilinstraße‹ und ›Sodastraße‹ machen die Nähe zu dem großen Werk offensichtlich. Hier und in den parallel verlaufenden Straßen wurde ab 1872 ein wegweisendes Kon-

Ludwigshafen

zept des Werkswohnungsbaus realisiert. Alle Häuser der Kolonie sind freistehend, in vier separate Wohnungen aufgeteilt und mit vier Gartenstücken versehen. Bäder gab es darin zunächst nicht. Für Frauen und Kinder waren zentrale Gemeinschaftsbäder eingerichtet, die Väter duschten sich in der Fabrik.

BASF-Besucherzentrum 19
Mo–Fr, 9–17 Uhr, am ersten Sa im Monat (9–16 Uhr) Werkrundfahrten mit dem Chemobil; Eintritt frei; www.basf.de/besucherzentrum

Am Werktor 2 der BASF steht noch ein ehemaliges Arbeiter-Badehaus, das heute als Besucherzentrum des Unternehmens dient. Auf 2000 m² erfahren die Besucher im Rahmen einer multimedialen und interaktiven Reise Verblüffendes und Wissenswertes über die Welt der Chemie, die Geschichte der BASF und den Produktionsstandort Ludwigshafen.

Ein typisches Backsteinhaus im Hemshof

Ludwigshafen und Frankenthal

Lounge-Bar Kulturm [4]
Zuerst wurde einer der für Ludwigshafen typischen Hochbunker als Wasserturm in eine Höhe von 47 m gebracht. Seit 2008 beherbergt der Turm eine bunte Mischung aus Abendcafé, Ausstellungs- und Konzertraum, Lounge und Cocktailbar. Das mit viel Geschick und Geschmack eingerichtete Gebäude weist außer dem originellen Innenleben schöne Terrassen und ›Strandbereiche‹ auf – ein kleines Paradies mitten in der Stadt (Rollesstraße 12–14, Tel. 0621 545 51 88, www.kulturm.eu, Mi, Do, Fr, Sa 18–1 Uhr).

Etwas größer dimensionierte Häuser für Aufseher und Meister standen an den Straßenecken. Eines der ›Beamtenhäuser‹ der Direktoren und Chemiker, bei denen sogar Speiseaufzüge zur Ausstattung gehörten, ist heute noch im IV. Gartenweg unter der Hausnummer 12 zu sehen.

BASF-Gesellschaftshaus
Um gehobenes Speisen geht es seit mehr als hundert Jahren auch im nahen **Gesellschaftshaus der BASF** [1] in der Wöhlerstraße (s.S. 155). Das Haus mit den noblen Räumlichkeiten wurde im Jahr 1900 in Betrieb genommen, um die ›Beamten‹ der BASF standesgemäß zu bewirten. Heute ist die Speisekarte für alle da, die gerne gut essen. Und im großen Saal des Hauses finden auch Hochzeiten für diejenigen statt, die nicht mit der BASF verheiratet sind.

Ähnlich verhält es sich mit dem **BASF-Feierabendhaus** [2], das um die Ecke an der Leuschnerstraße liegt. Es wurde 1913 als Vereinshaus der BASF eingeweiht und ist seit 1924 Veranstaltungsort für Konzerte des Pfalzorchesters. Seit vielen Jahren gastieren hier weltberühmte Orchester und Solisten. 1936 wurde im Feierabendhaus erstmals ein vollständiges Konzert auf Tonband aufgenommen: Sir Thomas Beecham dirigierte die Londoner Philharmoniker – und ein Magnetband drehte seine konservierenden Kreise.

Ebertpark [20]

Einen stimmungsvollen Ausklang des Spaziergangs durch Ludwigshafen schenkt einem der Ebertpark. Der Weg dorthin ist von der BASF-Kolonie nicht sehr weit. Man kann sich aber auch am Goerderlerplatz in den Bus Nr. 70 setzen und an der Marienkirche in die Linie 71 umsteigen. Dann dauert es weniger als zehn Minuten, um zu den Liegewiesen, Kleintiergehegen und Minigolfplätzen des Parks bzw. zu dem duftend frischen Apfelkuchen zu kommen, den es hier samstagnachmittags im Turmrestaurant gibt.

Übernachten

4 Sterne – **Business-Hotel René Bohn** [1]: René-Bohn-Str. 4, Tel. 0621 609 91 00, www.wirtschaftsbetriebe.basf.de. DZ ab 160 € ohne Frühstück. Komfortables Haus, von der BASF organisiert. Bei Onlinebuchungen oft Sonderkonditionen.

Mitten drin – **EuroHotel Excelsior** [2]: Lorientallee 16, Tel. 0621 598 50, www.excelsior-hotel-ludwigshafen.de. Komfort direkt am Bahnhof. Cocktailbar im 17. Stock mit grandioser Aussicht. DZ ab 90 € inkl. Frühstück; s. auch Unser Tipp S. 150.

Ludwigshafen: Adressen

Essen & Trinken

Traditionsreich – **BASF-Gesellschaftshaus 1**: Wöhlerstr. 15, Tel. 0621 607 88 88, www.wirtschaftsbetriebe.basf.de. Mo–Fr 18–24 Uhr, Sa, So nur nach Vereinbarung, Hauptgerichte ab ca. 20 €. Gilt als Spitzenrestaurant. Gediegene Atmosphäre.

Trendy – **Restaurant Marly 2**: Welserstr. 25, Tel. 0621 520 78 00, www.restaurant-marly.de. Mo 19–24, Di–Fr 12–14, 19–24, Sa 19– 24 Uhr, So geschl. Hauptgerichte ab 18 €. Gastronomische Erfolgsgeschichte im Hemshof. Variantenreiche, feine Küche.

Gartenidylle – **Turmrestaurant 3**: Erzberger Str. 69, Tel. 0621 69 84 43, tgl. 11–22 Uhr. Hauptgerichte ab ca. 10 €. Das hübsche Restaurant im Ebertpark wurde im Sommer 2010 nach umfänglicher Renovierung wieder eröffnet.

Biergarten – **Maffenbeier 4**: Rohrlachstr. 58, Tel. 0621 52 42 49, tgl. 11–24 Uhr, Sommer: Sa, So 17–24 Uhr. Hauptgerichte ab ca. 7 €. Das älteste Gasthaus in Ludwigshafen. Beliebt auch wegen des schönen Biergartens.

Kirchturmitaliener – **La Torre Da Angelo 5**: Maxstr. 33, Tel. 0621 51 42 11, www.ristorantelatorredaangelo.de.vu, Mo–Sa 10.30–23, So ab 11.30 Uhr. Außerhalb der Sommersaison Sa geschl. Gute italienische Küche (Pizza ab ca. 5 €) im Turm der ehemaligen Lutherkirche.

Treffpunkt – **Café Laul 6**: Tages- und Abendcafé mit Einrichtung aus den 1950er-Jahren, s. S. 159.

Tortenkönig – **Konditorei Café König 7**: Bahnhofstr. 4, Tel. 0621 51 31 44, Mo–Sa 9–18, So 13– 18 Uhr. Das klassische Café in der City.

Einkaufen

Schöne Neue Welt – **Rhein-Galerie 1**: Rathausplatz/Rheinufer. 120 Geschäfte, Cafés und Boutiquen in einem neuen Nobelbau am Rhein.

Tolle Auswahl – **Weinkellerei der BASF 2**: s. u. Unser Tipp

Way of Life – **The American Shop 3**: Lagerhausstr. 26, Tel. 0621 586 21 18, www.america-4u.com Mo, Do, Fr 9–12, 13–17, Di 13–17 Uhr. Mi und Sa geschl. Vom dicken Kühlschrank bis zum Röhrenbriefkasten alles, was den amerikanischen Lebensstil ausmacht.

Fundgrube – **AIG Antik 4**: Kaiser Wilhelm Str. 68, Tel. 0621 51 59 14, www.aig-antik.de, Mo–Fr 10–18.30, Sa. 10–14 Uhr. Witziger Laden einer Arbeitsloseninitiative mit originellen Antiquitäten.

Mode – **Fashion House Lu 5**: Ludwigstr. 30, Tel. 0621 59 15 60, www.fashionhouse-lu.de , Mo–Fr 10–19, Sa 10–18 Uhr. Trendmarken, Schuhe, Accessoires.

Aromatisch – **Kaffee-Rösterei Mohrbacher 6**: Ladengeschäft Mundenheimer Str. 233, Tel. 0621 56 35 41, www.mohrbacher.de Mo–Fr 8– 13, 14.30–18, Sa 8.30–13 Uhr. Private Rösterei in dritter Generation, beste Qualität.

Unser Tipp

Faire Preise – BASF-Weinkellerei 2

Das heute für alle Weinfreunde offenstehende Fachgeschäft in der BASF-Kolonie wurde 1901 für den Bedarf der Mitarbeiter des Unternehmens gegründet und zählt zu den größten deutschen Weinhandlungen. Im Mittelpunkt stehen Pfälzer Weine, die in 1a-Qualität angeboten werden (Anilinstr. 14, Tel. 0621 604 80 55, www.basf.de/kellerei Mo–Fr 10–18.30, jeden ersten Sa im Monat 10–14 Uhr).

Auf Entdeckungstour

Im Ernst-Bloch-Zentrum in Ludwigshafen

1885 wurde Ernst Bloch in Ludwigshafen geboren. Im gleichen Jahr gründete Kaufmann, Strauß und Co. am Rheinufer die Walzmühle 4. Ob nun schicksalhafter Zufall oder bewusster Gag, das Ernst-Bloch-Zentrum 5, das die philosophische Welt des marxistischen Humanisten lebendig hält, ist ausgerechnet in der Direktorenvilla untergebracht, der einstigen kapitalistischen Kommandozentrale.

Zeit: 1–2 Std. für die Ausstellung

Planung: Anreise per PKW über die Rhein- oder Yorckstraße, dann Parkhaus Walzmühle; per S-Bahn bis Ludwigshafen-Mitte, nach Durchquerung des Einkaufszentrums zweimal nach links abbiegen; Ernst-Bloch-Zentrum, Walzmühlstr. 63, www.bloch.de, Di, Mi 14–17, Do 14–20 Uhr, Tel. 0621 504 20 41

Als »Wildwest am Rhein« charakterisierte Ernst Bloch einmal die stürmische industrielle Entwicklung Ludwigshafens mit all den spätkapitalistischen Auswüchsen zur Zeit seiner Geburt in der Maxstraße 11. Das Haus, in dem er 1885 als Sohn einer jüdischen Familie zur Welt kam, existiert nicht mehr, viele Schauplätze seiner Jugend sind ebenfalls verschwunden, das Zitat aber steht in der Dauerausstellung im Ernst-Bloch-Zentrum über der ersten Station einer raumgreifenden Zeittafel, auf der man sich an Blochs biografischen Daten entlanghangeln kann. Originalzitate, Werke sowie gesellschaftliche und politische Einschätzungen korrespondieren mit Informationen zur Zeitgeschichte und zu Zeitgenossen, die ebenfalls zu Wort kommen. In einem Schnelldurchlauf erfahren wir Prägendes aus Ernst Blochs Dasein als einem intellektuellen Vordenker, der schon in seinem 1918 erschienen Frühwerk »Geist der Utopie« die Leitthemen seiner Philosophie artikulierte.

»Das Prinzip Hoffnung«

»Es kommt darauf an, das Hoffen zu lernen. Seine Arbeit entsagt nicht, sie ist ins Gelingen verliebt statt ins Scheitern«, bekundet ein Zitat in der Ausstellung; es ist ein zu beherzigendes Prinzip und insbesondere Blochs Vermächtnis. »Das Prinzip Hoffnung«, so der Titel seines Hauptwerks, resigniert nie. Umgeben von »Versuchsproduktionen« einer unfertigen Welt und genauso unvollkommen, streben wir Menschen gleich ihnen nach Vollendung. Blochs philosophischer Kosmos basiert außerdem auf weiteren Grundbegriffen wie Aufrechter Gang, Künste, Naturallianz, Heimat, Arbeitskultur und Religion. All das lässt sich an sieben Acrylsäulen, sogenannten Themensatelliten, wie wir sie auf dem Foto links sehen, über Bild, Schrift und digitale Information vertiefen.

›Der aufrechte Gang‹

Nach dem Abitur am Ludwigshafener Humanistischen Gymnasium studiert Bloch in München und Würzburg Philosophie, Musik und Physik, wird in Würzburg promoviert, geht nach Berlin, emigriert als Pazifist während des Ersten Weltkriegs in die Schweiz, heiratet insgesamt dreimal. Während er Hitler schon 1924 durchschaut, geht er erst nach 1950 auf kritische Distanz zu Stalin. Vor den Nazis flieht Bloch 1933 nach Wien, 1934 nach Paris, 1936 nach Prag und 1938 nach New York. 1948 nimmt er einen Ruf an die Universität Leipzig an und übersiedelt daher 1949 in die DDR.

Im Verlauf der Ausstellung vergewissern wir uns, dass sich Ernst Bloch nie, auch nicht als Professor in Leipzig und in Tübingen (ab 1961), im Elfenbeinturm der Wissenschaft verkroch. Er bezog Position. So überwirft er sich 1956 nach dem Ungarn-Aufstand mit der SED und verurteilt 1968 ebenso scharf den Einmarsch sowjetischer Truppen in Prag. Unterstützt von seiner Frau Karola, tritt er noch im hohen Alter unermüdlich für eine von Solidarität getragene Gesellschaft, protestiert gegen die Notstandsgesetze, den Vietnamkrieg, die Neutronenbombe und sympathisiert mit den ›68er‹-Studenten. Das berühmte Foto, das einen entspannt Pfeife schmauchenden Bloch, einen lachenden Rudi Dutschke und dessen kleinen Sohn Hosea Che zeigt, ist Bestandteil der Ausstellung. 1977 stirbt Ernst Bloch in Tübingen. Die Rekonstruktion seines Arbeitszimmers mit den Originalmöbeln ist ein innenarchitektonischer Clou der Ausstellung.

Die endlose Treppe

An Computer-Arbeitsplätzen können Sie neben dem Medienbestand des Ernst-Bloch-Archivs einen virtuellen Bloch-Spaziergang durch Ludwigshafen abrufen. Da als Folge massiver Zerstörung im Zweiten Weltkrieg und der Beseitigung weiterer Bausubstanz in der Ära des ›Wiederaufbaus‹ danach kaum mehr Originales aufzutreiben ist, kann man sich auf einen Gang durch die Innenstadt beschränken, am Pfalzbau vorbei, hin zum Wilhelm-Hack-Museum, wo Max Bills zum 100. Geburtstag Blochs errichtete Skulptur »Endlose Treppe« den Vorplatz ziert. Der Schweizer Architekt, Bildhauer und Designer gab ihr den Untertitel »Monumentum für Ernst Bloch«, in Erinnerung an nächtliche Gespräche mit dem Philosophen, vor allem über das »Prinzip Hoffnung«.

Was ist Heimat?

Bei der Verleihung der Ehrenbürgerwürde bekannte Bloch 1970, dass er sich der Stadt seiner Kindheit und Jugend in manchem verbunden fühle, dennoch nach dem Abitur selten nach Ludwigshafen gekommen sei. Aber nicht deshalb bezeichnete er es immer als Geburtsstadt, nie als Heimat. Heimat war für ihn ein künftiger Ort, der in erfüllten Augenblicken »vor-scheinen« kann. »Das Prinzip Hoffnung« schließt mit den Worten: »Die Wurzel der Geschichte aber ist der arbeitende, schaffende, die Gegebenheiten umbildende und überholende Mensch. Hat er sich erfasst und das Seine ohne Entäußerung und Entfremdung in realer Demokratie begründet, so entsteht in der Welt etwas, das allen in die Kindheit scheint und worin noch niemand war: Heimat.«

Rudi Dutschke, dessen Sohn Hosea Che und Ernst Bloch

Ludwigshafen: Adressen

Aktiv & Kreativ

Schlittschuhlaufen – Das **Eislaufstadion** 1 des ERC-Ludwigshafen gilt als bestes Open-Air-Eislaufstadion der Region: Saarlandstr. 70, Tel. 0621 56 39 97, www.ercl.de.

Mit dem Segway unterwegs – Sie sehen aus wie Kinderroller, fahren mit Strom und balancieren sich selbst aus. Gesteuert wird dieser moderne ›City-Roller‹ durch die Gewichtsverlagerung des Fahrers. In Ludwigshafen kann man damit im Rahmen von ›**Stadtsafaris**‹ einige Parks und Naturräume durchqueren. Info: Touristeninformation (s. S. 146) und www.stadtsafari.com.

Natur – Der ca. 30 ha große **Wildpark Rheingönnheim** liegt im Südwesten des Stadtgebiets. Mit Baum- und Vogellehrpfad. Nov.–Febr. tgl. 10–17, März, Okt. 10–18, April, Mai, Sept. 10–19, Juni– Aug. 9–19 Uhr.

Abends & Nachts

Große Gastspiele – **Theater im Pfalzbau** 9: Berliner Str. 30, Tel. 0621 504 25 40, www.theater-im-pfalzbau.de. Das Theater glänzt mit regelmäßigen Verpflichtungen hochrangiger Ballett- und Schauspielensembles, s. S. 149.

Klangkultur – **Deutsche Staatsphilharmonie Rheinland-Pfalz** 11: Heinigstr. 40, Tel. 0621 599 09 50, www.staatsphilharmonie.de, s. S. 150.

Pfälzer Mundart – **Prinzregenten-Theater** 15: Prinzregentenstr. 45, Tel. 0621 52 52 40, www.prinzregenten-theater.de. Ein kleines Theater im Hemshof, dessen munter-freches Programm in Mundart eine stabile Fangemeinde gefunden hat.

Mit frecher Gosch – **Theater Hemshofschachtel** 1: Leuschnerstr. 9, Tel. 0621 51 01 49, www.theater-hemshofschachtel.de. Auch in diesem Kleintheater wird regelmäßig und mit viel Witz Nachhilfe in Pfälzer Mundart betrieben. Beispiel auf der Homepage: »Hier klicken« heißt dort »do drigge«.

Feine Auswahl – **BASF-Feierabendhaus** 2: Leuschnerstr. 47, Tel. 0621 607 88 88, www.wirtschaftsbetriebe.basf.de. Ob Kammermusik oder Jazz – hier kommen regelmäßig Highlights zur Aufführung.

Cocktails mit Fernsicht – **Hotel Excelsior** 3: s. Unser Tipp S. 150.

Cocktails im Wasserturm – **Kulturm** 4: s. Unser Tipp S. 154.

Kleine Events – **Café Laul** 6: Ludwigsplatz 13 a, Tel. 0621 529 11 29, zahlreiche Veranstaltungen, Mo–Sa 10–23 Uhr, warme Küche 11.30–14.30, 17–22 Uhr, So, Fei geschl.

Infos & Termine

Stadtführung

Verein Ludwigshafener Stadtführungen e. V. in Kooperation mit der Stadtverwaltung. Jahresprogramme liegen bei der Touristeninformation ebenso aus wie bei den Sparkassen in der Stadt, Tel. 0621 67 76 21, www.lust-auf-lu.de.

Veranstaltungen

Kultursommer: Seit 1991 Mitte Juni bis Mitte August in der Innenstadt ein Experimentierfeld der Kulturszene. Dabei kommt dem Internationalem Straßentheaterfestival (ein Wochenende im Juli) große Bedeutung und Aufmerksamkeit zu.

Festival des deutschen Films: Von Mitte bis Ende Juni herrscht auf der Parkinsel (s. S. 76, 147) an den Filmabenden eine bezaubernde Atmosphäre (www.iffmh.de/en/Festival_des_ deutschen_Films).

Fotofestival Mannheim-Ludwigshafen-Heidelberg: Mitte Sept. bis Mitte Okt. in den drei genannten Städten. In Ludwigshafen u. a. im Ernst-Bloch Zentrum.

Ludwigshafen und Frankenthal

Das alle zwei Jahre stattfindende Festival (zuletzt 2009) hat die renommierten Internationalen Fototage nach einer Neustrukturierung 2005 abgelöst, www.fotofestival-ma-lu-hd.de.

Theaterfestspiele im Pfalzbau: Bei den Festspielen gastieren jeweils Ende Oktober bis Mitte Dezember hochkarätige Ensembles im Pfalzbau. Wegen einer Sanierung des Hauses (bis Okt. 2008) werden die Festspiele 2007 auf andere Spielorte ausweichen, www.theater-im-pfalzbau.de.

Feinschmeckermesse: Die Messe findet jedes Jahr an einem Wochenende im Oktober in der Friedrich-Ebert-Halle statt, Erzberger Str. 89, www.gaumenfreuden-messe.de.

Verkehr

Bahn: Der 1969 eingeweihte Hauptbahnhof von Ludwigshafen ist ein EC- und IC-Haltepunkt.

Auto: Mit dem Auto ist die Stadt über die großen Autobahnverkehrsachsen zu erreichen: A 5, A 67, A 6, A 61, A 65.

Berühmt-berüchtigt: Ludwigshafens Hochstraßen

S-Bahn: Ludwigshafen liegt an der S-Bahn-Strecke Mannheim-Kaiserslautern. Die Verbindungen sind sehr gut.
Innerstädtisch: In der Stadt nutzt man die Stadtbahnen und Busse.

Frankenthal ▶ D 3

Mögen Sie Kartoffel-Chips? Auf dem Hofgut Petersau vor den Toren der Stadt, nahe dem Rheinradweg, wird seit 1962 krosses Knabbergebäck fritiert nach einer Idee, die die Weltklassereiterin, Gutsbesitzerin und Firmenchefin Irmgard von Opel von einer USA-Reise mitbrachte. ›CHIO‹, ein Wortschöpfung aus den Initialen von Carlo, Heinz, Irmgard Opel, fusionierte inzwischen mit weiteren Firmen (beispielsweise Wolf Bergstrasse) zu Intersnack. Schicke 4YOU-Rucksäcke und Taschen, leichtgewichtige Scouts – das in Frankenthal ansässige Unternehmen Sternjakob revolutionierte den Schulranzen zum Modeartikel und setzt konstant auf Qualität. KSB-Pumpen sind weltbekannt, als Wasserpumpen dienen sie u. a. zur Berieselung heimischer Gärten. KSB agiert längst global, Frankenthal ist jedoch unverändert Firmensitz des Konzerns (weltweit ca. 14 000 Mitarbeiter). Im 1871 gegründeten hiesigen Werk werden Armaturen und riesige Pumpen für Kraftwerke und andere Industrieanlagen gefertigt.

All diese Beispiele von Weltfirmen – bis 2007 hatte auch Tarkett, ehemals Pegulan, seinen Stammsitz in der vorderpfälzischen Stadt – könnten durch zahlreiche mittelständische Betriebe ergänzt werden, was die Rolle der kreisfreien Stadt und ihrer rund 50 000 Einwohner als wichtigen Wirtschaftsstandort mehr als verdeutlicht. Sie ist beileibe keine reine Schlafstadt für Pendler nach Ludwigshafen und Mannheim. Sie war es nie. Hier lebten auch zu früheren Zeiten fleißige Handwerker, kreative Tüftler wie der Luftschiffpionier August von Parseval (1861–1942), begnadete Künstler und tüchtige Kaufleute. Die Probe aufs Exempel liefert das Erkenbert-Museum am Rathausplatz.

Erkenbert-Museum
Rathausplatz, Tel. 06233 895 35, www.frankenthal.de, Di, Do–So 10–18, Mi 14–18 Uhr; Eintritt frei

Ludwigshafen und Frankenthal

Die Pfalz ist bekanntermaßen ein Völkergemisch, Frankenthal darin keine Ausnahme. Im 16. Jh. siedelte Kurfürst Friedrich III. reformierte Glaubensflüchtlinge aus den Niederlanden an, die vornehmlich in den von den allzu lustvollen Augustiner-Chorherren verlassenen Stiftsgebäuden Unterkunft fanden. Ein Glücksfall für Frankenthal, denn es kamen Gold- und Silberschmiede, Tuchmacher, Gobelinwirker und Kaufleute, die einen wirtschaftlichen Aufschwung sondergleichen in Gang setzten, was der Landesherr 1577 mit den Stadtrechten belohnte. Das Museum gibt einen sehr guten Eindruck von dieser Epoche, auch von der ›Frankenthaler Malerschule‹, die sich aus holländischen Emigranten bildete.

Anno 1600 bauten die Kurpfälzer Frankenthal zu einer sternförmigen, bis an die Zähne bewaffneten Festung aus, was die Franzosen nicht hinderte, sie im Pfälzischen Erbfolgekrieg 1689 zu erobern. Das Museum zeigt ein Modell der Bastion und ebenso eines des fast hundert Jahre später ausgehobenen Kanals, der geradewegs zum Rhein führte. Vor dem Eisenbahnzeitalter war das Treideln von Schiffen an Kanälen und Flüssen die schnellste Art und Weise der Beförderung schwerer Lasten, und so machte sich vom Kanalhafen aus z. B. die 26 t schwere, hier gegossene Kaiserglocke des Kölner Doms 1875 auf die Reise.

Schäferfiguren in verliebter Positur, Elegien antiker Götterwelt, häusliche Szenen aus der Welt des Rokoko – die 1755 von Kurfürst Carl Theodor genehmigte Frankenthaler Porzellanmanufaktur schöpfte aus dem reichen Fundus von Einfällen ihrer genialen Modellmeister, wie etwa des Speyerers Franz Conrad Linck oder des Meißeners Johann Friedrich Lück. In dessen sächsischer Heimatstadt war es 1708 gelungen, das chinesische Geheimnis als Gemisch aus Kaolin, Quarz und Feldspat zu lüften. Für den Kurfürsten war die bald über die Grenzen berühmte Porzellanmanufaktur der Star aller Handwerksbetriebe in seiner »Fabriquenstadt«. Das Museum zeigt kostbare Stücke der Sammlung, vieles ist allerdings 1943 bei einem alliierten Angriff und in den Jahren danach durch den Verkauf wertvoller Stücke verlorengegangen.

Kirchentrio am Rathausplatz

Die schlimmste Katastrophe im Zweiten Weltkrieg traf 1943 fast die gesamte Altstadt, die **Kath. Pfarrkirche St. Dreifaltigkeit** brannte völlig aus. Dank der Hochaltäre aus der Spitalkirche Baden-Baden präsentiert sie sich nach dem Wiederaufbau 1953 wieder stilecht barock. Die klassizistische **Prot. Zwöf-Apostel-Kirche,** die das gleiche Schicksal ereilt hatte, musste Veränderungen im Innenraum hinnehmen, erhielt aber ihren imposanten Säulenportikus wieder. Nahtlos fügt sich die **Erkenbertruine,** ehemals Stiftskirche der Augustiner-Chorherren, ins Ensemble ein, zu dem auch das 1955 wiederaufgebaute Rathaus gehört. Mit Datierung auf 1119 ist sie Frankenthals ältestes Bauwerk – und ein beliebtes Fotomotiv.

Wormser und Speyerer Tor

Vom kurfürstlichen Baumeister Nicolas de Pigage in den 1770ern erbaut, markieren sie die Endpunkte der Nord-Süd-Achse der ehemaligen Festung. Alle verkehrsberuhigten Bereiche, auch die teilweise zur Fußgängerzone erklärte Verbindungsstraße zwischen beiden Toren, münden auf den Rathausplatz. Hier ist Frankenthals Schaufenster, pulsiert das städtische Leben, laden Läden zum Bummeln ein, Straßencafés und Bistros zum Verweilen.

Frankenthal: Adressen

Übernachten, Essen

Angenehm – **Hotel Central:** Karolinenstr. 6, Tel. 06233 87 80, www.hotel-central.de, DZ ab 95 €, mit Burkhardt's Restaurant: Mo–Fr 11.30–14/18–22 Uhr. Amuse-Gueule-Happen ab 4 €, Tagesessen 6 €, Winzersteak 12 €.

Essen & Trinken

Saisonal-fein – **Adamslust:** An der Adamslust 10, Tel. 06233 617 16, www.restaurant-adamslust.de, Di–Fr 11.30–14, ab 18.30, Sa ab 18.30, So 11.30–14 Uhr, Kreationen um 24 €, schöner Gartenhof.
Kreativ – **Restaurant Quattro:** Welschgasse 38, Tel. 06233 258 00, Di–Sa ab 17.30 Uhr. Gemütlich klein, deutsch-mediterran-regionale Küche ab 11 € im kreativen Ambiente von Bildern einheimischer Künstler. Reservieren – und viel Zeit fürs Essen einplanen!
Optimal rustikal – **Brauhaus Zur Post:** Neumayerring 45, Tel. 06233 22 02 86, www.brauhaus-zur-post.de, Mo–Sa ab 11, So ab 10 Uhr, Deftiges ab 10 €, Biergarten.
Zum Wohlfühlen – **Zum Brunnenkeller:** Elisabethstr. 33, Tel. 06233 248 95, Di–Sa ab 17, Sa 11–14 Uhr. Fleischspieß ca. 10 €. Im gemütlichen Kellergewölbe sind auch Stammgäste anzutreffen.
Feine Pralinen – **Rathaus-Café:** Rheinstr. 8, Tel. 06233 32 66 50, www.filling.de. Traditionsreiches Café mit Außenbewirtung. Die Leckerbissen der Confiserie, Chocolaterie und Kaffeerösterei laden zum Einkaufen ein.

Aktiv & Kreativ

Schöne Anlage – **StrandBad:** Meergartenweg 1, Tel. 06233 640 27, städtisches Freibad, schattig unter alten Bäumen, mit Schwimm-, Spiel-, Kinderbecken und Baggersee.
Kletterzentrum – **pfalz rock:** Mörscher Str. 89, 06233 36 61 57, www.pfalz-rock.de, Sa, So 10–21, Mo, Mi, Fr 14–22.30, Di, Do ab 9 Uhr. Klettern und Bouldern in der Halle, Kurse/Sicherung durch Trainer des Deutschen Alpenvereins.

Abends & Nachts

Derb-komisch – **Theater Alte Werkstatt:** familia-Center, Wormser Str. 109, Tel. 06233 365 666, www.tawfrankenthal.de, Mundarttheater, überwiegend Eigenproduktionen; auch Tanz, Kindertheater, Jazz, Kabarett.
Restauriert – **Kunsthaus Frankenthal:** Hans-Kopp-Str. 22, Tel. 96233 32 70 71, www.kunsthaus-frankenthal.de, Ausstellungen, Vorträge usw., Kunstverein »Die Treidler«.

Infos & Termine

Feste
Strohhutfest: Juni Do–So (ab Christi Himmelfahrt oder Fronleichnam), größtes Straßenfest der Pfalz in der Innenstadt, Wahl der Miss Strohhut, Livemusik, Kinderprogramm.

Festivals
Frankenthaler Kulturtage: Juni, seit 1981 alle zwei Jahre, in Kirchen, Kunsthaus, Theater Alte Werkstatt, Städtische Musikschule und Open Air.
Sommerfestival: Ende Juli–Mitte Aug., Open-Air-Kino und Konzerte in der Erkenbertruine.

Verkehr
Bahn: Bf Frankenthal: RE und RB nach Worms, Ludwigshafen, Mannheim, Grünstadt/Ramsen.
Bus: Stadt- und Regionalbusse.

Das Beste auf einen Blick

Worms und Speyer

Highlights !

Worms: Die ›Nibelungenstadt‹ spielt mit diesem Etikett auf sagenhafte Weise, ist aber viel zu lebendig und selbstbewusst, um sich auf ein mittelalterliches Epos reduzieren zu lassen. S. 167

Speyer: Für viele eine der schönsten Städte Deutschlands – lebhaft, umtriebig, trotz erheblichen Alters unglaublich jung wirkend, bestückt mit ›Altertümern‹, herausragend auch durch eine rekordverdächtige Kneipendichte. S. 179

Auf Entdeckungstour

Wege zu Luther in Worms: Als eine von 15 deutschen Lutherstädten rückt auch Worms Sehenswürdigkeiten ins Blickfeld, die sich auf den Reformator, seine Lehre, deren nachhaltige Wirkung und die einstige Reichsstadt beziehen. S. 172

Kultur & Sehenswertes

Worms: Dom St. Peter und Jüdischer Friedhof Heiliger Sand – beide strahlen eine geradezu kontemplative Ruhe aus. S. 167

Kaiserdom: Die romanische Bischofskirche steht bei einer Speyer-Stippvisite obenan, mindestens flankiert vom Altpörtel und Judenhof. S. 179

Historisches Museum der Pfalz: Effektvolle, wechselnde Ausstellungs-Events locken übers Jahr Tausende Besucher nach Speyer. S. 183

Aktiv & Kreativ

Auenwald und Auen: Eine Radtour vom Speyerer Dom zum nahen Altrhein ist ein ebenes Vergnügen, das sich am Fluss entlang bis ins Wormser Wäldchen und zum Wormser Dom erweitern lässt. S. 186

Genießen & Atmosphäre

Schloss Herrnsheim bei Worms: Ein bisschen Pause vom Alltag, im lauschigen Park des Schlosses lustwandeln – einfach Schönheit und Natur genießen. S. 177

(Eis-)Cafés in Worms: Unbedingt eine Tour zu Kaffee, Kuchen und Eis einplanen! S. 177

Zum alten Engel: Wohlgefühl für Leib und Seele im urigen Gewölbekeller des traditionsreichen Speyerer Lokals – bei regionalen kulinarischen Genüssen. S. 188

Abends & Nachts

Nachtwaechterey: Vom Nachtwächter durch die spätabendliche Stadt geführt zu werden – in Speyer gibt's das. S. 189

Schätze am Rhein

Beide Städte haben eine Menge Gemeinsamkeiten, angefangen mit der Lage am großen Strom. Vom Wormser zum Speyerer Dom sind es 36 km Luftlinie, der Radweg schlängelt sich auf 54 km den Rhein entlang, der seit grauer Vorzeit ein wichtiger Standortfaktor ist. Auf eine erste Besiedlung um 5000 v. Chr. stützt Worms den Anspruch, Deutschlands älteste Stadt zu sein und wurde 1994 prompt in den Kreis der »Most Ancient European Towns« berufen. Der auf 1300 v. Chr. datierte »Goldene Hut von Schifferstadt« hingegen, der älteste von vier Kulthüten dieses Typs, wurde 1835 in einem Acker der Kleinstadt bei Speyer entdeckt. Gallorömisch heißt Worms Borbetomagus, Speyer Noviomagus. Als immer mehr Germanenvölker in den römischen Provinzen sesshaft werden, folgt eine erneute Umtaufe: Speyer wird ab ca. 10 v. Chr. als *civitas nemetum*, Worms ab dem 2. Jh. n. Chr. als *civitas vangi-onum* geführt. Um 500 nähert man sich mit Spira für Speyer, im 7. Jh. mit Warmatia für Worms dem Stand von heute. Während der Völkerwanderung geht es rheinauf, rheinab turbulent zu: die Römer bekriegen sich mit den Alamannen, diese mit den Franken. Im Jahr 436 n. Chr. zerstören hunnische Truppen König Gundahars Burgundenreich, dessen sagenhaftes Zentrum die Dichter des Nibelungenlieds rund 800 Jahre später im Raum Worms lokalisieren wird.

Beide Städte schöpfen aus einem reichen Fundus: Wie sein Wormser Bruder ist der Dom zu Speyer ein großartiges Abbild romanischer Baukunst. Während Worms den Status als Bischofssitz im 19. Jh. verliert, hält Speyer ihn bis heute. Eine kulturhistorische Kostbarkeit ist Europas ältester jüdischer Friedhof, der »Heilige Sand« in Worms.

Reichsstadt, Reichskammergericht, Münz- und Stapelrecht, Mitglied bedeutender Städtebünde, SchUM-Städte (s. S. 179) als Zentren jüdischer Kultur – die Gemeinsamkeiten häufen sich. Zwei Reichstage sind für die Reformation bedeutsam: 1521 wird in Worms über Luther die Reichsacht verhängt, 1529 ›protestieren‹ evangelische Städte und Fürsten in Speyer gegen dieses Wormser Edikt. 1689 geben die Generäle Ludwigs XIV. im Pfälzischen Erbfolgekrieg den Befehl, Speyer und Worms niederzubrennen. Nach neun Jahren zurückgekehrt, bauen die Bürger ihre Städte barock wieder auf, einschließlich einer prot. Dreifaltigkeitskirche, die sich jeweils eng an das Vorbild der Katharinenkirche in Frankfurt anlehnt, dem zeitweiligen Zufluchtsort. 1792 in den Revolutionskriegen massiv beschädigt, verlieren beide Städte im 19. Jh. ihre Reichsunmittelbarkeit: Speyer wird dem bayerischen Rheinkreis zugeschlagen, Worms dem Großherzogtum Hessen.

Infobox

Reisekarte: ▶ D/E 2, E 5

Touristeninformation
Worms: Neumarkt 14, Tel. 06241 250 45, www.worms.de. Führungen u. a. durch den Dom, Schloss Herrnsheim, das jüdische Worms und Luther-Stätten.
Speyer: Maximilianstraße 13, Tel. 06232 14 23 92, www.speyer.de, Führungen für jeden Gusto (historisch, kulinarisch, ›kriminell‹, nachts). Domführung in Speyer: nur beim Domkapitel buchbar, Tel. 06232 10 21 18, Mo–Sa 9–12 Uhr.

Im Februar 1945 geht bei einem Angriff die Innenstadt von Worms (bis auf den Dom) im Flammeninferno unter. Speyer bleibt weitgehend verschont. 1946/47 finden sie sich als kreisfreie Städte in Rheinland-Pfalz wieder. Speyer zählt mittlerweile ca. 51 000, Worms ca. 84 000 Einwohner.

Worms! ▶ D/E 2

Der Rhein ist die Lebensader von Worms, an seinem Gestade anzukommen nicht die schlechteste Wahl, über die Nibelungenbrücke vom Odenwald her oder per Rad den Fluss entlang. Allerdings könnte man angesichts der Fülle verlockender Lokale samt Biergärten unvermittelt schwach werden und die sagenhafte Königsburg der Nibelungen, die Stadt tagender und tafelnder Könige und Kaiser, jüdischer Gelehrter, protestantischer Reformatoren und vitaler urbaner Plätze gar nicht weiter ansteuern. Trotzdem empfiehlt es sich, vor dem Relaxen an der Rheinpromenade erst die alte, im Habitus unglaublich junge Stadt zu erkunden. Vom Dom aus starten wir zu einem kleinen Altstadt-Rundgang, der die Rolle von Worms als eine von 15 deutschen Lutherstädten vorerst ausklammert (s. Entdeckungstour S. 172). Problemlos lassen sich zwei weitere Touren anschließen: die eine führt in die jüdische Geschichte der Stadt, die andere in den Mythos der Nibelungen.

Rund um den Dom

Dom St. Peter 1
Apr.–Okt. 9–18, sonst bis 17 Uhr, auch Blindenführungen
Selbst der spätromanische Dom bezieht einen Teil seiner Faszination aus der Nibelungen-Sage, da an seinem Nordportal der berühmte Streit zwischen den Königinnen Kriemhild und Brunhild ausgetragen worden sein soll. Schon von der Lage auf dem höchsten Punkt der Altstadt und von der mächtigen Statur her ist er mit seinen zwei Kuppel- und vier Rundtürmen das alles überragende, weithin sichtbare Bauwerk. Der jüngste im Bunde der drei großen Kaiserdome am Rhein, ein Neubau des 12. Jh., steht auf römischem Grund und den Fundamenten einer karolingischen Basilika sowie eines spätottonischen Vorgängerbaus unter Bischof Burchard I. (1000–1025). Die Erhebung zur päpstlichen »Basilica minor« im Jahr 1925 wird nicht nur seiner heutigen Wirkung auf das Umland gerecht, sondern auch seiner architektonischen Bedeutung. Die Wormser Dombauhütte entwickelte einen Schule machenden Stil, der die Baukultur der Stauferzeit am Oberrhein enorm beeinflusste. Das gilt vor allem für den polygonalen Westchor, der die eher klassisch ausgewogene Ostfassade durch einen schier ungezügelten Formenreichtum in den Schatten stellt. Nach 1689 wurde der zerstörte Hochaltar durch eine barocke, inzwischen prachtvoll restaurierte Schöpfung Balthasar Neumanns ersetzt. Im Unterschied zum von allem Zierrat entblößten Dom zu Speyer blieben dem zu Worms die ›Jahresringe‹ späterer Epochen erhalten.

»Von nun an, Worms, blühe dein Ruhm und deine Ehre, weil du fromm, klug und treu bleibst…«, lautet der im Original lateinische Text einer Bronzetafel über dem romanischen Nordportal, die Kaiser Barbarossas Freiheitsprivileg aus dem Jahr 1184 auszugsweise wiedergibt. Die steinerne ›Bilderbibel‹ auf dem Südportal hingegen krönt ein Viergetier aus den Evangelistensymbolen (Mensch, Löwe, Stier, Adler), auf dem die siegreiche Kirche reitet.

Sehenswert
1. Dom St. Peter
2. Dreifaltigkeitskirche
3. Andreasstift
4. Magnuskirche
5. Museum Kunsthaus Heylshof
6. Stiftskirche St. Paulus
7. Stiftskirche St. Martin
8. Prinz-Carl-Anlage
9. Liebfrauenkirche
10. Raschi-Haus, Synagoge

Wie im Mittelalter üblich, gruppierten sich die verschachtelten Gassen der Altstadt um die Kirche. Nach der Zerstörung des Bischofshofs im Norden und der Aufgabe des Kreuzgangs im Süden rückten die Häuser noch näher heran. Heute steht der Dom auf Tuchfühlung mit Nachkriegsbauten, deren Architektur nur aus der Notwendigkeit schneller Wohnraumbeschaffung zu erklären ist. Die **Dreifaltigkeitskirche** 2 gegenüber dem Dom ist wie das nahe **Andreasstift** 3 und die **Magnuskirche** 4 für die Geschichte der Reformation bedeutsam (s. Entdeckungstour S. 172).

Museum Kunsthaus Heylshof 5
Stephansgasse 9, www.heylshof.de, Mai–Sept. Di–So 11–17, sonst Di–Sa 14–17, So 11–17 Uhr, Jan.–15. Febr. geschl.; 3,50 €, erm. 1 €
In enger Nachbarschaft zum Dom, auf dem Boden der ehemaligen Kaiserpfalz

Worms

Übernachten
1 Parkhotel Prinz Carl
2 Hotel Römischer Kaiser
3 Hotel Hüttl
4 Jugendgästehaus Worms

Essen & Trinken
1 Rôtisserie Dubs
2 Fürst
3 Ristorante Al Duomo-Kupferkessel
4 Weinhaus Weis
5 Hagenbräu
6 Kolb's Biergarten
7 Café Lott
8 Café aqui
9 Eiscafé Vannini
10 Eiscafé Pinel
11 Café Schmerker

Einkaufen
1 star region

Aktiv & Kreativ
1 Radhaus

Abends & Nachts
1 Wormser Theater
2 Lincoln

11 Jüdischer Friedhof
12 Nibelungenmuseum
13 Hagendenkmal
14 Nibelungenturm
15 Bürgerweide
16 Schloss Herrnsheim

Karls des Großen und des Bischofspalastes, wo Martin Luther 1521 die christliche Welt aus den Angeln hob, erbauten Cornelius und Sophie von Heyl 1884 eine prunkvolle neubarocke Villa, die sie samt Interieur, Kunstwerken und dem angrenzenden Garten 1920 der Wormser Bürgerschaft stifteten. 1945 brannte das Gebäude völlig aus, die opulente Gemäldesammlung des Lederfabrikanten war zum Glück ausgelagert.

Stiftskirche St. Paulus 6
Bischof Burchard I. prägte die Stadtentwicklung durch Bautätigkeit und politische Weichenstellungen. Im Gütertausch luchste er den Saliern ihre Stadtburg ab und gab damit den künftigen Königen und Kaisern indirekt Schützenhilfe für die Verlagerung ihrer Machtbasis in die Pfalz. Über einem Vorgängerbau, den er 1016 an die Stelle der Salierburg setzte, erhebt sich das heutige Dominikanerkloster (Kirche of-

Worms und Speyer

fen). Teile des Südturms und der Nordturm werden auf 1100–07 datiert. Im Volksmund ›Heidentürme‹ genannt, wirken die Kuppelhelme wie architektonische Zitate der Grabeskirche und spiegeln den Triumph heimgekehrter Kreuzfahrer nach der Eroberung Jerusalems – eine Rarität, denn ähnlich exotische Bekrönungen schmücken nur noch die evangelischen Kirchen von Guntersblum, Alsheim und Dittelsheim.

Stiftskirche St. Martin 7
Vom Obermarkt gelangt man durch die Fußgängerzone zur ebenfalls romanischen Kirche. Der Legende nach warf hier der römische Kaiser Julian Apostata anno 356 den heiligen Martin in den Kerker, als dieser den Militärdienst quittierte, um gewaltlos für Christus zu kämpfen. Tipp: Zur Stärkung könnten Sie nun nach ca. 200 m in der Martinspforte eine Pause bei **star region** 1 einlegen, um danach entweder einen Abstecher zur Prinz-Carl-Anlage und Liebfrauenkirche anzuschließen oder in die jüdische Geschichte einzutauchen.

Prinz-Carl-Anlage 8
Öffnung des Kunsthauses bei Veranstaltungen; Parkhotel s. S. 177
Die ehemalige großherzoglich-hessische Kaserne von 1897 konvertierte nach mehreren militärischen Zwischenstationen ab 1996 zum kulturellen Schmuckstück. Auf dem parkähnlich gestalteten Areal fanden nicht nur ein Hotel mit Restaurant, sondern auch das Kunsthaus Worms mit Ateliers, Künstler-Workshops, Kursen und Ausstellungen eine Bleibe.

Liebfrauenkirche 9
www.liebfrauen-worms.de; Führung: April–Okt. 4. So im Monat, 14 Uhr, s. Touristeninformation S. 166
Rund 500 m weiter auf dem Liebfrauenring steht inmitten des berühmten Weingartens das spätgotische Kleinod. Es gibt sie tatsächlich, die echte Liebfraumilch! Das Wormser Weingut Valckenberg besitzt 90 % der originalen Lage rund um das Gotteshaus und baut den Riesling des ›Liebfrauenstift-Kirchenstücks‹ trocken und köstlich aus.

Jüdische Stätten

Judenviertel
Jüdisches Museum im Raschi-Haus, Hintere Judengasse 6, Tel. 06241 47 01, April–Okt. Di–So 10–12.30, 13.30–17, sonst bis 16.30 Uhr, 1,50/0,80 €; Synagoge: Synagogenplatz, Tel. 06241 47 00, tgl. 10–12, 14–16 Uhr
Im **Raschi-Haus** 10 erzählt das landesweit einzige Judaica-Museum von Religion, Alltag und Geschichte der Gemeinde, die 1942 mit der Deportation ihrer letzten Mitglieder ausgelöscht wurde. 1982 auf dem vermutlichen Gelände der mittelalterlichen Talmudschule (Jeschiwa) errichtet, trägt das Museum den Namen des Rabbi Salomon ben Isaak, gen. Raschi, da der Gelehrte hier um 1055/65 studierte.

In der Pogromnacht 1938 endete das christlich-jüdische Zusammenleben für lange Zeit. Die von der Dombauhütte 1174 errichtete zweite **Synagoge** 10 wurde durch Brandstiftung komplett zerstört. Beim Wiederaufbau 1961, der aus rein historischen Gründen auch die **Mikwe** einschloss, gab es niemand mehr, um zu beten. Zur Zeit entsteht jedoch wieder eine Jüdische Gemeinde, weshalb die Synagoge nicht immer zu besichtigen ist.

Nach der Judengasse, deren Häuschen sich an die mittelalterliche Stadtmauer schmiegen, kommen wir durch die Fußgängerzone zum Dom. An dessen **Südportal** taucht das Motiv der *ecclesia triumphans* nicht nur auf dem erwähnten Viergetier (s. S. 168), sondern auch an einem Strebepfeiler zwischen dem Portal und der Annenkapelle auf. Hier steht die Figur der christlichen Kirche über der (blinden) Synagoge, der ›neue Bund‹ also über dem ›alten‹. In einer Streitgespräch hielt der in Worms geborene Philosoph Martin Buber dagegen. Er rühmte den Dom als »sichtbar gewordene Harmonie der Glieder, eine Ganzheit, in der kein Teil aus der Vollkommenheit wankt«, den er daher immer »mit einer vollkommenen Freude« umwandelte, ehe er zum Jüdischen Friedhof hinüberging.

Jüdischer Friedhof Heiliger Sand 11
tgl. 8–20 Uhr, im Winter bis zur Dunkelheit, an hohen jüd. Feiertagen geschl.
Vom heute sogenannten Martin-Buber-Blick hatte der Philosoph den Dom voll im Visier: »Ich habe da gestanden und habe alles selber erfahren, mir ist all der Tod widerfahren: all die Asche, all die Zerspelltheit, all der lautlose Jammer

Der spätromanische Dom St. Peter

Auf Entdeckungstour
Wege zu Luther in Worms

2017 jährt sich Martin Luthers legendärer Thesenanschlag an der Schlosskirche zu Wittenberg zum 500. Mal. Grund genug für die 15 deutschen ›Lutherstädte‹ eine ›Lutherdekade‹ auszurufen. Zu diesem Anlass rücken Denkmäler, Plätze, Museen und Kirchen ins Blickfeld, die, auch unabhängig vom Jubiläum, an die Reformation erinnern.

Planung: In Worms markieren sechs Stelen Orte der Begegnung mit Luther. Infos: www.luther2017.de, www.europaeischer-tourismusverbund.de, www.luther.de

Zeit: ca. 3 Std. inkl. Museum

Start: Worms, Lutherdenkmal am Lutherring

Im Park des westlichen Wormser Stadtgrabens, mit Bäumen aus dem ganzen Erdkreis bestanden ist, erhebt sich das größte **Lutherdenkmal** der Welt (s. Abb. links). Dem Reformator war der Gemeindegesang immens wichtig, bekannte Kirchenlieder stammen aus seiner Feder. »Ein feste Burg ist unser Gott« inspirierte 1856 den bedeutenden Dresdner Bildhauer Ernst Rietschel zur Gestaltung des vom Wormser Luther-Denkmal-Verein mit Hilfe von Emigranten-Spenden finanzierten Monuments. Nach Rietschels Tod 1861 vollendeten seine Schüler Adolf Donndorf, Johannes Schilling und Gustav Kietz 1868 das in Lauchhammer (Lausitz) in Bronze gegossene spätklassizistische Werk.

In die burgähnliche Anlage sind die Wappen der Städte eingelassen, die sich der Reformation anschlossen. Sieben der zwölf überlebensgroßen Figuren platzieren sich auf den Zinnen: Kurfürst Friedrich der Weise, Landgraf Philipp von Hessen, der Humanist Johann Reuchlin, Luthers Weggefährte Philipp Melanchthon sowie die Allegorien Speyers (Protestation 1529), Augsburgs (Religionsfrieden 1555) und Magdeburgs (Zerstörung 1631). Martin Luther steht im Predigerhabit auf dem Hauptpostament, flankiert von den Reformatoren John Wiclif und Johannes Hus, dem Mönch Savonarola und dem Waldenser Petrus Waldus. Reliefs im unteren Postamentwürfel schildern u. a. Luthers Auftritt auf dem Wormser Reichstag 1521.

»Gott helfe mir, Amen!«

2008 begonnen, endet die Luther-Dekade 2017. Worms verlängert bis 2021 zur Erinnerung an den Epoche machenden Reichstag in der Stadt. Steinplatten markieren im **Heylshofgarten** zwischen Dom und Museum Kunsthaus Heylshof den Standort des Bischofspalasts, in dem Luther damals von Kaiser Karl V. zweimal verhört wurde. Die ehemalige karolingische Pfalz war wie üblich das kaiserliche Domizil während der Reichstage. Ein Relief des Wormser Künstlers Gustav Nonnenmacher rekapituliert die Anordnung der Gebäude. Im Thronsaal, der Aula maior oder in der Aula minor an der Nordseite des Doms weigerte sich Luther zu widerrufen, »weil wider das Gewissen etwas zu tun weder sicher noch heilsam ist. Gott helfe mir, Amen!« Damit lud er sich neben der Exkommunikation durch Papst Leo X. (1520) die Reichsacht auf (Wormser Edikt). Luther war somit vogelfrei, seine Lehre verboten, seine Schriften wurden verbrannt.

Sola fide und sola gratia

Karl V. hatte eigentlich ein Einlenken erhofft, um den Konflikt nicht hochzukochen, da er die Unterstützung der Fürsten und Städte außenpolitisch brauchte. Die Hoffnung trog, denn Luthers Kritik hatte sich an der gängigen Praxis des Ablasshandels entzündet (Loskauf von allen Sünden statt Beichte) und inzwischen meilenweit von der römischen Kurie entfernt, etwa in der Rechtfertigungslehre: Gott schenkt uns das Seelenheil allein wegen unseres Glaubens *(sola fide)* aus Gnade *(sola gratia)*. Die Heilige Schrift, die Luther in den Orginalsprachen studiert und später übersetzt, ist ihm alleinige Autorität *(sola scriptura)*. So fordert er die Abschaffung der Priesterweihe, des Zölibats, der Klöster. Das Abendmahl soll jedermann in beiderlei Gestalt (Brot und Wein) gereicht werden.

Die Reformation kommt in Fahrt

Spätestens nach dem Reichstag wurde die **Magnuskirche** 4 zur Speerspitze der Reformation in Worms. Evangelische Predigten bescherten den mit Luther sympathisierenden Stiftsherrn einen solch gewaltigen Zustrom, dass man auf Gottesdienste im Tanzhaus oder gar im Freien unter Mitführung einer tragbaren Kanzel auswich. Schon 1527 gab der Rat der Stadt der Bewegung eine feste Ordnung. Die romanische Pfeilerbasilika gilt als älteste lutherische Kirche im deutschen Südwesten. Beim alliierten Luftangriff im Februar 1945 traf eine Sprengbombe den Turm der Kirche und machte ihre barocke Ausstattung zunichte. Recht schmucklos zeigt sie sich nach dem Wiederaufbau 1952/53. Aufmerksame Betrachter entdecken an den Kapitellen der roten Sandsteinsäulen Reliefs von Gustav Nonnenmacher zur Geschichte der Reformation.

Ein Besuch der Ausstellungen im **Andreasstift** 3 (12./13. Jh.) sollte das eindrucksvolle Modell der mittelalterlichen Stadt nicht auslassen. Die Lutherbibel von 1541 ist im ›Lutherzimmer‹ das kostbarste Exponat. Auf Schautafeln erfahren wir Wissenswertes über die Freie Stadt Worms, den Reichstag, Luthers Leben, Stationen und Reiseweg (Museum der Stadt Worms im Andreasstift: Weckerlingplatz 7, www.museum.worms.de, Di–So 10–17 Uhr, 2 €, erm. 1 €).

Nach dem Raubzug des französischen Königs Ludwig XIV. aus dem Frankfurter Exil in die zerstörte Stadt zurückgekehrt, erbaute der Magistrat 1709 anstelle des Rathauses (Münz) die **Dreifaltigkeitskirche** 2 zum Gedächtnis der Reformation. 1945 blieben nur die Außernmauern erhalten. Der Bauhaus-Mitbegründer Otto Bartning gab dem Innern einschließlich des Gewölbes 1955–58 eine stimmige Form, die den seelischen Aufbruch nach dem entsetzlichen Krieg glaubhaft macht. Auf der Empore stellt ein Mosaik aus Rheinkieseln im Prospekt der größten evangelischen Orgel Rheinhessens Luther vor dem Reichstag dar. An den Innenwänden heben sich Großbuchstaben plastisch ab, die zusammenhängend das Glaubensbekenntnis und die Erklärung dazu aus Luthers Kleinem Katechismus ergeben (offen, www.dreifaltigkeitskirche-worms.de, Orgelmusik zur Marktzeit: 5 nach 12, letzter Sa im Monat).

Luther war hier
Eine Gedenktafel an der SEB-Bankfiliale (Hardtgasse 2) verrät den ehemaligen Standort des Johanniterhofs, in dem Luther während des Reichstags wohnte. Nach dem kurzen Abstecher spazieren wir weiter die lebhafte Kämmererstraße entlang, deren Läden und Häuser das alte Worms zeigen. Die Bomber, die 1945 über der Altstadt ihre todbringende Last abluden, verschonten das Viertel weitgehend.

Durch die **Martinspforte,** den ehemaligen Torturm der inneren Stadtmauer, zog Martin Luther 1521 unter großem Jubel in Worms ein – und nach dem Reichstag wieder aus. Heute hat sich hier ein originelles Restaurant etabliert, dem ein Laden mit regionalen Produkten angeschlossen ist.

Wo bitte geht's noch zu Luther?
Am Obermarkt passieren wir in Rufweite des Lutherdenkmals das bronzene ›Schicksalsrad‹ der Stadt, das in einer Szene auch den Reichstag 1521 thematisiert. Da es sich dreht, steht die Wormser Welt samt Luther regelmäßig Kopf – bis auf den Narren, in dem Gustav Nonnenmacher sich selbst porträtiert hat. Auf das **Café Schmerker** 11 weist zwar keine Stele hin, dennoch sollten Sie nicht versäumen, die köstlichen ›Luther-Nüsse‹ zu probieren.

ist mein; aber der Bund ist mir nicht aufgekündigt worden. Der Dom ist, wie er ist. Der Friedhof ist, wie er ist. Aber gekündigt ist uns nicht worden.«

Das um 1034 gleichzeitig mit der ersten Synagoge angelegte Friedhofsareal birgt etwa 2000 Gräber, darunter bedeutende im sogenannten Rabbinental. Zwei eng beieinander stehende Grabsteine in Eingangsnähe fallen indes wegen ihrer exponierten Position und der vielen Steine und Zettel mit Gebeten und guten Wünschen auf. Rabbi Meir ben Baruch von Rothenburg, 1215 zu Worms geboren, Spross einer Gelehrtenfamilie, erhielt den Ehrentitel »Maharam« (unser Lehrer, der Rabbiner Meir), was sein hohes Ansehen u. a. als Gründer einer Jeschiwa in Rothenburg o. d. Tauber ausweist. 1276 kehrte er mit der Familie in die Stadt am Rhein zurück – und geriet in eine auch hier von den Kreuzzügen vergiftete Atmosphäre. Seine Reputation wurde ihm zum Verhängnis. Um potenzielle Auswanderer abzuschrecken und die Geldquelle als sogenannter Schutzjude zu erhalten, nahm ihn König Rudolf I. in Haft. 1293 nach siebenjährigem Kerker gestorben, wurde er erst 1307 bestattet, da der Monarch auch den Leichnam nicht ohne Lösegeld freigeben wollte. Alexander ben Salomon Wimpfen, der den toten Lehrer unter Opferung seines Vermögens ausgelöst hatte, starb noch 1307. Er hatte sich als einzige Gegenleistung einen Grabplatz neben dem Maharam erbeten – dieser Wunsch wurde ihm erfüllt.

Nibelungenspuren

»Ze Wormez bî dem Rîne sie wonten mit ir kraft«, heißt es im Nibelungenlied – und diese Kraft macht den Stoff bis heute interessant. Das Epos, 2009 ins Weltdokumentenerbe der UNESCO aufgenommen, prägte des Image von Worms über Jahrhunderte hinweg, ist im multimedialen Nibelungenmuseum lebendig und in der ganzen Stadt prä-

Der »Heilige Sand« in Worms ist der älteste jüdische Friedhof Europas

Worms und Speyer

sent, auch in Form von Brunnen und Denkmälern. Jährliche Nibelungen-Festspiele seit 2004, aus Finanznot 2010 unterbrochen, ab 2011 im Wechsel von Wormser Theater und Open Air am Dom wieder geplant, nähern sich der Dichtung des unbekannten Verfassers in zeitgemäßer Inszenierung.

Nibelungenmuseum 12

Di–Fr 10–17, Sa, So 10–18 Uhr, Tel. 06241 20 21 21, www.nibelungen museum.de; 5,50 €, erm. 3,50 €
Spuren im kriminalistischen Sinne gibt es nicht für die aus uralten Mythen gemixte Geschichte, die um 1200 in der uns geläufigen Fassung Dichtung wurde. Das Museum in zwei steinernen Türmen (mit Aussichtsgeschoss) der Stadtmauer aus dem 12. Jh., verzahnt mit einem neuen Turm aus Glas und Metall, macht aus dieser ›Nibelungen-Not‹ eine Tugend. Es beeindruckt durch die Aufbereitung des Nibelungenlieds in einer Art Zeitreise und öffnet Kindern und Erwachsenen wie spielerisch eine neue Perspektive – auch auf die wichtige Rolle der Stadt im Mittelalter.

Nibelungendenkmäler

www.nibelungenlied-gesellschaft.de
Szenen aus dem Nibelungenlied finden sich reichlich. Auf dem Obermarkt bildet seit 1986 Gustav Nonnenmachers sich stetig drehendes **Schicksalrad** auch den Streit der Königinnen Kriemhild und Brunhild ab. Sein **Nibelungenliedbrunnen** steht seit 2003 in der Fußgängerzone. Die Familie von Heyl, deren Lederwerke im 19. Jh. den industriellen Aufschwung begründeten, stiftete 1921 den **Siegfriedbrunnen** nahe dem Marktplatz und 1905 das **Hagendenkmal** 13 an der Rheinpromenade. Hier kann man dem muskulösen bronzenen Recken zuschauen, wie er seit Jahr und Tag vergeblich versucht, den Nibelungenschatz im Rhein zu versenken.

Nibelungen- und Siegfriedstraße

www.nibelungen-siegfriedstrasse.de
Unweit von Hagens Denkmal schwappt der Mythos unter dem 1897–1900 erbauten **Nibelungenturm** 14 hindurch über den Rhein. An der Bergstraße und im Odenwald spüren die Nibelungen- und Siegfriedstraße den sagenhaften Schauplätzen nach, z. B. dem Ort, wo Held Siegfried an einer Quelle vom Bösewicht Hagen von Tronje ermordet worden sein soll.

Ausflug auf die Bürgerweide

Tiergarten: Hammeldamm 101, Tel. 06241 272 05, Nov.–Febr. 9–16, März–Okt. tgl. bis 19 Uhr; Parkwirtschaft Im Wäldchen: Ludwigslust 1, Tel. 06241 246 01, Sa–Do
Ein (ent)spannender Ausflug führt von der Rheinpromenade in das Naherholungsgebiet **Bürgerweide** 15, das vom Wormser Wäldchen im Stadtpark, einem Joggerparadies mit Cafés, Spielwiese und Spielplatz, ins Waldgebiet mit Umwelthaus, Umweltgarten und dem Tiergarten übergeht, wo das »kleine Paradies mit Storchennest und Bauernhaus« auf die heimische Tierwelt setzt. Die Tour geht in die renaturierte Auenlandschaft am Rhein über und empfiehlt sich daher auch für Radtouristen auf dem Weg von Worms nach Speyer.

Übernachten

Elegant – **Parkhotel Prinz Carl** 1: Prinz- Carl-Anlage 10–14, Tel. 06241 30 80, www.parkhotel-prinzcarl.de, DZ ab 125 €. Restaurant (Sa 18–22, Mo–Fr auch 12–14 Uhr) Hauptgerichte ab 17 €.
Familiär – **Hotel Römischer Kaiser** 2: Römerstr. 72, Tel. 06241 49 87 40, www. roemischer-kaiser-worms.de, DZ ab 78 €.

Worms: Adressen

Zentral – **Hotel Hüttl** 3: Petersstr. 5–7, Tel. 06241 905 90, www.hotel-huettl.de, DZ 68 €, beliebt bei Radlern.
Modern – **Jugendgästehaus Worms** 4: Dechaneigasse 1, Tel. 06241 257 80, www.diejugendherbergen.de, DZ ca. 50 €. Modernes Haus in Domnähe.

Essen & Trinken

Gourmet – **Rôtisserie Dubs** 1: Kirchstr. 6, Worms-Rheindürkheim, Tel. 06242 20 23, www.dubs.de, Mi–Mo, Menüs 32–84 €. Eine preiswerte Alternative ist nebenan das Gasthaus **Zum Schiff** (Stammessen ab 7,90 €).
Gehoben, originell – **Fürst** 2: Floßhafenstr. 7a, www.fuerst-worms.de. Generalüberholt liegt das schwimmende Café Fürst (Mo–Sa 11.30–14 ab 18, So 11–18 Uhr) mitsamt Restaurant (Mo–Sa ab 18 Uhr, 5-Gänge-Menü 53 €) südlich des Nibelungenturms vor Anker.
Liebenswürdig – **Ristorante Al Duomo-Kupferkessel** 3: Petersstr. 14, Tel. 062 41 247 51, www.al-duomo.de, tgl. 11–14.30 u. ab 17.30 Uhr. Mediterranes Flair bei Pizza (ab 4,50 €) und Pasta (ab 6 €).
Urwormsisch – **Weinhaus Weis** 4: Färbergasse 14, Tel. 062 41 25 00, www.weinhausweis.de, Mo–Fr ab 15.30, Sa 9.30–14 Uhr. Zu regionalen Weinen werden Brotzeiten serviert, z. B. ›äännackische Kääs‹ für 2 €.
Lokale mit Biergarten am Rhein:
Hausbrauerei – **Hagenbräu** 5: Am Rhein 3, www.hagenbraeu.de, Di–So ab 10 Uhr. Köstliches unfiltriertes Bier und Deftiges, z. B. ›Siegfrieds Blutbad‹ (11,50 €), spezielle Themenbuffets, Brauereiführungen.
Ältestes Gasthaus am Platz – **Kolb's Biergarten** 6: Am Rhein 1, www.kolbs-biergarten-worms.de, tgl. ab 11 Uhr.
Familientradition – **Café Lott** 7: Hafergasse 5, Mo–Sa. Historisches Ambiente.
Pulsierend – **Café aqui** 8: Rathenaustr.

Unser Tipp

Parkvergnügen
Der Park des klassizistischen **Schlosses Herrnsheim** 16 wurde von Friedrich Ludwig von Sckell um 1790 als Englischer Garten für Wolfgang Heribert von Dalberg angelegt. Der auf Herrnsheim geborene Kämmerer von Worms und Namensgeber für das Mannheimer Dalberghaus sorgte als Intendant des Nationaltheaters 1782 mit Schillers »Räubern« für Furore. Die Dalberger, die auch auf der Kropsburg über St. Martin saßen, gehörten zu den herausragenden Geschlechtern im Deutschen Reich. 1883 kaufte der Lederfabrikant Cornelius von Heyl das Schloss. Heute ist die Stadt Besitzerin – innovative Betriebe siedelten sich in der Remise an. Events wie der »Herrnsheimer Weinsommer« beleben die adelige Szenerie durch eine Kombination kultureller und kulinarischer Genüsse (www.wein-sommer.de, Schlossführung: April–Okt. 3. So im Monat, 10.30 Uhr, s. Touristeninfo; Schlosscafé: Tel. 06241 849 19 47, Mi–Mo).

31, Junge-Leute-Café in Gründerzeithaus, Mi–Mo, Di Cocktailabend.
Original italienisch – **Eiscafé Vannini** 9: auf dem Marktplatz unter Palmen.
Einfach gut – **Eiscafé Pinel** 10: Wilhelm-Leuschner-Str. 2a, alteingesessen italienisch.
Gemütlich – **Café Schmerker** 11: Wilhelm-Leuschner-Str. 9, s. S. 174.

Essen, Einkaufen

Genießerisch regional – **star region** 1: Kämmererstr. 60, Tel. 06241 26 97 96, www.starregion.de, Mo–Fr 10–18.30, Sa 10–16 Uhr. Feine Kost vom Buffet (bis 16 Uhr, max. 7,66 € pro Teller) in der historischen Martinspforte inmitten von Marktprodukten aus Familienbetrieben – Wein, Öl, Pesto, Honig, Nudeln usw.

Aktiv & Kreativ

Radverleih – **Radhaus 1:** Von-Steuben-Str. 8, Tel. 06241 242 08, www.lebenshilfe-worms.de, Mo–Sa, Integrationsprojekt der Lebenshilfe.

Zeitreise – **Spectaculum Worms:** www.spectaculum-worms.de. Mittelalterliche ›Kurzweyl‹ im Wormser Wäldchen; drei Tage (Fr–So) im Mai/Juni mit Gauklern, Lagerleben, Theater, Livemusik, Bogenschießen, ›Gladiatorenkämpfen‹ u. v. a. m.

Sagenhaft – **Nibelungenlauf:** www.nibelungenlauf.de, Sa, So im Sept.; verschiedene Laufveranstaltungen, bei denen letztlich ›jeder gewinnt‹, mit großem Rahmenprogramm.

Balance – **Segway-Touren:** Tel. 06241 200 15 80, www.segworms.de. Geführte Touren durch Worms auf dem Segway (Elektromotorroller), bis 6 Teilnehmer.

Abends & Nachts

Kulturelle Vielfalt – **Das Wormser:** Bahnhofstr. 41, www.worms.de. Unter dieser Dachmarke agieren ab 2011 das neue Kultur- und Tagungszentrum (KuTaz), das renovierte **Theater 1** nebenan und das **Lincoln 2**, ein zur Kleinkunstbühne umgebautes ehemaliges Kino am Obermarkt 10, Tel. 06241 20 11 99, www.lincoln-theater.de.

Infos & Termine

Festivals
Jazz & Joy: Rockig-jazziges Open-Air-Festival in der Altstadt, Juni, Juli. Tel. 01805 33 74 74, www.jazzandjoy.de.
Nibelungen-Festspiele: Wegen klammer städtischer Finanzen kurzzeitig ausgesetzt, scheint das Sommertheater nun gesichert, www.nibelungenfestspiele.de.

Feste
Pfingstmarkt: 9 Tage Rummel und Verkaufsschau auf dem Festplatz am Rhein, So 11–21, Mo–Sa ab 11 Uhr, Info: Touristeninformation, s. S. 166.
Backfischfest: Ende Aug.–Anfang Sept., größtes Wein- und Volksfest am Rhein zu Ehren der ältesten deutschen, 1106 gegründeten Fischerzunft. 9 Tage auf dem Festplatz, Umzug am ersten Festsonntag. Vor dem abschließenden Feuerwerk versuchen sich beim Turnier ›Fischerstechen‹ zwei stehende Wettkämpfer in zwei von Ruderern ange-

SchUM – Zentren jüdischer Kultur
Speyer (hebräisch *Schin* für Spira), Worms (*Vav* für Warmatia) und Mainz (*Mem* für Magenza) schrieben im Mittelalter wichtige Kapitel in der Geschichte der askenasischen religiösen Kultur. Die Beschlüsse der SchUM-Synoden galten im gesamten deutschen Sprachraum. Im Gegensatz zu ihren christlichen Zeitgenossen konnten die meisten Juden lesen und schreiben, Kaufleute beherrschten Fremdsprachen. Rabbiner, Mathematiker, Astronomen und Ärzte genossen hohes Ansehen. Ein Besuch des Raschi-Hauses zu Worms (s. S. 170) und des Judenhofs zu Speyer (s. S. 182) ist absolut lohnenswert.

triebenen Kähnen mit Lanzen gegenseitig ins Wasser zu stoßen.

Verkehr
Bahn: Hbf Worms: IC, EC, RE und RB nach Mainz, Frankenthal, Ludwigshafen, Mannheim, Lorsch.
Bus: Stadtbusse, auch Spätlinien.
Taxi: Tel. 06241 31 41 oder 06241 64 00.
Ausflugsschiffe: Tel. 06241 93 39 83.

Speyer! ▶ E 5

Das über 2000 Jahre alte Speyer liegt auf einer Niederterrasse, die es vor dem Hochwasser der Auen schützt, an einer strategisch günstigen Stelle. Die west-östlichen Pfade zwischen Odenwald und Pfälzerwald und die Nord-Süd-Handelsstraße durch das Rheintal nutzten einstmalen Kohorten, Kleriker, Kaufleute, Könige, Kaiser.

Speyer gilt als älteste geplante Stadt des Mittelalters auf deutschem Boden. Die um 1030 geschaffene Anlage fußt auf keltisch-römisch-fränkischen Siedlungen, war aber letztlich ein Gründungsakt des Salierkaisers Konrad II., sowohl im Hinblick auf die Platzierung der Mauern und Tore als auch des riesigen Grabs seines und der folgenden Herrschergeschlechter, des Doms nämlich, auf den alles zuläuft. Von daher erklärt sich die als Straßenmarkt ausgelegte, enorm breite Maximilianstraße vom Stadttor Altpörtel zur Basilika. Auf dieser *via triumphalis* ritten die Könige und Kaiser in ihre Freie Reichsstadt ein und steuerten auf das Monument ihrer vergänglichen Herrlichkeit zu.

Durch die Altstadt

Kaiser- und Mariendom 1
Apr.–Okt. Mo–Sa 9–19, sonst bis 17, So 12–17 Uhr; Vorträge zur Domgeschichte: Sa 10 Uhr (Spende); Krypta 3 €, Orgelkonzerte 8/5 €; www.dom-speyer.de

Die größte Kathedrale der Christenheit sollte der Dom werden, über römischen Fundamenten den Anspruch des Kaisertums auf die Universalherrschaft untermauern. Mehrere Generationen bauten an der kreuzförmigen Basilika, seit Konrad II. anno 1030 den Grundstein, Kaiser Heinrich III. weitere Bausteine und der junge Heinrich IV. mit der Weihung 1061 den vorläufigen Schlussstein zu Bau I setzte.

Beim Gang durch den Domgarten lassen sich die einzelnen Phasen ablesen, etwa die Epoche machenden Zwerggalerien aus der zweiten Bauperiode 1082–1106, als Heinrich IV. den späteren Bischof Otto von Bamberg mit einem drastischen Umbau betraute und hierfür lombardische Steinmetze engagierte, die besten Handwerker der Welt. Damals erhielt der Dom seine vieltürmige Form, wenn auch nicht sein endgültiges Aussehen. In der Intention von Kaiser und Baumeister geleitete die Vorhalle des **Westwerks** von der irdischen in die nach Osten hin orientierte himmlische Stadt. Gerüttelt viel Zahlensymbolik war im Spiel: zwölf Fensterpaare erleuchten die Gläubigen, zwölf Pfeilerpaare des **Mittelschiffs** stehen für die zwölf Apostel, das Fundament der Kirche. Sieben Rundbogen-Nischen in der Apsis wachen anstatt der sieben Engel der Apokalypse über das Allerheiligste. Die magische Zahl Sieben ergibt sich aus drei plus vier, aus Dreifaltigkeit und irdischem Leben, den vier Elementen. Zwei Türme flankieren den Chor, wie die zwei Engel die Bundeslade in Jerusalem. Über der **Vierung** wölbt sich eine achteckige Kuppel als Symbol des auferstandenen Christus, der Unendlichkeit und der am achten Tag beginnenden himmlischen Zeit, der Ewigkeit.

Sehenswert

1. Kaiser- und Mariendom
2. Bischöfliches Palais
3. Prot. Landeskirchenrat
4. Hist. Museum der Pfalz
5. Judenhof
6. Altes Rathaus
7. Prot. Dreifaltigkeitskirche
8. Sophie von La Roche Gedenkstätte

Im pfälzischen Katastophenjahr 1689 wurde das Westwerk stark beschädigt, 1773 dank einer barocken ›kleinen‹ Lösung Franz Ignaz Neumanns wieder funktionsfähig, 1794 erneut schwer heimgesucht, 1854–58 neuromanisch rekonstruiert. 1957–66 klopften Restauratoren die Bischofskirche innen und außen auf ihre romanische Urform hin ab. Der Zierrat vergangener Epochen, auch die von König Ludwig I. finanzierte Ausmalung im 19. Jh., wurde bis auf 24 Gemälde Johannes Schraudolphs (Münchner Nazarenerschule) entfernt. Auf reine Architektur reduziert, präsentiert sich der Dom seither sehr nüchtern – und sehr majestätisch. In diesem Zentrum imperialer Macht forderte Bernhard von Clairvaux zu Weihnachten 1146 mit »Gott will es« die Christenheit zum 2. Kreuzzug auf, woraufhin der bis zuletzt widerstrebende Stauferkaiser Konrad III. ebenfalls das Kreuz nahm.

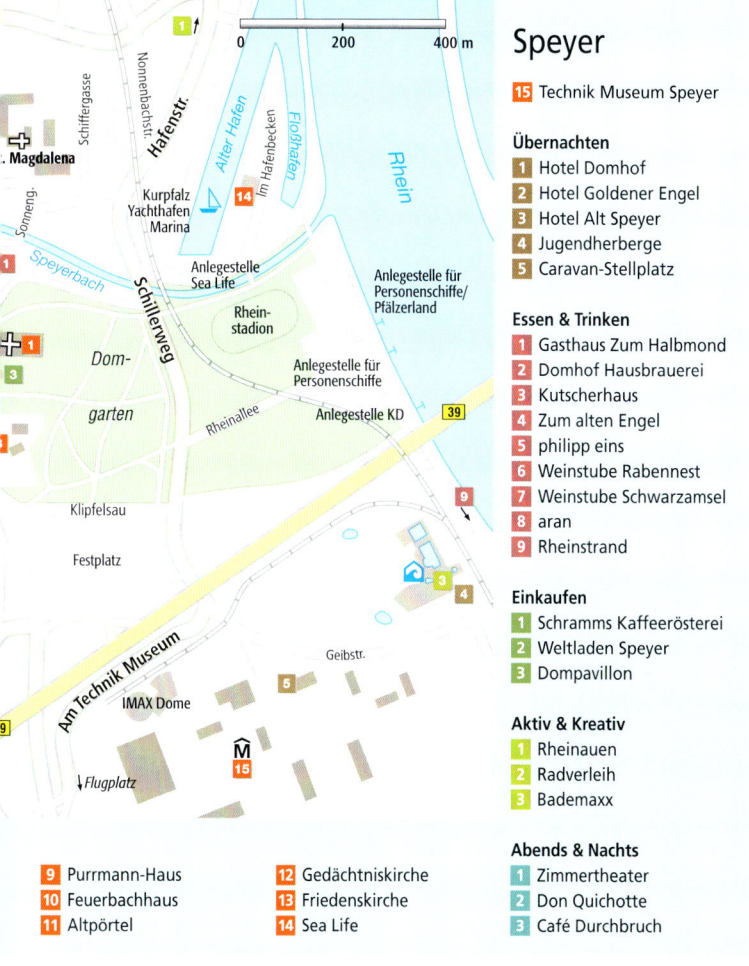

Speyer

15 Technik Museum Speyer

Übernachten
1. Hotel Domhof
2. Hotel Goldener Engel
3. Hotel Alt Speyer
4. Jugendherberge
5. Caravan-Stellplatz

Essen & Trinken
1. Gasthaus Zum Halbmond
2. Domhof Hausbrauerei
3. Kutscherhaus
4. Zum alten Engel
5. philipp eins
6. Weinstube Rabennest
7. Weinstube Schwarzamsel
8. aran
9. Rheinstrand

Einkaufen
1. Schramms Kafferösterei
2. Weltladen Speyer
3. Dompavillon

Aktiv & Kreativ
1. Rheinauen
2. Radverleih
3. Bademaxx

Abends & Nachts
1. Zimmertheater
2. Don Quichotte
3. Café Durchbruch

9. Purrmann-Haus
10. Feuerbachhaus
11. Altpörtel
12. Gedächtniskirche
13. Friedenskirche
14. Sea Life

In die 1041 geweihte **Krypta,** eine der größten und gewiss eine der schönsten Unterkirchen des Abendlandes, ist die Kaisergruft integriert. Am 7. August 1106, dem Gedenktag der hl. Afra und dem Geburtstag des späteren Kaisers Heinrich V., starb sein Vater Heinrich IV.; er wurde in der noch ungeweihten Afrakapelle an der Domnordseite provisorisch und erst fünf Jahre später in der Gruft beigesetzt, als Heinrich V. die Aufhebung des päpstlichen Bannfluchs erreicht hatte. Gleichzeitig verlieh er der Stadt Speyer Privilegien, die er u. a. an die Verpflichtung band, jährlich seines Vaters zu gedenken. Die Salier-Gesellschaft (www.saliergesellschaft.de) erneuerte diese Tradition 1992 als Privilegienfest mit Lichtermesse in der Krypta jeweils im August. Dann wird die **Gruft** geschmückt, in der von Konrad II. bis zu Albrecht von Österreich bedeutende mittelalterliche Herrscher bestattet sind.

Worms und Speyer

Die **Taufkapelle** an der Südseite enthält eine Gedenkstätte für die hl. Edith Stein, die in den 1920er-Jahren im nahen Dominikanerinnenkloster St. Magdalena als Lehrerin wirkte. Anlässlich ihrer Seligsprechung 1987 würdigte Papst Johannes Paul II. den 1981 in die Liste des Welterbes aufgenommenen Dom: »In den mehr als neunhundert Jahren seines Bestehens hat er die großen Zeiten einer gemeinsamen Kultur Europas im Bereich des Glaubens, der Wissenschaft und der Kunst erlebt. Er hat aber auch Zeiten endloser Kriege mit ihren Zerstörungen, Zeiten der Zerrissenheit Europas miterlitten«.

Domplatz

Der Papst predigte auf dem Domplatz, wo der Domnapf die Domimmunität markiert, die früher allen Missetätern und Verfolgten Zuflucht vor der weltlichen Macht bot. Zu Ehren des Pontifex wurde die Schale mit Pfälzer Wein gefüllt, der kostenlos in die Kehlen der Gläubigen rann, wie 1990 bei der 2000-Jahr-Feier der Stadt und natürlich 2008 bei der Investitur des 96. Bischofs von Speyer, Dr. Karlheinz Wiesemann. Vom **Bischöflichen Palais** 2 aus hat er seine Hohe Kirche immer im Blickfeld und im Rücken das ›geistliche Viertel‹ in der Kleinen Pfaffengasse mit diversen Behörden.

Der Präsident der Evangelischen Kirche der Pfalz residiert in unmittelbarer Nachbarschaft am Domplatz 5 im schmucken Dienstsitz des **Protestantischen Landeskirchenrats** 3. Das ehemalige Konsistorium wurde kurz nach 1900 in der pfälzisch-bayerischen Ära erbaut, zeitgleich mit dem Historischen Museum der Pfalz.

Historisches Museum der Pfalz 4

Domplatz, Tel. 06232 132 50, www.museum.speyer.de, Di–So 10–18 Uhr;
Junges Museum: Tel. 06232 62 02 22, Workshops, Aktionstage u. a.

1992 erwachte das Gemäuer von 1910 dank einer Generalsanierung aus seinem Dornröschenschlaf. Mit einem lichtdurchfluteten Erweiterungsbau sowie einer gastronomisch genutzten Überdachung des Innenhofs versehen, wurde es zum attraktiven Ausflugsziel. Mit Events neugierig machen, Hemmschwellen abbauen – das Konzept ging voll auf. Hunderttausende kamen zu Napoleon, Piraten, Wikingern, Hexen usw. Der bronzezeitliche »Goldene Hut von Schifferstadt« oder der römische älteste Traubenwein der Welt halten wie die übrigen Dauerausstellungen sowie Weinmuseum, Domschatzkammer und die Abteilung Evangelische Kirchengeschichte weiter die Stellung zwischen den Shows. Die größte Erfolgsstory aber schreibt das 1999 gegründete erste Kinder- und Jugendmuseum des Landes, das Junge Museum. Jede Ausstellung enthält eine für diese Zielgruppe aufbereitete Komponente oder richtet sich direkt an sie, wie z. B. die Playmobil-Schau 2003.

Judenhof 5

April–Okt. tgl. 10–17 Uhr

Eine eigene Welt war ab 1084 das jüdische Viertel, deren Bewohner Bischof Rüdiger als Garanten für die Reputation der Stadt ausersah und denen er, von Kaiser Heinrich IV. anno 1090 bestätigt, außerordentliche Privilegien gewährte – u. a. Handelsfreiheit, eigene Gerichtsbarkeit, Recht auf Grundbesitz. Dessen ungeachtet gab es wiederholt Pogrome gegen die Speyerer Juden, die Sündenböcke im wachsenden Konflikt zwischen kirchlicher Gewalt und aufmüpfigem Bürgertum der freien Reichsstadt.

Erhalten sind Mauern der Männersynagoge (1104), des angebauten Frau-

Speyer

enbethauses und, als kostbarstes Kulturgut, die 1110–20 vermutlich von der Dombauhütte errichtete Mikwe, ein von einem Kreuzgratgewölbe überspanntes Ritualbad. In das im Herbst 2010 eröffnete Museum ist u. a. die Judaica-Sammlung des Historischen Museums der Pfalz integriert.

Altes Rathaus 6

»Zu Speier im Saale, da hebt sich ein Klingen, mit Fackeln und Kerzen ein Tanzen und Springen«, dichtete einst Ludwig Uhland. Auch heute vergeht in Speyer keine Woche ohne irgendein Event – auch im barocken Alten Rathaus. Dient der Historische Ratssaal vielerlei Kulturveranstaltungen als prachtvolle Kulisse, so ist der Alte Stadtsaal die Hausbühne des renommierten Kinder- und Jugendtheaters (www.theaterspeyer.de). Der Kulturhof Flachsgasse mit Winkeldruckerey (Mai–Okt. Di, Do 13–17 Uhr) und Städtischer Galerie (Di–So 11–18 Uhr) fügt sich vortrefflich in das historische Ambiente ein.

Zum Restaurant Ratskeller geht es tief hinab in verzweigte Gewölbe unterm Rathaus – kein ungewöhnlicher Ort in einer Stadt mit Weinhändlertradition, aber einer der wenigen zugänglichen.

Protestantische Dreifaltigkeitskirche 7

Mi 10.30–16, So 14–17 Uhr
Nach dem Pfälzischen Erbfolgekrieg erbauten die Lutheraner in ihrer dem Erdboden gleichgemachten Heimat ab 1700 ein wahres Schmuckstück im Stil des Spätbarock. Den frei stehenden Glockenturm aus dem 14. Jahrhundert entlieh man der zerstörten St. Georgskirche. 1794 stark demoliert, wurden der Volutengiebel der Fassade und der Dachreiter 1891 neu gestaltet. Das Kircheninnere entzückt durch die Leichtigkeit der Form, auch der hölzernen Emporen, die wie die Decke mit biblischen Motiven ausgemalt sind, und dem originalen Orgelprospekt von 1716.

Weiter durch die Altstadt

Im spätbarocken Hohenfeldschen Haus, über dem Buchantiquariat Adam, wurde eine **Sophie von La Roche Gedenkstätte** 8 eingerichtet, da die Autorin des Bestsellers »Geschichte des Fräuleins von Sternheim« und Großmutter Clemens Brentanos und Bettina von Arnims 1783/84 hier während ihres sechsjährigen Speyerer Aufenthalts die erste deutsche Frauenzeitschrift »Pomona« publizierte (Mo–Fr 10–17, Sa bis 16 Uhr). Martin Mayers bronzenem Jakobspilger auf dem Jakobsweg folgend, schlendern wir an der Alten Münz vorbei die Maximilianstraße entlang, das südländische Flair der Straßencafés und der nach 1689 entstandenen bunten Häuser einer gebildeten Bürgerschicht genießend. Dies- und jenseits erstreckten sich die mittelalterlichen Handwerkerviertel.

Die lebendige Kunstszene der Stadt wurzelt in großen Namen wie Hans Purrmann (1880–1966), zu dessen Ehren Speyer einen Preis für Bildende Kunst auslobt. In seinem Geburtshaus, dem heutigen **Purrmann-Haus** 9 in der Kleinen Greifengasse 14, werden rund 70 Werke des Künstlers gezeigt (Tel. 06232 779 11, Di–Fr 15–17, Sa, So 11–13 Uhr).

Im **Feuerbachhaus** 10 in der Allerheiligenstraße kam der Maler Anselm Feuerbach (1829–80) auf die Welt, Neffe des Philosophen Ludwig Feuerbach; auch nach ihm ist ein Kunstpreis benannt. Inmitten von Kunst und Familiengeschichte können Sie in der Weinstube wunderbar relaxen (Tel. 062 32 704 48, www.feuerbachhaus. de, Di–Fr 16–18, Sa, So 11–13; Weinstube: Sa, So 11–14, Sa auch ab 17, Di–Fr ab 16 Uhr).

Lieblingsort

Der wärmste Ort in Speyer – die Sonnenbrücke

Über den Speyerbach spannt sich die steinerne mittelalterliche Sonnenbrücke mit der bronzenen Nikolausstatue. Den Dom 1 vor sich, die pittoresken ehemaligen Fischerhäuschen des Stadtteils Hasenpfuhl im Rücken, geraten Sie wie wir an diesem zauberhaften Ort, dem wärmsten Speyers, ins Träumen. Sie müssen dazu nicht unbedingt verliebt sein, auch wenn Sie an einer Stelle stehen, die bei manchen Einheimischen ›Liebesbrücke‹ heißt.

Worms und Speyer

Altpörtel [11]
Apr.–Okt. Mo–Fr 10–12, 14–16, Sa, So 10–17 Uhr, Dauerausstellung, 1 €
Das original erhaltene westliche Stadttor (13. Jh.) ist eines von einst über 60 Mauer- und Tortürmen; im 16. bis 18. Jh. wurde es um ein weiteres Turmgeschoss auf 55 m aufgestockt. 1689 entging es der Sprengung nur dank der Einquartierung französischer Militärs nebenan. Zwei Zifferblätter zeigen Stunden und Minuten getrennt an. Von hier oben hat man einen fantastischen Blick auf den Dom, die Stadt, das Umland.

Jenseits der Stadtmauer

Gedächtniskirche [12]
10–12, 14–17, April–Sept. bis 18 Uhr, www.gedaechtniskirche.de
Die neugotische Kirche erinnert an den Reichstag zu Speyer von 1529, auf dem sich 14 Reichsstädte und 6 Fürsten mit der ›Protestation‹ gegen Versuche stemmten, die Reformation durch Verschärfung des Wormser Edikts zu stoppen. Das gilt als Geburtsstunde des Protestantismus. Das Gotteshaus mit dem bunt glasierten Ziegeldach konnte 1893–1904 großenteils durch Spenden von Emigranten realisiert werden. Heinrich Hilgard (1835–1900), der in Übersee sein Glück als Präsident der Northern Pacific Railways machte, zählte dazu. Der 105 m hohe Turm mit dem filigranen Steinhelm überragt alle anderen Türme Speyers, auch den Dom, und reflektiert damit die Konkurrenz von Katholiken und Protestanten im 19. Jh.

Friedenskirche [13]
Mo 18, Mi 17 Uhr Messe in der Kapelle
Ein Zeichen der Versöhnung legten Franzosen und Deutsche 1953 mit dem Grundstein für die Kath. Friedenskirche. In der **pax christi-Kapelle** der Krypta ist in einer Nische Erde aus Orten eingelassen, deren Namen zum Gedenken mahnen: Nagasaki, Verdun, Kursk und seit 2007 ein Kästchen aus Auschwitz.

2010 erhielt St. Bernhard einen neuen Nachbarn: Die seit Jahren nicht mehr genutzte, ehemalige Stiftskirche St. Guido wurde nach teilweisem Abriss als **Synagoge** um- und neugestaltet, ein Symbol für den Neuanfang jüdischer Gemeinden in Rheinland-Pfalz.

Sea Life [14]
Im Hafenbecken 5, Tel. 06232 697 80, www.sealifeeurope.com, tgl. ab 10 Uhr, 10–15 €, Fütterung stdl. 11–16 Uhr
Dem Artenschutz und der Wahrung des biologischen Erbes verpflichtet sich das direkt am Rhein gelegene Sea Life, das nach kurzem Spaziergang durch den Domgarten erreicht ist. In den Aquarien werden ca. 3000 Tierarten gezeigt.

Technik Museum Speyer [15]
Am Technik Museum 1, Tel. 06232 670 80, www.speyer.technik-museum.de, Mo–Fr 9–18, Sa, So bis 19 Uhr, 11–13 € mit Kino 14–18 €
Das Museum präsentiert in einer riesigen Halle und im Außenbereich über 3000, zum Teil begehbare Ausstellungsstücke: Loks, Oldtimer, das russische Space Shuttle Buran, das Boot der Kelly Family, ein U-Boot, ein Jumbo Jet, eine Antonov …, im Wilhelmsbau auch mechanische Musikinstrumente. Das integrierte **Imax-Dome-Kino** zeigt Doku-Filme mit hohem Unterhaltungswert. Im einzigen deutschen Kino mit Kuppelprojektion erliegt man leicht der Illusion, mitten im Geschehen zu sein.

Die Rheinauen

Als Johann Gottfried Tulla ab 1817 – durchaus problematisch – den Oberrhein begradigte, entstanden aus den abgeschnittenen Flusswindungen Altrheinarme und **Rheinauen** 1, die als Rückzugsgebiet für seltene Pflanzen und Tiere ein ökologisches Plus der Region sind. Einen der typischen Auenwälder streift im **Reffenthal** bei Otterstadt (nahe den Badeseen im Binsfeld) ein Teilstück des **Rheinradwegs** von Speyer nach Worms, der hier auf dem Rheinhauptdamm verläuft.

Die Radtour nach **Germersheim** ist u. a. wegen des nahen Atomkraftwerks Philippsburg nicht so attraktiv, trotzdem lohnt sich ein Ausflug in die ehemalige Festungsstadt aufgrund der interessanten Architektur, des Deutschen Straßenmuseums – und nicht zuletzt der Köstlichkeiten des italienischen Eiscafés Amtsstüb'l in der Fußgängerzone.

Juwel mittelalterlicher Profanarchitektur – das Altpörtel

Worms und Speyer

Übernachten

Altstadt-Romanze – **Hotel Domhof** 1: Bauhof 3, Tel. 06232 132 90, www.domhof.de, DZ ab 115 €. Hier tagte im Mittelalter das Reichskammergericht.

Gediegen – **Hotel Goldener Engel** 2: Mühlturmstr. 5–7, Tel. 06232 132 60, www.goldener-engel-speyer.de, DZ ab 81 €. Zentral in Altpörtel-Nähe, Vermietung von ›Classic Cars‹.

Schnuckelig – **Hotel Alt Speyer** 3: Große Gailergasse 1 a, Tel. 06232 602 80, www.hotelaltspeyer.de, DZ ab 77 €. Über dem Kellergewölbe einer Weinstube, Bett & Bike.

Rheinnähe – **Kurpfalz-Jugendherberge** 4: Jugendgästehaus Speyer, Geibstr. 5, Tel. 06232 615 97, www.diejugendherbergen.de, ab 18 €/Pers. Sehr beliebt, Ausstattung optimal.

Am Technik Museum – **Caravan-Stellplatz** 5: Tel. 06232 671 00, www.hotel-am-technik-museum.de, direkt am Hotel, 22 € pro Fahrzeug/Nacht.

Essen & Trinken

Geschmackvoll – **Gasthaus Zum Halbmond** 1: Nikolausgasse 4, Tel. 06232 67 68 80, www.halbmond-speyer.de, DZ ab 100 €, Sa, So ab 12 Uhr, Mo ab 18, Di–Do auch 12–15 Uhr, Tageskarte ca. 7 €, ›Halbmondpfännchen‹ ca. 17 € im ehemaligen Fährmannshaus an der Sonnenbrücke. Bett & Bike.

Natur im Bier – **Domhof Hausbrauerei** 2: Große Himmelsgasse 6, Tel. 06232 677 40, ab 11 Uhr. ›Domhoftopf‹ ca. 14 € zum köstlichen unfiltrierten Bier! Schöner Biergarten.

Aus Tradition gut – **Kutscherhaus** 3: Am Fischmarkt 5 a, Tel. 06232 705 92, www.kutschenhaus-speyer.de, DZ 75 €, Do–Di 11.30–14, ab 18 Uhr, Fischgerichte ab 13,50 €. Mai–Sept. tgl. Biergarten mit Open-Air-Küche, 3–12 €.

Keller-Knüller – **Zum alten Engel** 4: Mühlturmstr. 7, Tel. 06232 709 14, www.zumaltenengel.de, im Sommer Mo–Sa, sonst tgl., ab 18 Uhr. Im bildschönen Ambiente Regionales (deftig bis fein) 9–22 €; es empfiehlt sich zu reservieren.

Toptipp – **philipp eins** 5: Johannesstr. 19, Tel. 062 32 784 00, www.philippeins.de, Di–Sa. Reichstags-Absteige Philipps von Hessen im 16. Jh., lauschiger Garten, Theater-, Musikbühne, Tanztees, saisonale Speisen ab 10 €.

Urig-gastlich – Optimal im Preisleistungsverhältnis und in der Weinauswahl empfehlen sich die **Weinstuben Rabennest** 6 (Korngasse 5, www.weinstube-rabennest.de, Mo–Sa 11.30–14, ab 17.30 Uhr) und **Schwarzamsel** 7 (Korngasse 18, www.weinstube-schwarzamsel.de, Di–So ab 18 Uhr).

Echt mit Stil – **aran** 8: Korngasse 13, Tel. 06232 602 19 30, Mo–Sa 9–19, So 10–19 Uhr. Eine Kette zwar, aber ein überzeugendes Konzept: Natursauerteigbrote mit diversen Aufstrichen, hausgemachte Kuchen, beste Kaffees.

Sand und Palmen – **Rheinstrand** 9: Am Neuen Rheinhafen, nahe des Jugendgästehauses, www.rheinstrand-speyer.de, April–Sept., Pizza ab 5,50 €.

Einkaufen

Spitzenkaffee – **Schramms Kaffeerösterei** 1: Gilgenstr. 31, www.schramms-kaffee.de, Mo–Fr 9.30–18.30, Sa bis 16 Uhr, auch Süßwaren, Accessoires, Probiersets.

Fair gehandelt – **Weltladen Speyer** 2: Korngasse 31, Tel. 06232 782 85, Mo 14–18, Di–Fr 10–18, Sa 10–14 Uhr, www.weltladen-speyer.de. Seit 20 Jahren bestehender Non-profit-Laden.

Souvenirs – **Dompavillon** 3: Am Domplatz, u. a. ›Dombausteine‹ mit Domlabel (Wein, Uhr, Schirm etc.) für die Domsanierung.

Speyer: Adressen

Aktiv & Kreativ

Speyer wurde 2008 im Wettbewerb »Mission Olympic« als »Deutschlands aktivste Stadt« ausgezeichnet. Das spricht für Sport-Vielfalt vor Ort!

Naturgenuss – **Rheinauen 1**, s. S. 187
Radaktiv – **Radverleih 2**: Stiller, Gilgenstr. 24, Tel. 06232 759 66, www.stiller-radsport.de.
Plantschen – **Bademaxx 3**: Geibstraße, www.bademaxx.de. Das Freibad wurde jüngst um ein Hallenspaßbad und einen Wellnessbereich mit Sauna erweitert.
Balance – **Segway-Touren:** Tel. 06322 62 06 67, www.pfalz-aktiv.com; auf dem Segway durch Speyer.
Spritzig – **Wasserskischule Becht:** Buchenweg 11 a, Tel. 06232 719 79, www.wasserskischule.de, u. a. Wakeboard, Jetski, Yachttörn.
Mal weg – **Pfälzer Jakobsweg:** Die Pilgerroute Süd führt von Speyer nach Hornbach (Pfälzerwald), Info s. Touristeninformation S. 166.

Abends & Nachts

Winzig, aber oho – **Zimmertheater 1 Speyer:** Kulturhof Flachsgasse (Keller). Programm s. Touristeninfo S. 166 und www.zimmertheater-speyer.de.
Nightlife – **Don Quichotte 2**: Große Himmelsgasse 5, Tel. 06232 81 52 65, www.donquichotte-speyer.de, Di–Sa, ›Tapasbar‹ oben und ›Keller‹ unten, wo Fr, Sa 23–5 Uhr bei DJ- und Livemusik von House bis Oldies die Post abgeht.
›Bruch‹ – **Café Durchbruch 3**: Schustergasse 9. Im Keller unterm ›Bierbrunnen‹ entdeck(t)en Generationen junger Speyerer das Nachtleben.
Hört ihr Leut' – **Nachtwaecherey:** Tel. 06205 92 34 62, www.nachtwaechter-speyer.de Auf den Nachttouren und dem morgendlichen »Speirer Weckruf« erzählt Otmar Geiger Heimatgeschichte.

Infos & Termine

Festivals

Kult(o)urnacht: Ende Mai, Kulturerlebnis quer durch Speyer, 19–2 Uhr, Info s. Touristeninformation S. 166.
Speyerer Gitarrensommer: Mitte Sept., Alter Stadtsaal, s. Touristeninformation.
Kinder- und Jugendtheater Speyer: Ausrichter der Festivals **Kulturbeutel** (Theater, Kabarett, Musik), **Kindertheater International**, **Jugendtheaterwoche**, s. Touristeninformation oder www.theaterspeyer.de.

Feste

Brezelfest: Juli, Festplatz und drumherum, Jahrmarkt für Speyers Laugengebäck mit Festzug und Feuerwerk.
Kaisertafel: Aug., kulinarischer Open-Air-Schmaus in der Maximilianstraße.
Altstadtfest: Sept., Straßenfest zwischen Fischmarkt und Sonnenbrücke, u. a. Livemusik, Fassrennen.
Herbstmesse: Okt./Nov., Festplatz-Rummel, Mantelsonntag (Sonntag vor Allerheiligen).
Weihnachtsmarkt: Festliches Treiben auf dem Alten Marktplatz zwischen Alter Münze und festlich illuminiertem Dom.

Verkehr

Bahn: Hbf, zwei S-Bahn-Haltestellen.
Bus: Shuttle vom Bahnhof zur Innenstadt bis Festplatz/Bademaxx; Busse in die Stadtteile.
Taxi: Tel. 06232 62 11 62.
Schiff: MS Sea-Life, Hafenstr. 22, Tel. 06232 29 11 50, www.mssealife.de, Anlegestelle ggb. Sea-Life. April–Okt. Reffenthaler (12 u. 16 Uhr) und Berghäuser Altrhein (14 Uhr). MS Pfälzerland, Rheinufer beim Café Hammer (Anlegestelle), Tel. 06232 713 66, www.personenschifffahrt-streib.de. April–1. Nov. Fahrt in den Otterstädter (Mi 15 Uhr), Berghäuser (Di–Sa 13, So 13 u. 17 Uhr) und Reffenthaler Altrhein (Do–Di 15 Uhr).

Das Beste auf einen Blick

Deutsche Weinstraße

Highlights!

Freinsheim: Wer für ein Es-war-einmal-Flair empfänglich ist, wird dem Charme dieses pittoresken Städtchens bald verfallen sein. S. 198

Bad Dürkheim: Eine vorbildliche Sanierung rückt malerische Winkel der Kurstadt ins rechte Licht. Als Start für Pfälzerwald-Wanderungen punktet es zusätzlich. Und natürlich mit dem Riesenfass! S. 202

St. Martin: Der Bilderbuch-Weinort ist weithin bekannt. Er hat es sich mit behutsam restaurierter Bausubstanz und freundlicher Aufmerksamkeit für die Gäste auch redlich verdient. S. 219

Auf Entdeckungstour

Mit dem Kuckucksbähnel ins Elmsteiner Tal: Nostalgie in vollen Zügen – eine Dampflok zieht historische Wagen in ein idyllisches Tal im Pfälzerwald. S. 214

Ludwigs Fall auf die Höhe unter der Rietburg: Ein waschechter bayerischer König baut sich ein sommerliches Refugium in der pfälzischen Provinz und genießt – abgedankt – auf Schloss Villa Ludwigshöhe das Verweilen und Spazieren auf der »schönsten Quadratmeile« seines Reichs. S. 222

Kultur & Sehenswertes

Neuleiningen: Das Ensemble aus Dorf, Burgruine und Kirche ist unbedingt sehenswert. S. 195

Klosterruine Limburg: Historisch hochinteressant, einmalige Lage, Schauplatz von Open-Air-Veranstaltungen. S. 203

Burg Berwartstein: Die Führung durch die bewohnte Burg ist ein Vergnügen für Jung und Alt. S. 238

Aktiv & Kreativ

Walddusche: Man muss nicht unbedingt eiskalt duschen. Eine Wanderung ins Hainbachtal genügt – und dann zu St. Anna auf dem Teufelsberg. S. 227

Draisinenbahn bei Landau: Mit Ihrer Muskelkraft kommen Sie voll in Fahrt – ein Ferientag besonderer Art. S. 231

Gleitschirmfliegen: Wer's extrem sportlich und luftig will, fliegt von den Haardt-Hügeln aus ins Tal. S. 237

Genießen & Atmosphäre

Weinbergnacht: Unvergesslich ist die Wanderung zu Bad Dürkheims Michaelskapelle, mit Weinverkostung. S. 206

Mandelblütenfest: Das erste Fest an der Weinstraße, rund um die Kirche in Gimmeldingen. S. 218

Confiserie Herzog: Köstliche Pralinen und feine Kuchen probieren und ein bisschen ›Leute gucken‹ in Bad Bergzaberns Fußgängerzone. S. 238

Abends & Nachts

Badehaisel: Eine traditionsreiche Location im Wald bei Wachenheim mit Livemusik-Atmosphäre. S. 207

Konfetti: Bio-Kost und Livemusik – das passt in Neustadt in einem geschmackvollen Lokal optimal zusammen. S. 217

Chawwerusch in Landau: Volkstheater im besten Sinne – spritzig, humorvoll, nachdenklich und nie flach. S. 234

Sonnenland Weinstraße

Rund 85 km zieht sich die Deutsche Weinstraße von Bockenheim im Norden bis Schweigen im Süden. Die Landschaft zwischen Pfälzerwald und Rheinebene wird häufig mit der Toskana verglichen, ist aber einzigartig auf ihre ganz eigene Weise: Einmalig das Wechselspiel zwischen sanft gewölbten Bergrücken, steil aufragenden Hügeln, schroffem Fels und tief eingeschnittenen Bachtälern, bezaubernd schön die Perlenschnur anmutiger Dörfer und Städte. Einzigartig das Licht von sagenhafter Leuchtkraft, wenn an heißen Sommertagen die Erde dampft und die Luft über der Rheinebene flimmert. Mediterran die Vegetation, wovon man sich in den Parks der Kurorte und den Villen der großen Weingüter überzeugen kann.

Leiningerland ▶ C 2–3

Der Weinstraßen-Norden zeigt sich spröder als die klassische Mitte und der wildromantische Süden, seine landschaftlichen Reize erschließen sich nicht auf den ersten Blick. Ein marktstrategischer Geniestreich war es daher, die Bezeichnung Unterhaardt durch das positive Leiningerland zu ersetzen, was nebenbei das regionale Wir-Gefühl förderte. Historisch gesehen agierten die Grafen von (bzw. zu) Leiningen nicht immer unumstritten, sie annektierten so manches Lehen. Die Nachkommen von Emich II., der im 12. Jh. die Burg Altleiningen als Stammsitz des vitalen Geschlechts erbauen ließ, verzweigten sich in der Pfalz und darüber hinaus.

Bockenheim ▶ C 2

An der Grenzlinie zwischen den 1956 vereinten Dörfern Klein- und Großbockenheim markiert seit 1995 das einem Römerkastell nachempfundene **Haus der Deutschen Weinstraße** den nördlichsten Punkt der Touristikroute. Das fränkische Königsgut rissen sich die Leininger Grafen im 13. Jh. unter den Nagel, wohl auch wegen der fruchtbaren Lössböden. Weinbau hat hier seit mehr als 1000 Jahren Tradition. In der Pfarrkirche St. Lambert stimmt die gotische Traubenmadonna auf eine Reise ein, in der Wein das Herz fast aller Dinge ist (Schlüssel: Pfarrhaus, Tel. 06359 400 30).

Ausflug nach Quirnheim
Auf der Westseite des Gerstenbergs sind zwei Welten zu entdecken: Der archaische Rundturm der protestantischen Kirche versetzt ins 11., das Motorradmuseum ins 20. Jh. Technikfreaks betreiben es in ehemals amerikanischen Baracken (Kleine Wust 11, www.motorrad-technik-museum.de, März–Okt. Sa, So 13.30–16.30 Uhr; 2 €, erm. 1 €).

Infobox

Reisekarte: ▶ B–C 2–7

Internet
www.deutsche-weinstrasse.de
Die Website der Region Mittelhaardt (Bockenheim–Neustadt) ist zuverlässig, gut gegliedert, ausführlich und aktuell.
www.suedlicheweinstrasse.de
Das lebendig gestaltete Portal des Landkreises Südliche Weinstraße informiert sehr ansprechend über die touristischen und kulinarischen Angebote der Region.

Im Zellertal

Übernachten, Essen

Mediterran – **Landgasthaus Zur Traube:** Weinstr. 82, Tel. 06359 43 07, www.landgasthaus-zur-traube.com, DZ 70 €, Hauptgerichte ab 15 €; das Frühstück ist köstlich!

Infos & Termine

Touristeninformation
Grünstadt-Land: Haus der Deutschen Weinstraße, Weinstraße 91b, Bockenheim, Tel. 06359 800 18 20, www.leiningerland.com, Info Bockenheim: Tel. 06359 94 64 10, www.bockenheim.de.

Feste
Seefest: Mitte Juni, am Haus der Deutschen Weinstraße.
Bockenheimer Weintage: Wochenende vor Ostern, Festhalle Emichsburg, Weinmesse und Festabend der Mundartwerkstatt.

Im Zellertal ▶ C 2

Ins malerische Tal der Pfrimm ist es von Bockenheim aus ein Katzensprung. Auf Kalkfelsen gedeihen im nördlichsten Anbaugebiet der Pfalz feine Weine exquisiter Lagen wie Zeller Schwarzer Herrgott. Noch liegen Einselthum, Niefernheim, Harxheim im touristischen Schatten. Das gilt auch für Zell, wo der heilige Philipp, ein angelsächsischer Einsiedler, in einer Klause *(cella)* gehaust und um 760 den germanisch-keltischen Barbaren das Christentum verkündet haben soll. Auf der Fahrt hoch nach Zell kommen Radler auf alpinen Kehren mächtig ins Schwitzen. Wanderer erlaufen sich eine Landschaft, deren markantester Orientierungspunkt der Donnersberg ist, der heilige Berg der Kelten.

Übernachten, Essen

Günstig und gut – **Weller's Weinhäusel:** Hauptstr. 2, Einselthum, Tel. 06355 23 23, www.wellers-weinhaeusel.de, DZ 45 €, Di ab 11, Mi–Fr 11–14 u. ab 17, Sa, So ab 10 Uhr, Gerichte ab 5 €. Das zu einem Weingut gehörende Lokal ist bei Wanderern und Einheimischen sehr beliebt.

Einkaufen

Öko und Fest – **Weingut Fippinger-Wick:** Zeller Hauptstr. 2, Zell, Tel. 06355 22 01, www.weingut-wick.de, Ecovin-

Unser Tipp

Pfälzer Mundart
Der Pfälzische Mundartdichterwettstreit in Bockenheim nimmt einen besonderen Rang ein. Mit fast 60 Jahren ist er der älteste und renommierteste Wettbewerb seiner Art hierzulande. Galt Dialekt allgemein als hinterwäldlerisch und wenig karrieretauglich, so rangiert Pfälzisch in einer Emnid-Umfrage sogar weit unten auf der Beliebtsheitsskala. Vom Vorwurf des weinsentimentalen Provinzialismus befreit, erweist sich aber gerade in Bockenheim, wie nuancenreich und bildhaft pfälzische Mundart sein kann, wie zart und derb zugleich. In der Metropolregion entdecken linksrheinische Pfälzer und rechtsrheinische Kurpfälzer ihre Gemeinsamkeit neu – sprachlich und kulturell. Die Atmosphäre beim Winzerfest im Oktober, wenn sich im Festzelt die Autoren der Jury und dem Publikum stellen, bringt Ihnen die Pfalz ein Stück näher (Tel. 063 59 94 64 10 oder www.bockenheim.de).

Deutsche Weinstraße

Weine, Olivenölfest Anfang Mai. Tipp: »Château d'Escargot« vom Schnecken-Weinberg mit dem Türmchen oberhalb Zells (www.wingertschnegg.de).

Infos

Verkehr

Bahn: Zellertalbahn, So, Fei 2-stdl. Mai–Mitte Okt., Monsheim-Hochspeyer; Anreise mit S-Bahn bzw. Regionalbahn.
Bus: Bus 921 Monsheim – Marnheim.

Grünstadt ▶ C 2/3

Vom Glanz einer Residenz, die sich die Leininger Grafen um 1700 erkoren, ist im Städtchen nur mehr wenig zu spüren. Zahllose Kriege reduzierten die historische Substanz. Schloss Oberhof in der Neugasse, heute Hüter der Stadtbücherei, ließ die einstige Pracht hinter sich, ebenso das zeitweilig zur Frankenthaler Porzellanmanufaktur gehörende Schloss Unterhof nahe der Prot. Martinskirche. 1942 fielen Bomben auf die Innenstadt. Sie setzten das Gotteshaus und damit eine der fränkisch besiedelten Urzellen Grünstadts in Brand. Sich von der barocken Eleganz des Kirchenkörpers abhebend, bergen die 500-jährigen Mauern des wuchtigen Turms seit 1992 ein Hightech-Glockenspiel, von dem aus alle zwei Stunden geistliches Liedgut über die lebhafte Fußgängerzone schallt. Dort informiert das 2009 eröffnete Museum im Alten Rathaus über die Ortsgeschichte (Hauptstr. 84, Di, Do, So 15–18 Uhr, Tel. 06359 31 54). Grünstadt ist ein optimaler Ausgangspunkt für Touren!

Radtour ins Eckbach- und Eistal

Rund 35 km saust man von Sausenheim durchs Eckbach- und Eistal nach Asselheim. Am Eckbach klappert nichts mehr, der Mühlenwanderweg aber erinnert an die frühere Nutzung der Gebäude, u. a. in Kirchheim, Bissersheim und Großkarlbach (Museum). In Dirmstein erregen Balthasar Neumanns außergewöhnliche Doppelkirche und der neugestaltete Park am Koeth-Wanscheidschen Schloss Aufmerksamkeit. Nach Durchquerung Colgensteins und Mühlheims im Eistal endet die Tour in Asselheims pittoreskem Dorfkern mit dem romanischen Rundturm – oder nach steilem Aufstieg in der Weinwanderhütte (April–Okt. Sa ab 14, So ab 10 Uhr), von wo man einen herrlichen Blick ins Rheintal genießt. Tipp: Am 3. Oktober ist das Eistal von Obrigheim bis zum Eiswoog auf rund 20 km autofrei.

Bahnerlebnisse am Eiswoog

Die schmalspurige **Stumpfwaldbahn** fährt ab dem Bahnhof Eiswoog durch eine herrlich unspektakuläre Waldlandschaft nach Ramsen und zurück (So, Fei Mai–3. Okt., www.stumpfwaldbahn.de, einfach 3 €, hin u. zurück 4,50 €, Kin. erm., unter 3 J. frei). Am Tag des ›autofreien Eistals‹ (3. Okt.) qualmen Dampfloks. Die normalspurige **Eistalbahn** fährt sonntags von Grünstadt bis Eiswoog, werktags nur bis Ramsen (www.eistalbahn.com, Bus 457 tgl.). **Seehaus Forelle Haeckenhaus:** Im Schatten des stillgelegten, imposanten Viadukts von 1932 lässt es sich delikat speisen und in extravaganter Architektur übernachten (Eiswoog 1, Ramsen, Tel. 06356 608 80, www.landgasthof-forelle.de, DZ ab 95 €, tgl. 11.30–21 Uhr, vegetarisch 10 €, sonst ab 17 €, Forellen von nebenan).

Übernachten, Essen

Ausspannen – **Pfalzhotel Asselheim:** Holzweg 6–8, Grünstadt-Asselheim, Tel. 06359 800 30, www.pfalzhotel.de, DZ ab 70 €, Sonntagsbrunch ca. 25 €.
Fabelhafte Küche – **Hotel-Restaurant**

Jakobslust: Jakobstr. 15, Grünstadt, Tel. 06359 92 46 00, www.hotel-jakobslust.de. DZ ab 65 €, Sa–Do 11–14.30 ab 17 Uhr, Hauptgerichte ab ca. 13 €.
Waldeslust – **Naturfreundehaus Rahnenhof:** Hintergasse 13, Carlsberg-Hertlingshausen, Tel. 06356 96 25 00, www.naturfreundehaus-rahnenhof.de, Reservierung! Vollpension ca. 40 €/Pers., Kin./Jugendl. ca. 27/34 €. Sport, Spiel, Radverleih. Abholung möglich.

Essen & Trinken

Französisch-mediterran – **Restaurant Am Bienenbrunnen:** Hintergasse 2, Grünstadt-Sausenheim, Tel. 06359 81 09 25, www.bienenbrunnen.de, Di–Sa ab 18, So auch mittags. Meeresfrüchte ab ca. 20 €, u. a. im Gewölbe u. Garten.

Aktiv & Kreativ

Für jeden etwas – **Allwetterbad:** Bückelhaube 11, Grünstadt, 06359 95 42 38, www.allwetterbad-gruenstadt.de, Wellness, Beachvolleyball, Sauna …

Abends & Nachts

Kultur vom Feinsten – **Kulturverein Grünstadt:** Tel. 06359 96 16 30, www.kulturverein-gruenstadt.de. Sternstunden-Konzerte, Kunst aller Sparten.
Kultur auf dem Land – **Sieben-Mühlen Kunst- und Kulturverein:** Großkarlbach, Tel. 06238 98 25 66, www.siebenmuehlen.de. Breites Spektrum hochkarätiger Kulturveranstaltungen.

Infos & Termine

Touristeninformation
Weinstraßencenter, Luitpoldplatz, Grünstadt, Tel. 06359 93 73 20, www.gruenstadt.de.

Feste und Festivals
Weinwettstreit am Jakobimarkt: Ende Juli, Grünstadt, mit Krönung der Weingräfin des Leiningerlandes.
Asselheimer Weintage: August, Asselheim, Schubkarchrennen (Di).

Verkehr
Bahn: Bf Grünstadt, Asselheim: Frankenthal – Freinsheim – Ramsen (Eistalbahn).
Bus: Stadtbusse 471, 472; Bus 455 (Eisenberg), Bus 454 (Hertlingshausen).

Neuleiningen ▶ C 3

Leinigerland Museum im Burgturm, März–Okt. 1. und 3. So 13–17 Uhr, Tel. 06359 823 56
Gräfin Eva zu Leiningen-Westerburg ist die historische Urfigur für die Weingräfinnen des Leiningerlandes, die alljährlich in Grünstadt am Jakobimarkt gekrönt werden. Sie herrschte 1481–1543 auf Burg Neuleiningen und bewies großen Mut, als die Burg im Bauernkrieg überfallen wurde. Statt Gewalt und Gegenwehr bot sie den Eindringlingen Speis und Trank – bis sie satt und friedlich abzogen. Die um 1240 von Graf Friedrich III. von Leiningen nach burgundisch-orientalischen Vorbildern erbaute Burg blieb unversehrt. Die Generäle des Sonnenkönigs Ludwig XIV. waren weniger friedfertig. 1690 legten sie im Pfälzischen Erbfolgekrieg Burg und Dorf in Schutt und Asche.

Die Burgruine gewährt eine wunderbare Aussicht in die Ebene. Im Südostturm thematisiert das Leiningerland Museum u. a. die Steingutfabrik Jakoby, die von 1864 bis 1932 den Ortsteil Tal prägte. Neuleiningens nach der Zerstörung wiederaufgebauter Dorfkern erhielt in den 1980er-Jahren als denkmalgeschütztes Ensemble eine weitere Aufwertung. Die Investition in die Erhaltung eines geschlossenen Ortsbilds zahlt sich aus. Bezaubernd das Ambiente aus Fachwerk, Gassen, Ringmauer, Diebsturm, Nikolauskirche, Treppenwinkeln, kombiniert mit einem malerischen Terrassenweg ins Tal. Zu Recht regnete es Preise auf das Dorf herab, mehrmals empfahl es sich als Filmkulisse. Neuleiningen – einfach bildschön!

Ökopark Erdekaut

Tongruben in Eisenbergs Umgebung gab es schon zur Römerzeit. 1996 endete mit der Aufgabe der Tongrube Riegelstein die Abbau-Ära. Das Museum in der Erlebnislandschaft bei Eisenberg und Hettenleidelheim gibt ebenso wie der Rundgang durch den Park Einblicke in Bergbau und Biotope.

Übernachten, Einkaufen

Nobles Design – **Die Suite:** Mittelgasse 27, Neuleiningen, Tel. 06359 16 56, www.die-suite.de, Ü/F 2 Pers. 149 €. Wohnen im 300 Jahre alten Haus, vom Goldschmied und Marmeladen-Koch Tobias Ueberschaer chic restauriert (www.delikatessenmanufaktur.de).

Übernachten, Essen

Freundlich – **Hotel-Restaurant Zum Burggraf:** Mittelgasse 11, Neuleiningen, Tel. 06359 28 26, www.zumburggraf.de, DZ ab 70 €, Fondue 18 €. Ehemalige Zuntherberge mit Weitblick.
Ideal für Familien – **Burg-Jugendherberge:** Jugendgästehaus Altleiningen, Tel. 063 56 15 80, www.diejugendherbergen.de, DZ ca. 52 €, Mehrbettzimmer ca. 20 €/Pers., Mittelalter-Specials, Burgschänke.

Essen & Trinken

Wie im Wohnzimmer – **Liz' Stuben:** Am Goldberg 2, Neuleiningen, Tel. 06359 53 41, Di–Sa ab 19 Uhr. Elisabeth Gissels italienisch inspirierte Küche serviert wechselnde Menüs ab ca. 30 €. Es empfiehlt sich zu reservieren!
Inspiriert – **Zum Gäsbock:** Mittelgasse 32, Neuleiningen, Tel. 06359 209 07 90, www.gäsbock.de. Alan Joe Wroe (Engländer, Profimusiker, Koch) tischt u. a. Bollywood Specials ab ca. 13 € auf.

Abends & Nachts

Burgtheater – **Burgspiele Altleiningen:** Infos Tel. 06356 380, http://burgspiele-altleiningen.de. Spielzeit ab Mitte Juni Sa, So, ambitioniertes Laientheater auf der ehemaligen Burg der Leininger Grafen.
Im Burghof – **Neuleininger Burgsommer:** www.burgsommer-2008.de, Juli. Rock, Jazz, Comedy im Burghof.

Infos & Termine

Touristeninformation
Grünstadt-Land: Haus der Deutschen Weinstraße, Weinstraße 91 b, Bockenheim, Tel. 06359 800 18 20, www.leiningerland.com und www.neuleiningen.de.

Feste
Stabausfest: 3. Sonntag vor Ostern (Lätare), über 400 Jahre alter Brauch der Winterverbrennung nach dem Zug durchs Dorf, Brezeln für die Kinder.
Weihnachtsmarkt: 1. und 2. Advent, Sa 15–21, So 13–20 Uhr. Zwar längst kein Geheimtipp mehr, trotzdem ungemein stimmungsvoll im Treppauf-Treppab-

Das ›Spitzehäuschen‹ in Neuleiningen

Deutsche Weinstraße

Dorf mit Buden, Läden und Kunsthandwerk.

Verkehr
Bahn: Grünstadt: Neustadt, Frankenthal.
Bus: ab Grünstadt Linie 457 bzw. 454.

Freinsheim ! ▶ C 3
und Umgebung

Freinsheim und die ›drei am Berg‹ sind eine Reise wert. Freinsheim um der mittelalterlichen Anmut, Herxheim um der bevorzugten Weinlagen, Bobenheim um der Süße willen (s. Unser Tipp S. 199) und Weisenheim insbesondere, um einem wortgewaltigen Pfarrer zuzuhören.

Laut der liebevollen Beschreibung des Schriftstellers und Journalisten Hermann Sinsheimer fließt **Freinsheim** »über von Geschichte, Wein und Obst. Eine schwere, dunkle Stadtmauer panzert um versonnene alte Häuser«. Die kleine Stadt mit Türmen, Hain- und Eisentor, malerischen Winkeln, den die Stadtmauer überbrückenden Häuschen, dem barocken Zentrum mit der Pfarrkirche St. Peter und Paul (um 1780), der Prot. Kirche (15./17. Jh.) und dem von einer überdachten Freitreppe beschützten Rathaus (1750) umgibt eine besondere Aura. Seit den 1970er-Jahren hob eine stilsichere Sanierung viele Schätze. Nicht nur repräsentative Gebäude wie der Von-Busch-Hof profitierten davon, sondern der gesamte alte Kern, wo sich seither eine vorzügliche Gastronomie etabliert hat. Ein Bummel durch die pittoresken Gassen zeigt so manche Schönheit des Orts. Einen genussvollen Eindruck längst vergangener Zeiten vermittelt das Schlendern entlang der Stadtmauer, die Freinsheim noch immer umgibt.

Herxheim am Berg ▶ C 3

Ist der Pfaffenhof mit dem prachtvollen Renaissancetor durchquert und der Schlossgarten hinter der Prot. Kirche erreicht, öffnet sich ein grandioses Panorama bis hin zur Silhouette des Odenwalds. Ein wundervoller Platz für das Wein- und Sektsymposium »Kurpfalzblick« jeweils im Juli, auf dem erlesene Speisen und Getränke kredenzt werden. Das auf dem Hang hinter der Wehrmauer sitzende Dorf rühmt sich exquisiter Weinlagen wie Honigsack, Kirchenstück und Himmelreich. Dass die Weine galaktische Qualität erreichen können, steht für Genießer außer Frage. Dass aber Herxheim seit 2004 alljährlich im Mai/Juni SciFi-Fans magisch anzieht, man Darth Vader unversehens auf der Dorfstraße begegnen kann, hat sich bisher erst im SF-Orbit herumgesprochen (www.science-fiction-tage.de).

Weisenheim am Berg ▶ C 3

Beim Heimatfest (Mai) und der Kerwe (Sept.) liest der protestantische Pfarrer i. R. Otmar Fischer, getreu dem Lied »In de Palz geht de Parre mit de Peif in den Kärch«, seinen Schäfchen humorvoll die Leviten. Mundartpredigt und Rauchopfer bescheren der gotischen Kirche mit dem barocken Turm und den um 1400 entstandenen Wandmalereien einen gewaltigen Zustrom.

In der ehemaligen Synagoge entfaltet sich z. B. beim winterlichen Gitarrenfestival kulturelles Leben, (www.ehemalige-synagoge-weisenheim.de). Im »Admiral«, dem einstigen Sommersitz des Polarforschers Georg von Neumayer (s. S. 203), zaubert Alexander Hundt exquisite Speisen auf den Tisch (Leistadter Str. 6, Mi–So, www.restaurant-admiral.de).

Freinsheim und Umgebung

Übernachten

Wohlsein – **Ferienhotel garni Altes Landhaus:** Hauptstr. 37, Freinsheim, Tel. 06353 936 30, www.altes-landhaus.de, DZ ab 80 €.

Chic mit Herz – **Cleo's Hotel & Café:** Weinstr. 65, Kallstadt bei Freinsheim, Tel. 06322 94 17 80, www.cleos-hotel.de, DZ ab 75 €. Café Fr–So 14–18; Weinstube Fr, Sa ab 17 Uhr.

Essen & Trinken

Kreativ – **Café Rathaus:** Hauptstr. 4, Freinsheim, Tel. 06353 20 05, www.cafe-rathaus.de, Di–So ab 10 Uhr. Kleine Karte, Pfälzer Dampfnudeln (Fr, ab 6 €), beste Adresse für Jazz-Matineen.

Heimelig – **Weinstube Im Kitzig:** Im Kitzig 14 (Kanonenturm), Freinsheim, Tel. 06353 83 37, www.im-kitzig.de, Mo, Mi–Sa ab 17, So ab 12 Uhr. Pfälzisch ab 7 €, Fleisch ab 11 €, Fisch ab 13 €. Winzige Stuben, Dachterrasse.

Küche mit Kultur – **Restaurant Von-Busch-Hof:** Von-Busch-Hof 5, Freinsheim, Tel. 06353 77 05, www.von-busch-hof.de, Mi–Sa ab 18, So 11.30–14 ab 18 Uhr, Köstliches aus regionalen Zutaten ab 17 €. Küchenchef Volker Gilcher leitet ein Salonorchester.

Einkaufen

Außergewöhnlich – **Galerie Zulauf:** Gottfried-Weber-Str. 5, Freinsheim, Tel. 06353 35 87, www.moderne-kunst.de, Zeitgenössische Kunst im Barock-Ensemble.

Aktiv & Kreativ

27-Loch Anlage – **Golfgarten Deutsche Weinstraße:** Kirchheimer Str. 40, Da-

Unser Tipp

Raffiniert süß

Die Kreationen der Chocolaterien in Freinsheim und Bobenheim am Berg sind mit Weingenuss wunderbar kombinierbar. **Freinsheimer Chocolaterie:** Timo Meyers Pralinen und ›Pfälzer Originale‹ (gefüllte Schokoladentafeln) sind superfein. Di, Do, Fr 9–12.30, 14–18, Sa 9–12 Uhr. Reiboldstr. 4, Freinsheim, Tel. 06353 91 53 45, www.chocolatier-meyer.com. **Chocolaterie Stoffel:** Das Traditionshaus in Bobenheims Fußgängerzone produziert erlesene Pralinés, Schokoladen und Hohlfiguren (Ladenverkauf im Stammhaus, Leininger Str. 19, Tel. 063 53 930 62, Fr 14–18, Sa 8–12 Uhr, außerdem in Mannheim O7, 9).

ckenheim, www.golfgarten.de, rund 5 km von Freinsheim in paradiesischer Landschaft.

Abends & Nachts

Klassik – **Von-Busch-Hof:** Zehntscheune, Von-Busch-Hof 5, Freinsheim, www.von-busch-hof-konzertant.de, Info s. u. Touristeninformation. Konzertreihe: Von-Busch-Hof Konzertant.

Winzig oho – **Theader Freinsheim:** Casinoturm, Freinsheim, Tel. 06353 93 28 45, www.theader.de. Programm für Groß und Klein (15/12 € und 10/7 €).

Infos & Termine

Touristeninformation
i-Punkt Freinsheim: Hauptstr. 2, Tel. 06353 98 92 94, www.freinsheim.de.

Lieblingsort

**Das ›Kaffeemühlchen‹
bei Bad Dürkheim** ▶ C 4
So nennt's der Volksmund, offiziell
heißt es Flaggenturm. Sie sehen
es schon von Weitem, ob Sie im
Zug zwischen Bad Dürkheim und
Wachenheim oder auf der Weinstraße mit Auto oder Fahrrad unterwegs sind. Ein eigenartiges Sandstein-Bauwerk mitten in den Weinbergen, so ist es uns auch zuerst
aufgefallen. Ob von der Weinstraße
oder von Seebachs Klosterkirche
aus erwandert, jedesmal genießen
wir auf dem Turm das Weit-Seeing
in die Rheinebene – und glasklar
auf die Ruine Limburg.

Deutsche Weinstraße

Feste
Sehr stimmungsvoll trotz großen Andrangs sind das **Altstadtfest** (Juni), das **Stadtmauerfest** (3. Juli) und der **Weihnachtsmarkt**.

Verkehr
Bahn: Freinsheim: Frankenthal-Grünstadt; Herxheim am Berg: Grünstadt, Neustadt, Freinsheim.
Bus: Bus 453 Bad Dürkheim-Grünstadt über Weisenheim am Berg.

Bad Dürkheim! ▶ C 4

Wein, Wald und Wohnwert – die Vorzüge der Kreisstadt mit ihren ca. 20 000 Einwohnern ließen sich auf diese Schlagworte reduzieren, vielleicht noch ergänzt durch den Wurstmarkt als viertes W, stellvertretend für die Lust am Feiern. Jahr für Jahr heimsen Winzer aus der Stadt und dem Umland (inter)nationale Auszeichnungen ein und machen den Wein zum Exportartikel Nummer 1. Zahlreiche Wander- und Radwege erschließen die Natur durch Wald und Flur. Rechtzeitig hat man sich hier nicht mehr allein auf die Kurklientel gestützt, sondern den Tourismus dank einer vorbildlichen Innenstadtsanierung angekurbelt – eine bemerkenswerte Leistung, zumal im März 1945 alliierte Bomben manchen romantischen Winkel des alten Dürkheim ausradiert haben.

In der Altstadt
Haus Catoir: Römerstr. 20, Tel. 06322 93 51 40
Die Strecke nach Neustadt und Grünstadt bescherte Dürkheim 1873 einen repräsentativen Bahnhof. Seit 1913 verbindet eine echte Tram (Linie 4) das Städtchen mit den Metropolen an Rhein und Neckar. Von der Fußgängerzone sind es nur ein paar Schritte zum **Römerplatz**. Kurgäste und Touristen entspannen sich hier, besuchen das barocke **Heimatmuseum Haus Catoir** (Di–So 14–17 Uhr) oder die **Schlosskirche** (1335/1866) nahebei. Mit dem von David Voidel geschaffenen Renaissance-Epitaph in der Grabkapelle Graf Emichs XI. von Leiningen (1562–1606) besitzt das protestantische Gotteshaus ein beachtliches Kunstwerk (Mo–Fr 9–12 Uhr, Seiteneingang).

Kurhaus und Kurpark
Kurzentrum: Kurbrunnenstraße 14, Tel. 06322 96 40, www.kurzentrum-bad-duerkheim.de
Kelten, Römer und Franken waren hier, immer wieder erregte Dürkheim das Interesse hoher Herrschaften. Die Grafen von Leiningen-Hardenburg annektierten es im 14. Jh., die Kurpfälzer zerstörten es 1471, die Franzosen machten es ihnen 1689 nach. 1725 wurde man leiningische Residenzstadt und 1794 französisch-revolutionär. Damals brannte das Schloss am Kurpark ab. Auf den Grundfesten erstand in der bayerischen Ära 1822–26 das klassizistische Rathaus, das 1936 zum Kurhaus umgebaut wurde. Seit 1949 verführt in einem Trakt die Spielbank zu gewagten Einsätzen. Im 19. Jh. lockten Traubenkuren die ersten Gäste an, die im lauschigen, von Baumexoten bestandenen Kurpark frisch gepresste Säfte schlürften. Heute schwimmt das Kurzentrum mit der Kombination von klassischer Kur, Thermalbad und speziellen Therapien voll auf der Wellness-Welle.

Saline
Sieben Heilquellen verhalfen Dürkheim 1904 zum Titel »Bad« und 1965 zur Klassifizierung als Staatsbad. Schon im Mittelalter war den Mönchen des nahen Klosters Limburg das Phänomen der Thermalsolen bekannt, die hier aus dem Oberrheingraben artesisch auf-

Bad Dürkheim

steigen. Aber erst die kurpfälzischen Herren betrieben im 18. Jh. die Salzgewinnung im großen Stil mit Gradierwerken. 1847 ließ Bayerns König Ludwig I. anlässlich der Ernennung Dürkheims zum Solbad die einzige noch intakte Saline sanieren. Umso größer der Schock, als das 333 m lange, mächtige Bauwerk samt dem Salinenmuseum Ostern 2007 Brandstiftern zum Opfer fiel. Diesmal musste die Holzkonstruktion komplett erneuert werden. Seit 2010 rieselt wieder Sole die Heckenreiser herab, um gegen Erkrankung der Atemwege ein Meeresklima zu simulieren. Das integrierte Salinenmuseum trägt Wissenswertes zum Thema bei.

Riesenfass
Dürkheimer Riesenfass: St. Michael Allee 1, Tel. 06322 21 43, www.duerkheimer-fass.de
Mit den größten Fass der Welt verwirklichte sich der Küfermeister Fritz Keller 1934 auf dem Wurstmarktplatz einen langgehegten Traum. Er investierte viel Geld und seine gesamte Reputation in die »Spinnerei« eines begehbaren Fasses von riesigen Ausmaßen, das, wollte man es tatsächlich füllen, 1,7 Mio. l Wein aufnehmen könnte. Von Anfang an wurde es als Restaurant genutzt, seit 1991 steht es unter der Leitung von Familie Thüne und für gutbürgerliche Kost.

Pfalzmuseum für Naturkunde
Hermann-Schäfer-Str. 17, BD-Grethen, Tel. 06322 94 13 21, www.pfalzmuseum. de, Di, Do–So 10–17, Mi 10–20 Uhr, 2 €, erm. 1,30 €, Parkplatz ausgeschildert
Entlang der Isenach und der B 37 schlängelt sich ein reizvolles Tal in die Ortsteile Grethen und Hardenburg. Das in der ehemaligen Herzogmühle beheimatete Museum informiert anschaulich über heimische Tier- und Pflanzenwelt, Geologie und Ökologie. Basierend auf fundierten museumspädagogischen Konzepten, werden auch Kinder mit Natur- und Umweltaspekten vertraut gemacht. Ein Saal ist Dr. Georg von Neumayer (1826–1909) gewidmet, dem Initiator der Südpolarforschung. Die nach dem Pfälzer Wissenschaftler benannte Forschungsstation in der Antarktis wird alljährlich zu Silvester auf Staatskosten mit heimischem Wein beliefert.

Heiden-Wanderung
Eine ca. 2-stündige Tour der Superblicke! Nahe des Pfalzmuseums (Bushaltestelle Herzogmühle) steigt man auf einem Treppen- und Waldweg (Zeichen C) in Serpentinen steil hoch zur Aussichtskanzel und weiter zur Kaiser-Wilhelm-Höhe mit großartigem Blick auf Kloster Limburg. Wegweiser geleiten zum römischen Steinbruch ›Kriemhildenstuhl‹ mit Panoramasicht auf Dürkheim. Nach Umrundung oder Durchquerung (Zeichen 6) des Ringwalls der ›Heidenmauer‹, eines keltischen Fürstensitzes aus dem 6. Jh., läuft man (Zeichen C) wieder hinab zum Ausgangspunkt.

Limburg–Hardenburg zu Fuß
Limburg: April–Okt. 9–20, sonst bis 17.30 Uhr; Hardenburg: April–Sept. Di–So 9–13, 13.30–18, sonst bis 17 Uhr, Dez. geschl., Führung: Mai–Nov. Sa 14.30 Uhr; Buslinie 485 (Grethen Mitte, Hardenburg-West)
Von der Grethener Kirche führt ein Treppenweg hinauf zur **Klosterruine Limburg.** Kaiser Konrad II. gab 1025 das Startzeichen für den Umbau seiner Stammburg in eine Benediktinerabtei. 1034 zog Abt Poppo mit 12 Mönchen ein und mit ihnen die Reichsinsignien, die 30 Jahre auf der Limburg blieben. Nach einem Erdbeben 1356 ersetzte den romanischen ein spätgotischer Turm, heute Blickfang der Ruine. Nach Feh-

Deutsche Weinstraße

den, Kriegen, Säkularisation 1574 und allmählichem Verfall veranlasste das im 19. Jh. grassierende ›Burgen-Fieber‹ Dürkheim zum Kauf und zu Investitionen in den Erhalt der Ruine. Zumeist Waldwege geleiten auf ca. 4 km (Zeichen: blauer Balken) zur **Hardenburg**, die über dem Isenachtal und dem gleichnamigen Ort thront. 1317 von Graf Jofried von Leiningen zum Stammsitz erkoren, im 15. Jh. zum wehrhaften Schloss umgebaut, 1794 von Revolutionstruppen zerstört, ist sie eine der imposantesten Burgruinen Deutschlands. Nach der Besichtigung lädt die Gaststätte Lindenklause nahe der Ruine zur Rast ein (Mi–So 10–18 Uhr, Tel. 06322 677 77, www.lindenklause.de).

Leistadt und Ungstein

▶ C 3

In den Weinbergsmauern der schmucken Dürkheimer Dörfer staut sich sommers die Hitze und gibt dem Ungsteiner Honigsäckel, Leistadter Kalkofen und auch dem Kallstadter Saumagen ein unverwechselbares Aroma. Zum Fest an der Römerkelter (Ende Juni) tischen Ungsteiner Winzer mächtig auf (s. S. 48).

Ungeheuer-Wanderung

Von Leistadt aus laufen Sie (Zeichen: grüner Punkt) ca. 4 km zum Ungeheuersee mitten im letzten Pfälzer Hochmoor. Rast bieten die Weisenheimer Hütte (Mitte März–Okt. So 10–18, Nov. bis 17 Uhr, Tel. 06353 61 53 18) direkt am Weiher oder nach weiteren ca. 3 km (grünes Kreuz, dann blauer Balken) das Forsthaus Lindemannsruhe (Mi–So, Tel. 06322 947 23 26). Nach dem Abstecher zum Blick vom Bismarckturm (April–Okt. 10–18 Uhr) und Rückkehr zur Lindemannsruhe erreichen Sie (grüner Punkt) nach ca. 4 km Leistadt.

Übernachten

Sympathisch – Hotel An den Salinen: Salinenstr. 40, Bad Dürkheim, Tel. 06322 940 40, www.hotel-an-den-salinen.de, DZ ab ca. 75 €, Kurparknähe.
Barrierefrei – **Martin-Butzer-Haus:** Martin-Butzer-Str. 36, Bad Dürkheim, Tel. 06322 952 20, www.tagungshaeuser pfalz.de, DZ 45 €, Haus der Ev. Kirche der Pfalz, Freizeit am Waldrand.

Übernachten, Essen

Stilvoll – **Sommerresidenz 7 Raben:** Jägerthal 8, BD-Hardenburg, Tel. 06329 17 24, www.sieben-raben.de. DZ 67 €, im ehemaligen gräflichen Forsthaus. Di–Fr ab 17, Sa, So ab 11.30 Uhr; pfälzisch ab 9 €, Fisch, vegetarisch.
Bodenständig – **Weinstube Traminer-Klause:** Hermann-Schäfer-Str. 15, BD-Grethen, Tel. 06322 45 78, www.trami nerklause.de, Fewo 50 € (2 Pers.), tgl. ab 17, So auch 12–14 Uhr. Von Schnitzel bis vegetarisch ab 6,50 €, direkt neben dem Pfalzmuseum.

Essen & Trinken

Pfälzisch mediterran – **Weinstube Petersilie:** Römerplatz, Bad Dürkheim, Tel. 06322 43 94, www.weinstube-peter silie.de, Nov.–März Mi–So 12–15, sonst Mi–Fr 12–15 u. ab 18, Sa, So ab 12 Uhr. Wechselnde Spezialitäten, ab 7 €.
Gourmettipp – **Weinstube Käsbüro:** Dorfplatz 1, BD-Seebach, Tel. 06322 68 09 63, www.kaesbuero.de, Mo, Mi–Sa ab 17, So ab 10 Uhr. 12 €.

Einkaufen

Gute Adresse – **Haus der guten Weine:** Römerplatz 13, Bad Dürkheim, Tel.

Bad Dürkheim: Adressen

06322 95 53 31, www.weinsensorik.de. Steffen Michler hilft bei der Wahl bester Weine, Käse, Schokolade, Kaffee ...
Qualitätsweine – u. a. im **Weingut Karl Schaefer** (Tel. 06322 21 38, www.weingutschaefer.de), **Egon Schmitt** (Tel. 06322 58 30, www.weingut-egon-schmitt.de), **Darting** (Tel. 06322 97 98 30, www.darting.de), **Fitz-Ritter** (Tel. 06322 53 89, www.fitz-ritter.de), **Wolf** (Tel. 06322 15 01, www.weingut-wolf.de) – oder am **Wurstmarkt-Schubkarch-Stand** (s. Unser Tipp S. 206).

Aktiv & Kreativ

Wellness – **Salinarium:** Kurbrunnenstr. 28, Tel. 06322 93 58 60, www.salinarium.de, es gibt ein Innen- und ein Außenbecken, Sauna, Cafeteria.

Abends & Nachts

Allerlei – **Haus Catoir:** Römerstr. 20, Bad Dürkheim, Tel. 06322 93 51 40, Kleinkunst.
Live-Kneipe – **Krähenhöhle:** Römerstr. 13, Bad Dürkheim, Tel. 06322 671 34, Mo–Sa ab 19 Uhr, www.kraehenhoehle.de. R'n'B etc. – krasse Musik, klasse Musiker!
Open-Air – **Limburg Sommer:** Klosterruine Limburg (es fahren Pendelbusse), Juni–Aug. Info und Karten Tel. 06322 93 51 40 (Touristeninformation); Konzerte (Klassik, Jazz), Oper, Theater, Kino.

Infos & Termine

Touristeninformation
Kurbrunnenstr. 14, Bad Dürkheim, Tel.

Das Dürkheimer Riesenfass ist mit einem Volumen von 1,7 Mio. l das größte Fass der Welt

Deutsche Weinstraße

06322 93 51 40, www.bad-duerkheim.com, Infos zum Wohnmobilstellplatz.

Feste
Stadtfest: um Christi Himmelfahrt, Bad Dürkheim.
Rocksommer Bad Dürkheim: Unter diesem kommunal geförderten Dach präsentieren sich die drei Open-Air-Festivals »motion meets music« im Juli (www.motion-meets-music.de), »Rock im Wingert« im Juli (www.rock-im-wingert.de) und »Rock die Burg« im Sept. (www.rockdieburg.de).
Burgfest auf der Hardenburg: Sept., s. S. 51.
Saumagenkerwe: Sept., Kallstadt.

Verkehr
Bahn: Bad Dürkheim, nach Neustadt, Grünstadt, Freinsheim (Frankenthal).
Straßenbahn: RNV-Linie 4 nach Ludwigshafen und Mannheim.
Bus: Stadtlinien (auch Grethen, Hardenburg), Bus 453 nach Ungstein, Leistadt, Kallstadt, Grünstadt.
Taxi: Tel. 06322 18 66.

Erlebnis Weinbergnacht und Dürkheimer Wurstmarkt
Im März pilgern Singles, Familien und Gruppen mit einem Weinpass (15 € inkl. Glas) zum Michelsberg und erwandern entspannt und in bester Stimmung zwischen 15 und 22 Uhr entlang illuminierter Weinbergterrassen auf einem Rundweg mehrere Stationen mit Weinverkostung. Kinder und Jugendliche unter 16 J. erhalten kostenlos alkoholfreie Getränke. Führung, Weinbergrätsel, Souvenirs für Kinder, Shuttle, Essensstände. Info s. o., Touristeninformation.
  Aus Wallfahrten zur Michaelskapelle auf dem Michelsberg und dem mit Schubkarren beschickten mittelalterlichen Markt entstand der fast 600 Jahre alte **Dürkheimer Wurstmarkt,** das größte Weinfest der Welt. Neben Riesenrad, Rummel und Jahrmarktsbuden sind die überdachten ›Schubkarch‹-Stände die Attraktion. Dürkheimer Winzer schenken hier aus (Wurstmarktplatz, 2./3. Wochenende im Sept., Fr–Di und Fr–Mo, Di und Mo Feuerwerk, Livemusik. Info: www.duerkheimer-wurstmarkt.de.

Unterwegs nach Neustadt

Wachenheim, Forst und Deidesheim begründeten im 19. Jh. den Ruhm des Pfälzer Rieslings. Im Gegensatz zu den auf den Verkauf von Fasswein angewiesenen Kleinwinzern bauten die drei großen B – die Güter Bassermann-Jordan, Buhl und Bürklin-Wolf – den Wein selbst aus. Wie die Sibens, Deinhards und Wolfs füllten sie ihn auf die Flasche, pflegten weltweite Handelskontakte und nahmen an internationalen Wettbewerben teil. Der Volksmund nannte sie Flaschenbarone. Sie engagierten sich politisch, waren Bürgermeister oder gar Reichstagabgeordnete. Stattliche Gehöfte zeugen von Macht und Einfluss, nicht alle sind mehr im Besitz der alten Familien.

Wachenheim ►C4

Jenseits der wuchtigen Stadtmauer, die den Ortskern mit seinen engen Gassen noch teilweise umschließt, prägen elegante Villen und Gutshöfe aus dem 19. Jh. das Bild. Am Marktplatz

Wachenheim

fallen die Simultankirche St. Georg (14./18./19. Jh.) und die profanierte Ludwigskapelle (15. Jh.) auf. Nebenan sticht der imposante Komplex der 1888 gegründeten Sektkellerei Schloss Wachenheim hervor. Führungen in die Sekt-Unterwelt der riesigen Gewölbekeller geben den Blick auf historische Gerätschaften frei (Do, Sa 14, So 10.30 Uhr, Infos: Tel. 06322 942 74 00, www.schloss-wachenheim.de).

Über dem Städtchen erhebt sich die **Wachtenburg**, um 1160 zum Schutz pfalzgräflichen Eigentums erbaut, seit dem 17. Jh. Ruine und wegen der fantastischen Aussicht auf die Rheinebene als Balkon der Pfalz gerühmt. Die von der Schattner-Familie bewirtschaftete Burgschänke lohnt den Aufstieg zu Fuß (Tel. 06322 646 56, Mai–Okt. Mi–Fr ab 12, Sa ab 11, So ab 10 Uhr, sonst Mi, Fr–So). Eine beschwingte Atmosphäre und diverse Attraktionen machen das Burgfest (Fr–Mo um den 20. Aug.) zum Erlebnis.

Villa rustica

Schönste Blicke auf Burg und Haardthügel eröffnet ein Abstecher zur optimal restaurierten Villa rustica (s. S. 48). Die Römer hatten ein feines Gespür für optimale Siedlungsplätze!

Ausflug in den Kurpfalz-Park

Der Kurpfalz-Park auf der Rotsteig bei Wachenheim ist mit Piratennest, Streichelzoo, Sommerrodelbahn, ›Rotsteigflitzer‹, ein Vergnügen für die ganze Familie (Tel. 06325 95 90 10, www.kurpfalzpark.de, Mai–Mitte Sept., teilweise April u. Okt., 9–17/18 Uhr, 14/12 €).

Übernachten

Frisch renoviert – **Naturfreundehaus Oppauer Haus:** Im Pferchtal, Wachenheim, Tel. 06322 12 88, www.oppauer-haus.com, Di–So ab 11 Uhr, DZ ca. 56 €, Sa Pfälzer Dampfnudeln (ab 4,50 €). Abholung möglich.

Ruhig am Wald – **Campingplatz Burgtal:** Waldstr. 105, Tel. 06322 26 89, www.wachenheim.de, März–Nov.

Essen & Trinken

Kaffehauslook – **Cafè Schellack:** Weinstr. 21, Wachenheim, Tel. 06322 790 91 49, www.cafe-Schellack.de, Do–Di, 15–23 Uhr. Inmitten geschmackvoller Antiquitäten kleine Speisen ab ca. 7 €, Hausmacher-Kuchen ab 2 €.

Kuchen und Kleinkunst – **Café Kulturey:** Burgstr. 9c, Wachenheim, Tel. 06322 921 77, April–Okt. Fr–So, sonst Sa, So 12–19 Uhr.

Köstliche Pfalz – **Gerümpelstube:** Hintergasse 4, Wachenheim, Tel. 06322 85 50, Do–Di 12–14 und ab 17 Uhr, So ab 12 Uhr, pfälzisch ab 8 €, weitere Gerichte ab 10 €.

Abends & Nachts

Angesagt – **Badehaisel:** Waldstr. 103, Wachenheim, Tel. 06322 668 30, www.badehaisel.net, Di–Sa ab 18, So ab 11 Uhr (Frühstücksbuffet). Musik- und Kleinkunstkneipe, u. a. Kurzfilmfestival, auch Außenbewirtung.

Klassisch – **Wachenheimer Serenade:** Konzerte im Marmorsaal des Sekt-Schlosses und in der Ludwigskapelle, www.wachenheimer-serenade.de.

Einkaufen

Saugut – **Metzgerei Hambel:** Hintergasse 1, Wachenheim, Tel. 06322 46 13. Exzellente Saumagen und Wurstwaren.

Volle Frucht – **Apfelgut Zimmermann:** Bahnhofstr. 36, Wachenheim, Tel. 06322

Deutsche Weinstraße

82 20, www.apfelgut-zimmermann.de. Delikate Apfelkreationen.
Biodynamisch – **Weingut Dr. Bürklin Wolf:** Weinstr. 65, Wachenheim, Tel. 06322 95 33 55, www.buerklin-wolf.de, Vinothek 11–18 Uhr.

Infos & Termine

Touristeninformation
Weinstr. 15, Wachenheim, Tel. 06322 95 80 32, www.wachenheim.de.

Feste
Burg- und Weinfest: Juni, im Ort und auf der Burg.

Verkehr
Bahn: Strecke Neustadt–Bad Dürkheim.

Forst ▶ C 4

Restaurierte Bausubstanz in der vom Durchgangsverkehr befreiten Weinstraße und das Grün der Feigenbüsche und Reben brachten dem schmucken Dorf manche Auszeichnung ein. Köstliche Weine lassen Kenner mit der Zunge schnalzen, nicht von ungefähr schmeckte schon Fürst Bismarck der »Forster Ungeheuer ganz ungeheuer«. Der Basalt an den Süd- und Osthängen des vulkanischen Pechsteinkopfs gibt neben dem Tuff des Eruptivgesteins, der in die Wingerte ausgebracht wurde, dem Riesling seine besondere Note. Die Steine vom einzigen Basaltvorkommen in der Pfalz pflasterten hierzulande einst die Straßen.

Wanderung zum Pechsteinkopf
An der Schranke am Waldparkplatz (südlich der Bismarckhöhle) startet die Wanderung, die durchs Margarethental nach steilem Aufstieg zu den faszinierenden aufgelassenen Basaltsteinbrüchen auf dem Pechsteinkopf führt. Der erste, eingezäunte Steinbruch erinnert an einen Mondkrater. Der voll zugängliche zweite (erste Abzweigung links) gleicht einem stillen Bergsee. Oben am Hinterbrunnen können Sie sich (Zeichen: roter Punkt) für zwei Varianten entscheiden: links Deidesheim oder rechts Wachenheim. Die Weglänge ist jeweils ca. 10 km.

Auf dem Weg nach Deidesheim passieren Sie im Wald die von Mauerresten umfassten Heidenlöcher. Diese frühmittelalterliche Fliehburg diente zur Zeit der Normanneneinfälle (9. Jh.) als Rückzugsort. Weiter unten genießen Sie die tolle Sicht von der Michaelskapelle (15. Jh.). Nach Wachenheim wandern Sie durchs Odinstal zur Wachtenburg (s. S. 207). Unvergesslich sind die großartigen Blicke in die Ebene. Über Treppen geht's hinab ins Städtchen.

Übernachten, Einkaufen

Stilvoll – **Landhotel Lucashof:** Wiesenweg 1 a, Forst, Tel. 06326 336, www.lucashof.de, DZ ab ca. 80 €, im Weingut, das der Diözese den Messwein liefert.

Essen & Trinken

Neben den kulinarisch und preislich gehobenen Restaurants **Der kleine Prinz** und **Winzerverein** säumen die Weinstraße in Forst auch bodenständige auf sehr gutem Niveau:
Pfälzisch – **Gutsausschank Heinrich Spindler:** Weinstr. 44, Forst, Tel. 06326 58 50, www.gutsausschank-spindler.de, Di–Sa ab 11.30 Uhr, Forster Winzerteller ca. 11 €. Bezaubernder Garten.
Urig – **Zum Schockelgaul:** Weinstr. 96, Forst, Tel. 06326 56 69, www.schockelgaul.de, Mi–Sa ab 17, So ab 12 Uhr. Leberknödel 6 €, Cordon Bleu 10 €.

Deidesheim

Infos & Termine

Feste
Hansel-Fingerhut-Fest: 3. So vor Ostern, Sommertagsspiel mit dem schwarzen Hansel-Fingerhut als Hauptfigur.
Weinkerwe beim Ungeheuer: 1. Augustwochenende.

Verkehr
Bus: Bus 512 Deidesheim, Wachenheim.

Deidesheim ▶ C 4

Deidesheim entzückt mit Weinen exquisiter Güte(r) und einer ebensolchen Gastronomie, etwa im Gasthaus zur Kanne, dessen Geschichte als ältestes der Pfalz bis 1160 zurückreicht. Weltweit Schlagzeilen machte man in den 1980ern aber nicht mit Haute Cuisine, sondern mit bodenständiger Kost. Saumagen, Leber- und Griebenwurst ließ Altkanzler Helmut Kohl für seine Staatsgäste im Deidesheimer Hof auffahren. Nun landete das Städtchen einen weiteren spektakulären Coup: Seit Mai 2009 trägt es als erste rheinlandpfälzische Gemeinde das Signum einer »cittaslow«, einer Stadt also, die sowohl touristisch, kulturell und umweltpolitisch als auch im Hinblick auf die Traditionspflege und die Qualität der verfügbaren Lebensmittel (Stichwort Slowfood) die Kriterien einer »lebenswerten Stadt« erfüllt.

Vor der Stadthalle macht Gernot Rumpfs Geißbockbrunnen auf ein Spektakel aufmerksam, das am Pfingstdienstag Scharen von Zaungästen anlockt. Auf dem Marktplatz mit der spätgotischen Kath. Pfarrkirche St. Ulrich und dem Rathaus (16./18. Jh.) wird dann ein »gut gehörntes« Tier versteigert, das Lambrecht von alters her an Deidesheim liefern muss. Die prächtige Freitreppe führt ins Museum für Weinkultur (Jan., Febr. Mi, Sa, So, März–Dez. Mi–So 15–18 Uhr). Ein paar Schritte weiter gibt das Deutsche Film- und Fototechnik Museum (www.film-fotomuseum.de, März–20. Dez. Mi–So 14–18 Uhr) sachkundige Einblicke ins Metier.

Großbürgerliche Villen ersetzten im 19. Jh. Reste einer mittelalterlichen Wasserburg der Speyerer Bischöfe, die 1794 endgültig zerstört wurde. Im Schlossgarten-Turm residiert (symbolisch) alle zwei Jahre für vier Wochen ein Turmschreiber mit der Verpflichtung, vor Ort ein Werk mit Lokalkolorit zu produzieren.

Essen & Trinken

Vorwiegend öko – **Gasthaus Zur Kanne:** Weinstr. 31, Deidesheim, Tel. 06326 966 00, www.gasthauszurkanne.de, Mi–So, 12–14 und 18–22 Uhr, Florian Winters kleine »Kannen-Spezialitäten« gibt es ab 9 €, Hauptgerichte ab 18 €.

Charmant – **Turm Stübl:** Turmstr. 3, Deidesheim, Tel. 06326 98 10 81, www.turmstuebel.de, Di–Sa ab 18, So ab 12 Uhr, Saisonales ab ca. 12 €, kinderfreundlich und rollstuhlgerecht.

Einfach köstlich – **Klosterstübchen:** Klostergasse 1, Niederkirchen, Tel. 06326 85 68, www.bach-frobin.de, Di ab 16, Mi–So ab 11.30 Uhr; Schweinepfeffer ca. 12 €. Das zu einem Weingut gehörende Restaurant ist Mitglied der »Tafelrunde«.

Einkaufen

Süßeste Früchte – **Biffar:** Niederkircher Str. 15, Deidesheim, Tel. 06326 967 60, www.biffar.com. Gaumenerlebnisse der besonderen Art mit kandierten Früchten und Wein.

Deutsche Weinstraße

Abends & Nachts

Heiter bis lustig – **Boulevard Theater Deidesheim:** Stadthalle, Bahnhofstr. 11, Deidesheim, Tel. 06326 98 18 01, www.boulevard-deidesheim.de. Kabarett, Komödie, Sketche – auch pfälzisch.

Infos & Termine

Touristeninformation
Bahnhofstr. 5, Deidesheim, Tel. 06326 967 70, www.deidesheim.de, auch Informationen für Forst.

Feste
Geißbockversteigerung: Di nach Pfingsten auf dem Marktplatz vor dem Rathaus.

Verkehr
Bahn: Linie Neustadt–Bad Dürkheim.

Neustadt und die Weindörfer ▶ C 5–6

Im Schutz der mächtigen Bergkuppen Wolfsberg, Weinbiet, Nollenkopf und Hohe Loog entfaltet sich in und um Neustadt eine üppige mediterrane Vegetation. An die Haardt-Hänge schmiegen sich Gründerzeitvillen, bildschöne Aussichtspunkte wie die Dr.-Welsch-Terrasse lassen den Blick über die Altstadt und die Rheinebene schweifen. Straße und Schiene schlängeln sich durch das enge Tal des Speyerbachs, die schnellen ICE und TGV nutzen noch heute die Trasse der ersten pfälzischen Eisenbahn. Die kreisfreie Stadt mit rund 54000 Einwohnern wirkt bis in den letzten Winkel hinein ausgesprochen sympathisch. Das macht sie auch touristisch interessant.

In den Weinbergen bei Neustadt, am Horizont das Hambacher Schloss

Neustadt

Stadtmuseum Villa Böhm 1
Maximilianstr. 25, Sa, So 11–13, 15–18, Mi, Fr 16–18 Uhr, Tel. 06321 85 55 40, www.stadtmuseum.de, Eintritt frei
Um 1160 gegründet, war ›Niuwenstat‹ bis ins 18. Jh. kurpfälzisch, dann französische Kantons-, nach 1815 bayerische Bezirksstadt. In der 1886 von Ludwig Levy erbauten Gründerzeitvilla informiert eine Dauerausstellung über mehr als 800 Jahre Stadtgeschichte. Thematisiert werden zudem Leben und Werk historischer Persönlichkeiten der Stadt, etwa der Erfinder Hans Geiger (Geigerzähler) und Walter Bruch (PAL-Farbfernsehen) sowie des Polarforschers Dr. Georg von Neumayer.

Marktplatz 2
Bistros und Cafés säumen den Marktplatz, von dem zumeist fußläufige Gassen abzweigen. Das barocke **Rathaus** und die seit 1707 simultane **Stiftskirche** 3 mit dem ehemaligen Türmerhaus auf dem Nordturm verstärken sein Flair. Neustadts gotisches Wahrzeichen besitzt im Geläut des Nordturms mit der Kaiserglocke, der weltweit größten aus Gussstahl, einen klangvollen Superlativ (Führung: Sa 12 Uhr, Treffpunkt: Turmstraße). Das ›Scheffelhaus‹, wo Joseph von Scheffel 1865 manch weinselige Laudatio auf die Pfalz dichtete, heißt nun **Mundus Vini**, gehört wie damals einem Verleger und fällt durch Schönheit und exzellente Gastronomie auf. Im **Haus Zur Brücke** 4 wacht die Weinbruderschaft der Pfalz mit Ordensmeister Fritz Schumann an der Spitze gewissenhaft über die Qualität heimischer Tropfen. Bei einer Weinmetropole überrascht es dann nicht, dass im **Haus des Weines** 5, einem Gotik- und Renaissance-Ensemble mit gentilem Innenhof und Laden (s. u.), sogar offiziell geheiratet wird.

Neustadt an der Weinstraße

Sehenswert
1. Stadtmuseum Villa Böhm
2. Marktplatz
3. Stiftskirche
4. Haus Zur Brücke
5. Haus des Weines
6. Otto Dill-Museum
7. Casimirianum
8. Saalbau

Übernachten
1. Starman's Mandelhof

2. Weingut Mugler
3. Loblocher Schlössel
4. Pfalz-Jugendherberge

Essen & Trinken
1. Mugler's Kutscherhaus
2. Wirthschaft zur Brücke
3. Wirtshaus Konfetti
4. Zur Herberge
5. Backblech
6. Altstadtkeller
7. Amboss

8. Café-Konditorei Bassler

Einkaufen
1. Haus des Weines

Abends & Nachts
1. Kulturverein Wespennest
2. Hambacher Musikfest
3. Villa Böhm
4. Rockland-Café

Otto Dill-Museum 6
Ecke Rathausstr./Bachgängel, Tel. 06321 39 83 21, www.vetter-stiftung. de, Sa, So 11–17, Mi, Fr 14–17 Uhr
Zu Beginn des 20. Jh. erwarb sich Otto Dill (1884–1957) als Teilnehmer an H. v. Zügels ›Wörther Malerschule‹ die Technik der Landschafts- und Tiermalerei – und wegen seiner dramatischen Sujets den Spitznamen »Löwen-Dill«. Das Museum in Dills Geburtsstadt zeigt eine hervorragende Werksammlung.

Casimirianum 7
In den Jahren 1578–84 besaß Neustadt dank Pfalzgraf Johann Casimir Universitätsstatus. In dem Renaissancebau lehrten calvinistische Professoren, bis der ›Jäger aus Kurpfalz‹ als Vormund des künftigen Kurfürsten Friedrich IV. nach Heidelberg beordert wurde.

›Haiselscher‹
Die eine Woche vor dem **Weinlesefest** (1. Oktoberhälfte) zwischen Bahnhof und Saalbau im Fachwerklook aufgebauten Haiselscher sind Weinstuben auf Zeit, mit Pfälzer Spezialitäten. Nach Winzerfestzug und Höhenfeuerwerk schließen sie die Pforten. Im **Saalbau** 8, Neustadts guter Stube, werden traditionell die pfälzische und die deutsche Weinkönigin gekürt, um deren Titel sich Kandidatinnen aus allen deutschen Anbaugebieten bewerben. 2005 und 2006 errangen Pfälzerinnen die nationale Krone, Sylvia Benzinger aus Kirchheim und Katja Schweder aus Hochstadt. Sie überzeugten die Jury mit Fachwissen, Intelligenz und Charme.

Neustadts Weindörfer
Neun Ortsteile mit besonderem Flair schart die kreisfreie Stadt um sich. **Königsbach** beispielsweise macht mit einem Flügelaltar aus dem 15. Jh. in der Kath. Pfarrkirche St. Johannes Baptist auf sich aufmerksam. **Gimmeldingen** und **Hambach** punkten mit malerischen Ortskernen im Schatten ihrer

---

Unser Tipp

Lighthouse Tower
80 m hoch ist der Turm des Flug-Karussells, der jüngsten Großattraktion im Holiday Park nahe Haßloch (▶ D 5). Mit Burg Falkenstein, Donnerfluss, Superwirbel, u.v.m. zählt er zu den spektakulärsten deutschen Vergnügungsparks (Ende März–Okt. 10–18 Uhr, April teils geschl., Info-Hotline 0180 500 32 46, Preise s. www.holidaypark.de).

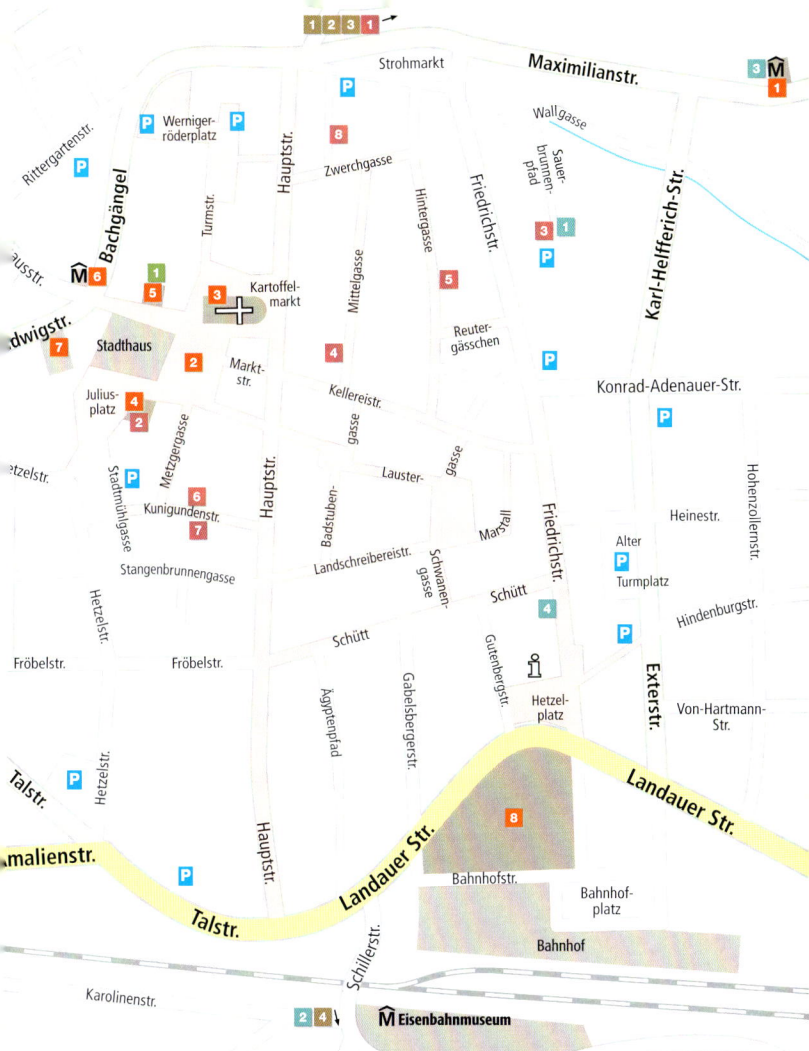

nicht minder kostbaren Kirchen. Letzteres natürlich auch mit dem berühmten Schloss (s. S. 58). **Mußbach** trumpft mit dem mauerumwehrten mittelalterlichen Johannitergut auf, dem als Kulturzentrum genutzten ›Herrenhof‹. Darin etabliert sich u. a. die Dornerei, ein Puppentheater auf hohem künstlerischen Niveau – für Jung und Alt (www.puppentheater-dornerei.de)

Wandertouren

Tour 1 (ca. 3 Std.) führt vom Strohmarkt zum Haardter Treppenweg, zur Dr.-Welsch-Terrasse (Blick!), unterhalb derer auf dem asphaltierten ›Sonnenweg‹

Auf Entdeckungstour

Mit dem Kuckucksbähnel ins Elmsteiner Tal

»Tuff, tuff, tuff, die Eisenbahn, wer will mit nach Elmstein fahr'n?« Das Kinderlied besingt eine einst bahnbrechende technische Revolution, die wir im Zeitalter elektrischer, pfeilschneller ICEs kaum mehr zu Gesicht bekommen. Die Fahrt mit einer voll funktionsfähigen Dampflok ist daher ein besonderes Erlebnis. Die Museumsbahn bringt uns nach Elmstein im Pfälzerwald.

Reisekarte: ▶ A–C 5

Zeit: Tagestour: 10.45 Uhr Neustadt-Elmstein, 17.10 Uhr zurück

Planung: April–Okt. So, Fei; Fahrkarten: Neustadt Hbf, Gleis 5; Gruppenreservierung: Tel. 06321 303 90; Infos: www.eisenbahnmuseum-neustadt.de

Start: Hbf Neustadt, Gleis 5

Seit über 25 Jahren zuckelt das Kuckucksbähnel vom Hauptbahnhof in Neustadt zu fahrplanmäßig festgelegten Terminen hinauf nach Elmstein im Pfälzerwald. Viele Familien mit Kind und Kegel, Dampflokfans, Hobby-Bahnfotografen, Feierlustige, Betriebs- und Vereinsausflügler, Wald- und Weinwanderer warten voll Vorfreude schon mindestens eine halbe Stunde vor Abfahrt an Gleis 5, bis sich die Lok Speyerbach laut pfeifend ankündigt, Dampfwolken ausstoßend, sechs Wagen und mehr im Schlepptau. Nostalgie in vollen Zügen!

Rund 600 Fahrgäste finden Platz in den Wagen, von denen die meisten über 100 Jahre auf dem Buckel haben, der älteste 1891 als Baujahr ausweist. Die gemütliche Museumsschänke, ein umgebauter Waggon von 1902, ist schnell besetzt, aber echte Eisenbahnfreaks nehmen auch klaglos mit den harten Holzbänken der dritten und vierten Wagenklasse in den anderen Oldtimern vorlieb und amüsieren sich über Schilder wie »Beim Niesen, Husten, Spucken, bediene Dich des Taschentuchs«, oder »Ungeschützte Hutnadeln verboten«.

Wir fahren mit der Eisenbahn

Der französisch-pfälzische Ingenieur Paul Camille von Denis (1795–1872), Erbauer der ersten deutschen Eisenbahn von Nürnberg nach Fürth anno 1835, läutete mit der 1847 eröffneten Ludwigsbahn von Ludwigshafen nach Neustadt bzw. Speyer die Ära der Dampfzüge in der Pfalz ein. Und so nutzt das Kuckucksbähnel bis Lambrecht in gleisnaher Konkurrenz mit ICE, TGV, IC und S-Bahn die seither unveränderte, allenfalls modernisierte Haupttrasse, die inzwischen Mannheim und Paris verbindet. Der 332 m lange Wolfsbergtunnel, in den das Kuckucksbähnel kurz nach Neustadt eintaucht, ist ebenfalls original Denis. Nach Lambrecht biegt die Museumsbahn auf ihre ureigene, 1909 erbaute Trasse ins Elmsteiner Tal ab.

Ist der Zug mit zehn voll besetzten Wagen ausgelastet, schafft die Speyerbach (Baujahr 1904; Höchstgeschwindigkeit 40 km/h) die engen Kurven und vor allem die letzte Steigung durch die ›Schlucht‹ kurz vor Elmstein nicht mehr alleine. Da muss dann entweder mit der T3 ein zweites, ebenfalls betagtes Dampfross oder eine Diesellok helfen. Heute atmet man voll die Romantik (und den Ruß) vergangener Dampflok-Herrlichkeit ein. Bei der Eröffnung der Bahnlinie Elmstein-Lambrecht stand hingegen nüchternes Kalkül Pate: Das Holz aus dem Pfälzerwald musste für Papierindustrie und Sägewerke im Lambrechter Tal transportiert werden. Das Museum ›Alte Samenklenge‹ in Elmstein zeigt das schwere Leben der Waldarbeiter (Hauptstr. 52, www.alte-samenklenge.de, Mi, Sa, So 14–17 Uhr, 2/1 €).

Als Passagier- und Gütermengen nicht mehr stimmten, wurde die Strecke 1977 stillgelegt. Das Bähnel zu den Kuckucken (Uzname der Elmsteiner) war so gut wie tot. 1984 aber schickten Bahnenthusiasten den ersten Dampfzug mit historischen Wagen aus dem Bestand des Neustädter Eisenbahnmuseums auf die Reise ins Elmsteiner Tal. Der idyllische Speyerbach begleitet die Fahrgäste eine ganze Weile – und vermittelt erste Eindrücke der Schönheiten des Pfälzerwalds. An den Fotohalts unterwegs klicken nicht nur die Kameras, Wanderer brechen hier zu Ausflügen auf, etwa von Helmbach aus zum gleichnamigen Weiher (2 km, mit Kiosk).

Auf der Eisenbahn ...

... steht ein schwarzer Mann, schürt ein Feuerchen an, dass man fahren kann«. Lokführer und Heizer, die ›schwarzen

Männer‹ auf dem Kuckucksbähnel, üben im richtigen Leben zumeist andere Tätigkeiten aus. Ralf Rudolph beispielsweise, im Hauptberuf Solotubist der Deutschen Staatsphilharmonie Rheinland-Pfalz und Mitglied des Blechbläserensembles »Rennquintett«, steht in seiner Freizeit häufig im Lokführerstand. Eine gründliche Ausbildung ging dieser verantwortungsvollen Aufgabe voraus. Wie die Helfer in der Bahnmeisterei, im Kassen-, Schaffner- und Weichendienst, macht er das alles ehrenamtlich. Die Eisenbahn ist Hobby und Leidenschaft für alle. Und so engagieren sie sich auch im DGEG-Eisenbahnmuseum in Neustadt/Weinstraße, das auf dem Bahnhofsgelände mit seinen Dampfdinos und historischen Waggons im Lokschuppen aus dem Jahr 1847 nicht nur die Jungen fasziniert (Di–Fr 10–13, Sa, So 10–16 Uhr, 3/1 €).

Einkehr

Elmstein hat keinen Mangel an Restaurants und Bistros. Im Ortsteil Harzofen bietet sich das Naturfreundehaus Elmstein (Essen ab 5 €, Übernachtung um 18 € im Gästehaus) als sehr preisgünstige Adresse mit Hüttenatmosphäre an. Im Außenbereich können sich die Kids so richtig austoben. Ein Kleinbus steht am Bahnhof bei der Kuckucksbähnel-Ankunft zur Abholung bereit (Esthaler Str. 63–67, Tel. 06328 229, www.naturfreundehaus-elmstein.de, tgl. 9–21 Uhr). Und ein Tipp für unterwegs: Vom Haltepunkt Erfenstein aus ist die urige Burgschänke auf Burg Spangenberg eine zehnminütige ›Berg‹-Wanderung wert. Getränke und Gewürze aus dem Kräutergärtlein verfeinern das Essen. Um Christi Himmelfahrt wird das Burgfest gefeiert (Schankental 3, Erfenstein, Tel. 06325 78 73, www.burg-spangenberg.de, Sa 13–19, So 10–19 Uhr).

Das Eisenbahnmuseum in Neustadt mit ›echtem‹ Schienenbus

Neustadt: Adressen

(Zeichen: roter Punkt, dann Schild ›Zur Wolfsburg‹) zur Ruine (frei zugänglich, Bewirtung: April–Okt. Sa, So). Zurück: am ›Wolfsbrunnen‹ den Waldpfad (roter Punkt) wählen.

Tour 2 (ca. 8 km) startet mit Bus 502 zum Hambacher Schloss (s. S. 58). Bei der Burgschänke Rittersberg laufen wir (Zeichen 2) steil hoch, folgen nach ca. 200 m dem Wegweiser zum Sühnekreuz (Blick!) und weiter bis zur Gabelung, wo Zeichen 5 zum beliebten Hohe-Loog-Haus (Mi, Sa, So, Sommerferien tgl. 9.30–18 Uhr) geleitet. Nach der Stärkung geht's durch Wälder (Zeichen: roter Punkt), am Conrad-Freytag-Blick vorbei und zum Schluss über Treppen hinab nach Neustadt.

Übernachten

Kreativ – **Starman's Mandelhof 1**: Mandelring 11, NW-Haardt, Tel. 06321 882 20, www.mandelhof.de, DZ 70–90 €, Do–Di. Roeland Starmans malt, kocht, kreiert u. a. ein ›Menu Surprise‹ (ca. 25 €) und liebt Feigen.

VDP-Wein – **Weingut Mugler 2**: Peter-Koch-Str. 50, NW-Gimmeldingen, Tel. 06321 660 62, www.weingut-mugler.de, DZ ab 75 €.

Entspannt – **Loblocher Schlössel 3**: Kurpfalzstr. 76, NW-Gimmeldingen, Weingut Hick-Estelmann, Tel. 06321 61 73, www.hick-estelmann.de, Fewo (2 Pers.) 65 €.

Ideal für Familien – **Pfalz-Jugendherberge 4**: Hans-Geiger-Str. 27, Neustadt, Tel. 06321 22 89, www.diejugendherbergen.de, DZ ca. 51 €.

Essen & Trinken

Traumhaft – **Mugler's Kutscherhaus 1**: Peter-Koch-Str. 47, NW-Gimmeldingen, Tel. 06321 663 62, www.muglers-kutscherhaus-atzler.de, Di–Sa ab 17, So 12–14.30 Uhr. Schöner Innenhof, regionale Hauptgerichte ab 15,50 €, Mugler-Weine.

Kultiviert und nett – **Wirthschaft zur Brücke 2**: Marktplatz 11–12, Tel. 06321 189 00 41, www.zur-bruecke-neustadt.de, Fleischgerichte ab 8 €, vegetarisch ab 6,50 €, im historischen, im 15. Jh. wurzelndem Ambiente, Livemusik.

Bioland zertifiziert – **Wirtshaus Konfetti 3**: Friedrichstr. 36, Neustadt, Tel. 06321 35 55 45, www.bioland-wirtshaus-konfetti.de, Mo–Sa ab 10 Uhr, Biergarten. Vegetarisch ab ca. 5 €, Fleisch und Fisch ab ca. 8 €. Livemusik, s. S. 218, Kulturverein Wespennest.

Reihenweise gemütlich – Regional Gutes zu vernünftigen Preisen in der Altstadt u. a. in **Zur Herberge 4** (Mittelgasse, Tel. 06321 76 88), **Backblech 5** (Hintergasse, www.backblech-nw.de), **Altstadtkeller 6** (www.altstadtkeller-neustadt.de) und **Amboss 7** (Tel. 06321

Unser Tipp

Auf der Schoppenwiese
Mit Beginn der Weinlese ist der ›Neie‹ (neuer Wein) Kult! Dann trifft sich in Mußbach (▶ C 5) ein geselliges Völkchen unter freiem Himmel ›beim Winzer‹ (Kelterhaus der Winzergenossenschaft Weinbiet, An der Eselshaut 57) oder auf der ›Schoppenwiese‹ (Winzerverein Meckenheim, An der Eselshaut 76). Auf diesen ungewöhnlichen Picknickplätzen wird ›neier‹ (und ›alter‹ Wein) gekostet, Essen mitgebracht und nicht selten gastfreundlich geteilt. Der Pfälzer Schoppen, ein halber Liter, kreist in der Runde. Sept.–Allerheiligen tgl.

Deutsche Weinstraße

Unser Tipp

Mandelblütenfest ▶ C 5
Wenn die Natur im März nicht gerade verrückt spielt, ist dies das erste Weinfest der Saison. Sobald die Mandelbäume blühen, wird kurzfristig der Termin des zauberhaften Fests festgelegt. Jung und Alt feiern rund um Gimmeldingens Kirche und in der Rebenflur.

48 72 13) in der Kunigundenstraße; Cafés in Hülle und Fülle, etwa **Café-Konditorei Bassler** 8, Hauptstr. 116.

Einkaufen

Schönes Ambiente – **Haus des Weines** 1: Rathausstr. 6, Neustadt, Tel. 06321 35 58 71, Di–Fr 10–18, Sa bis 15 Uhr. Über 100 Weine örtlicher Winzer sind im Angebot, auch biodynamische des Weinguts A. Christmann (Gimmeldingen, Tel. 06321 660 39).

Abends & Nachts

Folk & Co. – **Kulturverein Wespennest** 1: Lesungen, Jazz u.v.a.m. im Wirtshaus Konfetti, s.o.; www.kulturvereinwespennest.de.
Klassisch – **Hambacher Musikfest** 2: Infos s. u. Touristeninformation Neustadt.
Open air – **Villa Böhm** 3: Freilichttheater im Park, Info s. u. Touristeninformation Neustadt.
Oldies – **Rockland-Café** 4: Friedrichstr. 5, Neustadt, Tel. 06321 885 82, www.rockland-cafe.de, Mo–Fr 11.30–14.30, 17–24 (Fr bis 1), Sa 15–1 Uhr.

Infos & Termine

Touristeninformation
Hetzelplatz 1, Neustadt an der Weinstraße (NW), Tel. 06321 926 80, www.neustadt.eu.

Feste und Festivals
Petit Salon du Chocolat: Sa, So, März, Saalbau Neustadt, www.petit-salon-du-chocolat.de, Chocolatiers, Slow Food.
Eselshautfest: Herrenhof in NW-Mußbach, Juli.
Jakobuskerwe: NW-Hambach, Ende Juli, nostalgisch-gemütlich im Ortskern.

Verkehr
Bahn: Hbf Neustadt, Haltepunkte Böbig, Mußbach.
Bus: Verbindungen nach Haardt, Königsbach, Gimmeldingen, Hambach.

Maikammer ▶ C 5

Aus Maikammer stammt ein General, Jakob Freiherr von Hartmann. Er nahm an der Kaiserproklamation 1871 in Paris teil, wie auf einem Gemälde Anton v. Werners zu sehen ist. In Maikammer erfanden die Brüder Ullrich den Klappmeter und optimierten ihn 1886 durch ein Federgelenk. Die Firma expandierte in Annweiler zu dem weltweit führenden Messgeräte-Betrieb Stabila. Der General steht als Denkmal auf dem Marktplatz, Daniel Lehrs Skulptur »Klappmeter« muss mit dem Kreisel am Wasgau-Supermarkt vorliebnehmen.

Mitten in der Rebflur steht das wohl schönste klassizistische Wingerthäuschen der Region. Und in der Kapelle im Ortsteil **Alsterweiler** stößt man auf eine Kostbarkeit: Das Flügelretabel (15. Jh.) des Meisters Heinz aus Straßburg zeigt, durch eine Glastür einsehbar, die Passion Christi, der die Heiligen Cosmas und Damian beiwohnen.

Radtour auf die Kalmit

Steil geht es von Maikammer-Alsterweiler auf die mit 673 m höchste Erhebung des Pfälzerwalds. Hier lädt das 1904 erbaute Kalmithaus zur Rast ein, die erste bewirtschaftete und dazu höchstgelegene Hütte des Pfälzerwald-Vereins (Tel. 06321 54 24, Sa, So 9–18 Uhr, Mai–Okt. auch Mi). Das Felsenmeer mit riesigen, aus Frostsprengung entstandenen Sandsteinblöcken ist einen kleinen Spaziergang wert. Danach rollen die Räder die Totenkopfstraße nach St. Martin hinab.

Events: Auf Klapprädern ohne Gangschaltung bezwingen hippe Sportstypen beim Kalmit-Klapprad-Cup den Gipfel, eine Mordsgaudi! (Anf. Sept., www.kalmit-klapprad-cup.de). Ernsthaft geht's hingegen beim Kalmit-Berglauf zu (Nov., www.tv-maikammer.de).

Übernachten

Zentral – **Hotel Immenhof:** Immengartenstr. 26, Maikammer, Tel. 06321 95 50, www.hotel-immenhof.de, DZ ab 50 €.

Aktiv & Kreativ

Freibad – **Kalmitbad:** Wiesenstr. 18, Maikammer, Mo, Mi, Fr ab 10, Di, Do ab 6, Sa, So ab 8 Uhr, Riesenrutsche.

Infos

Touristeninformation
Johannes-Damm-Str. 11, Maikammer, Tel. 06321 952768, www.maikammer.de.

St. Martin! ▶ B/C 5

Egal in welchem Winkel der Republik dieser Name fällt: Der Bekanntheitsgrad der schmucken Ortschaft ist enorm. Die Pflege baulicher Juwelen wie das Briefmarkeneck (1949 gab's eine Marke), Frühmesserhaus und die Phalanx bildhübscher Fachwerk- und Steinhäuser mit Erkern, Türmchen und Nischen zahlt sich in touristischer Münze aus. Ersichtlich steht man hier unter dem Schutz vieler Hausmadonnen und des fränkischen Heiligen St. Martin, der den Aufgang zur Kath. Pfarrkirche mit dem spätgotischen Turm krönt (offen). Am 11. 11. wird traditionell zum mehrtägigen Martinusweinfest nach der Messe eine Holzstatue des Heiligen von Winzern durch den Ort zu einem jährlich wechselnden Weingut getragen.

Auf der **Kropsburg** saßen von 1318 bis 1794 die Dalberger. Dem hochgeachteten alten Adelsgeschlecht entsprossen Kämmerer von Worms, kurpfälzische Hofkanzler und im 18. Jh. der Intendant des Mannheimer Nationaltheaters Wolfgang von Dalberg (s. S. 177). Seit 1902 führt der Winzerverein den Namen.

Übernachten

Liebenswürdig – **Hotel-Restaurant Haus am Weinberg:** Oberst-Barrett-Str. 1, St. Martin, Tel. 06323 94 50, www.hausamweinberg.de, DZ ca. 100 € (inkl. Wellnessangebote). ›Wanderbares Hotel‹, Bett & Bike.

Schnuckelig – **Moll's Ferienhäusel:** Kreuzweg 12, St. Martin, Tel. 06323 98 74 73, www.mollonline.de, Fewo (2 Pers.) ab 4 Übernachtungen ca. 60 €.

Essen & Trinken

In St. Martin muss niemand hungern und dürsten, auch nicht in gehobenen Restaurants wie **St. Martiner Castell,**

Deutsche Weinstraße

Dalberg oder Barriquegewölbe. Falls Sie auf der pfälzischen Essklaviatur (Saumagen, Leber-, Blut-, Bratwurst) üben wollen, bietet sich eine der zahlreichen Straußwirtschaften an, z. B.:
Gesellig – **Alter Gutshof:** Kirchgasse 1, Tel. 06323 70 49 56, www.weingut-raabe.de, ab 11.30 Uhr, Öffnungskalender beachten, Deftiges für etwa 7–15 € in der Straußwirtschaft im originellen Gewölbe.

Aktiv & Kreativ

Stramme Waden – **Fahrradverleih:** Infos bei der Touristeninformation, s. u., auch Tourentipps.
Zeigt her eure Füße – **Barfußpfad Sandweiher:** 2 km westlich von St. Martin, nahe Haus an den Fichten (Mi–So ab 9.30 Uhr), zu erreichen über die Totenkopfstraße.

Infos & Termine

Touristeninformation
Kellereistr. 1, St. Martin, Tel. 06323 53 00, www.sankt-martin.de, in der historischen Alten Kellerei; diverse Themenführungen.

Feste
Weinfest in der Pergola: Juli, höchstgelegenes Weinfest der Pfalz am Haus am Weinberg.

Edenkoben und Umgebung ▶ C 5

Die Kleinstadt hat einen sehr hohen Freizeitwert, ein beachtliches Alter und einen biblischen Namen. Im barocken Palais veranschaulicht das Museum für Weinbau und Stadtgeschichte die facettenreiche Geschichte (Weinstr. 107, So 14–17, April–Okt. auch Fr 16–19 u. Sa 15–18). Auf den Gassen, ›Pädel‹ genannt, lässt sich die Altstadt erkunden, am Schafplatz auch das Gelände um den 2010 wieder freigelegten Triefenbach. Den Marktplatz ziert ein Ludwigsdenkmal zu Ehren des bayerischen Königs. Auf dem Lederstrumpfbrunnen am Goldenen Eck stellt der Bildhauer Gernot Rumpf Szenen aus dem Leben Johann Adam Hartmanns nach, der im 18. Jh. als Scout im Wilden Westen populär und für den Romancier James Fenimore Cooper vermutlich das Urbild des Waldläufers Lederstrumpf war. Der Titelheld des einst viel gelesenen Schmökers ist in seiner Heimatstadt der Star einer Stadtführung.

Seit 2006 trägt Edenkoben das Siegel einer »Bücherstadt«, d. h. das Städtchen verfügt über auffallend viele Antiquariate. So kann man im Buchladen Lederstrumpf, Friseursalon Floretta, SBK-Verbrauchermarkt, im Hotel Ziegelhütte, im Laden »Buch trifft Wein« sowie bei den »Edenkobener Büchertagen« in alten Büchern stöbern (Informationen unter www.buecherstadt.edenkoben.de). Den Weg zur kulturbewussten Stadt ebneten das Herrenhaus (www.herrenhaus-edenkoben.de) und ein paar Schritte weiter das landeseigene Künstlerhaus (www.kuenstlerhaus-edenkoben.de) am Eingang zum Edenkobener Tal. »Poesie der Nachbarn« bringt hier alljährlich Autoren in der Übersetzerwerkstatt zusammen. 2004 übertrug Herta Müller, Nobelpreisträgerin 2009, ukrainische Gedichte ins Deutsche.

Unterwegs stößt man auf das 1262 von Zisterzienserinnen gegründete Kloster Heilsbruck, dessen wechselvolles Schicksal ein Spiegelbild pfälzischer Geschichte zwischen Krieg und Frieden abgibt. Im kreuzförmigen Keller, der

Edenkoben und Umgebung

einst die Kirche trug, werden noch immer hochwertige Weine ausgebaut (www.klosterheilsbruck.com).

Ausflug zum Friedensdenkmal

Es steht in einer Reihe mit all den nach der Reichsgründung 1871 entstandenen Sieges- und Friedensdenkmälern. Ein Spaziergang durch die Weinberge führt von St. Martin auf dem Kreuzweg zur Kropsburg (nicht zugänglich) mit evtl. Einkehr in der Burgschänke (Tel. 06323 59 24, Mi–Mo 11–18 Uhr, pfälzisch ab ca. 10 €) und dann durch Wälder (Weg 17) zur Jugendstilanlage des Bildhauers August Drumm auf dem Werderberg. Nach einem grandiosen Blick von der Turmplattform können Sie in der Waldgaststätte nebenan (Di–So ab 11 Uhr, Tel. 06293 98 06 84) bei üppiger Kost (z. B. Wurstsalat mit Pommes 7,50 €) entspannen, ehe Sie sich durch Kastanienwald und Rebflur auf den Rückweg machen (Weg 13, teilweise Straße!). Das Monument ist auch per Auto von Edenkoben oder St. Martin aus erreichbar.

Edenkobener Tal

Das Tal ist ein Paradies für Wanderer und Radler, folgende Ziele bieten sich an: Hilschweiher (Kiosk/Bootsverleih Apr.–Okt. ab 9 Uhr), die Edenkobener Hütte am Hüttenbrunnen (www.pwv.de, Jan., Febr. Mi, Fr, Mo, März–Aug., Nov.–Dez. Mi–Mo, Sept., Okt. tgl. ab 11 Uhr), das Naturfreundehaus Edenkoben im Sauermilchtälchen (www.naturfreunde.de, Di–So ab 10 Uhr, einfaches Logis 11–16 €/Pers.) und das Forsthaus Heldenstein (Di–So). Die Hütten sind gastliche Fixpunkte für Touren im schier endlosen Pfälzerwald.

Der Essig-Doktor in Venningen

In den 1980er-Jahren war Georg Heinrich Wiedemann ein Pionier köstlicher Essigkreationen aus besten Essenzen in mundgeblasenen Flaschen. Im baulich geschmackvollen Doktorenhof zaubert der ›Essig-Doktor‹ nach wie vor edle Essig-Kreationen wie Heil- und Badeessig, Gelees, Senf, Pralinen, aber auch Aperitifs und Digestifs und präsentiert sie u. a. bei Degustationen, Inhalationen und weiteren Events (Raiffeisenstr. 5, Venningen, Tel. 06323 5505, www.doktorenhof.de).

Übernachten

TopTipp – **Hotel Restaurant Gutshof Ziegelhütte**: Luitpoldstr. 79, Edenkoben, Tel. 06323 949 80, www.ziegelhuette-online.de, DZ ab ca. 85 €. Erstes ›Bücherhotel‹ der Pfalz, dessen Restaurant z. B. ein Krimi-Dinner serviert (45 €).

Essen & Trinken

Klassisch – **Pfälzer Hof**: Weinstr. 85, Edenkoben, Tel. 06323 23 29 41, www.pfaelzerhof-edenkoben.de, Fr–Mi 11.30 –14.30 und ab 17.30 Uhr, ab ca. 14 €.

Bayrisch – **König Ludwig Keller**: Ludwigplatz 10, Edenkoben, Tel. 06323 74 74, www.koenig-ludwig-keller.de, Gewölbekeller: Sept., Okt. Mi–Mo ab 17 Uhr, Biergarten: April–Sept. tgl. ab 17 Uhr, ab 6 €.

3-Frauen-Power – **Gutshof Bauer's Stuben**: Altdorfer Str. 3, Venningen, Tel. 06323 27 34, www.gutshof-bauer.de, Sept., Okt. tgl., März–Juni Do–So, Juli, Nov.–Mitte Dez. Fr–So, pfälzisch ab 6 €, Weingut.

Einkaufen

Nudel-Vielfalt – **Gutting Pfalznudel**: Hauptstr. 43/45, Großfischlingen, Tel. 06323 57 19, www.pfalznudel.de, am Radweg Südliche Weinstraße, Laden: Mo–Fr ab 8, Sa ab 9, So ab 11 Uhr.

Auf Entdeckungstour

Ludwigs Fall auf die Höhe unter der Rietburg

»Auf der schönsten Quadratmeile« seines Reichs ließ König Ludwig I. von Bayern das Schloss Villa Ludwigshöhe erbauen. Nach der Besichtigung schweben wir mit der Sesselbahn zur Ruine Rietburg hinauf, lassen auf der Burgterrasse das Panorama der Rheinebene auf uns wirken und wandern auf Ludwigs Lieblingspfaden hinab. Am Pavillon »Schöner Punkt« rasten wir gleich ihm ein Weilchen.

Reisekarte: ▶ B/C 5/6

Zeit: Besichtigung 40 Min.; Sesselbahn 8 Min.; Wandertour ca. 1 ½ Std.

Planung: Start am Schloss Villa Ludwigshöhe, Eintritt 2,60/1 €; Rietburgbahn: einf. Fahrt 4/2 €; Parken: Villastr. (Rietburgbahn Talstation) oder Theresienstr. (Rhodt unter Rietburg); Bus 506: nur So bis zur Villa

Auf Schloss Villa Ludwigshöhe sagte Ludwig I. (1786–1868), ein waschechter bayerischer König, der zuvor der Hauptstadt München den architektonischen Stempel aufgedrückt hatte, der großen Politik ade und schuf sich ein Refugium ›für die schöne Jahreszeit‹. Und so schwappte in der Mitte des 19. Jh. an diesem bezaubernden Ort die Weltgeschichte unversehens in die Provinz. Bei der Führung durch das Schloss kann man die originale Küche bestaunen, das aus der Epoche stammende, nicht originale Mobiliar bewundern, den Speisesaal außerhalb von Veranstaltungen aufsuchen und allerhand Wissenswertes erfahren über den Monarchen selbst und sein Verhältnis zu den Pfälzern an sich. Das war ja nicht ganz konfiktfrei. In Ludwigs Regierungszeit fiel immerhin das Hambacher Fest, bei dem die unbotmäßigen Untertanen des ›Rheinkreises‹ (so hieß die Pfalz in der Bayern-Ära ab 1816) den Protest gegen die Obrigkeit probten (s. auch S. 58).

Der Wittelsbacher kam als Pensionär in die Pfalz. Er war über die leidenschaftliche Affäre mit der ›spanischen Tänzerin‹ Lola Montez gestolpert, die er u. a. zur Gräfin ernannt hatte und trotz wachsenden Unmuts auf die Regierungsgeschäfte Einfluss nehmen ließ. Die explosive Lage im Revolutionsjahr 1848 zwang ihn zur Ausweisung Lolas. Am 20. März dankte er zugunsten seines Sohnes Maximilian ab.

Eine ›Villa italienischer Art‹

Ab 1852 verlebten Ludwig und seine Gemahlin Therese alle zwei Jahre den Sommer im Westen des Königreichs, kein kurzfristiger Entschluss. Schon 1845 reiften Pläne, am Haardtrand oberhalb Edenkobens eine ›Villa italienischer Art‹ zu bauen. Ludwigs Faszination von der Antike, gespeist durch häufige Italienreisen samt Besuch der Ausgrabungen in Pompeji, übertrug sich auf den vierflügeligen ›Königsbau‹ und dessen Ausstattung mit Mosaikböden, Decken- und Wandbemalung im ›pompejanischen‹ Stil. Mit der Umsetzung beauftragte Ludwig seinen Stararchitekten Friedrich von Gärtner. Nach dessen Tod vollendete Leo von Klenze das Ensemble aus Villa, Cavaliersbau (heute Weingut) und Marstall (Sportschule des Südwestdeutschen Fußballverbands).

Seit 1975 gehört die spätklassizistische Portikusvilla dem Land Rheinland-Pfalz, das im Speisesaal kulturelle Veranstaltungen serviert (Besichtigung der Villa zu jeder vollen Stunde, nur mit Führung, Tel. 06323 930 16, Di–So, April–Sept. 9–18, Okt., Nov., Jan.–März bis 17 Uhr). Einige Räume sind der landeseigenen Sammlung von Werken Max Slevogts vorbehalten (www.max-slevogt-galerie.de). Im Kellergewölbe gewähren Vitrinen und ein Schaudepot Einblicke in den nun vom Land gehüteten Schatz der berühmten Hinder-Reimers-Sammlung zur »Modernen Keramik des 20. Jahrhunderts« (Führungstermine: www.keramik-sammlung.de). Auf der Loggia des Schlosses entfaltet sich eine herrliche Sicht auf die Weinbergszeilen und die Weiten der Ebene – Ludwigs Affinität für dieses hübsche Fleckchen Erde ist nur zu gut zu verstehen. Hier konnte er nach dem Sturz vom Sockel der Macht sanft auf die Ludwigshöhe und wieder auf die Füße fallen.

Hinauf zur Rietburg

»Welch milde Luft weht da! Dass mit süßen Früchten bedeckte Kastanien meine Villa umgeben, südlichen Klimas beste Zeugen!« schwärmte der Monarch beim ausgiebigen Wandern an der Haardt und hinauf zur Rietburg, die auf der Nordflanke des Blätterbergs als Ruine thront. Wir sparen uns den mitunter recht steilen Aufstieg und schweben mit der Rietburgbahn, der einzigen pfälzischen Sesselbahn, nach oben.

Von der Burgterrasse öffnet sich ein königliches Panorama, das schon seine Majestät genoss. So eindrucksvoll, als liege uns die Welt zu Füßen, der Garten Eden dicht davor. Die Legende vom Teufel, der den Schöpfer mit seiner Gier auf die Pfalz so nervte, bis dieser schließlich ausrief: ›In Gottes Namen, dann b'halts‹, könnte hier ihren Ursprung haben. Und wie der traditionsbewusste Ludwig wohl auch, denken wir uns ins 13. Jh. zurück, als hier mächtig viel los war. Burgherr Hermann von Riet hielt 1254 Elisabeth gefangen, die Gemahlin König Wilhelms von Holland, der während des Interregnums einer der päpstlichen Gegenkönige zu den Staufern war. Der Ritter büßte die ruchlose Tat mit der Zerstörung der Burg und der Talfahrt seines Geschlechts (Rietburgbahn: Tel. 06323 18 00, März So 9–17, April–Anf. Nov. Mo–Fr bis 17, Sa, So bis 18 Uhr; Höhengaststätte: Tel. 06323 29 36, Ostern–Okt. 9–18 Uhr).

Ludwig wandert bergab – wir auch

Auf die Frage, warum er keinen Park anlege, soll Ludwig geantwortet haben: »Um mich herum ist Park genug«. Natürlich gestaltete Englische Landschaftsgärten waren *up to date,* der König aber konnte sich voll auf die unverfälschte Naturschönheit der Haardt verlassen. Nach kurzem Aufstieg zum Damwildgehege laufen wir (Zeichen: roter Punkt) stetig durch lauschige Mischwälder bergab, biegen an der Wegkreuzung rechts ab (weißer Punkt) und folgen schließlich Rundweg 2 bis zur Weggabelung. Hier steigen wir scharf rechts (Zeichen: blaugelber Balken, Rundwege 3, 4) und sofort wieder links (!) hoch zum Pavillon ›Schöner Punkt‹, dem Lieblingsausguck seiner Majestät. Auf der Bank wie weiland der bayerische König sitzend, lassen wir die Weite der Ebene auf uns wirken und gedenken seiner am Erinnerungsstein nebenan. Ein Waldpfad (roter Punkt) geleitet nun, in Serpentinen den Sessellift mehrmals kreuzend, hinunter zur Talstation und zur Villa Ludwigshöhe.

Therese rollt hinab – wir auch

Im August 1852 bezog Ludwig mit Therese, der »besten aller Frauen«, wie er seine Gemahlin nun reumütig pries, die Sommerresidenz. Von hier rollte die Equipage der Königin alle zwei Wochen die nach ihr benannte Theresienstraße hinab nach Rhodt – ohne Ludwig. Da Therese im Unterschied zu ihm evangelisch war, besuchte sie den Gottesdienst in der Rhodter St. Georgskirche, während er die Messe im katholischen Edenkoben feierte. Auf eigens ausgelegten Teppichen schritt die Königin von der Kutsche zur Kirche, um dann im Presbytergestühl des reich verzierten Saalbaus (1470/1720) auf dem mit der Initiale T und einer Krone geschmückten Prunksessel Platz zu nehmen. Eine Besichtigung ist nach dem Sonntagsgottesdienst um 10 Uhr oder auf Anfrage möglich (Tel. 06323 98 00 79).

Rhodt ist sichtbar gewordene Poesie. Ein Spaziergang auf der romantischen Theresienstraße mit der Kastanienallee und den bildschönen Häuserfronten schließt unsere Tour ab, auf deren Gelingen man in einer der gemütlichen Weinstuben (s. S. 226) das Glas erheben kann.

Rhodt unter Rietburg

Infos & Termine

Touristeninformation
Poststr. 23, Edenkoben, Tel. 06323 95 92 22, www.garten-eden-pfalz.de.

Feste
Owergässer Winzerkerwe: Juni, mit mittelalterlichem Markt.
Weinfest der Südlichen Weinstraße: Sept., stimmungsvoll in Edenkobens Winzerhöfen.

Rhodt unter Rietburg ▶ C 6

Fast jedes pfälzische Dorf litt unter Kriegen, Rhodt blieb weitgehend verschont. Prächtige Weingüter mit alten Torbögen und üppig bepflanzten Innenhöfen zeugen von dieser Gunst des Schicksals. So manche Winkel der 2010 im Landesentscheid von »Unser Dorf hat Zukunft« ausgezeichneten Gemeinde sind einfach zauberhaft. Selbst wenn die berühmte Theresienstraße im Herbst touristisch überlaufen ist, hat das auch eine positive Seite: In beinah jedem Gehöft gibt es gastrono-mische Angebote, Wein natürlich und allerlei andere Eigenerzeugnisse.

Eine junge Attraktion ist der Südfrüchtegarten in der Ortsmitte. Ehrwürdig hingegen der älteste Weinberg der Welt, ein 400 Jahre alter Gewürztraminer-Wingert am Ortsrand (gegenüber der Winzergenossenschaft Rietburg), an dessen knorrig-krummen Rebstöcken sich noch jeder Schädling die Zähne ausgebissen hat (Info: Weingut Oberhofer, Tel. 06323 94 49 11).

Die romantische Theresienstraße in Rhodt unter Rietburg

Deutsche Weinstraße

Übernachten

Freundlich familiär – **Gästehaus im Durlacher Hof:** Weinstr. 44, Tel. 06323 71 98, www.rhodt.de, DZ ab 48 €.

Übernachten, Essen

Top-Ambiente – **Theresienhof:** Theresienstr. 46, Rhodt, Tel. 06323 949 37 80, www.theresienhof-rhodt.de, DZ ab 85 €, pfälzisch-mediterran ab ca. 8 €.

Infos & Termine

Touristeninformation
Tourismusbüro/Gästestube Rhodt unter Rietburg: Durlacher Hof, Weinstr. 44, Tel. 06323 98 00 79, www.rhodt.de. Weitere Internet-Infos: www.gleisweiler.de, www.hainfeld.de, www.edesheim.de, www.burrweiler.de, www.flemlingen.com, www.venningen.de.

Verkehr
Bus: Palatina-Bus Linie 501.

Feste & Festivals
WeinTestival & KunstFestival: April, Weinmesse mit Verkostung.
Heimat- und Blütenfest: Pfingsten, in der Theresienstraße.

›Tour de Fromm‹ ▶ B–C 6

Bildstöcke und allerlei sakrale Kunst in Hülle und Fülle! Von Rhodt aus gestartet, radeln wir erst auf dem Radweg Deutsche Weinstraße (grünes Fahrrad/Traube) entlang der L 512 nach Süden, dann nach Westen auf Weinbergspfaden ins hochgelegene **Weyher**. Auf dem Friedhof an der barocken Kath. Pfarrkirche St. Peter und Paul (1712–16) trauern vier Putten um die Mutter des Johann Andreas von Traitteur (1753–1825). Der Erfinder, Konstrukteur und Rektor der Heidelberger Universität sorgte 1784 im Modenbachtal für eine Sensation, als sein unbemannter Heißluftballon hochstieg und bis ins Elmsteiner Tal abtrieb. Von Weyher aus folgen wir dem Radweg Deutsche Weinstraße nach Süden bis zur L 507, um kurz darauf rechts abbiegend auf der K 59, dann K 58 zum **Landgut Buschmühle** im Modenbachtal zu kommen (Mo–Sa ab 11.30 Uhr, www.buschmueh le.de). Wir radeln auf dem idyllischen Weg am Bach entlang erst zum **Gutausschank Burrweiler Mühle** (Mi–Sa ab 15, So ab 12 Uhr, www.burrweilermue hle.de) und dann nach **Hainfeld** mit der berühmtesten frommen Skulptur, der Immaculata auf der Weltkugel. Nach evtl. Rast im Pavillon des Weinguts Koch (s. u.) führt der Radweg an der L 512 zurück nach Rhodt.

Übernachten, Einkaufen

Sterne-Fewo – **Weingut Valentin Ziegler:** Hübühl 9, Weyher, Tel. 06323 98 85 99, www.valentin-ziegler-sohn.de, Fewo ca. 53 € (2 Pers.), ab 2 Übernachtungen), nahe Ludwigshöhe.

Essen, Einkaufen

Zünftig – **Weingut Bernhard Koch:** Weinstr. 1, Hainfeld, Tel. 06323 27 28, www.weingut-koch.com. »Wann's Licht brennt, isch uff« im Weinpavillon, meist ab 14 Uhr. Flammkuchen ab 5,50 €.

Abends & Nachts

Open Air – **Schlossfestspiele:** Schloss Edesheim, Seebühne, Tel. 063 23 942 40, www.schlossfestspiele-edesheim.de.

Von Gleisweiler nach Burrweiler ▶ B 6

Von Gleisweiler aus führt ein idyllischer Waldweg durchs Hainbachtal zur **Walddusche,** die der Landauer Arzt und Prießnitz-Schüler Ludwig Schneider 1848 aus Dusche, Sturzbach und Wellenbad kombinierte, eine in Deutschland einmalige Anlage. Inzwischen restauriert, darf man sie für kalte Duschen bei durchweg ca. 12° C auch frei nutzen. Nach einem Stück Wegs zurück links abgebogen (Zeichen: roter Balken), gelangt man zum Sanatorium, das Schneider 1843–44 nach Plänen Leo von Klenzes im klassizistischen Stil über Gleisweiler erbauen ließ. Der gleichzeitig angelegte herrliche Park mit exotischen Pflanzen ist trotz Zugehörigkeit zur heutigen **Privatklinik Bad Gleisweiler** frei zugänglich (Eingang: Badstr. 28).

Durch einen lauschigen Kastanienwald wandern wir nun hoch zur **St.-Anna-Kapelle** (1895) auf dem Annaberg, einem Hangvorsprung des Teufelsbergs über Burrweiler. Alljährlich wallfahrten Pilger am 1. Mai und von Juni bis August hier hinauf, büßen schon dank steilen Aufstiegs, werden aber mit einem göttlichen Blick in die Ebene belohnt. Nach der Stärkung nahebei in der St. Anna-Hütte des PWV (Mi, So ab 10 Uhr, Juli–Nov. auch Sa) oder in der Gutsweinschänke St. Annaberg etwas unterhalb der Kapelle laufen wir die Kreuzwegstationen hinab nach Burrweiler.

Übernachten, Essen

Genuss – **Gutsweinschänke Sankt Annaberg:** St. Annastr. 203, Burrweiler, Tel. 06345 32 58, www.restaurant-sankt-annaberg.de, DZ ca. 60 €, Gerichte ab 11 €.

Essen & Trinken

Top – **Weinstube Brand:** Weinstr. 19, Frankweiler, Tel. 06345 95 94 90, Di ab 18, Mi–Sa auch 12–14 Uhr, ab ca. 11 €.
Flair – **Weinstube Marienhof:** Bachstr. 16, Flemlingen, Tel. 063 23 50 09, www.weingut-marienhof.de, tgl. ab 11.30 Uhr. Kreativ pfälzisch ab ca. 8 €, auch im mediterranen Garten.

Aktiv & Kreativ

Kunst – **Papiermuseum Gleisweiler:** Kurpfälzischer Zehnthof, Zum Sonnenberg 1, Tel. 06345 33 41, www.papiermuseum-gleisweiler.de, April–Okt. So 14–18 Uhr, Papierschöpf-Kurse 1. So.

Infos

Verkehr
Bus: Palatina-Bus Linie 501.

Landau i. d. Pfalz ▶ C 6

Die kreisfreie Stadt ist als eine der größten deutschen Weinbaugemeinden ein wichtiger Wirtschaftsfaktor für die Südpfalz. Die einstige Reichsstadt präsentiert sich jung und dynamisch, auch dank des Campus der Universität Koblenz-Landau, die 1990 aus der Erziehungswissenschaftlichen Hochschule hervorging. Wie alle südpfälzischen Gemeinden orientiert man sich zum oberrheinischen Dreiländereck hin, der Brückenschlag in den badischen Kraichgau und ins französische Elsass ist längst nicht nur touristisch, sondern auch in wirtschaftlich enger Kooperation vollzogen; eine Region mit gleichen kulturellen Wurzeln wächst wieder zusammen – keine Selbstverständlichkeit, wie die Geschichte lehrt.

Landau i. d. Pfalz

Haus Mahla
Historisches Stadtmuseum, Marienring 8, Mo–Mi 8.30–12, 14–16, Do 8.30–12, 14–18 Uhr

Die strategisch wichtige Stadt in der ›Aue‹ des Flüsschens Queich wurde nach kurzem Aufschwung im Mittelalter unfreiwillig zum deutsch-französischen Zankapfel und blieb es über Jahrhunderte hinweg. Seit 1648 als Mitglied des Städtebundes Dekapolis unter französischem ›Schutz‹ stehend, war Landau für den Sonnenkönig Ludwig XIV. 1688 das Faustpfand im Pfälzischen Erbfolgekrieg. Um Platz für »eine der stärksten Festungen der Christenheit« zu schaffen, ließ Marschall de Vauban 1689 den gesamten mittelalterlichen Stadtkern in Brand setzen. 20 000 Arbeiter zogen Mauern für das neue Landau hoch, ein eigens angelegter Kanal beförderte Albersweilerer Gneis, massenhaft wurde Kalk der Kleinen Kalmit (s. S. 232) verarbeitet, eine sternförmige Anlage entstand. Ein Modell der Festung um 1700 ist im Haus Mahla zu sehen.

Über Jahrhunderte prägte das Militär die Stadt: mit kurzen Unterbrechungen bis 1815 das französische, ab 1816 das bayerische. Nach der französischen Besetzung in den 1920er-Jahren war Landau während des Dritten Reichs deutsche, nach 1945 und schweren Kriegsschäden wieder französische Garnison und erst 1999 in eine zivile Zukunft entlassen.

Der Festungsring
Im 19. Jh. wurde die Festung zugunsten eines mit Parks besetzten Grüngürtels geschleift. Lediglich das Deutsche Tor im Norden und das Französische im Süden blieben stehen. Das Fortgelände teilen sich heute die **Uni-versität** und der traditionsreiche **Zoo** seinen ca. 700 Tieren (s. S. 231). Entlang der Ringstraßen entstand im 19. Jh. eine attraktive Wohngegend. Hier und an der An 44 prägen, in der Geschlossenheit einzigartig in der Pfalz, Villen und mehrstöckige Häuser mit reichem Fassadenschmuck das Bild. Sie sind Hinterlassenschaft jener Kaufleute, die im Gründerzeit-Boom weltweiten Handel betrieben. Dem Südpfälzer Wein öffneten vor allem jüdische Bürger Landaus die internationalen Märkte, bis 1933 die nationalsozialistische Rassenpolitik ihnen und damit auch den Kleinwinzern die Existenzgrundlage entzog.

Rathausplatz
Die lebhafte Fußgängerzone strebt auf den Rathausplatz zu, der immer wieder als Paradeplatz diente. An die Ära als bayerische Garnison erinnern die ehemalige Kommandantur – jetzt Rathaus mit Touristeninformation – und Prinzregent Luitpolds Reiterstatue mitten auf dem Platz. Über der Stadt liegt jedoch nichts Martialisches mehr, sondern eher ein Hauch französischen Savoir-vivres. Wenn im Frühjahr die Mandelbäume blühen, rücken die Stühle der Straßencafés nach draußen. Die bunte Fülle des Wochenmarkts beherrscht das Bild.

Altes Kaufhaus
Info: Bürgerbüro im Rathaus, Tel. 06341 13 32 61

An der Peripherie des Rathausplatzes fällt das leuchtend weiße Gebäude mit der anmutigen Freitreppe ins Auge. Hier wachte einst der städtische Kaufhausmeister darüber, dass beim Zwischenhandel alles korrekt zuging. 1995 zogen Kunst und Kultur ein, Konzerte geben den Ton an. Auf der Traufseite zeigt ein Gemälde Günther Zeuners den ›Landauer‹. Mit einer solchen Equipage und einem Tross Bediensteter reiste

Die Mandelbäume auf dem Rathausplatz von Landau blühen bereits im März

Deutsche Weinstraße

König Joseph I., Oberbefehlshaber der Rheinarmee, nach dem für die Reichstruppen erfolgreichen Spanischen Erbfolgekrieg 1702 nach Wien zurück.

Rote Kaserne
Im Relikt der Festungszeit in der Waffenstraße wurde 1840 Thomas Nast als Sohn eines Militärmusikers geboren. Schon als Kind in die USA übergesiedelt, machte er sich als Cartoonist einen Namen. »Esel« und »Elefant«, die Symbole der amerikanischen Parteien, sind wie »Uncle Sam«, das Dollarzeichen und die dem pfälzischen ›Belzenickel‹ entlehnte Santa-Claus-Figur seine Schöpfungen. Im zweijährigen Turnus vergibt Landau den Thomas-Nast-Preis an einen amerikanischen und deutschen Karikaturisten. Der vorweihnachtliche Nikolausmarkt auf dem Rathausplatz ist nach ihm benannt.

Prot. Stiftskirche
Bis ins 14. Jh. lässt sich die dreischiffige Basilika datieren und zählt so zu den wenigen erhaltenen Bauwerken aus Landaus Mittelalter. Vor der Kirche trägt Martin Mayers bronzener Martin Luther seit 1991 lässig die aufgeschlagene Bibel unterm Arm.

Jugendstil-Festhalle
Mahlastr. 3, Infos, Tickets: Bürgerbüro im Rathaus, Tel. 06341 13 32 61
Architekt Hermann Goerke setzte den prachtvollen Musentempel 1905–07 ins Gelände des ehemaligen Überschwemmungskessels der Bastion. Der Stifter wollte unerkannt bleiben, Jahre später erst löste sich das Rätsel: Es war Dr. August Ludowici, Spross der Unternehmerfamilie, die Ziegeleien in Ludwigshafen-Mundenheim und im südpfälzischen Jockgrim besaß. Sein Bruder Wilhelm entwickelte dort den Doppelfalzziegel, der bis heute Dächer in aller Welt schützt.

Ausflüge in die Umgebung
In den 1920er-Jahren schenkte August Ludowici (s. o.) dem Kreis Pfalz das stattliche Gut Geilweilerhof nahe dem idyllischen Winzerdorf **Siebeldingen** mit der Vorgabe, ein Institut für Rebenzüchtung einzurichten. Im freien Verkauf gibt es, nun in bundeseigener Regie, neue und traditionelle Rebsorten, auch Öko-Weine und – in Reminiszenz an den Mäzen – eine Cuvée Ludowici (Info: www.jki.bund.de).

Bei **Nußdorf** erregen Pumpen in den Weinbergen Aufsehen: Hier fördert die BASF-Tochter Wintershall hochwertiges Erdöl. Ansonsten gehören die Lande dem Wein und den bildhüb-

Unser Tipp

Frank-Loebsches Haus
Das Kleinod, ein Vierflügelbau mit umlaufenden Holzgalerien in der Kaufhausgasse 9, war bis 1940 im Besitz der aus Hochstadt stammenden Familie von Anne Frank. Heute erinnert es als Begegnungsstätte an Landaus Juden und Sinti und Roma (Di–Do 10–12, 14–17, Fr–So 11–13 Uhr). Außerdem gibt es dem Politik-Institut der Universität Landau-Koblenz (KoLa) und der Galerie Z Raum. Im angenehm schlichten Ambiente der Weinstube Zur Blum wird frisch-regionale Küche serviert (www.zurblum.de, Di–Sa ab 17, Mi, Sa auch 11.30–14.30 Uhr). Im Juni verknüpfen die »Weintage Südliche Weinstraße« bildende Kunst mit dem Können einer ambitionierten Winzerschaft. In die Verkostung erstklassiger Weine ist das Alte Kaufhaus nebenan eingebunden.

schen Orten entlang des zerklüfteten Wasgau-Ostrands. In **Birkweiler,** einem der schönsten Dörfer an der Weinstraße, lässt man angesichts des engen Ortskerns das Auto freiwillig stehen. **Hochstadt,** ein typisches Dorf in der Ebene, kann sich als Ursprungsort Prominenter feiern. Der um 1700 in die USA ausgewanderte Valentin Pressler gilt als Urahn von Elvis Presley und Jimmy Carter. Zacharias Frank, Urgroßvater von Anne Frank, wurde hier geboren und übersiedelte später nach Landau (s. Unser Tipp S. 230).

Übernachten, Essen, Einkaufen

Köstliches im Jugendstil – **Landgasthof Sonnenhof:** Mühlweg 2, Siebeldingen, Tel. 06345 33 11, www.soho-siebeldingen.de. DZ ab 85 €. Matthias Goldberg kreiert Degustationsgerichte (ca.12 €) und Tagesmenüs (ca. 20 €).
Sympathisch modern – **Kurpfalzhotel Landau:** Horstschanze 8 + 10, Landau, Tel. 06341 64 96 90, www.kurpfalzhotel-landau.de, DZ 75–82 €, Zusammenarbeit behinderter und nicht behinderter Menschen.
Individuell – **Weingut und Gästehaus Stentz:** Mörzheimer Hauptstr. 47, LD-Mörzheim, Tel. 06341 301 21, www.stentz.de, DZ ab ca. 70 €. Die Winzerinnen Astrid Stentz und Nicole Graeber kombinieren Wein und Schokolade (www.edelundsuess.com).

Essen & Trinken

Sympathisch – **Beat Lutz:** Bahnhofstr. 28, LD-Godramstein, Tel. 06341 603 33, www.beatlutz.de, Mai–Aug. Di–Sa (Lunch & Dinner), sonst auch So (Lunch), »Marktauswahl« ab ca. 12 €, »Palatinas«, kleine Speisen zum Kombinieren.

Fünf Freunde – **Fünf Bäuerlein:** Theaterstr. 2, Tel. 06341 207 46, www.fuenfwinzer.de, Di–Fr 11.30–14 und ab 17, Sa 11.30–14, Mo ab 17 Uhr, Hauptgerichte ab 12 €. Winzer und Wirtsleute retten ein Traditionsgasthaus.

Einkaufen

Pfälzer Sujets – **Atelier Xaver Mayer:** Ostbahnstr. 18, Landau, Tel. 06341 847 62, www.xaver-mayer.de. Grafiken, Kalender, Cartoons.
Ah! Kaffee – **KFE Die Kaffeerösterei:** Maximilianstr. 2, Landau, www.kfe-landau.de. Hier kommen Kaffeeliebhaber voll auf ihre Kosten.

Aktiv & Kreativ

Wellenvergnügen – **La Ola Freizeitbad:** Horstring 2, Landau, Tel. 06341 13 92 00, www.la-ola.de, Di–So 10–22, Mo ab 14 (Ferien ab 10 Uhr). Diverse Becken, Feng-Shui-Garten, Sauna.
Phobietherapie – **Reptilium:** Werner-Heisenberg-Str. 1, Landau, Tel. 06341 510 00, www.reptilium.de, tgl. 10–18 Uhr. Terrarien- und Wüstenzoo, Wüstenhalle, Tiere zum Anfassen.
Kulturmix – **Haus am Westbahnhof:** An 44, Landau, Tel. 06341 864 36. Kleinkunst, Kindertheater, Workshops, Tanz und Vorträge.
Einfach tierisch – **Zoo Landau:** Hindenburgstr. 12–14, www.zoo-landau.de, März–Okt. 9–18, sonst bis 16 Uhr, 3–6 €. Derzeit ca. 700 Tiere, darunter seit 2008 auch Pinguine
Weitläufig – **Wild- und Wanderpark Südliche Weinstraße:** Silz, Tel. 06346 55 88, www.wildpark-silz.de, März–Nov. tgl. ab 9, sonst ab 10 Uhr, 2–6 €, Familien 14,50 €.
Schweißtreibendes Vergnügen – **Draisinenbahn:** Zwischen Bornheim (bei

Lieblingsort

Großartige Aussicht – die Kleine Kalmit ▶ B 6

Egal, wann Sie die Südpfalz besuchen – auch im tiefsten Winter sollten Sie einen Spaziergang auf die Kleine Kalmit einplanen. Am besten vom hübschen Weinort Ilbesheim aus. Schon für Steinzeitmenschen war der 270 m hohe, unbewaldete Kalkhügel ein vortrefflicher Ausguck nach allen Richtungen. Wir sitzen hier gerne auf der Bank, die Kapelle im Rücken und vor uns das Panorama der Wasgauhügel mit all den Dörfern und den Burgen Madenburg und Landeck.

Deutsche Weinstraße

Landau) und Lingenfeld verkehrt zwar keine Bahn mehr, Gruppen können jedoch Draisinen mieten, die mit Muskelkraft zu bedienen sind (ab 36 €/Pers., Buchung www.suedpfalzdraisine.de).

Abends & Nachts

Kultur querbeet – **Altes Kaufhaus:** Rathausplatz 9, Landau, Konzert-Info, Tel. 06341 13 32 61.
Gute Stube – **Jugendstil-Festhalle:** Mahlastr. 3, Landau, Tel. 06341 13 32 61, s. S. 230. Kulturevents aller Art in Sälen und Salons.
Schall und Rauch – **Pierrot:** Ostbahnstr. 28, Landau, Tel. 06341 202 06, www.pierrot-landau.de, tgl. ab 11 Uhr, Flammkuchen (ca. 5 €). Amüsante Künstlerkneipe, gelegentlich Livemusik.
chic – **Barock:** Obertorplatz 4, Landau, Tel. 06341 99 55 66, www.barock-landau.de, Mo–Do 7–1, Fr 7–2, Sa 8–2, So 10–1 Uhr. Frühstücken und Cocktails schlürfen im ehemaligen Festungstor aus der Zeit Ludwig XIV., ab und zu Livemusik.
Unterhaltsam und kritisch – **Chawwerusch Theater:** Obere Hauptstr. 14, Herxheim b. Landau, Tel. 07276 59 91, www.chawwerusch.de, Hermann-Sinsheimer-Plakette 2010, s. S. 53.

Infos & Termine

Touristeninformation
Südliche Weinstrasse e.V.: An der Kreuzmühle 2, Landau, Tel. 06341 94 04 07, www.suedlicheweinstrasse.de.
Büro für Tourismus Landau: Marktstr.

Blick in das mit großartigen Wandmalereien ausgestattete Musikzimmer des Slevogthofs

50, Tel. 06341 13 83 01, www.landau-tourismus.de, u. a. Kutschfahrten mit dem Landauer.

Feste
Kindertag: Anfang Juni, Sa ab 10 Uhr, Aktivitäten in der Innenstadt.
Thomas-Nast-Nikolausmarkt: Advent 11–20 Uhr, Kunsthandwerk, Karussell, Kinderprogramm.

Verkehr
Bahn: Landau nach Neustadt, Winden (Umsteigen nach Karlsruhe, Bad Bergzabern), Wissembourg.
Bus: Bus 521, 528, 543 (Umland, auch Weinstraße), Bus 501 (Stadt und Landau-Neustadt entlang der Weinstraße)

Touren ab Landau ▶ B 6–7

Leinsweiler kann außer mit einem hübschen Ortskern samt katholischer Kirche, mit der Burgruine Neukastel und dem unterhalb der Ruine gelegenen **Slevogthof** aufwarten. Ein Besuch lohnt sich! Die Nachkommen des Impressionisten Max Slevogt, der ab 1914 hier lebte und 1932 im Kastanienwäldchen beigesetzt wurde, versuchen das Erbe des berühmten Malers zu bewahren. Fasziniered die Ausmalungen des Musikzimmers und der Bibliothek, zauberhaft der Garten und der Blick vom Restaurant (März–Nov., Fr–Mi 10.30–18 Uhr, Führung 11.30, 13.30, Sa, So auch 16 Uhr).

Auf **Eschbachs** Plätzen und Straßen, in den Höfen und Gärten des schönen Winzerdorfs stehen seit 2004 bunt bemalte, lebensgroße Eselsfiguren aus Glasfaser – witzige Kunstwerke von Profis und Laien, eines schöner als das andere! Mit der öffentlichen Darstellung ihres Spitznamens zeigen die Eschbacher eine Menge Humor – und verschönern den Ort. Die das Landschaftsbild beherrschende **Burgruine Madenburg** ist nach einem ca. 20-minütigem Fußmarsch vom Waldparkplatz aus zu erreichen. Eine Einkehr in der Madenburgschänke lässt die Kräfte wiederkehren (Tel. 063 45 71 10, Mai–Okt. Di–So ab 10, sonst Mi–So ab 11.30 Uhr).

Auch auf **Burg Landeck** über Klingenmünster kann man in der Burgschänke schmackhaft speisen (www.burglandeck-pfalz.de, tgl. ab 11 Uhr). Die denkmalpflegerisch optimal erhaltene Ruine verrät viel über das Leben im Mittelalter.

Essen & Trinken

Optimal – **Restaurant St. Hubertushof:** Arzheimer Str. 5, Ilbesheim, Tel. 06341 93 02 39, Di– So, lauschiger Biergarten. Lamm 9,60 €.

Übernachten, Einkaufen

Biodynamisch – **Weingut Jürgen Leiner:** Arzheimer Str. 14, Ilbesheim, Tel. 06341 306 21, www.weingut-leiner.de, Fewo ca. 50 €.
Freundlich – **Weingut Ackermann:** Oberdorfstr. 40, Ilbesheim, Tel. 06341 306 64, www.weingut-ackermann.de. Exquisite (Rot-)Weine; Fewo 45 €.
Kunstflair – **Ferienhof Weinstraße Nr. 1:** Weinstr. 1, Leinsweiler, Tel. 06345 94 21 43, www.ferienhof-weinstrasse.de, DZ ab 64 €, Motorradtouren, Ausstellungen und Kreativworkshops bei der Keramikerin Ingrid Zinkgraf.

Einkaufen

Gut bedient – **Landmarkt:** Weinstr. 10, Ranschbach, Tel. 06345 91 90 82, www.ranschbacher-landmarkt.de, Fr, Sa 9–18 Uhr, Naturkostladen, Biowein. Erste Adresse für die Fewo-Versorgung.

Deutsche Weinstraße

Infos & Termine

Feste
Kalmitfest: Ilbesheim, Ende Juli. Idyllisches Weinfest entlang der ›Affenschaukel‹, einem Weinbergweg unterhalb des Plateaus der Kleinen Kalmit.
Landeckfest: Burg Landeck über Klingenmünster, Ende Juni, s. S. 235.

Annweiler am Trifels ▶ B 6

Museum unter Trifels, Am Schipkapass 4, Tel. 06346 16 82, 15. März–Okt. Di–So 10–17, sonst Sa, So 13–17 Uhr
Einst verdankte Annweiler Kaiser Friedrich II. den Status einer freien Reichsstadt. Jetzt spielen die Staufer, deren strategisch wichtigste Burg der Trifels war, eine positive Rolle als Imageträger für das fachwerkreiche Städtchen. Im verheerenden Bombenangriff von 1944 ging zwar viel historische Bausubstanz unter, wurde aber behutsam wiederhergestellt. So lohnt sich eine Entdeckungsreise zu malerischen Winkeln am Marktplatz, in der Wassergasse und am Schipka-Pass. Das **Museum unterm Trifels** macht mit der Burg- und Ortsgeschichte vertraut und veranschaulicht in der Gerberwerkstatt, wie eng Annweilers Wohlstand mit der Lederverarbeitung zusammenhing. Heute lebt das Städtchen u. a. vom Weltunternehmen Stabila (s. S. 218) und den Gästen, die von hier in den Pfälzerwald ausschwärmen.

Burg Trifels

Tel. 06346 84 70, www.burgen-rlp.de, April–Sept. 9–18, Jan.–März, Okt., Nov. bis 17 Uhr, s. S. 50
»Wer den Trifels hat, hat das Reich«, hieß es, nicht nur weil die Burg zur Stauferzeit den Reichsschatz hütete. Häufig beherbergte sie unfreiwillige ›Gäste‹, deren prominentester 1194 Richard Löwenherz war. Um die Geiselhaft des englischen Königs rankt sich manche Sage. Im Dritten Reich wurde das mehrmals zerstörte Gemäuer zur ›Ordensburg‹ umgestaltet. Das Burgmuseum zeigt Kopien der Reichskleinodien.

Wandertouren

Pfälzer Hüttentour: Der 2010 zertifizierte, erste südpfälzische Premiumwanderweg führt ca. 17 km zu Hütten zwischen Albersweiler und Gleisweiler und bedient auch Highlights wie den Orensfelsen (Info www.suedlicheweinstrasse.de).
Auf dem Rehberg: Von Annweiler-West fahren Sie auf der K 2 (Schild: Trifels) 4 km nach Süden zum Gasthaus Kletterer Hütte, dessen markanten ›Hausfelsen‹ Asselstein Sie schon von weitem orten. Vom Parkplatz Rehberg wandern Sie (Zeichen 18) in Serpentinen sportlich-steil zum 576 m hohen Rehberg. Spätestens beim 360°-Panoramablick vom Aussichtsturm wissen Sie, warum Sie in dieser Gegend Urlaub machen! Von der Sicht beschwingt, kehren Sie auf gleichem, nie langweiligem Weg zurück und zu deftiger Pfälzer Hausmannskost in der Kletterer Hütte ein (Tel. 06346 88 25, Di–So, ab 5,50 €; Dauer der Tour ca. 75 Min.).

Im Felsenland

Jungfernsprung, Braut und Bräutigam, Teufelstisch, Himmelsleiter oder einfach nur Asselstein – 80 freistehende Türme, zum Teil bis zu 60 m hoch und 140 Massive aus rotem Buntsandstein hält der Wasgau bis tief in den südlichen Pfälzerwald hinein bereit. Etwa 5000 Routen in den Schwierigkeitsgraden 1–9 und mit originellen Namen wie »Großer Backenzahn«, »Zehentanz«, »Drama in drei Akten« oder »Ich will nur leben« sind erprobt. Das Annweiler und Dahner Felsenland ist ein Dorado für Kletterer (Info, auch zu den Kletter-Regeln: www.pfaelzer-kletterer.de).

Übernachten, Essen

Köstliche Aussichten – **Landhotel Restaurant Annahof:** Schlossstr. 36, Albersweiler-St. Johann, Tel. 06345 94 94 50, www.annahof-albersweiler.de, Mi–Sa 18–22, So auch 12–14.30 Uhr, DZ ab ca. 75 €, Fewo 45 € (2 Pers. ab 4 Übernachtungen, Frühstück 6,50 €). Vegetarisch (12,50 €), Fleisch (um 18 €).

Süß mit Stil – **Café Escher:** Hauptstr. 57, Annweiler, Tel. 06346 83 43, www.cafe-escher.de. Feine Torten und Pralinen. Escher Aparts: DZ 60–70 €.

Essen & Trinken

Spitze – **S'Reiwerle:** Flitschberg 7, Annweiler, Tel. 06346 92 93 62, www.reiwerle.de, Mi–Mo 11.30–14 und ab 17 Uhr im EG, Keller, Biergarten. Schmorbraten vom Weideschaf 14 €.

Aktiv & Kreativ

Gleitschirmfliegen – **Südpfälzer Gleitschirmflieger Club:** Ex-CDU-Generalsekretär Heiner Geißler, begeisterter Gleitschirmflieger, regte 1992 die Gründung des Clubs an. Außer am Orensberg, dem ›Vater‹ der Flugberge der ›Duddefliecher‹, gibt es vier weitere Startplätze (Adel-, Höllen-, Föhrlen- und Blättersberg) in der Gegend, siehe www.duddefliecher.de.

Infos & Termine

Touristeninformation
Meßplatz 1, Annweiler am Trifels, Tel. 063 46 22 00, www.trifelsland.de.

Feste
Richard-Löwenherz-Fest: Annweiler, Ende Juli, mit Mittelaltermarkt.

Bad Bergzabern und Umgebung ▶ B 7

Saubere Luft, mildes Klima, durch die Hausberge vor Kaltfronten geschützt – all das spricht für eine Kur im Kneippheilort Bad Bergzabern mit den Therapieschwerpunkten Herz und Kreislauf, Stoffwechselerkrankungen, Rheuma und chronische Katarrhe. Seit 1975 darf man den Titel eines Staatsbads führen, fast 50 Jahre nach der erfolgreichen Bohrung einer Natrium-Chlorid-Therme und 30 Jahre nach dem Ende eines Albtraums. Im Dritten Reich war das Grenzgebiet zum Elsass ›Rote Zone‹, d. h. als Teil des Westwalls vermint und unterbunkert, die Bevölkerung wurde mehrmals monatelang evakuiert. Daran erinnert das Westwallmuseum in der Kurfürstenstraße (Tel. 06342 91 95 93, www.otterbachabschnitt.de).

Über Jahrhunderte hinweg bestimmten Herzöge aus dem Haus Wittelsbach die Geschicke. Da im 17. Jh. mal wieder eine Linie ausstarb, fiel die Stadt zeitweise sogar an die Verwandtschaft auf dem schwedischen Königsthron. In deren Auftrag sanierte der Architekt Jonas Erikson Sundahl 1720–30 das mit zwei mächtigen Renaissancetürmen bestückte **Schloss** (Sitz der Verbandsgemeinde) und erstellte die Pläne für die evangelische **Bergkirche** mit dem prächtigen Rokoko-Interieur. Inmitten einer farbenfrohen, insgesamt aber eher kleinstädtischen Architektur sticht das **Gasthaus Zum Engel** hervor, eines der schönsten Renaissancegebäude der Pfalz, darin das Stadtmuseum mit Martha-Saalfeld-Gedächtnisstätte (April–Dez. Di–Fr 16–18, Sa, So 14–18 Uhr, 1,50 €).

Bergzaberns Reiz beruht nicht zuletzt auf der restaurierten Südpfalztherme mit den raffinierten Decken-

Deutsche Weinstraße

spiegeln Georg Meistermanns. Im Park des Kurtals erinnert ein Gedenkstein an den Kräuter- und Heilwasserkundigen Jacob Theodor, der sich im 16. Jh. nach seinem Geburtsort Tabernaemontanus nannte.

Ziele in der Umgebung

Nördlich und südlich Bad Bergzaberns lohnen schmucke Dörfer mehr als einen Besuch. Da ist zunächst **Gleiszellen,** das die zeitweise fast vergessene, aromareiche Muskateller-Rebe beharrlich pflegt und den aus ihr gekelterten Wein in der berühmten Winzergasse auch ausschenkt. Dann Klingenmünster, der **Reichsburg Landeck** zu Füßen (s. S. 235), deren Turm bestiegen werden kann. Empfohlen sei auch ein Besuch in **Dörrenbach,** dem ›Dornröschen der Pfalz‹, dessen Wehrkirche (um 1300) und Renaissance-Rathaus (1590) Bombardements im Zweiten Weltkrieg unversehrt überstanden.

Burg Berwartstein

Auf der Burg im Erlenbachtal hauste im 15. Jh. Hans Trapp (eigentlich Hans von Trotha), Urfigur des wilden Gesellen, der am 4. Advent mit dem Christkind in Wissembourg einzieht. Der Feldmarschall des Kurfürsten Philipp II. machte sich sehr unbeliebt, wie später auch die Berwartsteiner Raubritter, nach denen das Gemäuer benannt ist. Ein Familienabenteuer – Mittelalter hautnah (www.burgberwartstein.de).

Im Bienwald

Etwas für Menschen, die die Stille lieben – denn hier hört man sogar ein Blatt vom Baum fallen. Nicht immer ging es so friedlich zu. Im 17. Jh. etwa, als der Sonnenkönig Ludwig XIV. Erdwälle (Redouten) zur Verteidigung aufschichten ließ oder 1871 bei der Schlacht von Weißenburg, als der Bienwald ein Massengrab für Mensch und Pferd wurde. Nach dem Zweiten Weltkrieg war es aufgrund der vielen im Boden lauernden Minen verboten, das Gebiet zu betreten. Jetzt ist die größte Gefahr für die ca. 135 km^2 große Waldoase eine projektierte Autobahn. Ein 2009 abgesegnetes Naturschutzgroßprojekt lässt hingegen wieder hoffen.

Übernachten

Ruhig zentral – **Haus Astrid und Christian Knorn:** Neugasse 22, Bad Bergzabern, Tel. 06343 26 88, www.knorn-ferienwohnungen.de, Fewo 2 Pers. ca. 30–45 €.
Entspannt – **Am Stäffelsberg:** Heideweg 6 b, Dörrenbach, Tel. 06343 700 75 40, www.weinbau-bernhardt.de, Fewo ca. 30 € (2 Pers., ab 4 Übernachtungen).

Essen & Trinken

Klassisch – **Gasthaus Zum Engel:** Königstr. 45, Bad Bergzabern, Tel. 06343 93 48 43, Fr–Di ab 11.30 Uhr. Architektur-Kleinod (s. S. 237), Frikadellen 8 €, schöner Garten.
Cool – **Reuters Holzappel:** Hauptstr. 11, Pleisweiler-Oberhofen, Tel. 06343 42 45, www.reuters-holzappel.de, Di–So ab 17 Uhr. Köstliche Kartoffelpuffer 10 €, Pfälzisches ab 8 €.
Einfach süß – **Café Rosinchen:** Weinstr. 39, Klingenmünster, Tel. 06349 33 93. Schöner Innenhof!

Einkaufen

Caféfein – **Confiserie Herzog:** Marktstr. 48, Tel. 06343 15 35, www.cafe-herzog.de, Mi–So bis 18 Uhr. Feine Torten, Eis und Pralinen.

Für Freaks – **CD-Laden Oertel:** Marktstr. 53, große Auswahl an CDs, LPs, DVDs.

Welt der Bücher – **Antiquariat Wilms:** Marktstr. 14, Tel. 06343 93 91 72, www.antiquariat-wilms.de, mit Zinnfiguren-Museum.

Aktiv & Kreativ

Quirlig – **Südpfalz Therme:** Kurtalstr. 27, Bad Bergzabern, Tel. 06343 93 40 10, www.suedpfalz.de. Wasser aus 450 m Tiefe, Aqua-Aktiv-Programm.

Radverleih – **Zweirad-Shop Kunz:** Kurtalstr. 4, Bad Bergzabern. Eine Woche vorab reservieren! Kurzfristig Reparaturen, Tel. 0174 788 80 84.

Abends & Nachts

Super – **Musikantebuckl:** Herrengasse 5, Oberotterbach, Tel. 06342 240, www.musikantebuckl.de. Sept.–Juni, freitags um 20.30 Uhr gibt es Livemusik und Kleinkunst in Alfons Gettos Kneipe im ehemaligen Zehntkeller; am Wochenende backt er Flammkuchen.

Infos

Touristeninformation

Kurtalstr. 27, Südpfalz Therme, Bad Bergzabern, Tel. 06343 98 96 60, www.stadt.bad-bergzabern.de, www.bad-bergzabern.de (für das Umland).

Verkehr

Bahn: Bad Bergzabern – Winden.
Bus: Bus 543 (Landau, Wissembourg).

Schweigen

1935 startete hier der Autokonvoi nach Grünstadt, um Deutschlands erste Touristikroute zu eröffnen. NS-Gauleiter Josef Bürckel lenkte damit propagandawirksam von den Absatzproblemen pfälzischer Weine ab.1936 setzte die Einweihung des **Deutschen Weintors** ein weiteres chauvinistisches Signal gegenüber dem Nachbarland. Nach 1945 entfernte man das Hakenkreuz aus dem Mauerwerk. Im ›Tor des Friedens‹, das es nun schon lange ist, berät ein deutsch-französisches Touristik-Informationsbüro die Gäste hüben und drüben.

Nach Wissembourg ist es nur ein Katzensprung. Unter dem PAMINA-Dach (Palatinat-Mittlerer-Oberrhein-Nord-Alsace) findet eine Region zueinander, die kulturell die selben Wurzeln hat. Das Grenzland ist endlich zur Ruhe gekommen.

Essen & Trinken

Köstlich – **Weinstube Jülg:** Hauptstr. 1, Schweigen, Tel 06342 91 90 90, www.weingut-juelg.de, Sa–Mi, 11.30 Uhr. Auch im schönen Innenhof kann man die Weine, Bratkartoffeln (2,40 €) und Pfälzer Klassiker (ab 6 €) genießen.

Aktiv & Kreativ

Flach und bequem – **Pamina-Radweg:** Im Lautertal von der Quelle zur Rheinmündung, besonders schön bei »Radeln ohne Grenzen« (Sept.), wenn die Gemeinden entlang der Strecke kulinarische Köstlichkeiten anbieten.

Infos

Touristeninformation

Büro am Weintor in Schweigen-Rechtenbach, Tel. 06342 63 21, www.schweigen-rechtenbach.de.

Das Beste auf einen Blick

Bergstraße und Ried

Highlights!

Weinheim: Die kleine ›Zweiburgenstadt‹ hat alles, was anspruchsvolle Bewohner und Gäste suchen: einen idyllischen Stadtkern mit guter Infrastruktur, schönste Parks, Gärten und Waldspazierwege sowie einladende Badeplätze im Sommer und Winter. S. 243

Kloster Lorsch: Das UNESCO-Welterbe war im frühen Mittelalter eines der bedeutendsten Klöster in Mitteleuropa und zugleich ein wichtiges politisches Zentrum. Davon sind zwar nur noch Reste vorhanden, trotzdem gibt es bei einer Reise durch die Region daran eigentlich kein Vorbei. S. 262

Auf Entdeckungstour

Frühlingserwachen an der Bergstraße: Besonders schön ist eine Fahrradtour von Heidelberg nach Weinheim im Frühling. Burgen, sonnige Hügel und hübsche Ortskerne prägen den Charakter der Bergstraße. S. 248

Geopark Bergstraße-Odenwald: Ein bisschen Zeit für 500 Mio. Jahre Erdgeschichte – zum Sehen und Staunen tauchen wir von Bensheim aus wandernd und kletternd ins Felsenmeer. S. 258

Kultur & Sehenswertes

Starkenburg-Sternwarte in Heppenheim: Beschaulichkeit nach unten und nach oben. Nach unten reicht der Blick über die Rheinebene bis in die Pfalz, nach oben darf man freitags die Sternenwelt gleichsam ›unter die Lupe nehmen‹. S. 252

Schlossruine Auerbach: Ritterturniere und regelmäßig zelebrierte Rittermahle erinnern in der Schlossruine bei Bensheim an Zeiten ohne SMS und Web.de. S. 255

Aktiv & Kreativ

Klettergarten Schriesheim: Der Steinbruch ist das größte Klettergebiet weit und breit, über 200 Routen, einige auch für Anfänger geeignet. S. 243

Weinlehrpfad Bensheim: Ein lehrreicher Spaziergang, der im Kirchberghäuschen genussvoll gekrönt werden kann. S. 256

Genießen & Atmosphäre

Waidsee in Weinheim: Ein sauberer Badesee mit großer Liegewiese und benachbartem Terrassenrestaurant. Nach einem Badetag hier das Essen und den Blick über den See zu genießen, lässt Gedanken an Fernreisen zu einem ›Wozu?‹ verkümmern. S. 250

Kirchberghäuschen bei Bensheim: Gutes Essen, gute Weine, toller Ausblick von der Terrasse. Die gehisste Flagge zeigt den Weg. S. 256

Abends & Nachts

Marktplatz Weinheim: Viel Prominenz, die zu Besuch in Heidelberg weilt, fragt abends nach dem Marktplatz in Weinheim – das spricht eine deutliche Sprache. S. 244

PiPaPo-Kellertheater Bensheim: Die beliebte Kleinkunstbühne begeistert jüngere wie ältere Zuschauer seit Langem. S. 261

Sonnige Burgenstraße

Mehrere Wochen früher als anderswo in Deutschland hält der Frühling an der Bergstraße Einzug. Im milden Klima am Rande der Oberrheinischen Tiefebene gedeihen zwischen Wiesloch und Darmstadt neben den allgegenwärtigen Weinreben sogar Mandelbäume. »Hier fängt Deutschland an, Italien zu werden« – so wird Kaiser Joseph II. anlässlich seines Besuchs an der Bergstraße im Frühjahr 1764 oft zitiert. Die großen Weinbaugebiete, Obstplantagen und Felder werden durch den Odenwald vor kalten Ostwinden geschützt und können bei 1600 Sonnenstunden im Jahr gute Früchte tragen. Schon im März zeigt sich die Landschaft in einem zartbunten Frühlingskleid, das seine Motive vom Gelb und Weiß der Forsythien, der großflächigen Mandelblüte und frischem Grün erhält. Übers Jahr kommen blühende Apfelbäume, Magnolien und Kirschen dazu. In dieser Landschaft haben malerische Burgen und Schlösser sowie hübsche Kleinstädte ihren Platz.

Maßgeblich prägte das mächtige Kloster Lorsch im frühen Mittelalter die Entwicklung der Region. So brachten die Klosterbrüder den Weinbau hierher und behielten zunächst das Privileg des Weinausschanks für sich. Mittlerweile hegen und pflegen über 1000 Winzer an der Bergstraße ihre Trauben, viele davon bearbeiten ihren Wingert allerdings eher als Freizeitwinzer. Die hessische Bergstraße im Norden zählt zu den kleinsten Weinbaugebieten Deutschlands. Die größten Anbaugebiete sind um Heppenheim und Bensheim-Auerbach zu finden. Absolut vorherrschend ist der Riesling. Jedes Jahr am ersten Septemberwochenende feiern Winzer und Besucher das Bergsträßer Winzerfest, das mit einer großen Weinprobe in Bensheim eröffnet wird.

Neben der Bergstraße lässt sich noch eine gänzlich andere Landschaft erkunden: das Ried. Der Name bezeichnet die weite Ebene zwischen Rhein und Bergstraße, die mit einer reichhaltigen Landwirtschaft und bäuerlich geprägtem Brauchtum ihre Eigenheiten hat. Inmitten des Rieds liegt das Kloster Lorsch.

Infobox

Reisekarte: ▶ E–G 1–4

Internet
Zu dem Gesamtgebiet der Bergstraße informiert die Website www.diebergstrasse.de ausführlich und sehr zweckdienlich. Die Site enthält brauchbare Tipps zu Kartenmaterial für Wanderer und Fahrradtouristen. Sie ist übersichtlich gestaltet und mit Links zu den wichtigen Orten bzw. Sehenswürdigkeiten an der Bergstraße versehen.

Alle im Text aufgeführten Orte, auch die im Hessischen Ried, verfügen über eigene Internetseiten.

Dossenheim und Schriesheim

Die südlichen Eingangstore zur Bergstraße sind Dossenheim und Schriesheim. Sie liegen etwa auf der Strecke Heidelberg–Weinheim, die sich als Spazierfahrt und Entdeckungstour mit dem Fahrrad mühelos gestalten lässt (s. S. 248).

Dossenheim ▶ G 4

Vom Ölberg blickt die Ruine der Schauenburg, einst Sitz der Edlen von Wolfsölden-Schauenburg, auf die Gemeinde Dossenheim herab. Den gleichen Namen wie die Ruine trägt ein ebenfalls am Berg gelegenes, sehr populäres Restaurant, zu dem seit Jahr und Tag viele Gäste aus der näheren Umgebung mit ihren Familien pilgern. Für zehn Euro, Kinder für weniger, kann man hier gut seinen Wochenbedarf an solider Hausmannskost decken (Gasthaus zur Schauenburg, Schauenburgstr. 1, Dossenheim, Tel. 06221 86 67 94, www.schauenburg-dossenheim.de, Di–Fr ab 17 Uhr, Sa, So, Fei ab 11 Uhr, warme Küche bis 22 Uhr).

Schriesheim ▶ F/G 3

Die nächste Station auf dem Weg nach Weinheim verfügt über eines der größten Netze an Waldwanderwegen in Baden. Hier gibt's auch sehr guten Wein, der sich in der **Schriesheimer Winzergenossenschaft** probieren lässt. Der Weißburgunder und der Spätburgunder haben es nicht zufällig auf die Weinkarten einiger Edelrestaurants in der Region gebracht (Heidelberger Str. 3, Tel. 06203 615 60, www.winzergenossenschaft-schriesheim.de). Um gute Tropfen geht es jeweils am ersten Märzwochenende auch beim Schriesheimer Mathaise-Markt, dem im Kalender ersten großen Wein- und Frühjahrsfest an der Bergstraße.

Im **Klettergarten Schriesheim** finden Bergsteiger beste Gelegenheiten, ihrem Hobby nachzugehen. Das größte Klettergebiet der Region liegt in einem alten Steinbruch oberhalb der Strahlenburg und verfügt über 200 Kletterrouten. Auch Anfänger können hier gut üben, denn Sicherheit wird groß geschrieben (www.klettergebiete-online.de/klettern/schriesheim.jsp).

Weinheim! ▶ F/G 3

Wenige Kilometer weiter findet man mit Weinheim ein besonderes Juwel der Bergstraße. Die Wachenburg und die Burgruine Windeck haben der malerischen Kleinstadt an der Weschnitz den Beinamen ›Zweiburgenstadt‹ gegeben. Sie wachen als etwas höher gelegene Wahrzeichen über das Treiben auf dem romantischen Marktplatz mit seinem mediterranen Flair, über das historische Gerberbachviertel mit den hübschen Fachwerkhäusern und sie sehen auch auf das reizvolle Grün zu ihren Füßen, das sich dem Besucher eindrucksvoll mit dem **Schlosspark,** dem **Exotenwald** und dem **Schaugarten Hermannshof** zeigt. Was diese Kleinstadt so liebenswert macht? Sie verfügt über eine landschaftlich herrliche Lage, ein wunderschön gewachsenes Stadtbild mit bezaubernden Grünflächen, anheimelnde Intimität und eine Infrastruktur, die ein angenehmes und abwechslungsreiches Leben ermöglicht.

Einst gehörte ›Winenheim‹ zu den Besitzungen des Klosters Lorsch. Nach Auflösung des Klosters in der ersten Hälfte des 13. Jh. erhoben dann gleich zwei Herren Anspruch auf Weinheim: der Erzbischof von Mainz und der Pfalzgraf bei Rhein. Durch den sogenannten Hemsbacher Schiedsspruch fielen die Burg Windeck und die Neustadt an den Pfalzgrafen, die Altstadt blieb unter der Herrschaft des Erzbischofs. Über Lange Jahre hin gab es somit zwei getrennte Gemeinden Weinheim, die Altstadt und die Neustadt. Erst knapp 200 Jahre später wurden beide Teile wieder zu einer Stadt zusammengefasst. Daher treibt Wein-

Lieblingsort

Einladung zum Genießen – Marktplatz in Weinheim

Wenn man in Heidelberg lebt und Freunde aus Hamburg oder München beim Sightseeing mit Besonderheiten verwöhnen möchte, gelingt dies mit dem Heidelberger Schloss und dem Schwetzinger Schlossgarten vorzüglich. Das Überraschungsbonbon bei solchen Vorführungen ist aber immer wieder der Weinheimer Marktplatz, der nicht nur auf den Terrassenstühlen von La Cantina zum Genießen einlädt. Nur regnen darf es nicht, wenn der Genuss ungetrübt sein soll, denn zu diesem Platz gehören Sommer und Sonne.

Bergstraße und Ried

heim ein kleines Verwirrspiel mit seinen Besuchern. Die historische Altstadt sucht man im Ortskern vergeblich. Erst abseits der Hauptverkehrsstraßen präsentieren sich die historischen Häuser in den verwinkelten Gassen. Wer den Wegweisern folgend zur Altstadt gefunden hat und einen Blick von oben auf die Stadt genießen möchte, wählt vom Marktplatz mit dem Alten Rathaus aus den Weg durch den Schlosspark, für den man übrigens, wie für alle, zum Teil recht spektakulären Grünanlagen in Weinheim, keinen Eintritt zahlen muss.

Schlosspark und Exotenwald

Ein besonderer Anziehungspunkt in Weinheim ist das **Schloss** an der Obertorstraße auch dank seiner ungewöhnlichen Architektur. Es grenzt in seiner heutigen Funktion als Rathaus den Marktplatz vom Schlosspark ab und ist deutlich sichtbar aus drei Teilen zusammengewachsen. Wie bei manchen exotischen Masken, die vorne ein völlig anderes Gesicht zeigen als auf der Rückseite, zieren hier Stilelemente aus unterschiedlichen Epochen das Antlitz des herrschaftlichen Baus. Die Durchfahrt zum Obertorturm zählt zum ältesten Bauteil (um 1400), hieran schließt sich der Renaissancebau des kurpfälzischen Schlosses an, in dem über längere Zeit Mitglieder der kurfürstlichen Familie lebten. So verlegte etwa Kurfürst Johann Wilhelm 1698 seine Residenz von Düsseldorf nach Weinheim. Geprägt vom barocken Stilempfinden, ließen die Ulners von Dieburg 1725 den südlichen Teil des Schlosses errichten. In der zweiten Hälfte des 19. Jh. ergänzte Freiherr Christian von Berckheim den neugotischen Schlossturm und den Nordflügel. Hier ist das **Schlosspark-Restaurant** wärmstens zu empfehlen, das vom späten Vormittag bis zum späten Abend regionale Spezialitäten serviert. Mit seinem angenehmen Ambiente ist es auch als Café und Cocktailbar eine der beliebtesten Adressen des Städtchens (s. S. 250).

Ein weiteres Kleinod ist der im Rücken des Schlosses gelegene **Schlosspark,** angelegt im englischen Stil. Die Zeder, die hier um 1730 gepflanzt worden sein soll, ist angeblich die älteste in Deutschland. Am Rande des Parks findet man einen großen Heilkräutergarten. Den **Exotenwald,** er hat seinen Eingang am unteren Rand des Schlossparks, verdankt Weinheim dem Edelmann von Berckheim. Aus dem Ausland orderte er Samen und Setzlinge, die er in Weinheim anpflanzte. Überraschenderweise gediehen viele der Bäume auch hier. Heute lassen sich auf dem rund 60 ha großen Waldareal auf drei beschilderten Rundwegen unter anderem chilenische Andentannen, japanische Magnolienbäume und kalifornische Flusszedern bestaunen. Verlässt man den Park durchs Obertor, schimmern zwischen den Bäumen die Ruine Windeck und die Wachenburg hindurch.

Marktplatz

Der mit viel Fachwerk umbaute und leicht zum Schloss hin ansteigende Platz zählt zu den schönsten Marktplätzen in Deutschland. Er ist Treff- und Angelpunkt des Stadtlebens. Cafés, Eisdielen und beliebte Restaurants flankieren das Geviert, und von morgens bis abends kann man sich unter die japanischen Schnurbäume auf Terrassenstühle setzen, um das Ambiente zu genießen (s. Lieblingsort S. 244).

Die am oberen Ende des Marktplatzes gelegene **Laurentiuskirche,** 1911 bis 1913 erbaut, birgt in ihrem Innern mittelalterliche Wandmalereien und zahlreiche Grabdenkmäler aus dem 13. bis 18. Jh.

Weinheim

Vom unteren Platzende aus sind es auf der Hauptstraße nur ein paar Meter bis zur **Einkaufszone**. Ebenfalls gleich um die Ecke findet sich das Weinheimer Museum, in dem Informationen zur Stadtgeschichte auf Interessenten warten (Amtsgasse 2, Di–Sa 14–17, So 10–17 Uhr, Tel. 062 01/8 23 34).

Gerberbachviertel

Ebenfalls nur ein paar Meter vom unteren Ende des Marktplatzes entfernt liegt das alte Viertel der Gerber mit seinen verwinkelten Gassen und hübschen Fachwerkhäusern. Man geht zunächst in die Judengasse und biegt dort rechts in die Münzgasse ab, die zur Gerbergasse führt. Besonders schönes Fachwerk tragen die Häuser Münzgasse 8, Quergasse 1 und Gerbergasse 3 und 14. Die Münzgasse 13 hat für Weinheim eine besondere Bedeutung. Hier beginnt alljährlich Anfang August die Weinheimer Kerwe, eines der größten Volksfeste an der Bergstraße.

Hermannshof

Innerstädtisch und nahe beim Marktplatz liegt auch dieser Schau- und Sichtungsgarten, der 1983 als Forschungs- und Bildungseinrichtung für die Staudenverwendung eingerichtet wurde. Bei mehr als 2500 Staudenarten und seltenen Gehölzen kann sich hier jeder nach seinem Geschmack Anregungen für die eigene Gartengestaltung holen (Babostr. 5, Tel. 06201 136 52, www.sichtungsgarten-hermannshof.de, März–Okt. tgl. 10–18, April–Sept. 10–19 Uhr, Nov.–Febr. Mo–Fr 10–16 Uhr).

Übernachten, Essen

Rundum fein – **Fuchs'sche Mühle**: Birkenauer Talstr. 10, Tel. 06201 100 20, www.fuchssche-muehle.de, DZ ab 90 €. Mitten im Park liegen Hotel und Res-

Unser Tipp

Wo Schauspieler speisen – La Cantina

Schöner kann man nicht sitzen, und kaum dürfte eine Dorade in Salzkruste besser schmecken als hier am Weinheimer Marktplatz. Zu diesem italienischen Restaurant lassen sich Schauspieler, die Mannheim oder Heidelberg einen Besuch abstatten, des Öfteren mit dem Taxi bringen. Das macht Küchenchef Alberto Ferrarese stolz, lässt ihn aber nicht abheben. Großes vegetarisches Angebot und günstiger Mittagstisch (Marktplatz 16, Weinheim, Tel. 06201 62 434, www.ristorante-ferrarese.de, tgl. 12–24 Uhr, Hauptgerichte mittags ab 12 €, abends ab ca. 20 €).

taurant in der 1563 erbauten Mühle. Das Restaurant lässt Feinschmeckerherzen höher schlagen, Hauptgerichte ab ca. 20 €.

Mittendrin – **Goldener Pflug**: Obertorstr. 5, Tel. 06201 90280, www.hotelgoldener-pflug.de, DZ ab 80 €. Das beim Marktplatz gelegene Hotel hat geräumige hübsche Zimmer und einen sehr romantischen Innenhof, in dem man sich als Hotelgast mit kleinen Gerichten verwöhnen lassen kann. Tellergerichte ab ca. 8 €.

Historisch-rustikal – **Zur Burg Windeck**: Müllheimer Talstr. 21, Tel. 06201 122 38, DZ ab 52 €. Für Liebhaber historischen und rustikalen Ambientes. Gaststätte und Pension befinden sich seit 1902 in Familienbesitz, jetzt in der vierten Generation. DZ ab 52 €, Hauptgerichte ab ca. 14 €.

(alle Preise ohne Frühstück)

Auf Entdeckungstour

Frühlingserwachen an der Bergstraße

Eine Fahrradtour von Heidelberg nach Weinheim macht ein wenig mit dem Charakter der Bergstraße vertraut. Sie gestaltet sich im Frühling, wenn die ganze Landschaft von Blütenteppichen überzogen wird, am eindrucksvollsten, ist aber auch zu anderen Jahreszeiten ein Vergnügen. Je nach Lust und Laune kann man mehrere Abstecher zu den an der Bergstraße liegenden Burgruinen machen.

Reisekarte: ▶ F/G 3 – G 4

Zeit: ca. 3 Std. für die einfache Strecke (15 km) bei gemütlicher Fahrt und inklusive Besichtigungspausen

Planung: ADAC Radtourenkarte Odenwald, Bergstraße, Heidelberg, Darmstadt

Start: Tiefburg in HD-Handschuhsheim

Diese Tour durch Obstplantagen, Weinberge und Ortschaften mit hübschen historischen Gassen ist keine Strapaze. Sie verläuft großteils auf flachen Strecken, bietet regelmäßig schöne Pausen- und Einkehrgelegenheiten und verlangt auch bei der Besichtigung von Burgen oder Burgruinen keine besonderen Anstrengungen. Am leichtesten macht es uns die **Tiefburg** am Ausgangspunkt der Fahrt. Sie liegt im Zentrum des Heidelberger Stadtteils Handschuhsheim und gehört zur seltenen Spezies der Wasserburgen im Flachland, die mit einem großen Burggraben umschlossen wurden. Die Ruinen der im 13./14. Jh. errichteten Burg sind insofern wieder zu nutzen, als dieser Ort vielen Ausstellungen und kleinen Festivitäten einen stimmungsvollen Rahmen gibt.

Grandiose Aussichten

An der Tiefburg beginnt die Fahrt in der Burgstraße. Nach 200 m biegt man rechts in die Biethstraße und bald links in den Hilzweg. Dort geht es nach etwa 400 m links in den Dallgarten, von dem gleich rechts der Dossenheimer Weg abgeht und das Stadtgebiet verlässt.

Der Weg führt parallel zur B 3 durch Obstfelder und Gemüseäcker in die Obst- und Gartenbaugemeinde Dossenheim. Dort suchen viele Heidelberger Familien gerne die **Schauenburg** auf, erweisen damit aber seltener der Ruine dieses Namens ihre Referenz als dem gleichnamigen Restaurant, das wegen seiner großen Portionen und familienfreundlichen Preisen seit langem populär ist (s. S. 243). Nach der Straßenfolge Friedrich-Ebert-Straße, Kirchstraße, Schlüsselweg und Friedrichstraße kommt man hier rasch zum Rathausplatz. Dann ist in der ansteigenden Silbershohl etwas Strampeln angesagt. Nach 300 m geht es links in den Alten Gassenweg, dann nach 200 m rechts, Im Neuewingert. Der Weg, dem man etwa 500 m parallel zur B 3 folgt, weist in seinem Namen darauf hin, dass er zu einem Weinort führt. Er mündet in den Dossenheimer Weg und führt nach **Schriesheim**. Die Kleinstadt hat ein hübsches Zentrum mit kleinen Gassen, viel Fachwerk und einem sehenswerten Marktplatz. Dort muss man sich ein bisschen durchschlängeln, um zur großen Talstraße zu kommen. Sie führt hoch zur Ruine **Strahlenburg**, deren Restaurant mit Aussichtsterrasse sich als erster Pausenplatz empfiehlt. Von dem Bauwerk aus dem 13. Jh. sind nur noch Teile erhalten. Der Blick in die Ebene ist grandios (www.strahlenburg.de). Ebenfalls an der Talstraße, allerdings noch etwas höher gelegen, ist das Besucherbergwerk Grube Anna Elisabet (Talstr. 157, Tel. 06202 681 67). 500 Jahre Bergbaugeschichte lassen sich hier in den Monaten April bis Okt. an Sonn- und Feiertagen zwischen 11 und 16.30 Uhr nachvollziehen.

Durchs Blütenmeer gen Weinheim

Von der Talstraße in Schriesheim zweigt in Richtung Norden die Leutershäuser Straße ab. Sie führt nach **Leutershausen** und geht dort in die Hauptstraße über. Diese wird zur Großsachsener Straße, auf der es Richtung **Großsachsen** weitergeht, das uns mit einem recht steilen Steigungsstück begrüßt. An der folgenden Gabelung folgt man der Oberen Bergstraße und kommt so in den Ort. Weiter geht's auf der Brunnengasse, die auf die Sachsenstraße stößt, auf der man, auch wenn sie ihren Namen wechselt, in Richtung Norden bis im Zentrum von Weinheim bleibt. Dort zweigt rechts die Obertorstraße ab. Sie führt über die Mittelgasse und die Höllenstaffel zum schönen Marktplatz der Stadt (s. S. 244).

Bergstraße und Ried

Essen & Trinken

Kurfürstlich tafeln – **Schlosspark-Restaurant:** Obertorstr. 9, Tel. 06201 995 50, www.hutter-im-schloss.de, April–Dez. tgl. ab 11 Uhr, Jan.–März Mo–Fr ab 15 Uhr, Sa, So ab 11 Uhr. Hauptgerichte abends ab 18 €. Regionale Spezialitäten, leckere Kuchen aus eigener Konditorei. Zahlreiche kulturelle Veranstaltungen runden das Angebot ab.

Odenwaldküche – **Burgruine Windeck:** Bei der Burgruine, Alter Burgweg, Tel. 06201 12481, www.rohewo.de, Mo–Sa ab 17 Uhr, So, Fei 10–24 Uhr. Hauptgerichte ab 11 €. Frische, einfallsreiche Odenwaldküche.

Frisch gebraut – **Woinemer Hausbrauerei:** Friedrichstr. 23, Tel. 06201 120 01, www.woinemer-hausbrauerei. de, tgl. 10–24 Uhr, Hauptgerichte ab 8 €. Zünftige Hausmannskost im Stubenambiente einer Hausbrauerei. Das Angebot an Biersorten richtet sich nach den Jahreszeiten.

Marktplatz-Ambiente – **Weinhaus Puppel:** Marktplatz 18, Tel. 06201 677 00, www.weinhaus-puppel.de, tgl. 11–24 Uhr. Etwa 150 deutsche Weine, aber auch internationale Spezialitäten können hier käuflich erworben oder direkt genossen werden. Dazu gibt es köstliche Kleinigkeiten aus der Italo-Küche.

Einkaufen

Die Hauptstraße ist als Fußgängerzone und **Shoppingmeile** eingerichtet. Sie führt vom Marktplatz aus zum Dürreplatz, wo 2010 das große Shoppingcenter **Weinheim-Galerie** eröffnet hat.

Unser Tipp

Fast ein Lieblingsort
Der **Waidsee** ist einer der schönsten Badeseen der gesamten Region. Eingebettet in eine stimmungsvolle Wald- und Wiesenlandschaft, verfügt er über eine große Liegewiese mit Spielzonen und Schatten spendenden Bäumen. Hier kann man auch Segeln, Surfen und Tauchen. Und danach wartet neben dem Strandbad mit dem Cabana Beach ein gutes Terrassenrestaurant, das den Abschied mit schönsten Abendstimmungen versüßt (Strandbad: Hammerweg 61, Tel. 06201 532 70. Restaurant: Hammerweg 57, Tel. 06201 592377, www.cabana-beach.de, Mo–Sa ab 18, So und Fei ab 12 Uhr. Hauptgerichte ab 12 €).

Aktiv & Kreativ

Riesig – **Freizeitbad Miramar:** Hammerweg 59, Tel. 06201 600 00, www.miramar-bad.de. Riesenrutschen, Wellenbad und Saunaland mit verschiedenen Saunen und osmanischem Hamam.

Abends & Nachts

Jazz und Blues – **Muddy's Club:** Schulstr. 3, Tel. 06201 129 97, www.muddys-club.de. Mehr als 100 Veranstaltungen jährlich – ein Jazzclub, der seit den 1980er-Jahren ein großes Stammpublikum vor die Bühne lockt.

Große Kleinkunst – **Kulturbühne Alte Druckerei:** Friedrichstr. 24, Karten unter Tel. 06201 813 45, www.altedruckerei.com. Kleinkunst, Konzerte und Kabarett dort, wo einst Druckmaschinen rotierten.

Cocktails – **Regie:** Hauptstr. 108, Tel. 06201 84 49 33, www.regie-weinheim.

de. So–Do 12–1 Uhr, Fr–Sa 12–3 Uhr, preiswerte Cocktails in einer Mischung aus Bistro und Abendbar.

Infos & Termine

Touristeninformation
Stadt- und Tourismusmarketing Weinheim e. V.: Hauptstr. 47, Weinheim, Tel. 06201 87 44 50, www.weinheim.de, Hilfe bei Zimmersuche, ÖPNV, Stadtpläne, Veranstaltungstipps usw.

Veranstaltungen
Weinheimer Kultursommer: Juli–Sept., am Schloss, Kabarett, vor allem aber Musik aller Stilrichtungen, von Jazz über Reggae bis Klassik. Seit 2006 gibt es am Schlossparkweiher das Theater am Teich (3. Juliwochenende).
Altstadtfest Weinheimer Kerwe: Am zweiten Augustwochenende findet dieses große Sommer- und Straßenfest statt. Im Gerberbachviertel haben viele Straußwirtschaften geöffnet.
Weinheimer Weinmeile: Am ersten Wochenende im Okt. Einzige gemeinsame Veranstaltung der badischen und hessischen Bergstraßen-Winzer.

Verkehr
Bahn: Weinheim ist ein IC-Haltepunkt auf der Strecke Heidelberg-Frankfurt.
OEG: Diese regionale Straßenbahn fährt die Strecke Heidelberg-Mannheim-Weinheim-Heidelberg.
Innerstädtisch: Busverkehr, in nachfrageschwachen Zeiten auf bestimmten Linien auch Ruftaxis. Abfahrtzeiten und Tarife des ÖPNV unter www.vrn.de.

Heppenheim ▶ F 2

Als Kreis-, Wein-, und Festspielstadt ist Heppenheim mit seinen ca. 27 000 Einwohnern besonders auf seine historische Altstadt stolz. Und mit geschwellter Brust lassen einem die Händler des traditionellen Wochenmarkts in der Friedrichstraße wissen, dass der Rennfahrer und Formel-1-Star Sebastian Vettel hier aufwuchs. Der Dialekt, mit dem man uns die Äpfel anbietet, lässt es nicht überhören: Heppenheim gehört bereits zum hessischen Teil der Metropolregion Rhein-Neckar. In die große Presse gelangte die kleine Stadt beim Aufbau der Bundesrepublik nach dem Zweiten Weltkrieg. Am 11. Dezember 1948 schlug hier die Geburtsstunde der Freien Demokratischen Partei, zum ersten Vorsitzenden wählten die Delegierten damals den späteren Bundespräsidenten Theodor Heuss.

Starkenburg
Schon lange bevor man Heppenheim erreicht, sieht man die Starkenburg auf dem Heppenheimer Schlossberg thronen. 1065 als erste Burg der Reichsabtei Kloster Lorsch errichtet, erlebte sie über Jahrhunderte eine wechselvolle Geschichte. Im 18. Jh. war die Burg vom

Unser Tipp

Weingenuss mit Blick auf Steillagen
Es gibt nur wenige Orte, an denen der Genuss guten Weins und ein bezauberndes Ambiente so eindrucksvoll zusammenfinden wie im **Goldener Engel.** Wer einmal hier saß und den Blick über den Marktplatz mit Marienbrunnen hinauf zur Starkenburg gerichtet hat, wird wiederkommen wollen (Großer Markt 2, Tel. 06252 25 63 www.goldener-engel-heppenheim.de, tgl. 11–14, 17–23 Uhr. Hauptgerichte ab 12 €).

Bergstraße und Ried

Verfall bedroht, der erst im späten 19. Jh. gestoppt wurde. Einen jüngeren, gern genutzten Anbau stellt die Jugendherberge dar. Gleich unterhalb der Burg hat eine von Amateurastronomen unterhaltene **Sternwarte** ihren Standort. Hier kann man im Winterhalbjahr freitags an öffentlichen Beobachtungsabenden teilnehmen (genaue Zeiten und nähere Informationen unter www.starkenburg-sternwarte.de).

Marktplatz
Der Große Markt bildet das Zentrum der Heppenheimer Altstadt. An dessen Vorzeigeseite bezaubert das 1705/06 erbaute Rathaus mit seinem barocken Fachwerk und dem Glockenspiel. Der Vorgängerbau aus dem Jahr 1551 war – wie der größte Teil der damaligen Bebauung – dem Stadtbrand von 1693 zum Opfer gefallen. Schräg gegenüber steht die Liebigapotheke, 1818 erbaut. Hier lernte und wohnte der berühmteste Sohn der Stadt, der Chemiker Justus von Liebig.

Dom St. Peter
Zurück in die mittelalterliche Stadtgeschichte geht es vom Marktplatz aus. Trutzig beherrscht wenige Schritte von dort entfernt der Dom St. Peter die

Aufführung im Kurmainzer Amtshof im Rahmen der Heppenheimer Festspiele

Heppenheim: Adressen

Szene. ›Dom der Bergstraße‹ wird er auch liebevoll genannt. Nur der Nordturm ist noch vom ehemaligen frühmittelalterlichen Kirchenbau erhalten. Die heutige Kirche entstand zwischen 1900 und 1904.

Kurmainzer Amtshof mit Museum
Amtsgasse 5, Tel. 06252 691 12,
Mi, Do, Sa 14–17, So, Fei 14–18 Uhr
Vor der schönen Kulisse eines der ältesten Gebäude Heppenheims finden alljährlich die Heppenheimer Festspiele statt. Mehr als 30 000 Besucher genießen von Mitte Juli bis Anfang September unterhaltsame Theaterabende. Das im Kurmainzer Amtshof untergebrachte Museum widmet sich der Stadtgeschichte und Volkskunde.

Übernachten

Mitten drin – **Hotel Villa Boddin:** Großer Markt 3, Tel. 06252 689 70, www.villa-boddin.de. DZ ab 125 € (inkl. Frühstück). Mediterranes Ambiente in einem historischen, ruhig gelegenen Stadthaus im Herzen der Altstadt.
Naturnah – **Hotel Schlossberg:** Kalterer Str. 1, Tel. 06252 22 97, www.hotel-schlossberg-hp.de. DZ ab 55 € (ohne Frühstück). Nur zwei Minuten vom Bahnhof entfernt und trotzdem umsäumt von Wanderwegen. Ein preiswertes, jüngst renoviertes Haus der mittleren Kategorie.
Ritterlich – **Jugendherberge in Starkenburg:** Starkenburgweg 53, Tel. 062 52 773 23, www.djh-hessen.de. Übernachtung und Frühstück 20,50 €/Pers. 121 Zwei- bis Acht-Bettzimmer.

Essen, Einkaufen

Am Marktplatz – **Café Bistro Filou:** Großer Markt 4, Tel. 06252 913256, www.filou-heppenheim.de, tgl. ab 10 Uhr, Tellergerichte ab ca. 8 €. Im Innern und im Innenhof wirkt das Lokal durch sein luftig-leichtes Ambiente in historischem Gemäuer sehr einladend.
Augenweide – **Café La Boheme:** Marktstr. 2, Tel. 06252 696 16, www.laboheme.de, Di–Sa 9.30–22, So 10–22 Uhr, Mo geschl. Das Fachwerkhaus ist mehr als 400 Jahre alt! Die Frühstückskarte bietet ein reichhaltiges Angebot.
Wein und Ambiente – **Goldener Engel:** s. Unser Tipp S. 251
Der gute Tropfen – **Weingut Heinrich Freiberger:** Hermannstr. 16, Tel. 06252 24 57, www.weingut-freiberger.de. In

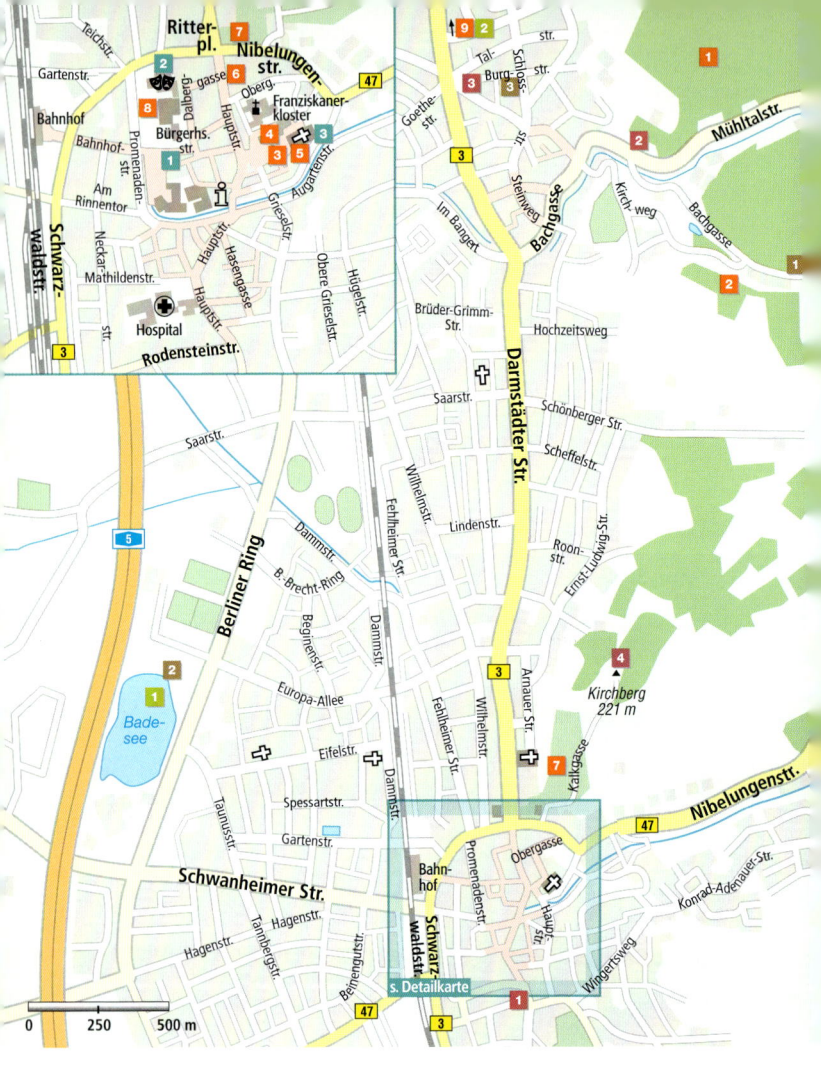

aller Ruhe kann man hier Heppenheimer Tropfen verkosten.

Infos & Termine

Touristeninformation
Großer Markt 9, Tel. 06252 13 11 71, April–Sept.: Mo–Do 9–16, Fr 9–12, Sa 10–12 Uhr, www.heppenheim.de.

Veranstaltungen
Gassensensationen: Ein Straßentheaterfestival mit internationaler Beteiligung, das jährlich im Juli stattfindet und viele Besucher anzieht.

Bensheim

Sehenswert
1. Schlossruine Auerbach
2. Staatspark Fürstenlager
3. Marktplatz
4. Stadtmuseum
5. Kirche St. Georg
6. Walderdorffer Hof
7. Stadtpark
8. Dalberger Hof
9. Melibokus

Übernachten
1. Parkhotel Herrenhaus
2. Hotel Seeblick
3. Waldschlösschen

Essen & Trinken
1. Bacchus Keller
2. Alte Dorfmühle
3. Burggraf Bräu
4. Kirchberghäuschen

Aktiv & Kreativ
1. Badesee
2. Drachenfliegen am Melibokus

Abends & Nachts
1. Kellertheater PiPaPo
2. Parktheater
3. Varieté Pegasus

Weinmarkt: Großes Weinfest in der Altstadt, alljährlich vom letzten Juni- bis ersten Juliwochenende.
Festspiele Heppenheim: Alljährlich Mitte Juli bis Anfang Sept. Theaterabende am Kurmainzer Amtshof, www.festspiele-heppenheim.com.

Bensheim ▶ F 1

Nur gut 5 km östlich von Heppenheim liegt mit Bensheim die größte Stadt des Kreises Bergstraße. Auch hier hat die Natur das Sagen und verleiht dem Ort ein besonderes Flair. Mehr als die Hälfte des Stadtgebiets von Bensheim besteht aus Acker- und Waldflächen, Weinbergen und Streuobstwiesen. Im 13. Jh. erhielt Bensheim das Stadtrecht und wurde in der Folgezeit zwischen den Obrigkeiten aus Mainz, aus der Kurpfalz und aus Hessen hin und her gereicht. Lokalpatriotismus wird aber auch hier schon lange groß geschrieben: Im Dreißigjährigen Krieg soll die ›Fraa vun Bensem‹, deren Brunnen in der Stadtmitte als Wahrzeichen noch heute daran erinnert, den zur Hilfe kommenden Bayern den geheimen Weg in die Stadt gezeigt haben. Durch diese List wurde Bensheim von den belagernden Schweden befreit. Heute ist der Ort mit seinen ca. 40 000 Einwohnern der quirlige und selbstbewusste Mittelpunkt des Kreises Bergstraße.

Schlossruine Auerbach 1
Bensheim-Auerbach (im Navigationssystem Ernst-Ludwig-Promenade, dann der Beschilderung folgen), Tel. 06251 72923, www.schloss-auerbach.de, März Fr–So 12–18, April–Sept. Mi–So 11–22, Okt., Nov. Sa, So 12–18 Uhr, Dez.–Febr. geöffnet nur auf Anfrage
Der größte und bekannteste Ortsteil von Bensheim heißt Auerbach. Seit 1955 darf es sich zu den staatlich anerkannten Luftkurorten zählen. Im 13. Jh. bauten hier die Grafen von Katzenelnbogen das **Schloss Auerbach**. Seit Ende des 17. Jh. ist es allerdings nur noch eine Ruine. Doch vom Turm oder der Terrasse des Restaurants aus genießt man einen großartigen Blick über die Bergstraße, den Odenwald und die Rheinebene. Zahlreiche Veranstaltungen und eine durch ›Rittermahle‹ bekannt gewordene Erlebnisgastronomie (jeden Samstag) tragen zur Vielzahl der Schlossbesucher bei.

Staatspark Fürstenlager 2
Ebenfalls östlich von der Innenstadt liegt die ehemalige Sommerresidenz der Hessischen Landgrafen und späteren Großherzöge von Hessen und bei Rhein. Alle Gebäude, die für einen fürstlichen Sommeraufenthalt unverzichtbar waren, wie das Herrenhaus, der Prinzen- und Damenbau, Konditoreibau, Weißzeughäuschen, Wachen und Remisen sind seit nahezu über 200

Bergstraße und Ried

Nur mit Fahne – Weinlehrpfad Bensheim

Vom Stadtpark aus gut zu erreichen, führt der ca. 1,5 km lange Weinlehrpfad am Kirchberg durch die Weinberge hinauf zum **Kirchberghäuschen** 4. Ob das sehr schön gelegene Ausflugs- und Aussichtslokal geöffnet hat, sieht man schon von weitem an einer gehissten Fahne. Der Spaziergang macht mit dem Thema Wein vielschichtig vertraut und eröffnet einen schönen Blick über Bensheim. An den Tischen des Lokals lässt sich das frisch erworbene Wissen dann genussvoll in die Praxis umsetzen (Kirchberghäuschen: nur zu Fuß erreichbar, Tel. 06251 32 67, www.kirchberghaeuschen.de, Di–So 11–17, Mo geschl. Nov., Dez. nur Sa, So 11–17 Uhr).

Jahren unverfälscht erhalten. In dem herrlichen Landschaftspark finden Sie Bäume aus allen Erdteilen und auf der ›Herrenwiese‹ den ältesten Mammutbaum Deutschlands. Das Areal ist frei zugänglich. Ein- und mehrstündige Führungen werden angeboten. Wer sich an der Schönheit des Parks im Detail ergötzen will und dazu eine fürstliche Herberge in Anspruch nehmen möchte, ist im **Parkhotel Herrenhaus** 1 bestens aufgehoben (s. S. 257).

Innenstadt

Auf dem **Marktplatz** 3 bewahren restaurierte Fachwerkhäuser das Erbe der Vergangenheit, das Haus mit der Nr. 2 stammt noch aus der Zeit des Dreißigjährigen Krieges. Seit 1960 ist im Lorscher Klosterhof am Oberen Marktplatz das **Stadtmuseum** 4 untergebracht, dessen Sammlung Einblicke in die Stadtgeschichte gibt (Tel. 06251 584 78 68, Do, Fr 16–20 Uhr, Sa, So, 11–18 Uhr). In der Mitte des Platzes ziert die Statue von St. Georg den Marktbrunnen. Der Drachentöter ist Stadtpatron und Namensgeber der großen **Kirche St.Georg** 5 am Kirchplatz, wohin man über eine Treppe zwischen Parkhaus und Museum gelangt.

Georg Moller, Hofbaumeister bei Großherzog Ludewig I. in Darmstadt, baute den Vorläufer der katholischen Stadtpfarrkirche, indem er Teile der alten gotischen Kirche in den Neubau einbezog. Nachdem die Moller-Kirche 1945 ausgebrannt war, taten es ihm die Erbauer der heutigen Kirche gleich. Am Pfarrhaus vorbei führt der Weg durch den Pfarrhof in die Obergasse.

Der **Walderdorffer Hof** 6 in der Obergasse 18 gehört zu den ältesten Fachwerkhäusern der Region. 1470 errichtet, beherbergt er heute eine urige Weinkneipe. Hinter dem Haus Obergasse 6 erhascht man noch einen Blick auf die alte Stadtmauer, in die eine steinerne Kanonenkugel eingemauert ist, ehe es weiter über die Hauptstraße zur Darmstädter Straße geht.

Im **Stadtpark** 7, dem ehemaligen Rodensteinschen Garten, liegt der 1732 von der Familie Überbruck von Rodenstein erworbene Rodensteiner Hof, der ab Mitte der 1940er- bis Mitte der 1980er-Jahre das Bensheimer Rathaus untergebracht war. Das Städtische Weingut liegt direkt am Ritterplatz und lockt zum Verschnaufen.

Wenige Schritte sind es nur durch die Dalberggasse bis zum Bürgerhaus. Am Turm des **Dalberger Hofs** 8 trafen einst die nördliche und westliche Stadtmauer zusammen. Heute residieren hier das Parktheater und das Bürgerhaus. Zurück auf der Hauptstraße folgt man dem Weg vorbei an der Ehemaligen Mainzer Domkapitelfaktorei in der Hauptstraße 39 bis zur Mittelbrücke über den Winkelbach. Parallel zum Bach verliefen früher auf beiden Seiten Stadtmauern, die Altstadt und Vorstadt voneinander abgrenzten. Von hier aus kann man in aller Ruhe durch die Fußgängerzone bummeln – oder vom Bahnhofsplatz aus für weitere Entdeckungen den Bus Richtung Fürstenlager und Schloss Auerbach nehmen: Wer in dieser herrlichen Landschaft länger unterwegs sein möchte, kann von Auerbach aus eine Tour zum Melibokus unternehmen.

Hinauf zum Melibokus

Mit 517 m ist der **Melibokus** 9 der höchste Berg zwischen Odenwald und hessischem Ried. Den Gipfel krönt ein Aussichtsturm. Ein gut ausgebautes Wegenetz macht den Hausberg der Bergsträßer zum beliebten Ziel für Wanderer. Radsportler sollten über entsprechende Kondition verfügen: Über 5 km ist durchschnittlich eine Steigung von 8 % zu bewältigen. Von hier lohnt ein Abstecher auf die andere Bergseite, nach Zwingenberg, der ältesten Stadt an der Bergstraße und zugleich deren Endpunkt innerhalb der Metropolregion.

Übernachten, Essen

Herrlich herrschaftlich – **Parkhotel Herrenhaus** 1 : im Staatspark Fürstenlager, Tel. 06251 709 00, www.parkhotel-herrenhaus.com, DZ ab 145 €. Fürstlich nächtigen in den Biedermeierzimmern eines ehemaligen Herrenhauses, ruhig und naturnah.

Naturnah – **Hotel Seeblick** 2 : Berliner Ring 108, Tel. 06251 175 72 10, www.seeblick-bensheim.de, DZ ab 85 € inkl. Frühstück. Direkt am Badesee, das Restaurant des Hotels besitzt ein gemütliches Kaminzimmer.

Im Herrenhaus des Staatsparks Fürstenlager kann man auch übernachten

Auf Entdeckungstour

Geopark Bergstraße-Odenwald

Als Bibliothek aus Stein zeigt sich das Naturschutzgebiet Felsenmeer nahe Bensheim. Hier erhalten Wanderer nicht nur Einblicke in die Erdgeschichte, sondern auch in die Geschichte der römischen Steinmetzkunst.

Reisekarte: ▶ G 1

Zeit: Wanderstrecke ca. 3 Std.

Planung: Ein Besuch empfiehlt sich in den Monaten März bis Mitte November. Dann ist auch das am Eingang gelegene Informationszentrum geöffnet (tgl. 10–16 Uhr, Routenvorschläge, Angebot geführter Rundgänge, interessante Ausstellung zur Geologie des Felsenmeeres).

Infos/Start: Felsenmeer Informationszentrum, in Lautertal gut ausgeschildert, Tel. 06254 940160, www.felsenmeer-informationszentrum.de. Wanderkarte mit genauen Wegverläufen für 1 €

Das Naturdenkmal Felsenmeer am Felsberg im Lautertal gehört zum UNESCO-Geopark Bergstraße-Odenwald und ist Vieles auf einmal: steinernes Dokument von 390 Mio. Jahre geologischer Transformationen, Werkstatt der römischen Steinmetze, sagenumwobener Ort und Wanderparadies. Die namengebende große Ansammlung an rundgewaschenen Felsblöcken (»Wollsäcke«) und wie Kies wirkenden Gesteinsschutt (»Grus«) ist das Ergebnis von kontinentalen Kollisionen, Erdabtragungsprozessen, Kalt-Warm-Zerklüftungen und dem Einwirken von Wasser. Den Römern diente dieser natürliche Steinbruch etwa 200 Jahre lang als Werkstatt. Zu den mehr als 300 zurückgelassenen Steinblöcken mit mehr oder minder deutlichen Bearbeitungsspuren gehört unter anderem eine knapp zehn Meter lange Säule. In der Legende ist das Felsenmeer der Kampfplatz zweier Riesen, die sich gemäß ihrer Größe mit adäquat kalibrierten Steinen bewarfen. Auch Geschehnisse aus der Nibelungensage hat man hier verortet. Die sieben mit Ziffern markierten Rundwege unterschiedlichen Schwierigkeitsgrades lassen sich etwa wie folgt kombinieren.

Von der Siegfriedquelle zur Riesensäule

Man erreicht die Siegfriedquelle, sagenhafter Ort der Ermordung Siegfrieds durch Hagen, gleich nach Betreten des Felsenmeers am Informationszentrum und nach kurzem Anstieg auf dem Rundweg 1. Bei der Quelle biegt der Rundweg 2 nach links ab. Wir folgen ihm und kommen nach ca. 1,5 km zur Felsenmeerbrücke, von der aus der Blick auf einen breiten, zum Tal geneigten ›Fluss‹ aus großen Gesteinsbrocken fällt. Nach der Brücke geht es auf dem Rundweg 3 links weiter bergauf. Nach knapp einem Kilometer bietet ein Kiosk Erfrischungsgetränke an. Dieser Verkaufsplatz ist geschickt gewählt, denn von den jährlich mehr als 100 000 Besuchern des Felsenmeers wollen die meisten an dieser Stelle die von Römerhand gefertigte Riesensäule sehen. Sie misst 9,33 m und hat einen Durchmesser von 1,10 m. Andere Säulen brachten die Römer von hier aus nachweislich nach Heidelberg, Mainz und Trier. So soll es sich beim Domstein vor dem Trierer Dom um einen Rest der Riesensäule handeln, die wir vor uns haben.

Geologischer Lehrpfad

Von der Riesensäule aus führt der Rundweg 6 aufwärts zum Felsberg. Dort nehmen wir den abwärts zum Hotel-Restaurant Kuralpe führenden Rundweg 7. Das Restaurant bietet in seinem Hofladen leckere Hausmannskost für ein Picknick an. Kurz vor diesem Hotel folgt man der Abbiegung des Wanderweges nach rechts, bis dieser mit dem Rundweg 5 zusammentrifft. Auf diesem geht es geradeaus weiter. Der vierkantige Block, der bald am Wegesrand auffällt, steht als »Riesensarg« in den Büchern. Wie die anderen von den Römern hier liegen gelassenen Brocken war er unbrauchbar geworden, nachdem eine Keilspaltung nicht wie gewünscht verlief, sondern der Gesteinsstruktur folgte. Auch das sogenannte Schiff ist ein kolossales Werkstück und liegt am Rand des weiteren Weges. Vom nahen Parkplatz ›Römersteine‹ geht es auf dem Rundweg 4 weiter, der hier als geologischer Lehrpfad mit entsprechenden Informationstafeln eingerichtet ist. Nach etwas mehr als einem Kilometer zweigt der Rundweg 2 nach links ab und führt bergab zum Ausgangspunkt der Wanderung.

Bergstraße und Ried

Für Wanderer – **Waldschlösschen** 3: Burgstr. 36, Auerbach, Tel. 06251 713 24, www.waldschloesschen-auerbach.de. DZ ab 50 €. Café und Pension am Fuße des Schlossbergs, schöne Aussicht über die Rheinebene, idealer Startpunkt für Wanderungen

Essen & Trinken

Französische Küche – **Bacchus Keller** 1: Rodensteinstr. 30, Tel. 06251 659 72, www.bacchus-keller-bensheim.de, tgl. außer Di 18–24 Uhr. Hauptgerichte ab 13 €. Variantenreiche Küche.
Duftendes Brot – **Alte Dorfmühle** 2: Auerbach, Bachgasse 17, Tel. 06251 78 84 96, www.dorfmuehle-auerbach.de. Do, Fr, Sa ab 18, So ab 15 Uhr, Mo–Mi geschl. ›Steakpfanne‹ 11,50 €. Selbstgebackenes Brot und Flammkuchen aus dem Holzofen, schöner Biergarten. Eine urige »Kochkäs-Adresse«.
Odenwaldküche – **Burggraf Bräu** 3: Darmstädterstr. 231, Tel. 06251 725 25. www.burggraf-braeu.de, Mo–Sa 17–24, So 12–14.30 und ab 17 Uhr. Hauptgericht ab 10 €. Selbstgebrautes Bier in der großen Auswahl einer Hausbrauerei und kreative Odenwaldküche.
Ausflugslokal – **Kirchberghäuschen** 4: s. Unser Tipp S. 256.

Aktiv & Kreativ

Idyllisch – **Badesee** 1: Ein Naturbadesee am Berliner Ring, gegenüber der Weststadthalle. Bus 673, Haltestelle Geschwister-Scholl-Schule. 1. Mai–30. Sept. Die sehr gepflegte Anlage verfügt über einen schönen Sandstrand und eine große Liegewiese.

Das Kirchberghäuschen ist eines der schönsten Ausflugslokale der Region

Bensheim: Adressen

Für Mutige – **Drachenfliegen** 2 : Von einer Sprungschanze unterhalb des Melibokusturms (Zwingenberg) können Drachenflieger (Voraussetzung: B-Schein) über Zwingenberg und die Bergstraße entlang bis zum Landeplatz in Alsbach an der alten B 3 fliegen. Infos: ODC Fürth-Erlenbach, Georg Schumacher, Tel. 06251 58 82 45.

Abends & Nachts

Kleinkunst – **Kellertheater PiPaPo** 1 : Wambolterhof, Tel. 06251 61 05 40, www.kellertheater-bensheim.de. Eine sehr beliebte Bühne mit abwechslungsreichem Programm für Erwachsene und Kinder.
Ein Mittelpunkt – **Parktheater** 2 : Promenadenstr. 25, Kartentel. 06251 582 63 14, www.bensheim.de. Als einziges festes Theater der Mittleren Bergstraße ist diese Bühne seit 1968 ein kultureller Treffpunkt.
Varieté – **Varieté Pegasus** 3 : Platanenallee 5, Tel. 06251 84 87 35, www.pegasus-bensheim.de. Der ganze Zauber des Varietés zum Greifen nah, von A wie Artistik und Akrobatik bis Z wie Zauberei.

Infos & Termine

Touristeninformation
Bensheim: Hauptstr. 39, Tel. 06251 582 63 14, www.bensheim.de, Mo, Di, Do, Fr, 9–18, Mi 9–13, Sa 10–13 Uhr.
Auerbach: Verkehrsbüro des Kur- und Verkehrsvereins, Darmstädter Str. 166, Bensheim-Auerbach, Tel. 06251 736 96, www.luftkurort-bensheim-auerbach.com, Fr 15–18, Sa 10–12 Uhr.

Führungen
Altstadt: März–Okt., 1. und 3. Sa im Monat, Start: 11 Uhr am Marktplatz,

Unser Tipp

Unbedingt probieren – Odenwälder Kochkäs
Die sahnig-cremige Spezialität schmeckt am besten auf frischem Schwarzbrot. Sie wurde früher in bäuerlichen Familien des Odenwalds hergestellt und wird auch heute noch gerne nach alten Rezepten selbst gemacht. Jedes traditionsbewusste Speiselokal im Odenwald führt den Kochkäs auf seiner Vesperkarte. Näheres zu diesem würzig-cremigen Gaumenschmeichler findet sich unter www.kochkaeserei.de.

Karten bei der Touristeninformation oder direkt beim Altstadtführer.
Auerbacher Schlossruine: Mai–Sept. 2. Sa. im Monat, Start: 11 Uhr am Schlosstor, Karten bei der Touristeninformation Bensheim oder beim Schlossführer.
Staatspark Fürstenlager: Infos unter Tel. 06251 934 60.

Verkehr
Bahn: Der Bahnhof von Bensheim ist ein IC-Haltepunkt.
Innerstädtisch: per Bus oder, je nach Ortsteil, per Ruftaxi. Zum Schloss Auerbach die Buslinie 669 bis Haltestelle Burggraf, von dort ca. halbstündiger Spaziergang. Zum Fürstenlager Bus 669, Haltestelle Bürgerhaus, ca. 10 Min. Fußweg. www.vrn.de.

Veranstaltungen
Woche junger Schauspieler: Ende Mai/Anfang Juni, Theaterfestival für talentierten Schauspielnachwuchs.
Bachgassenfest: Mitte Juli, in Auerbach in den Höfen und Heckenwirtschaften entlang des Bachlaufs.

Bergstraße und Ried

Bergsträßer Winzerfest: 9 Tage dauert das jährlich Anfang Sept. stattfindende größte Weinfest Südhessens, mit Festumzug und Feuerwerk. Infos zu den Festen über die Touristeninformation oder unter www.verkehrsverein-bensheim.de.

Das Ried ▶ E–F 1–2

Das Flachland zwischen Rhein und Odenwald war als Teil der Oberrheinischen Tiefebene früher häufig überschwemmt, bis durch die Flussregulierung fruchtbare landwirtschaftliche Flächen entstanden sind. Als Gebiet trägt es den Namen »Hessisches Ried«. Wo Obst und Gemüse besonders gut gedeihen, freuen sich Radfahrer und Wanderer auch über steigungsfreies Gelände und die reizvollen Naherholungs- und Naturschutzgebiete der Altrheinauen. Im Hessischen Ried wohnen viele Pendler aus der Rhein-Neckar-Region und dem Rhein-Main-Gebiet. Kleine Städte wie Lampertheim, Zwingenberg oder Gernsheim bilden die infrastrukturellen Kernpunkte des Rieds, dessen kulturhistorisches Highlight in Lorsch zu finden ist.

Lorsch ▶ F 2

Die Nachbarstadt von Bensheim und Heppenheim ist mit ihren 13 000 Einwohnern vor allem durch das UNESCO-Welterbe ihres Klosters bekannt. Doch auch über das karolingische Kloster hinaus mausert sich die Kleinstadt in den vergangenen Jahren zu einem lebendigen Gemeinwesen mit Straßencafés, guten Restaurants und hübschen Plätzen zum Verweilen. Dazu zählen vor allem der verkehrsberuhigte Benediktinerplatz und der Marktplatz. Das Kallenbach-Haus direkt neben der Königshalle ist seit 2002 Sitz der Kurpfalz-Bibliothek (Schulstr. 16, Mi 9.30–12 Uhr, Tel. 06251 58 29 19). Die Bibliothek soll die schriftlichen Zeugnisse der Region bündeln und eine Art historisches Gedächtnis schaffen.

Kloster Lorsch

Das Kloster Lorsch wurde 1991 zum UNESCO-Welterbe erklärt. Im frühen Mittelalter war es eines der bedeutendsten Klöster in Mitteleuropa und zugleich als Königskloster und Reichsabtei ein wichtiges politisches Zentrum. Vor mehr als 1200 Jahren vom fränkischen Gaugrafen Cancor als Abtei gegründet, wurde es später die Grablege der ostfränkischen Karolingerdynastie. Heute sind von der ehemaligen Klosteranlage, die 764 n. Chr. erstmals urkundlich erwähnt wurde und sogar im Nibelungenlied vorkommt, neben der Königshalle nur noch der Torso der einstigen Klosterkirche und Teile der Klostermauer erhalten. Auch die Werke der bedeutenden Klosterbibliothek sind über die Welt verstreut. Die **Königshalle** jedoch zählt als »Juwel karolingischer Renaissance« zu den wenigen herausragenden Bauwerken aus nachrömischer Zeit, die in Deutschland erhalten sind. Das Obergeschoß dieser Torhalle ist nach Anmeldung zu besichtigen. Außerdem lockt in der Klosteranlage ein Kräutergarten, angelegt nach dem Lorscher Arzneibuch, einer Handschrift aus dem 8. Jh.

Nur einen kurzen Fußweg entfernt informiert im nahe gelegenen Museumszentrum eine Dauerausstellung über das Mönchstum und dessen Voraussetzungen im Mittelalter. Im Januar 2010 war in der Presse zu lesen, dass dem Kloster in den nächsten Jahren von Bund, Land und Stadt Lorsch insgesamt 12 Mio. € zufließen sollen, um es als Besuchermagnet weiter auf-

Lorsch

zuwerten. So ist im karolingischen Herrenhof die Einrichtung eines Freilichtmuseums geplant, und in der Zehntscheuer sollen künftig archäologische Funde gezeigt werden (Nibelungenstr. 35, Lorsch, Tel. 06251 10 38 20, www.kloster-lorsch.de. Klosteranlage: tgl. bis Einbruch der Dunkelheit, Museumszentrum: Di–So 10–17 Uhr).

Essen & Trinken

Mit Sommerterrasse – **Nibelungenstube:** Justus-Liebig-Str. 25, Tel. 06251 702795, www.nibelungenstube-lorsch.de. Mi–Mo 17–24, So 11.30–14.30, 17–22 Uhr, Di geschl. Hauptgerichte ab ca. 13 €. Empfehlenswerte regional ausgerichtete Küche.
Pausenstopp – **Rathauscafé/Bistro:** Marktplatz 1, Tel. 06251 587420, www.rathauscafe-lorsch.de, Di–So 10–23 Uhr. Hauptgerichte ab 7 €. Deutsche und italienische Küche, schöne Terrasse vor malerischer Kulisse.

Infos

Touristeninformation
Nibelungenland: Altes Rathaus, Marktplatz 1, Tel. 06251 17 52 60, www.nibelungenland.info, Mo–So 10–18 Uhr.
Stadt Lorsch: gleiche Adresse, Tel. 06251 175 26 21, Mo–Fr 8–12 Uhr.

Detail der karolingischen Königshalle des Klosters Lorsch

Das Beste auf einen Blick

Kraichgau, Neckartal und Odenwald

Auf Entdeckungstour

Mit Mark Twain im Neckartal: Was der berühmte Literat im 19. Jh. zu den Sehenswürdigkeiten zwischen Neckargemünd und Hirschhorn notiert hat, lässt sich heute in großen Teilen noch entdecken. Ob Landschaften, Burgruinen oder Milieus: bei dem allgegenwärtigen schnellen Wandel ist es schön, hier einmal Beständiges zu erleben. S. 274

Kultur & Sehenswertes

Schlosspark Angelbachtal: Hier meint man in England zu sein – großzügig angelegtes Grün umspielt als Landschaftsraum ein großes Herrenhaus. S. 267

Burgfeste Dilsberg: Hoch über dem Neckar gelegen, ist die Feste Dilsberg trotz ihrer Nähe zu Heidelberg ein ruhiger, verträumter Ort, der sich schon von Mark Twain bestaunen ließ. S. 275

Aktiv & Kreativ

Klettern in der Margaretenschlucht: In der wild-romantischen Schlucht über dem Neckartal ist Geschicklichkeit gefordert. Entsprechende Sicherheitsvorkehrungen sorgen dafür, dass auch Familien hier ihren Spaß haben. S. 273

Spaziergang am Limes: Auf dem Limeslehrpfad bei Walldürn gibt es archäologische Spuren und dazu gehörende Erläuterungen zur Ostgrenze des Römischen Reiches zu entdecken. S. 282

Genießen & Atmosphäre

Weingut-Restaurant Heitlinger: Auf der Terrasse dieses Restaurants lässt sich der Kraichgau in vollen Zügen genießen: sanfte Hügellandschaft, feine Küche und beste Weine. S. 268

Restaurant Die Rainbach: Das nahe Neckargemünd gelegene Traditionshaus bietet neben dem schönen Blick auf den Fluss und dem gemütlichen Ambiente auch eine konstant gute Küche. S. 276

Tropfsteinhöhle Eberstadt: In der 600 m langen Höhle entführen Stalaktiten und Stalagmiten in eine farbig glitzernde bizarre Welt. S. 280

Abends & Nachts

Schlossfestspiele Zwingenberg: Wer im August das Neckartal bereist, sollte einen Besuch dieser mit einem populären Programm aufwartenden Festspiele einplanen. S. 278

Verborgene Kulturlandschaften

Die Kulturlandschaften im Osten und Südosten der Region an Rhein und Neckar bergen eine ganze Reihe reizvoller Orte, die sich mühelos mit Tagesausflügen erreichen lassen. Ob Heldensagen und Mythen, Begegnungen mit dem Weltkulturerbe am Limes oder Weinproben im Kraichgau – diese Landschaften mit ihren Burgen, Marktflecken und Weingärten werden alle Besucher schnell in ihren Bann ziehen.

wald (Norden), Stromberg/Heuchelberg (Osten) und Schwarzwald (Süden) am besten mit dem Fahrrad. Da das Gebiet arm an Bodenschätzen, aber sehr fruchtbar ist und zudem über ein fast mediterranes Klima verfügt, haben Adelsgeschlechter, Bauern und Winzer das Siedlungsbild geprägt. Landschlösser, Weingüter und Kunstsammlungen bilden die Stationen, an denen ein längerer Aufenthalt lohnt.

Durch den Kraichgau zum Neckar

Sanfte Hügellandschaften bestimmen die Szenerie bei einer Ausflugsfahrt, die südlich von Heidelberg in Wiesloch beginnt, um einige Besonderheiten der Region zu streifen und im Neckartal zu enden. Wer die schönen Bilder der ›badischen Toskana‹ intensiver aufnehmen möchte, bewegt sich hier zwischen Rheinebene (Westen), Oden-

Wiesloch ▶ G 5

Die kleine Weinstadt Wiesloch liegt etwa 15 km südlich von Heidelberg und gefällt vor allem wegen ihres hübschen Stadtkerns, der mit einigen mittelalterlichen Zeugnissen, Geschäften und Cafés zum Bummeln und zum Besuch des **Städtischen Museums** in einem mittelalterlichen Wehrturm einlädt (Röhrbuckel, Tel. 06222 843 05, So 14–16 Uhr). Das älteste Gebäude der Stadt, der Freihof mit seinen gotischen

Infobox

Reisekarte: ▶ G–L 2–6

Touristeninformation
Touristikgemeinschaft Kraichgau-Stromberg: Melanchthonstr. 1, Bretten, Tel. 07252 95 76 10, www.kraichgau-stromberg.de.
Touristikgemeinschaft Odenwald e. V.: Scheffelstr. 1, Mosbach, Tel. 06261 84 13 83, www.tg-odenwald.de. Die Website informiert ausführlich über den Teil des Odenwalds, der an den Neckar grenzt.

Radfahren
Der **Neckartal-Weg** für Radfahrer führt auf einer Länge von 375 km von der Quelle bis zur Mündung. Er wurde auf der Teilstrecke der Metropolregion 2009 neu beschildert. Für Touren entlang des Flusses ist die Website www.fahrrad-tour.de/Neckar hilfreich. Für Touren durch den Kraichgau empfiehlt sich die Wanderkarte vom Kompass-Verlag, in der auch empfehlenswerte Radrouten verzeichnet sind.

Treppengiebeln, bietet sich als Hotel und Restaurant für alle an, die bei einem Besuch der Region gerne außerhalb großer Städte wohnen. Sehenswert ist auch die Kunstsammlung Kurt und Gertrud Lamerdin. Sie zeigt Werke namhafter Künstler, die in der Pfalz und Nordbaden gelebt haben. Dazu gehören Otto Dill, Albert Haueisen und Max Slevogt (Kulturforum im Alten Schlachthof, Ringstr. 6, So 14–16 Uhr).

Eine kuriose Geschichte weiß die **Stadtapotheke** in der Hauptstraße zu erzählen: Hier ›tankte‹ Berta Benz 1888 bei ihrer ersten Überlandfahrt mit dem vom Gatten entwickelten Automobil drei Liter Reinigungsbenzin. Ein Auftanken ganz anderer Art empfiehlt sich im Winzerkeller Wiesloch. Die Genossenschaft und zweitgrößte badische Kellerei unterstreicht die Bedeutung des unterbadischen Weinbaus und hält gute Tropfen zu fairen Preisen bereit.

Übernachten, Essen

Komfort auf dem Land – **Hotel-Restaurant Freihof:** Freihofstr. 2, Tel. 06222 25 17, www.freihof-wiesloch.de, DZ ab 100 €. Reizvolle Alternative zu den Stadthotels der Region. Restaurant (tgl. geöffnet) mit gehobener Qualität.
Tortenparadies – **Café im Rathaus:** Marktstr. 13, Tel. 06222 500 91, www.cafe-im-rathaus.de, Mo–Sa 8.30–18.30, So 10–18.30 Uhr. Café-Konditorei – alles aus eigener Herstellung.

Einkaufen

Großauswahl – **Winzerkeller Wiesloch:** Bögnerweg 3, Tel. 06222 92 73 37, www.winzerkeller-wiesloch.de, Mo–Fr 9–17.30, Sa 9–13 Uhr. Hier kann man sich davon überzeugen, welch gute Tropfen im Kraichgau wachsen.

Termine

Feste
Weinfestival Kraichgau/Bergstr: Jeweils 14 Tage vor Ostern, So 11–19 Uhr, Tel. 06222 58 26 20. Mehr als 20 Winzer präsentieren ca. 200 Weine aus der Region.

Angelbachtal und Umgebung ▶ G 6

Über Mühlhausen geht es auf der B 39 tiefer in den Kraichgau. Nach 12 km erwartet den Besucher in der Ortsmitte von Angelbach/Eichtersheim ein idyllisch gelegenes **Wasserschloss** aus dem 16. Jh. Im großen **Schlosspark** lässt sich der alte Baumbestand ebenso bewundern wie die Skulpturen von Jürgen Goertz, der mit dem »S-Printing-Horse« auf dem Vorplatz der Print Media Academy in Heidelberg der Welt die größte Pferdeskulptur schenkte (s. S. 66). Der berühmteste Sohn des Ortes ist Friedrich Hecker. 1811 in Eichtersheim geboren, wusste er seine Heimat für die Freiheitskämpfe der Märzrevolution von 1848/49 zu begeistern.

Mit großem Enthusiasmus verfolgt das Weingut Reichsgraf und Marquis zu Hoensbroech im benachbarten **Angelbachtal/Michelfeld** die Arbeit auf dem Weinberg und im Keller. Entsprechend gut sind alle angebotenen Burgundersorten, die auf den Lössböden des Kraichgaus beste Anbaubedingungen finden. Nach 5 km auf der B 292 kommt man nach **Östringen.** Besonders breit hat sich dort die Pfarrkirche St. Cäcilia gemacht. Mit dem gelben Sandstein der Region 1895 errichtet, wird der Bau wegen seiner beachtlichen Ausmaße auch ›Dom des Kraichgaus‹ genannt. An Sonntagnachmittagen lohnt ein Blick in die Gustav-Wolf-Kunstgalerie. Sie zeigt das Lebenswerk des 1887 im Kraichgau geborenen jü-

Kraichgau, Neckartal und Odenwald

dischen Malers und Grafikers (Am Leiberg III/2, So, Fei 15–18 Uhr). Dann geht es ein paar Kilometer auf der B3 in Richtung Süden, um bei Ubstadt-Weiher Richtung **Gochsheim** abzubiegen. Der barock geprägte Ort verdient wegen zweier Besonderheiten einen kleinen Aufenthalt, möglichst an einem Sonntag. Im Graf-Eberstein-Schloss sind neben einer Werkschau des Karlsruher Künstlers Karl Hubbuch die weltgrößte Bügeleisen-Sammlung sowie ein Küfereimuseum zu sehen (Hauptstr. 89).

Das Zuckerbäcker-Museum zeigt so ziemlich alles, was an Gussformen und Gerät zur Herstellung von Schokoladenfiguren nötig ist. Umgeben von Nikolaus-, Osterhasen- und Spekulatiusformen erfährt man, dass die Herstellung von Zuckerzeug in Europa bis ins 13. Jh. eine Sache der Heilkundler war und der Konditor als solcher erst im 17. Jh. mit der Verfügbarkeit von Kakao aus Übersee sein Handwerk entwickelte (Hintere Gasse 2). Schloss und Museum sind von April bis Oktober sonntags von 14 bis 17 Uhr zu besichtigen. Während der Sommerferien in Baden-Württemberg sind sie geschlossen.

15 km weiter nördlich lohnt ein Stopp im Östringer Ortsteil **Tiefenbach.** Am Kreuzbergsee gibt es schöne Spazierwege, Kuchen und Kaffee, und am anderen Ende des Ortes warten mit dem Weingut Heitlinger (Am Mühlberg) ein ausgezeichnetes Restaurant und Wein, für die es sich lohnt, eine Ecke im Kofferraum frei zu lassen. Nach Tiefenbach sind es etwa weitere 10 km bis zur **Burgruine Steinsberg** in Weiler. Die weithin sichtbare Anlage liegt auf einem Basaltkegel und repräsentiert eindrucksvoll den spätstaufischen Burgenbau. Schon für das frühe 12. Jh. urkundlich bezeugt, zeigen sich heute noch die Ringmauer, einzelne Wohnbauten, die Zisterne und der 30 m hohe Turm. Im Ort Weiler ist das Restaurant Küferschenke ein beliebtes Ziel.

Übernachten, Essen

Familienfreundlich – **Landgasthof Ritter Post:** Hauptstr. 7, Angelbachtal-Eichtersheim, Tel. 07265 288, www.ritter-post.de. DZ ab 72 €. Ein gemütliches, familienfreundliches Haus mit gutem Restaurant.

Lohnt auch Umwege – **Weingut-Restaurant Heitlinger:** Am Mühlberg 3, Östringen-Tiefenbach, Tel. 07259 911 20, www.weingut-heitlinger.de, Mi–Mo 11–14.30, 17–23 Uhr, Di geschl. Feine Küche bei einem führenden Winzer. Hauptgerichte ab ca. 11 €. Weinverkauf Mo–Fr 9–18, Sa 11–17 Uhr.

Eigene Schlachterei – **Kraichgaustube:** Uhlandstr. 36, Mühlhausen, Tel. 06222 607 09, www.weingut-manfredblock.de, Di–Sa ab 17.30, So ab 11 Uhr. Hauptgerichte ab 10 €. Ein beliebtes, gediegenes Restaurant mit eigener Schlachterei und Wein aus eigenen Weinbergen. Wildgerichte als Spezialität.

Einkaufen

Top-Adresse – **Weingut Reichsgraf und Marquis zu Hoensbroech:** Angelbachtal/Michelfeld, Herrmannstr. 12, Tel. 07265 9110 34, www.hoensbroech.eu, Mo–Fr 9–18, Sa 10–16 Uhr. Wunderbare Spätlese- und Ausleseweine.

Termine

Veranstaltungen
Schlossparkserenade: am jeweils 4. Samstag im Juni in Angelbachtal. Regionale Orchester zeigen ihr Können vor der Kulisse eines schönen Parks, www.angelbachtal.de.

Im Auto & Technik Museum von Sinsheim kann man eine Concorde von innen besichtigen

Sinsheim ▶ H 6

Das seit 1192 mit Stadtrechten versehene Sinsheim gilt als Hauptort des Kraichgaus. Große Anziehungskraft übt hier das **Auto & Technik Museum** aus. Es liegt direkt an der Autobahn A 6, und das große Freigelände entwickelt sich in jüngerer Zeit zu einem ›Parkplatz für Flugzeuge‹. Wer will, kann sich eine originale Concorde von innen ansehen (Obere Au 2, Tel. 07261 929 90, www.technik-museum. de, tgl. 9–18, Sa, So, Fei bis 19 Uhr).

Historisch interessierte Besucher erfahren im **Stadtmuseum,** dass Sinsheim ein kleines Zentrum der Märzrevolution von **1848** war (Hauptstr. 92, Tel. 07261 40 49 50, So, Mi 14–17 Uhr), und im sogenannten **Lerchennest** im Stadtteil Steinsfurt lernt man das einzige Museum in Baden-Württemberg kennen, das sich dem Preußenkönig Friedrich dem Großen widmet. Er wurde 1730 als junger Mann in Sinsheim festgesetzt, nachdem höfische Verpflichtungen und die strenge väterliche Erziehung ihn in die Flucht getrieben hatten (Museumshof Lerchennest, Lerchenneststr. 18, Tel. 07261 39 34, So, Fei 14–17 Uhr).

Neidenstein und Lobenfeld ▶ H 5

Von Sinsheim sind es auf der B 45 etwa 20 km bis Neckargemünd. Auf der Strecke lohnt zunächst ein Abstecher nach **Neidenstein.** Mit seinen Fachwerkbauten, Bauerngärten und der darüber gelegenen Burg hat sich der kleine Ort den Ruf eines »Rothenburg des Kraichgaus« erworben. In der Burg gibt es ein kleines Heimatmuseum, das allerdings selten geöffnet ist (Schlossstr. 2, www. neidenstein.de, März–Okt. Jeden 2. So im Monat 14–16.30 Uhr).

Lieblingsort

Wo David gegen Goliath antritt – Rhein-Neckar-Arena Sinsheim ▶ H 6

Freude an David-Streichen im deutschen Spitzenfußball. In dieser modernen Arena kann man vierzehntägig mit etwas Glück Zeuge davon werden, wie ein Kleiner so manchen Großen zum Zittern bringt.

Wenigs später ist **Lobenfeld** mit seiner idyllisch gelegenen Klosterkirche erreicht (www.kloster-lobenfeld.com), die, 1145 erbaut, beeindruckende mittelalterliche Wandmalereien birgt. Wieder auf der B45, macht das Urgeschichtliche Museum von Mauer darauf aufmerksam, dass hier im Jahre 1907 mit dem Homo Heidelbergensis einer der wichtigsten archäologischen Funde der Neuzeit gemacht wurde (Rathaus Mauer, Heidelberger Str. 34, Tel. 06226 922 00, www.gemeinde-mauer.de, Mo 8–12, 13.30–18, Di–Do 8–12, 13.30–16, Fr 8–12 Uhr, Sa, So geschl.). Nach Neckargemünd sind es von Mauer aus nur noch 7 km.

Neckartal

Oft verlieren Flüsse in ihren Mündungsgebieten an Schönheit – nicht so der Neckar, der zwischen Mosbach und Neckargemünd auf knapp 50 km ein romantisches Tal durchfließt und an seinen Ufern den warm-roten Sandstein des Odenwaldes steil emporragen sieht. In den vielen Windungen, die der Fluss auf dieser Strecke nimmt, haben sich kleine Städte um die stolzen Burgen herausgebildet. Wir reisen flußaufwärts, also von Neckargemünd aus in Richtung Mosbach.

Von Neckargemünd bis Hirschorn ▶ G–H 4

Es macht keinen großen Unterschied, ob man eine Tour durch das Neckartal und den angrenzenden Odenwald von Heidelberg oder, vom Kraichgau kommend, von Neckargemünd aus unternimmt, da sich die ersten Sehenswürdigkeiten mit der Kleinstadt Neckargemünd und dem benachbarten Dilsberg zeigen. Für eine solche Tour bieten sich mehrere Verkehrsmittel an: Mit dem PKW lassen sich die meisten Punkte erreichen, mit dem Schiff und damit verbundenen Wanderungen an den Anlegestellen ist diese Tour besonders stimmungsvoll. Und mit dem Fahrrad ist das Neckartal ebenso gut zu entdecken. Die Teilstrecke von Neckargemünd bis Hirschhorn mit ihren Höhepunkten Dilsberg, Neckarsteinach und Hirschhorn haben wir in der Entdeckungstour »Mit Mark Twain im Neckartal« beschrieben (s. S. 274)

Eberbach ▶ J 4

Die alte Stauferstadt hat einen hübschen, verwinkelten Kern mit vielen Fachwerkhäusern. Bei einem Altstadtspaziergang fallen der Ecktürme der mittelalterlichen Stadtmauer ebenso auf wie das **Thalheimsche Haus** als ältestes Steingebäude der Stadt. Zu beiden Seiten des spätromanischen **Bettendorfschen Tores** finden sich besonders schön gestaltete Fachwerkhäuser: ›Der Hof‹ war einst ein kaiserliches Stadtschloss und späterer Adelssitz. Auch das daneben stehende **Bettendorfsche Haus** ist ein ehemaliges Herrschaftshaus mit fast 500-jähriger Geschichte. Wer in Eberbach Rast machen oder übernachten möchte, findet mit dem Hotel-Restaurant **Altes Badhaus** einen besonders hübschen Ort. Wenn der ein oder andere Schoppen die Fantasie auf Reisen schickt, lässt sich in dem besterhaltenen mittelalterlichen Badhaus Baden-Württembergs (15. Jh.) leicht nachvollziehen, wie die Körperpflege zu Zeiten von Badezuber und Feuerraum gewesen sein mag.

Das **Stadtmuseum** klärt den Reisenden anschaulich über die Geschichte der Neckarschifffahrt auf. Außerdem lässt uns die Abteilung ›Mensch und Wald‹ wissen, dass im Eberbacher

Eberbach

Stadtwald eine Douglasie 62,45 m an Höhe misst und von keinem anderen Baum in Deutschland überragt wird. Außerdem kann man hier die technische Kuriosität der Kettenschifffahrt studieren, bei der sich Lastkähne an einer 114 km langen Kette von Heilbronn bis Mannheim den Neckar entlanghangelten. Das vollständige Ende der Flößerei auf dem Neckar kam übrigens schon ein Jahr nach Twains Besuch mit der Fertigstellung der Neckartal-Eisenbahn im Jahr 1879 (Alter Markt, Tel. 06271 16 64, Di, Fr 15–17, Sa, So 14–17 Uhr).

Von der oberhalb der Stadt gelegenen dreiteiligen **Burg Stolzeneck** haben sich nur Reste erhalten. Sie ist um 1200 errichtet und später mehrfach erweitert worden. Von Eberbach aus sind es kaum mehr als 10 km, um die **Margaretenschlucht** bei Neckargerach zu erreichen. Diese Schlucht bietet ein nahezu alpines Klettervergnügen, zu dem man auch größere Kinder gut einladen kann. Mit Seilen gesichert, hangelt man sich um Wasserfälle herum durch einen imposanten Bergwald.

Übernachten, Essen

Romantisch – **Hotel-Restaurant Altes Badhaus:** Lindenplatz 1, Tel. 06271 66 08, www.altesbadhaus.de. DZ inkl. Frühstück 100 €. Ein komfortabel eingerichtetes Hotel-Restaurant, in dem man gerne länger bleibt.

Naturnah – **Campingplatz Eberbach:** Alte Pleutersbacher Str. 8, Tel. 06271 10 71, www.campingpark-eberbach.de, Stellplatz PKW/Wohnmobil 6,90 €, Zelt 6,50 €, 4,90 €/Pers., April–Ende Okt. Der direkt am Neckar gelegene Platz bietet in seiner Nachbarschaft ein Freibad und ein Hallenbad.

Aktiv & Kreativ

Klettern in der Schlucht – Eine schöne Verbindung aus sportlicher Betätigung und Naturerleben unweit von Eberbach. Der Weg zur Margaretenschlucht ist in Neckargerach ausgeschildert. Aus Sicherheitsgründen ist es angeraten, den Einstieg in die Schlucht von unten vorzunehmen (Infos Tel. 06263 420 10,

Herbststimmung am Neckarufer zwischen Eberbach und Zwingenberg

Auf Entdeckungstour

Mit Mark Twain im Neckartal

Bei seinem als Buch publizierten »Bummel durch Europa« besuchte Mark Twain 1878 auch Heidelberg und das Neckartal. Sein Resumee: »Deutschland ist im Sommer der Gipfel der Schönheit, aber niemand hat das höchste Ausmaß dieser sanften und friedvollen Schönheit begriffen …, der nicht auf einem Floß den Neckar hinabgefahren ist.« Wir lassen uns bei dieser Tour vom Autor des »Huckleberry Finn« und »Tom Sawyer« begleiten.

Reisekarte: ▶ G–H 4

Zeit: Fahrzeit mit dem Auto ca. 15 Min., S-Bahn ca. 12 Min., Fahrrad ca. 70 Min., Schiff ca. 1,5 Std. Dazu kommen die Zeiten für Besichtigungen.

Planung: Radfahrer nutzen gerne die Radwanderkarte »Neckartalradweg« (Publicpress 2006). Für S-Bahn-Fahrten (Fahrradmitnahme): www.vrn.de. Zu Neckarfahrten mit dem Schiff informiert www.neckarschifffahrt.de.

Start: Bahnhof Neckargemünd

Mark Twain, Literat und Besitzer eines Patents als Mississippi-Lotse, war von der Idee angetan, im Jahr 1878 den schmalen und damals schwierig beschiffbaren Neckar von Heilbronn bis Heidelberg mit dem Floß zu bereisen. Er hat diese Flussfahrt sehr ausführlich beschrieben. Ob sie in der von ihm beschriebenen Form tatsächlich stattgefunden hat, ist nicht gesichert. Aber die literarische Inszenierung des Neckartals durch einen Großen seiner Zunft erscheint uns Anlass genug, sie in Passagen zu rezitieren.

Mit dem Ausgangspunkt Neckargemünd bewegen wir uns dabei allerdings flussaufwärts und damit in umgekehrter Richtung zu Mark Twain.

Hühner und Enten auf der Burg

Mit einem malerischen Stadtbild und viel Fachwerk präsentiert sich die ehemalige freie Reichsstadt **Neckargemünd**. In der Neckarstraße kann man mit der Nr. 38 eines der alten Fachwerkhäuser in der Griechischen Weinstube Zur Stadt Athen auch von innen besichtigen. Die populäre und traditionsreiche Stube verfügt auch über eine Terrasse mit schönem Blick auf den Neckar. Nach einem kleinen Altstadtbummel empfiehlt sich die Weiterfahrt auf der gleichen Neckarseite zur **Feste Dilsberg,** die als Ortsteil von Neckargemünd ca. 5km weiter flussaufwärts hoch auf dem Berg liegt. Das Ensemble fand schon um 1200 urkundliche Erwähnung und ist in weiten Teilen gut erhalten, etwa die Mantelmauer aus dem 14. Jh. und der Treppenturm des Palas (16. Jh.). War die Anlage einst ein Fluchtpunkt für den kurpfälzischen Hof, so entwickelt sich das kleine ummauerte Dorf in jüngerer Zeit zu einer Residenz für Künstler und Kunsthandwerker. Mark Twain widmete dem Berg und seiner Feste eine ausführliche Beschreibung. Den Berg schilderte er als »rund wie eine umgekehrte Schüssel, mit derselben Verjüngung nach oben, ... auf dem Scheitel gerade genug Platz für sein mit Türmen, Spitzen und dicht gedrängten Dächern geschmücktes Käppchen aus Gebäuden, die zusammengedrängt und zusammengepresst innerhalb des vollkommen runden Reifens der alten Stadtmauer liegen«.

Aus der damals von Mark Twain vorgefundenen Dorfidylle sind Federvieh und Ärmlichkeit verschwunden, das Ambiente kann man sich allerdings auch heute noch recht gut vorstellen. Zum Nacherleben lädt folgende Schilderung ein: »Innerhalb der Stadtmauer angelangt, fanden wir die üblichen Dorfbilder und das übliche Dorfleben vor. Wir gingen eine enge, krumme Gasse entlang, die im Mittelalter gepflastert worden war... Ein schlampiges, barfüßiges Mädchen hütete mit einem Stock ein halbes Dutzend Gänse – trieb sie die Gasse entlang und hielt sie aus den Wohnungen heraus … Mädchen und Frauen kochten oder spannen in den Vorderzimmern der Wohnungen, und Enten und Hühner watschelten über die Schwelle hinein oder heraus, wobei sie zufällig daliegende Krumen aufpickten und sich angenehm unterhielten. Ein sehr alter, runzliger Mann saß vor seiner Tür und schlief, das Kinn auf der Brust und die erloschene Pfeife auf dem Schoß.« Und weiter mit Mark Twain zur Burg, die man auch heute noch so erleben kann: »Während wir durch den Ort schritten, sammelten wir eine beträchtliche Prozession kleiner Jungen und Mädchen auf, so dass wir mit ziemlichem Pomp zur Burg zogen. Sie erwies sich als umfangreicher Komplex zerbröckelnder Mauern, Gewölbe und Türme, massig, zu malerischer Wirkung gruppiert, voller Unkraut, grasbewachsen und durchaus zufriedenstellend. Die Kinder dienten uns als Fremdenführer; sie führten uns auf der Krone der höchsten Mauern entlang, nahmen uns dann mit in einen hohen Turm und zeigten uns eine weite, schöne Landschaft, die auf der einen Seite wogende Weiten bewaldeter Berge und eine nähere Aussicht auf wellige Striche grünen Tieflands, auf der anderen Seite mit Burgen geschmückte Felsen und Bergketten umfasste, während der Neckar in leuchtenden Schleifen dazwischen hinfloß.« Twain berichtet auch über den Geheimgang, den man noch heute bei Führungen zu sehen bekommt (Burg: März–Okt. tgl. ab 10 Uhr bis Einbruch der Dunkelheit, nur vereinbarte Führungen, Tel. 06223 35 53, www.burg-dilsberg.de).

Eine Besonderheit stellt hier oben auch die Jugendherberge dar. Sie ist im Stadttor untergebracht und damit Teil der vollständig erhaltenen mittelalterlichen Stadtmauer (Untere Str. 1, Tel. 06223 21 33, www.neckargemuend-dilsberg.jugendherberge-bw.de).

Den Aufenthalt auf der Feste Dilsberg kann man sich übrigens mit edlem Naschwerk aus der **Chocolaterie im Gasthaus Zur Burg** versüßen (Burgstr. 12, www.das-beste-zum-schluss.com, Verkauf Mi, Do, Sa 13–18 Uhr). Eine handfeste Zwischenmahlzeit bietet das am Fuß des Berges gelegene Restaurant **Die Rainbach.** Über diese Adresse hat sich Mark Twain nicht ausgelassen, dafür aber sein berühmter Landsmann Henry Ford, der seine Eindrücke von einem Besuch des Restaurants mit einem »wonderful Gemütlichkeit« zusammenfasste (Neckargemünd-Rainbach, Ortsstr. 9, Tel. 06223 24 55, www.rainbach.de, tgl. 11–23 Uhr; Hauptgerichte ab ca. 16 €. Touristeninformation Neckargemünd s. S. 278).

Die Vier-Burgen-Stadt

Neckarsteinach, auf der anderen Seite des Neckars gelegen, lässt sich auch gerne »Vier-Burgen-Stadt« nennen. Das mit der Stadt ist dabei ein bisschen übertrieben, das mit den vier Burgen nicht. Ihre »reizenden Türme und Zinnen« fielen dem Neckarfahrer Mark Twain zuerst auf. Hier wollte er rasten und suchte sich ein Hotel. Noch heute sieht man kurz vor dem Ortseingang am Hang das ›Schwalbennest‹ als ehemals äußerste Bastion einer Burganlage aus dem 13. Jh.

Neuerdings zeigt sich dem Betrachter vom Tal aus auch die lange von Bäumen verdeckte **Hinterburg.** 2006 wurde der Wald am Burghang abgeholzt und Platz für die Anpflanzung eines Niederwaldes geschaffen. Die heutige Ruine der Hinterburg war einst Wohnort des Minnesängers Bligger von Steinach, dessen Bild sich in der berühmten Heidelberger Manessischen Liederhandschrift findet. Zu dem Ensemble gehören außerdem die Mittelburg und die Vorderburg, die im 16. und 19. Jh. ausgebaut wurden. Die in einer Saison mehrmals stattfindende Vier-Burgen-Beleuchtung lockt jeden Sommer Tausende von Besuchern in den Ort.

Perle des Neckartals

Die 8 km lange Strecke nach **Hirschhorn** verläuft auf der gleichen Neckarseite und zeigt sich als Abfolge landschaftlich reizvoller Panoramabilder. Als ›Perle des Neckartals‹ liegt das Städtchen in einer weiten Flussschleife und gehört zum Bundesland Hessen. Die heute noch schönste Stadtansicht beschrieb Mark Twain schon im 19. Jh. wie folgt: »Hirschhorn sieht von weit flußabwärts her am besten aus. Die zusammengedrängten braunen Türme, die auf der grünen Kuppe thronen, und die alte zinnengekrönte Steinmauer, die zum grasbewachsenen Gipfel hinauf- und über ihn hinwegzieht, um in dem dahinterliegenden Laubmeer zu verschwinden, bieten dann einen Anblick, dessen Anmut und Schönheit das Auge ganz und gar befriedigen«.

Zu den Sehenswürdigkeiten gehört die oberhalb des Stadtgebiets gelegene, im 12. Jh. errichtete Burg Hirschhorn. Im 16. Jh. im Renaissance-Stil umgebaut, dient sie heute als Hotel. Wer sich im März 2010 zum Schlossherrn machen wollte, konnte dies hier tun: Das »Romantische Schloss in idyllischer Lage« wurde vom Land Hessen in der FAZ zur Verpachtung ausgeschrieben. Von der Hotel-/Restaurant-Terrasse aus hat man einen wunderschönen Blick ins Neckartal (Auf der Burg, Tel. 06272 920 90, www.schlosshotel-hirschhorn.de, DZ ab 110 €, Hauptgericht ab 19 €). Im Stadtgebiet trifft man sich gerne zum Essen in der Burg Hirschhorn. Das kleine Restaurant gehört zu meinen Lieblingsadressen im Neckartal (Hauptstr. 10, Tel. 06272 26 60, Küche: Di–So 12–14, 18–21 Uhr. Hauptgerichte ab 10 €).

Ein weiterer Gastronom aus der Vergangenheit gehört zur Lokalprominenz von Hirschhorn. Ihm ist das Langbein Museum gewidmet. Es erinnert an den Gastwirt und naturalistischen Sammler Carl Langbein, in dessen Gasthof »Zum Naturalisten« Mark Twain seiner Zeit nächtigte, um sich in seinem Reisebericht über die heute im Museum gezeigten Exponate, die damals den Gasthof schmückten, zu amüsieren (Museum und Touristeninformation: Alleeweg 2, Tel. 06272 17 42, Museum: Ostern – Okt. Mi und So 15–17 Uhr, Touristeninformation Mai–Sept. Di–Fr 8–12, 14–17, Sa 9–15 Uhr, So, Mo geschl. Okt.–April Sa, So, Mo geschl.).

Die nahe Ersheimer Kapelle (regionale Gotik) hat Twain übersehen, was sie ihm nicht gleichtun müssen.

Mark Twain: »Ich verzichte auf den Himmel, wenn ich dort keine Zigarren rauchen darf«

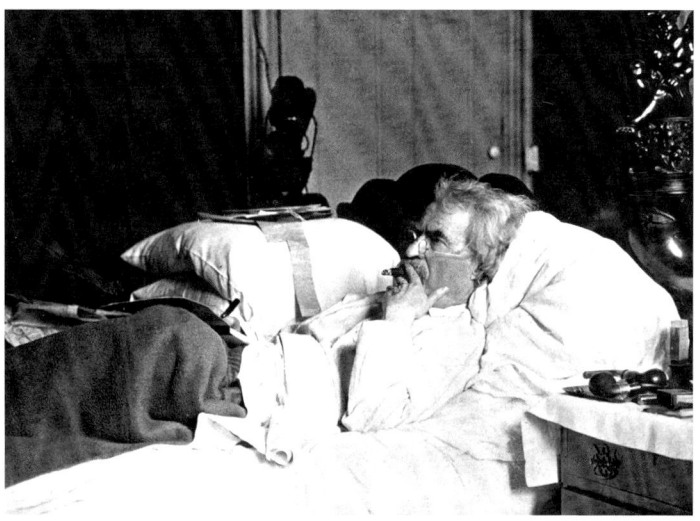

Kraichgau, Neckartal und Odenwald

www.naturpark-neckartalodenwald.de/margaretenschlucht.html).

Infos & Termine

Touristeninformation
Neckargemünd: Bahnhofstr. 13, Tel. 062 23 35 53, Mo–Fr 9–13, 14–18, Sa 9–13 Uhr.
Eberbach: Kellereistr. 36, Tel. 06271 48 99, www.eberbach.de. Nov.–April Mo–Do 8.30–12, 14–17.30, Fr 8.30–12, Mai–Okt. Mo– Fr 8.30–12, 14–17.30, Sa 10–12 Uhr.

Veranstaltungen
Dilsberger Kammermusiktage: Okt., Kulturzentrum Kommandantenhaus, Burghofweg, Dilsberg; Programminfos s. www.rhein-neckar-kreis.de; ein musikalisches Highlight mit internationalen Nachwuchskünstlern.

Zwingenberg ▶ J 4

Flussaufwärts zeigt sich 9 km weiter Zwingenberg als einer der schönsten und besterhaltenen Adelssitze des Neckartals. Das **Schloss Zwingenberg** entspricht noch heute dem gängigen Bild einer mittelalterlichen Burg. Von Kriegen und Zerstörungen weitgehend verschont, ist es Wohnsitz von Prinz Ludwig von Baden. Besichtigungen sind deshalb nur in Gruppen und nach Voranmeldung beim örtlichen Forstamt möglich (Tel. 06263 41 10 10, www.schloss-zwingenberg.de). Einen Augen- und Ohrenschmaus bieten die alljährlich im August stattfindenden **Schlossfestspiele,** bei denen Aufführungen des »Freischütz« von Carl Maria von Weber im Zentrum stehen. Vom Wehrgang des Schlosses reicht der Blick über steile Felsen hinab in die Wolfsschlucht, den Ort, von dem sich der Komponist zur entsprechenden Szene im »Freischütz« anregen ließ (www.schlossfestspiele-zwingenberg.de).

Mosbach ▶ K 5

Im weiter neckaraufwärts gelegenen Mosbach bezaubert nicht nur das 1610 errichtete **Palmsche Haus** am Marktplatz mit seiner reichhaltigen Fachwerkverzierung. Auch die sich anschließenden Häuser zeugen in ihrer Bauweise beredt von den Handwerkskünsten des Mittelalters. Zur Römerzeit lag Mosbach an einem wichtigen Handelsweg. Im 9. Jh. entwickelte sich um das Benediktinerkloster »Monasterium Mosabach« zu einem vitalen Handelsplatz, der sogar das Markt- und Münzrecht besaß. Im frühen 17. Jh. entstanden bereits die ersten eindrucksvollen Fachwerkhäuser in der befestigten Pfalzgrafenstadt. Sie dokumentierten den Wohlstand der Bürger. Viele Zünfte waren vertreten: Weber, Bäcker, Gerber, Küfer, Müller, Färber. Noch heute findet man bei einem Rundgang durch die **Altstadt** an vielen Häusern Handwerkerzeichen, die darauf hinweisen. Auf dem mittelalterlichen **Marktplatz** wird wie eh und je der Wochenmarkt abgehalten.

Übernachten, Essen

Familiär – **Hotel und Restaurant Lindenhof:** Martin-Luther-Str.3, Mosbach-Neckarelz, Tel. 06261 600 66, www.lindenhof-neckarelz.de, DZ ab 60 €. Gepflegtes und behagliches Hotel-Restaurant. Regionale Speisen- und Weinkarte, Schnäpse aus der Hausbrennerei, tgl. außer Mi, 7–24 Uhr, Küchenzeiten 11.45–14 Uhr, 18–22 Uhr.
Alles käuflich – **Zum Ochsen:** Im Weiler 4 (Mosbach Nüstenbach), Tel. 06261

154 28, www.restaurant-zum-ochsen.de, Mi–So 12–13.30, 18–22 Uhr, Sa nur ab 18 Uhr, Mo, Di geschl. Hauptgerichte ab ca. 13 €. Ein Landgasthof, dessen Küche auch in jeder Großstadt Anklang finden würde. Mit Antiquitäten eingerichtet, die man kaufen kann.

Abends & Nachts

Konzert und Theater – **Alte Mälzerei:** Alte Bergstr. 7, www.maelzerei.de. Durch die einfühlsame Restaurierung einer ehemaligen Mälzerei hat Mosbach in den 1990er-Jahren einen schönen und inzwischen sehr beliebten Ort für Konzerte und Theateraufführungen gewonnen.

Infos

Touristeninformation
Am Marktplatz 4, Mosbach Tel. 06261 918 80, Mo–Fr 9–13, 14–17 Uhr, Mai–Sept. zusätzlich Sa 9–13 Uhr.

Vom Hinteren zum Vorderen Odenwald

Auch wenn der Odenwald ein zusammenhängendes Naherholungsgebiet ist, zeigen sich doch gravierende Unterschiede zwischen den badischen und den hessischen Gebieten der Region, weshalb man das Mittelgebirge geologisch in zwei Teile unterteilt. Die Trennungslinie zwischen dem Hinteren und dem Vorderen Odenwald verläuft ungefähr von Weinheim an der Bergstraße in nordöstlicher Linie zum Main. Südlich und südöstlich dieser Linie liegt der Hintere Odenwald, nach dem hauptsächlich vorkommenden Gestein auch Buntsandstein-Odenwald genannt. Mit stolzen 626 m Höhe findet sich hier auch der Katzenbuckel, der höchste Berg des Odenwalds. Nördlich und nordwestlich dieser Linie heißt das Mittelgebirge »Vorderer Odenwald«. Hier sind an vielen Stellen die Deckgebirgsschichten abgetragen worden und so sieht man oft das kristalline Grundgestein durchblitzen, hauptsächlich bestehend aus Schiefer, Diorit und Granit.

Hinterer Odenwald

Nichts Spektakuläres auf den ersten Blick, sondern gemächliches Entdecken ist bei einem Ausflug in den Hinteren Odenwald angesagt. Die B 27 zwischen Mosbach und Buchen führt durchs Madonnenländchen, so genannt wegen seiner vielen Madonnenstatuen.

Buchen ▶ L 3

In dem staatlich anerkannten Erholungsort Buchen grüßt die Schutzpatronin Maria bereits am Anfang der Fußgängerzone. Die Mariensäule wurde Mitte des 18. Jh. als Dank für die überstandene Pestepidemie errichtet.

Noch älter ist die ›Buchener Faschenacht‹. Am Mainzer Tor, dem heutigen Stadtturm, trifft man auf die mannsgroße Steinfigur des nackten Bleckers, Symbol der Buchener Fasenacht. Nach langen dunklen Nächten vertreiben die Buchener im Februar den Winter seit rund 500 Jahren in ihren traditionellen bunten Flickenkostümen. Am Marktplatz lässt sich die Barockfassade des Alten Rathauses bestaunen, in dem bis heute der Buchener Stadtrat tagt. Und in der ehemaligen Kurmainzischen Kellerei an der Kellereistraße versammelte sich während des Bauernkriegs 1525 der ›Helle Haufen‹ der Odenwälder Bauern unter dem Anfüh-

Kraichgau, Neckartal und Odenwald

rer Götz von Berlichingen. Zu einem Rundgang um die historische Altstadt lädt der gut beschilderte Stadtmauerrundweg ein.

Wer einen kleinen Schlenker nicht scheut, dem sei ein Abstecher in den Ortsteil **Eberstadt** empfohlen. In der 600 m langen **Tropfsteinhöhle** entführen prächtige Stalaktiten und Stalagmiten in eine farbig glitzernde, märchenhaft-bizarre Welt (Tel. 06281 27 80, www.eberstadter-tropfsteinhoehle.de, März–Okt.10–16 Uhr, Nov.– Febr. Sa, So 13–16 Uhr).

Infos & Termine

Verkehrsamt Buchen: Platz am Bild 1, Tel. 06281 27 80, www.buchen.de, Mo–Fr 8–12, 14–16, April–Okt. auch Sa 10–12 Uhr.

Veranstaltungen
Buchener Fastnacht: Ein buntes Treiben von Donnerstag (›Schmutziger Donnerstag‹) bis Faschingsdienstag.

Walldürn ▶ L2

Auf Nebenpfaden geht es über die Deutsche Limesstraße durch Rinschheim und Hettingen weiter zum Wallfahrtsort Walldürn. Vom dortigen Schlossplatz, mit der zum Schloss umgebauten Burg aus dem 12. Jh. im Rücken, fällt der Blick auf die **Wallfahrtsbasilika Zum Heiligen Blut.** Die gleichnamige Wallfahrt verwandelt den beschaulichen Ort nach Pfingsten für einige Wochen in eine Pilgerstätte. Rund um die Basilika, im Barockstil zwischen 1698 und 1714 von Lothar Franz von Schönborn gebaut, ist der Ort mit Blumen geschmückt, überall stehen Altäre. Die Wallfahrt beruft sich auf eine Überlieferung aus dem 14. Jh. Damals soll ein unachtsamer Priester bei der heiligen Messe den Kelch mit dem gewandelten Wein umgestoßen haben; als sich der Wein über das darunterliegende Leinentuch ergoss, habe er blutrot das Bildnis des Gekreuzigten nachgezeichnet. Seither kommen jedes Jahr bis zu 200 000 Besucher zu Gottesdiensten und Lichterprozessionen nach Walldürn, die meisten von ihnen an Fronleichnam zum ›Großen Blutfeiertag‹. Der Heilig-Blut-Altar ist im Innenraum der Basilika zu bestaunen.

Im Walldürner Ortsteil Gottersdorf, schon fast an der bayerischen Grenze, befindet sich das nördlichste Freilandmuseum Baden-Württembergs (Weiherstr. 12, Mai–Sept., tgl. außer Mo 10–18 Uhr, April/Oktober, Di–So, 10–17 Uhr, Tel. 06286 320, www.freilandmuseum.com). Odenwälder Idylle pur verströmen die bisher 17 Häuser aus dem 17.–20. Jh. – zumindest heute, da man sie restauriert hat und nur noch als historische Zeugen betrachten kann. In ihrer Verschiedenheit dokumentieren sie die ganze Bandbreite des früheren bäuerlichen Lebens, vom kargen Tagelöhnerhäuschen bis zum stattlichen Großbauernhof. Auch die dörfliche Postagentur und eine Landschusterei fehlen nicht.

Übernachten, Essen

Frische Forellen – **Landhotel-Restaurant Frankenbrunnen:** Walldürn, Am Kaltenbrunn 3, Tel. 06286 920 20, www.restaurant-frankenbrunnen.de, DZ ab 88 €, Hauptgerichte ab 10 €. Gemütliche und geräumige Zimmer, gutbürgerliche gehobene Küche; Spezialität sind die fangfrischen Forellen.

Buchen – Altes Rathaus und Mariensäule

Infos & Termine

Touristeninformation: Hauptstr. 27, Walldürn, Tel. 06282 671 06, www.wallduern.de, Mo–Fr 8–12, 14–16, April–Sept. auch Sa 10– 12 Uhr.

Veranstaltungen
Wallfahrt Zum Heiligen Blut: Die jährliche Hauptwallfahrtszeit erstreckt sich über vier Wochen und beginnt immer am Sonntag nach Pfingsten, mit dem Fest der Heiligen Dreifaltigkeit.

Limes ▶ J–L 2–5

Mit 550 km Länge markiert der Obergermanisch-Raetische Limes in seinem Verlauf zwischen Rhein und Donau die Ostgrenze des Römischen Reiches. Im Jahr 2005 erklärte die UNESCO dieses kulturhistorische Zeugnis zum Weltkulturerbe. Auch nach knapp 2000 Jahren machen Archäologen bei Grabungen entlang des Limes noch immer spektakuläre Entdeckungen.

Auf den Limes-Lehrpfad trifft man nordöstlich von Walldürn in der Nähe des Industriegebietes VIP/Waldparkplatz. Der Spazier- und Erkundungsweg ist mit ›Limes‹ ausgeschildert und begleitet auf insgesamt 2,2 km Länge den Limesverlauf. Text- und Kartentafeln entlang des Lehrpfads informieren beispielsweise über freigelegte Denkmäler wie die Kastelle Hönehaus und Haselburg oder die sieben Wachtürme. Einige Bauwerke aus der Römerzeit wurden rekonstruiert. Im Bereich des Lehrpfads entsteht derzeit mit dem »Limeslabyrinth« eine weitere Attraktion: In den Wald geschlagene Wege und 20 interaktiv gestaltete Erlebnisstationen lassen Besucher in die Alltagskultur des antiken Roms der Kaiserzeit eintauchen. Die einzelnen Stationen dieses Freiluftmuseums sollen ab 2011 Zug um Zug eröffnet werden (www.limeslabyrinth.de).

Vorderer Odenwald

Auch durch den Vorderen Odenwald verlaufen zahlreiche geschichtsträchtige Pfade. Mit Mossautal-Hüttenthal, knapp hinter der Grenze der Metropol-Region Rhein-Neckar Richtung Michelstadt, und dem nicht weit entfernten Grasellenbach erheben gleich zwei Orte den Anspruch, auf ihrem Gebiet entspringe die Quelle, an welcher der Nibelungenrecke Siegfried durch Hagen von Tronje den Tod fand. Quer durch den Odenwald und weiter über Lorsch bis nach Worms verlaufen heute die den alten Sagen folgenden Nibelungen- und Siegfriedstraße.

Birkenau ▶ G 3

Wer von Weinheim aus über die B 38 Richtung Mörlenbach fährt, erreicht schon wenige Minuten später Birkenau. »Mach es wie die Sonnenuhr, zähl' die heit'ren Stunden nur« – in kaum einem anderen Ort ist dieses Leitmotiv so berechtigt wie hier. Denn im ›Dorf der Sonnenuhren‹ im hessischen Odenwald kann man bei einem Spaziergang durch den Ort über 100 der geräuschlosen Zeitmesser entdecken. Die Schmuckstücke zieren gleichermaßen Hauswände – etwa beim Rathaus an der Hombacher Straße oder bei der Schule an der Tuchbleiche – wie Gärten, beispielsweise im **Schlosspark**. Den ursprünglich nach französischen Vorlagen angelegten Park gestaltete Friedrich Ludwig von Sckell als Landschaftsgarten nach englischem Vorbild um. Das Schloss, ein spätbarocker zweigeschossiger Bau, wurde Ende des 18. Jh. durch den kurpfälzischen Hofbaumeister Franz Wilhelm Rabaliatti fertiggestellt. Da es heute im Privatbesitz der Familie Wamboldt von Umstadt ist, kann man es nur von außen besichtigen. Der Schlosspark ist für Besucher zugänglich.

Essen & Trinken

Marktfrisch und delikat – **Restaurant Drei Birken:** Hauptstr. 170, Tel. 06201 323 68, www.restaurant-drei-birken.de , Mi–So 11.30–14 und ab 17.30 Uhr, Mo, Di geschl. Hauptgerichte ab 21 €. Am Ortsrand von Birkenau gelegen, gehobene kreative Küche, regionale Gerichte nach Marktangebot.

Infos

Verkehrsamt Birkenau: Hauptstr. 119, Tel. 06201 397 47, Mo–Fr 9–12, 14–16 Uhr.

Fürth ▶ G 2

Weiter geht es noch ein Stückchen entlang der Weschnitz durch Fürth hindurch, dann auf die B 47 nach Lindenfels. Zur Sommersonnenwende Ende Juni feiern die Fürther ihren **Johannismarkt** mit buntem Festumzug und zahlreichen Trachten- und Musikantengruppen. Das malerische Sommerfest zieht ein großes Publikum aus allen Nachbargemeinden an.

Natur und Beschaulichkeit begegnet einem hingegen im **Bergtierpark** in Fürth-Erlenbach, etwas abseits der Route gelegen (Beschilderung, tgl. ab 10 Uhr, Sommer bis 19 Uhr, im Winter wetterabhängig, Tel. 06253 213 26). Hier leben über 200 Tiere aus fünf Kontinenten in schön gestalteten Gehegen.

Lindenfels ▶ G 1

›Perle des Odenwalds‹ nennen etliche Begeisterte liebevoll den heilklimatischen Kurort Lindenfels. Im Westen von Lindenfels über dem Dorf Schlierbach erhebt sich die **Burg Lindenfels**, heute allerdings nur noch als Burgruine. 1123 wird die Burg erstmals urkundlich erwähnt. Über Jahrhunderte hinweg war sie ein bedeutender Adelssitz, unter anderem Heimat von Staufern und Welfen. 1728 zwangen leere Kassen die Pfälzer Verwaltung, den Bergfried abzureißen. Geblieben ist eine Ruine, die einen schönen Blick über das Weschnitztal und die Berglandschaft mit ihren Wäldern ringsherum ermöglicht. Geht man von der Burg Richtung Fußgängerzone hinunter, führt der Weg an verschiedenen Sehenswürdigkeiten wie dem Rathaus, dem äußeren und inneren Further Tor, dem Haus Baureneck und dem Bismarckturm vorbei.

Hübsch präsentierte Volkskunde zeigt das **Lindenfelser Museum,** das in einer ehemaligen Zehntscheuer untergebracht ist (Burgstr. 39, www.lindenfels.de, April–Okt. So, Fei, 14.30–17 Uhr). Und im März 2010 wurde im Haus Baureneck, einem ehemaligen Pfarrhaus in der Altstadt, das **Deutsche Drachenmuseum** eingerichtet (In der Stadt 2, Tel. 06255 306 44, www.drachenmuseum-lindenfels.de, Sa, So, Fei 14–18 Uhr). Es weiß viel zu dem mythischen Tier zu erzählen was nicht nur jungen Besuchern gefällt.

Infos

Kur- und Touristikservice Lindenfels: Burgstr. 37, Tel. 06255 306 44, www.lindenfels.de. April–Ende Okt. Mo–Fr 8.30–12, 14–17, Sa 10–12, Nov.–März Mo–Fr 8.30–12, 13–16 Uhr.

Register

Aberle, Henriette und Julius 72
Alamannen 42, 43
Angelbachtal **267**
Angeln 30
Annweiler **236**
Apotheken 35
Ariovist 46
Armstrong, Louis 57
Arnim, Achim von 85
Ärztliche Versorgung 35
Augustus, röm. Kaiser 47

Bad Bergzabern 51, **237**
Bad Dürkheim 201, **202**
Baden 30
Bamberg, Otto von 179
Baruch von Rothenburg, Rabbi Meir ben 175
Bauernmärkte 63
Becker, Boris 8
Bensheim **255**
– Dalberger Hof 256
– Kirche St.Georg 256
– Marktplatz 256
– Melibokus 257
– Schlossruine Auerbach 255
– Staatspark Fürstenlager 255
– Stadtmuseum 256
– Stadtpark 256
– Walderdorffer Hof 256
Benz, Berta 267
Benz, Carl 45, 67, 129, 130
Bergstraße 61, **242**
Bienwald 238
Birkenau 282
Birkweiler 231
Bismarck, Fürst Otto von 208
Boisserée, Melchior und Sulpiz 102
Bloch, Ernst 8, 44, 70, 156
Bloch, Karola 157
Bockenheim **192**
Börne, Ludwig 60
Bosch, Carl 67
Brentano, Clemens 85
Brühl 113, 119
Buber, Martin 171
Buchen 279
Burchard I., Bischof 167

Burg Altleiningen 51
Burg Auerbach 51
Burg Berwartstein 238
Burg Landeck 50
Burg Landeck 235
Burg Lindenfels 283
Burg Stolzeneck 273
Burg Trifels 50, **236**
Burgen 49
Burgfeste 51
Burgruine Madenburg 235
Burgruine Steinsberg 268
Burgunder 43

Caesar, Julius 42, 46
Carl Philipp, Kurfürst 43, 85, 113, 123, 132
Carl Theodor, Kurfürst 44, 102, 115, 116, 123, 127, 132
Carter, Jimmy 231
Chlodwig, fränk. König 43
Chopin, Frédéric 102
Clairvaux, Bernhard von 180
Cooper, James Fenimore 220

Dahner Felsenland 236
Dalberg, Wolfgang von 219
Deidesheim 49, 63, 206, 208, **209**
Denis, Paul Camille von 60, 215
Dill, Otto 267
Dilsberg 275
Diplomatische Vertretungen 35
Dossenheim 242, **243**
Dutschke, Rudi 157

Eberbach 272
Eberstadt 280
Ebert, Friedrich 45, 95, 101
Eckbachtal 194
Edenkoben **220**
Egell, Paul 127
Eichendorff, Joseph von 85
Eistal 194
Elmstein 79, 215, 216
Elmsteiner Tal 214
Emich XI. von Leiningen, Graf 202

Engelhorn, Friedrich 44
Enjoy Jazz 54, 110
Eschbach 235
Essen und Trinken 23

Fassbinder, Rainer Werner 76
Feiertage 35
Felsenmeer 258
Feste 48
Festival des deutschen Films 76
Festspiele 29
Feuerbach, Ludwig 183
Fischbach 79
Fischer, Otmar 198
Fitzgerald, Ella 57
Fleming, Joy 70
Forst 206, **208**
Franken 43
Frankenthal 133, 146, **161**
Freinsheim 63, **198**
Fremdenverkehrsämter 14
Friedrich der Weise, Kurfürst 173
Friedrich III. von Leiningen, Graf 195
Friedrich IV., Kurfürst 130
Friedrich V., Kurfürst 43

Geier, Monika 15
Geopark Bergstaße-Odenwald 258
Germersheim 187
Gillespie, Dizzy 57
Gimmeldingen 212
Gleiszellen 238
Gleitschirmfliegen 31
Gochsheim 268
Goethe, Johann Wolfgang von 85, 102
Golf 32
Görres, Joseph 85
Graf, Steffi 119
Graimberg, Charles de 92
Grünstadt **194**
Grzimek, Bernhard 75
Gundahar, König 166
Guttenberg 50

Haardt 48, 51
Hainfeld 226
Hambach 212

Register

Hambacher Fest 44, 58, 71
Hampton, Lionel 57
Hardenburg 51, 204
Hartmann, Jakob Michael Freiherr von 218
Hartmann, Johann Adam 220
Haueisen, Albert 267
Hausbrauereien 26
Hebel, Johann Peter 117
Heidelberg 9, 26, 42 ff., 53, 56, 72, **84**, 248
– Alte Brücke 96, 101
– Alte Universität 95, 98
– Bergfriedhof 104
– Bibliotheca Palatina 99
– Geburtshaus von Friedrich Ebert 95, 101
– Handschuhsheim 89
– Jesuitenkirche 100
– Karlstor 103
– Königsstuhl 103
– Kunstverein 92
– Kurpfälzisches Museum 92
– Marktplatz 100
– Marstall-Mensa 95, 98
– Meriankanzel 89
– Neckarwiese 89
– Neuenheim 89
– Palais Boisserée 102
– Peterskirche 99
– Philipp Morass 92
– Philosophenweg 88, 90
– Prinzhornsammlung 93
– Schloss 51, 103, 115
– Seminarium Carolinum 99
– St.-Vitus-Kirche 89
– Stadthalle 98
– Stadttheater 93
– Stift Neuburg 89
– Studentenkarzer 95, 98
– Thingstätte 89
– Tiefburg 89
– Universitätsbibliothek 98
– Völkerkundemuseum 102
– Zimmertheater 93
Heidelberger Frühling 52, 54, 110
Heidelberger Herbst 110
Heidelberger Schlossfestspiele 110
Heimatmuseen 48

Heinrich IV. (HRR) 179, 181
Heinrich V. (HRR) 181
Heppenheim **251**
Herberger, Sepp 67, 70
Herxheim am Berg 53, **198**
Hessisches Ried 262
Heuss, Theodor 251
Heyl, Cornelius und Sophie von 169, 177
Hilgard, Heinrich 186
Hinterer Odenwald 279
Hirschhorn 274, 276
Hochstadt 231
Hockenheim 120
Hopp, Dietmar 74
Hudalla, Marcellino M. 15
Hundt, Alexander 198
Hus, Johannes 173

Internationales Filmfestival Mannheim-Heidelberg 75, 110
Internetadressen 14

Jarmusch, Jim 76
Johann Christian von Pfalz-Sulzbach, Herzog 132
Johannes Paul II., Papst 182
Johann Wilhelm, Kurfürst 246

Kalmit (Kleine Kalmit) 219, 229, 232
Karl Friedrich von Baden, Kurfürst 85
Karl V. (HRR) 173
Ketsch 113, 120
Kiesel, Helmuth 15
Kieslowski, Krzysztof 76
Kleidung 17
Klenze, Leo von 227
Klettern 32
Klingenmünster 49, 50
Klosterruine Limburg 203
Kohl, Helmut 8, 70
Kohnle, Armin 15
Königsbach 212
Konrad II. (HRR) 203
Kötz, Michael 76
Kraichgau 61, **266**
Kropsburg 219
Kuckucksbähnel 214

La Roche, Sophie von 183
Ladenburg 18, 42, 48, 71., 109, **111**
Landau i. d. Pfalz **227**
Landeck 50
Langbein, Carl 277
Lautenschläger, Manfred 74
Leiningerland **192**
Leinsweiler 235
Leistadt 204
Leo X., Papst 173
Lesetipps 15
Limes 42, 47, 282
Lobenfeld 269, **272**
Löhner, Fritz 88
Lorsch 18, 43, 251, 262
Ludwig I., bayr. König 51, 58, 180, 203, 222
Ludwig XIV., franz. König 166, 174, 195, 229
Ludwigshafen 44, 53, 55, 67, **146**
– Berliner Platz 148
– Bürgermeister-Ludwig-Reichert-Haus 149
– Deutsche Staatsphilharmonie Rheinland-Pfalz 150
– Ebertpark 154
– Ernst-Bloch-Zentrum 156
– Hemshof 151
– Lutherturm 150
– Ostasieninstitut 147
– Parkinsel 147
– Pegelturm 147
– Prinzregenten-Theater 152
– Rhein-Galerie 148
– Rheinuferpark 148
– Stadtmuseum 150
– Theater im Pfalzbau 149
– Walzmühle 147
– Wilhelm-Hack-Museum 150
Luther, Martin 166, 169, 172, 230
Lützelsachsen 18

Madenburg 50
Maikammer **218**
Mandelblütenfest (Bad Dürckheim) 218
Mannheim 26, 43, 44, 45, 53, 67, 72, **123**

285

Register

- Christuskirche 137
- Fernmeldeturm 138
- Friedrichsplatz 129
- Herschelbad 142
- Jesuitenkirche 127
- Jungbusch 129, 134
- Luisenpark 137
- Marktplatz 133
- Nationaltheater 52, 137
- Palais Bretzenheim 132
- Paradeplatz 133
- Planetarium 138
- Planken 130
- Popakademie 55
- Reiss-Engelhorn-Museen 133
- Rosengarten 72, 130
- Schloss 115, 131
- Sternwarte 133
- Sultan-Selim-Moschee 128
- Synagoge 128
- Technoseum 138
- Universitätsbibliothek 132
- Wasserturm 129
- Zeughaus 72, 74, 133

Margaretenschlucht 273
Marguerre, Wolfgang 53, 72
Maximilian III. Joseph, Kurfürst 133
Mayer, Martin 183, 230
Meistermann, Georg 238
Melanchthon, Philipp 173
Montez, Lola 223
Mosbach **278**
Mozart, Wolfgang Amadeus 127, 133
Mußbach 213

Nadler, Karl Gottfried 69
Nast, Thomas 230
Neckargemünd 272, 275
Neckarhausen 18, 109
Neckarsteinach 276
Neckartal **272**
Neidenstein **269**
Neukastel 50
Neuleiningen 51, **195**
Neumayer, Georg von 198, 203
Neuscharfeneck 50

Neustadt a. d. Haardt 58
Neustadt a. d. Weinstraße **210**
- Casimirianum 212
- Haus des Weines 211
- Haus Zur Brücke 211
- Marktplatz 211
- Otto Dill-Museum 212
- Saalbau 212
- Stadtmuseum Villa Böhm 211
Nibelungenfestspiele 53
Nibelungenlied 43, 166
Nibelungensage 43, 167
Noll, Ingrid 15
Notruf 36
Nußdorf 230

Ochsenknecht, Uwe 70
Odenwald 61
Öffnungszeiten 36
Opel, Irmgard von 161
Östringen 267

Pechsteinkopf 208
Peterson, Oscar 57
Petrus Waldus 173
Pfälzerwald 61, 77
Philipp von Hessen, Landgraf 173
Pigage, Nicolas de 116
Plattner, Hasso 74
Pohlit, Peter 15
Presley, Elvis 231
Prinzhorn, Hans 93
Purrmann, Hans 183

Quirnheim 192

Rabaliatti, Franz Wilhelm 283
Radfahren 32
Regionalmuseen 48
Reichsburg Landeck 238
Reisezeit 16
Reiß, Carl 72
Reiten 34
Reuchlin, Johann 173
Rhodt unter Rietburg **225**
Rietburg 223
Rietschel, Ernst 173
Römer 46
Römermuseen 48

Römerstraßen 48
Rudolf I. (HRR) 175
Rumpf, Gernot 209, 220
Rundreise 17
Ruprecht III., Kurfürst 43, 85

Salier 43
Salomon Wimpfen, Alexander ben 175
Salomon, Rabbi ben Isaak 170
Sankt Leon-Rot 113, 120
Savonarola, Girolamo 173
Scharfenberg 50
Schauenburg 249
Schifferstadt 42, 62
Schiller, Friedrich 52, 177
Schlink, Bernhard 16
Schloss Villa Ludwigshöhe 51, 222, 223
Schneider, Ludwig 227
Schriesheim 26, 242, **243**, 249
Schweigen **239**
Schwetzingen 18, 44, 54, 62, **113**
- Evang. Stadtkirche 117
- Grabmal Johann Peter Hebels 117
- Kulturzentrum 117
- Palais Hirsch 118
- Rathaus 119
- Rokokotheater 119
- Schloss, Schlossgarten 67, 119
- St. Pankratius Kirche 117
- Stadtbibliothek 117
Schwetzinger Festspiele 54, 113
Sckell, Ludwig 116
Seghers, Anna 45
Sicherheit 36
Siebeldingen 230
Singer, Bryan 76
Sinsheim 74, **269**
Sinsheimer, Hermann 16
Slevogt, Max 235, 267
Souvenirs 36
Spargelfeste 63
Spartipps 37
Speyer 18, 42, 43, **179**
- Altes Rathaus 183
- Altpörtel 186

Register

- Bischöfliches Palais 182
- Domplatz 182
- Feuerbachhaus 183
- Friedenskirche 186
- Gedächtniskirche 186
- Historisches Museum der Pfalz 182
- Judenhof 182
- Kaiser- und Mariendom 179
- Protestantische Dreifaltigkeitskirche 183
- Purrmann-Haus 183
- Rheinauen 186
- Sea Life 186
- Sonnenbrücke 184
- Sophie von La Roche Gedenkstätte 183
- Synagoge 186
- Technik Museum 186

Spezialitäten 25
Sport 30
St. Martin 63, **219**
Stadtmuseen 48
Staeck, Klaus 100
Starkenburg 51, 251
Staufer 43
Stein, Edith 182
Strahlenburg 51, 249
Straub, Peter 63

Tabakmuseen 63
Tiefenbach 268
Traitteur, Johann Andreas von 226
Trajan, röm. Kaiser 42, 112
Trapp, Hans 238
Trier, Lars von 76
Trippstadt 79
Truffaut, François 76
Tschira, Klaus 74
Twain, Mark 274

Übernachten 22
Ungeheuersee 204

Vauban, Marschall de 229
Venningen 221
Verkehrsmittel 19
Vinterberg, Thomas 76
Volksfeste 70
Voltaire 133
Vorderer Odenwald 282

Wachenheim 48, **206**
Wachtenburg 207
Waidsee 250
Walldürn 280
Walter, Fritz 8
Wandern 34
Weinbau 64
Weinfeste 27, 63
Weinheim 100, **243**
Weisenheim am Berg **198**
Weisenheim am Sand 63
Wenders, Wim 76
Werner, Anton von 218
Werner, Ferdinand 16
Wetter 16
Weyher 226

Wiclif, John 173
Wiedemann, Georg Heinrich 221
Wiesloch **266**
Winzervereinigungen 65
Wolfsburg 51
Worms 18, 42, 47, 53, **167**
- Andreasstift 174
- Bürgerweide 176
- Dom St. Peter 167
- Dreifaltigkeitskirche 168, 174
- Jüdischer Friedhof Heiliger Sand 171
- Liebfrauenkirche 170
- Magnuskirche 173
- Martinspforte 174
- Museum Kunsthaus Heylshof 168
- Nibelungenmuseum 176
- Nibelungenturm 176
- Prinz-Carl-Anlage 170
- Raschi-Haus 170
- Schloss Herrnsheim 177
- Stiftskirche St. Martin 170
- Stiftskirche St. Paulus 169
- Synagoge 170
Wurstmarkt (Bad Dürkheim) 206
Würzner, Eckard 85

Zellertal **193**
Zeuner, Günther 229
Zwingenberg **278**

Das Klima im Blick — atmosfair

Reisen verbindet Menschen und Kulturen. Wer reist, erzeugt auch CO_2. Der Flugverkehr trägt mit bis zu 10 % zur globalen Erwärmung bei. Wer das Klima schützen will, sollte sich – wenn möglich – für eine schonendere Reiseform entscheiden. Oder Projekte von *atmosfair* unterstützen: Flugpassagiere spenden einen kilometerabhängigen Beitrag für die von ihnen verursachten Emissionen und finanzieren damit Projekte zur Verringerung des CO_2-Ausstoßes in Entwicklungsländern *(www.atmosfair.de)*. Auch der DuMont Reiseverlag fliegt mit *atmosfair!*

Abbildungsnachweis/Impressum

Abbildungsnachweis
Gisela Atteln, Schifferstadt: S. 8, 216
Avenue images/Bilderberg, Hamburg:
  Titelbild (Knoll)
Helmuth Bischoff, Heidelberg: S. 9 li.
Cave 54 e.V., Heidelberg: S. 56
DuMont Bildarchiv, Ostfildern: S. 18, 46,
  61, 70, 83 li., 114, 164 li., 172, 191 li.,
  225, 228, 234, 240 li., 248, 240 re.,
  241 li., 252/253, 260, 263, 281
Ernst-Bloch-Zentrum, Ludwigshafen:
  S. 156
F1online, Frankfurt am Main: 139
  (Lebed)
Ralf Freyer, Freiburg: S. 38/39, 66
Huber, Garmisch-Partenkirchen: S. 50,
  80/81, 205 (von Dachsberg); 111
  (Mehlig); 9 re., 82 li., S. 82 re., 94,
  122/123, 257 (Schmid)
Interfoto, München: S. 158
Markus Kaesler, Heidelberg: S. 55
Bernhard Kreutzer, Heidelberg: S. 69
laif, Köln: S. 62 (Adenis/GAFF); 59, 190 li.,
  197 (Gonzalez); 277 (Keystone,
  Schweiz); 126 (Klammer); 264 li., 273
  (Kost); 265 li., 269 (Kruell); 28, 33, 49,
  64 (Lengler)
Mauritius Images, Mittenwald: S. 171
  (Beuthan); 11 u. re., 270/271 (Frey);
  165 li., 187 (imagebroker/Alker); 31
  (imagebroker/AR); 105 (imagebroker/
  Dieterich); 175 (imagebroker/STELLA);
  12/13, 78/79 (imagebroker/Wacken-
  hut); 100/101 (imagebroker/Wrba);
  190 re., 210/211 (Merten); 145 li.,
  160/161 (Rosenfeld)
Picture-Alliance, Frankfurt/Main: S. 75
Solveig Puttrich, Stuttgart: S. 10 o. li., 10 o.
  re., 10 u. li., 10 u. re., 11 o. li., 11 o. re.,
  11 u. li., 73, 90/91, 93, 97, 108/109, 116,
  131, 134/135, 144 li., 153, 164 re.,
  184/185, 200/201, 214, 222, 232/233,
  244/245, 258, 264 re., 274
Stadtverwaltung Ludwigshafen – Öffent-
  lichkeitsarbeit: S. 52, 144 re., 151
Struve & Partner, Mannheim: S. 24

Die Zitate von Mark Twain, S. 275 ff.,
  stammen aus: Mark Twain: Bummel
  durch Europa. Aus dem Amerikanischen von Ana Maria Brock. Ausgewählte Werke in zwölf Bänden. Hrsg.
  von Karl-Heinz Schönfelder. Band 5.
  © Aufbau Verlag GmbH & Co. KG,
  Berlin 1963 (diese Übersetzung
  erschien erstmals 1963 im Aufbau
  Verlag; Aufbau ist eine Marke der
  Aufbau Verlag GmbH & Co. KG)

Kartografie
DuMont Reisekartografie,
Fürstenfeldbruck
© DuMont Reiseverlag, Ostfildern

Titelbild: Die Alte Brücke in Heidelberg

Hinweis: Autoren und Verlag haben alle Informationen mit größtmöglicher Sorgfalt geprüft. Gleichwohl sind Fehler nicht vollständig auszuschließen. Alle Angaben erfolgen ohne Gewähr. Bitte, schreiben Sie uns! Über Ihre Rückmeldung zum Buch und über Verbesserungsvorschläge freuen sich Autoren und Verlag:
DuMont Reiseverlag, Postfach 3151, 73751 Ostfildern, info@dumontreise.de, www.dumontreise.de

1. Auflage 2011
© DuMont Reiseverlag, Ostfildern
Alle Rechte vorbehalten
Lektorat/Redaktion: Michael Konze
Grafisches Konzept: Groschwitz/Blachnierek, Hamburg
Printed in Hungary